# Filmgenres

Herausgegeben von
Thomas Koebner

Abenteuerfilm
Animationsfilm
Fantasy- und Märchenfilm
Horrorfilm
Komödie
Kriegsfilm
Kriminalfilm
Liebesfilm und Melodram
Musical und Tanzfilm
Science Fiction
Western

Philipp Reclam jun. Stuttgart

# Filmgenres

## Kriminalfilm

Herausgegeben von
Knut Hickethier
unter Mitarbeit von
Katja Schumann

Philipp Reclam jun. Stuttgart

RECLAMS UNIVERSAL-BIBLIOTHEK Nr. 18408
Alle Rechte vorbehalten
© 2005 Philipp Reclam jun. GmbH & Co., Stuttgart
Umschlagabbildung: Szenenfoto aus *Die Spur des Falken* (1941)
(mit Genehmigung des Film Museums Berlin / Stiftung
Deutsche Kinemathek, Berlin)
Gesamtherstellung: Reclam, Ditzingen. Printed in Germany 2005
RECLAM, UNIVERSAL-BIBLIOTHEK und
RECLAMS UNIVERSAL-BIBLIOTHEK sind eingetragene Marken
der Philipp Reclam jun. GmbH & Co., Stuttgart
ISBN 3-15-018408-8

www.reclam.de

# Inhalt

# Vorbemerkung

Jede Darstellung des Kriminalfilmgenres muss von vornherein Abstand von der Idee nehmen, die Zahl der Filme auch nur im Ungefähren abschätzen zu können. Denn nicht nur im Kino, sondern auch im Fernsehen zeigt das Genre eine machtvolle Präsenz, und längst ist die wissenschaftlich-publizistische Debatte über den Fernsehkriminalfilm und dessen serielle Formen umfangreicher als die Diskussion des Genres in seinen Kinoversionen.

Im Kinokriminalfilm sind die Motive, Formen und die sich als Subgenres verstehenden Varianten jedoch prägnanter als im Fernsehfilm und TV Movie vorzufinden, das Kino bildet einige Varietäten radikaler aus als das Fernsehen, das aufgrund seiner starken Verankerung im Zuschaueralltag andere Akzente setzt. Auch lässt sich auf der Leinwand Schaulust und Angstlust beim Zuschauer in sehr viel stärkerem Maße hervorrufen als auf dem Bildschirm.

Die hier vorgestellte Auswahl von Filmen versucht die Spannbreite des Genres mit seinen klar ausgeprägten Subgenres und Stilrichtungen sichtbar zu machen. Dabei werden zum einen die im Diskurs über den Krimi kanonisierten genreprägenden Prototypen und Schlüsselfilme noch einmal neu gesehen, zum anderen werden Filme einbezogen, die für interessante Randpositionen im Übergang zu anderen Genres oder zum Autorenfilm stehen und damit die Wirkungsmacht des Genres veranschaulichen.

Jede Auswahl von Filmen ist anfechtbar, viele als unverzichtbar geltenden Filme konnten nicht berücksichtigt werden. Die Beiträge stammen vor allem von jungen Autoren und Autorinnen, die sich mit Kompetenz und ihrem Interesse am Genre mit den Filmen auseinandersetzen und dabei unterschiedliche Näherungsweisen wählen. Der Band will Neugier wecken und den Wunsch erzeugen, sich mit den teilweise älteren Beispielen des Genres erneut zu beschäftigen und in ihnen etwas von kinematografischer Fabulierlust selbst zu erleben.

Dank gilt der technischen Abteilung des Zentrums für Medienkommunikation der Universität Hamburg, die das Projekt mit der Bereitstellung zahlreicher Videokopien für die Betrachtung und Analyse unterstützt hat, sowie Vlado Tinchev und Katja Thomas für das Erstellen des Registers. Besonderer Dank gilt nicht zuletzt auch Katja Schumann, ohne deren unermüdliche redaktionelle Mitarbeit der Band nicht erschienen wäre.

Im Herbst 2004 *Knut Hickethier*

Folgende Abkürzungen wurden verwendet: R = Regie, B = Buch, K = Kamera, M = Musik, D = Darsteller, s/w = schwarzweiß, f = farbig, min = Minuten, m = Meter; AUS = Australien; BRD = Bundesrepublik Deutschland; D = Deutschland; DDR = Deutsche Demokratische Republik; F = Frankreich; I = Italien; GB = Großbritannien; S = Schweden; SF = Finnland; USA = Vereinigte Staaten von Amerika

*Einleitung*

# Das Genre des Kriminalfilms

Der Kriminalfilm ist von allen Filmgenres quantitativ das umfangreichste. Darin manifestiert sich seine funktionelle Bedeutung für Individuum und Gesellschaft. Das Kriminalgenre handelt von den Überschreitungen der gesellschaftlich gegebenen Regeln und der Verfolgung und Ahndung des Gesetzesbruchs. Indem es das Verbrechen und seine Aufklärung zum Thema macht, trägt es auf unterhaltende Weise zur Sicherung des Status quo der Gesellschaft bei.

## Balance zwischen Verbrechensfaszination und Ordnungssicherung

Neben dem Kriminalroman ist der Kriminalfilm die zentrale mediale Form, in der sich das Genre realisiert und den gesellschaftlichen Veränderungen immer wieder neu anpasst. Grundlegend ist für das Genre eine Balance zwischen der Verletzung der Normen und ihrer Wiederherstellung, zwischen Unordnung und Ordnung, zwischen der Ausübung des Verbrechens und seiner Bekämpfung. Auch wenn sich in einzelnen Subgenres die Gewichte zwischen diesen Polen verschieben können, wenn einzelne Filme ganz auf die Wiederherstellung der Ordnung verzichten, die Existenz dieser Balance bildet den Erfahrungshintergrund des Publikums.

Der Grenzverstoß spricht die heimlichen Bedürfnisse der Zuschauer und Leser nach einem Ausbruch aus der Ordnung, nach dem Ausleben von geheimen Wünschen und dem Beschäftigen mit dem Unerlaubten an. Er setzt uns in Erregung und erzeugt Spannung, weil er eine Gefährdung und damit letztlich etwas Unerhörtes darstellt.

Die Wiederherstellung der Ordnung durch das Aufdecken des Tathergangs und die Überführung des Täters beruhigt und stellt klar, dass sich der Ausbruch aus den gesellschaftlichen Normen nicht lohnt und der Zuschauer in ihrem Befolgen gut fährt und sich auf der richtigen, wenn auch vielleicht langweiligen Seite befindet. Die Erregung der Gefühle soll eben – so eine Hauptaufgabe der Medien – an ein Produkt gebunden bleiben. Die Balance von Unordnung und Ordnung auf der Ebene der Handlung und der Narration entspricht beim Publikum der Balance von Spannung und Entspannung, Erregung und Befriedung der Gefühle. Obwohl die Zuschauer das Schema der Kriminalgeschichten schon hundert- oder tausendmal gesehen haben, bei dem zu Beginn die Regelverletzung (meist ein Mord, der die Fallhöhe steigert) und am Ende die Überführung des Täters steht, obwohl das Muster also mehr als bekannt ist, hat sich die Attraktion des Genres ungebrochen gehalten, sucht das Publikum in immer neuen Variationen nach der Bestätigung des Schemas.

Die modernen Gesellschaften wiederum sind darauf angewiesen, dass die Medien – und hier besonders Film und Fernsehen in der sinnlich attraktiven audiovisuellen Form – den Verstoß gegen die Normen des Zusammenlebens und das erneute Inkraftsetzen der Normen anschaulich und nachdrücklich darstellen und beides wieder und wieder emotional einprägsam vorführen.

Der Kriminalfilm sorgt als massenmediale Form auf unterhaltende Weise für die Stabilität der Verhältnisse, gerade weil er immer wieder aufs Neue ihr Infragestellen durch Einzelne thematisiert. Denn letztlich erzählt jeder Kriminalfilm davon, wie die Verunsicherung durch den Einbruch des Verbrechens in die Welt beseitigt, wie die Wunde am sozialen Körper geheilt wird. Doch die Bestätigung des Bestehenden ist wenig unterhaltend; von der ungebrochenen Fortdauer der Ordnungen zu hören ist langweilig. Deshalb spielt der Kriminalfilm mit den Rei-

zen des Verbrechens als Zeichen einer abenteuerlichen
Herausforderung und leuchtet mit Vorliebe in die Abgründe der ausbrechenden Seele, in die Verirrungen der
Beziehungskonflikte. Er spielt mit der Vorstellungskraft
und der Fantasie der Zuschauer, er schürt die verschiedenen Formen des Begehrens – um sie am Ende umso nach-
haltiger zu bekämpfen und zu disziplinieren.

Das zugrunde liegende Schema von Gut und Böse ist nur
in den Anfängen des Kriminalfilms bzw. in spezifischen
Subgenres, z. B. im Spionagefilm während des Zweiten
Weltkriegs, sowie in den comic-haften Figurenzeichnungen einzelner Filme wirklich durchgehalten. Die Geschichte des Genres kennt viele Versuche, den naheliegenden
Manichäismus immer wieder zu unterlaufen, nicht
›schwarzweiß‹, sondern eher in Graustufen zu erzählen, ›gebrochene‹ Helden einzuführen, zu differenzieren
und dadurch das strikte Schema abzuschwächen und den
Geschichten Glaubwürdigkeit zu verleihen.

Begann der Kriminalfilm in seinen stummen Anfängen
und Filmserien als eine Schilderung des kriminellen Milieus als eines speziellen Sektors im ›Dschungel‹ der Metropolen, so war die eigentliche Botschaft des Kriminalfilms
bald danach die, dass es keine spezifisch kriminellen Milieus gibt, sondern dass das Verbrechen überall stattfinden
kann und insbesondere unter der Maske des Biedermanns
besonders häufig auftritt. Die geordneten Verhältnisse, so
erzählt der Kriminalfilm, sind im Kern oft verrottet, das
Verbrechen lauert hinter dem schönen Schein – und es bedarf der Beharrlichkeit der Ermittler und Aufklärer, des
unbeirrbaren Gerechtigkeitssinns Einzelner, damit die
Wahrheit ans Licht kommt.

Zu den *master narratives* des Genres gehört allerdings
auch der unfähige Polizist, die korrupte Behörde, die eine
Aufklärung der Tat fast verhindert hätten. Auch hier sind
es unbeirrte Einzelne, die gegen allen Widerstand der Institutionen dem Recht doch noch zu seinem Sieg verhel-

fen. Hinter dem Einsatz dieser Genremuster und Handlungsstereotypen steckt die besondere ordnungspolitische Botschaft, dass selbst bei so schlecht bestallten staatlichen Ordnungskräften das organisierte Verbrechen letztlich keine Chance hat.

### Genregeschichte als Mediengeschichte

Wie alle großen Genres ist das Kriminalgenre in sämtlichen erzählenden und darstellenden Medien präsent. Kriminalgeschichten gibt es als Buch und Theaterstück, als Kalendergeschichte, in Illustrierten, als Film, Hörspiel und Radioserie, als Fernsehspiel und Fernsehserie, als Video- und Computerspiel und im Internet. Jedes neue Massenmedium hat sich des Genres bemächtigt und seine eigenen medialen Formen entwickelt.

Verbrechensdarstellungen gibt es seit der Antike in zahlreichen Varianten. Belehrung durch Unterhaltung ist als Konzept nirgends so konkret zu erleben wie in der Kriminalgeschichte. Die eigentliche Ausformung der Kriminalgenres setzt jedoch erst im 19. Jahrhundert ein, als die Erklärung von Tathergang und Täter keine Gottesbeweise und keine Willkür mehr zuließ, sondern auf rationale Nachvollziehbarkeit und Stimmigkeit des Tathergangs, damit auch auf Indizien, Beweise und Geständnisse setzte. Das Genre setzt die Existenz eines zumindest in Ansätzen rational argumentierenden Justizwesens voraus und ist auf strukturelle Weise mit der Durchsetzung eines naturwissenschaftlichen Weltbildes und eines rationalen Denkens verbunden, ohne dass es selbst deshalb vom Grundgestus der Fiktionalität Abstand nimmt. Die Spuren, die der Mensch bei jedwedem Agieren in der Welt hinterlässt (auch diese hinter dem Krimi stehende Auffassung entspringt dem 19. Jahrhundert), bedürfen des erkennenden Geistes: Das Ingenium des Detektivs – wie z.B. Sherlock

Holmes – fügt die am wenigsten zusammenpassenden Details zu einem stimmigen Puzzle zusammen und bringt sie zum Sprechen. Am Ende fügt sich alles zu einem klaren Bild, das aus den zahlreichen Indizien eine – allerdings häufig in kuriosen Volten miteinander verknüpfte – plausible Geschichte entstehen lässt.

Die Geschichte des Kriminalgenres ist über Edgar Allan Poe und Conan Doyle mit der Entwicklung der Massenpresse und des Zeitschriftenwesens verbunden. Wo die Zeitung die neuen Nachrichten über katastrophische und andere Einbrüche in die Normalität der Gesellschaft als aktuelle Nachricht bringt, wo der Bericht über die konkreten Verbrechen auf die Sensationsneugierde eines breiten Lesepublikums stößt, bietet die fiktionale Kriminalgeschichte einen bereits zu seinem Ende gebrachten Fall. In den Verbrechensgeschichten der Journale wird der Einbruch in die Ordnung am Ende immer wieder beseitigt. So wie der Film seit seinen Anfängen nicht nur ein Medium der Fiktionen und Träume, sondern auch eines der Repräsentation der realen Welt war, fand sich im Kino neben den Wochenschauberichten von großen Kriminalfällen immer auch ein Platz für das fiktionale Kriminalgeschehen. Mit dem Film gewann die Kriminalunterhaltung eine neue Erzählinstanz, die zur enormen Verbreitung des Genres in der massenmedialen Unterhaltung beitrug.

Bereits für die Frühgeschichte des Kinos lassen sich Kriminalfilme nachweisen. Die 1910er Jahre kennen die Kriminalfilmserien, die sich an die Detektiv- und Verbrechensgeschichten der Kolportagehefte als Serienliteratur anlehnen. In den zwanziger Jahren bildet das Genre eigene filmische Formen aus: in den USA mit dem Subgenre des Gangsterfilms, in Deutschland mit künstlerisch anspruchsvollen Einzelproduktionen wie *M – Eine Stadt sucht einen Mörder* (1931).

Die Innovationen im Genre verbinden sich seit seinen Anfängen wiederholt mit den Namen von Autoren und mit der literarischen Erzählung. Mit der Etablierung des Kinos kommt der Regisseur mit der filmischen Narration hinzu. Von Fritz Lang über Alfred Hitchcock reicht die Linie bis zu Quentin Tarantino, die mit immer neuen ›Genrereformen‹ verbunden sind. Doch neben den Werken dieser *auteurs* gibt'es ein breites Angebot von Filmen, die sich als Varianten genrebildender Grundmuster darstellen. Autorenschaft und Genreverpflichtung stehen deshalb gerade beim Krimi in einer engen Wechselbeziehung.

Die große Masse der Kriminalfilme, die die Basis der massenmedialen Fiktionen darstellt und von der Filmhistoriografie kaum wahrgenommen wird, hat ihre Weiterführung in der heute fast unüberschaubaren Menge der Fernsehkriminalfilme gefunden. Sie gilt vielen Kritikern als Ausdruck einer industrialisierten Produktion. Im deutschen Fernsehen wurden der Kriminalfilm und die Kriminalfilmserie seit den achtziger Jahren zu dominanten Formen des audiovisuellen Erzählens. Der industrialisierte Kriminalfilm, der in hohem Maße mit standardisierten Genremustern arbeitet und dessen Variationsbreite gering bleibt, entsteht vor allem in der seriellen Kriminalfilmproduktion, was nicht ausschließt, dass auch im einzelnen Fernsehfilm und in der Fernsehspielserie künstlerisch avancierte Produktionen vorkommen können.

## Genresystematik

Das Kriminalfilmgenre hat seit Beginn des 20. Jahrhunderts zahlreiche Wandlungen durchlebt und sich damit immer wieder den gesellschaftlichen Situationen angepasst. Die Vielzahl der filmischen Kriminalgeschichten führte zu einer Binnendifferenzierung und zur Herausbildung eigener Subgenres. Diese nehmen zum Grundproblem der Verletzung der Normen und ihrer Wiederherstellung unterschiedliche *points of view* ein. Sie bilden selbst wiederum eigene Regeln aus und werden in den Diskursen über die Kriminalunterhaltung von Autoren, Regisseuren, Kritikern wie vom Publikum als Orientierung verheißende Untergruppen des Kriminalfilms erkannt. Folgende Subgenres lassen sich unterscheiden:

(1) Im **Detektivfilm** ist die Tat zumeist vor Beginn der Filmhandlung geschehen. Die Detektion konzentriert sich auf die Rekonstruktion des Tathergangs und die Suche nach dem Täter. Ermittlung und Aufklärung hat der Detektiv auf seine Fahnen geschrieben. Die Welt des Detektivs, teilweise mit dessen privaten Verstrickungen und persönlichen Vorlieben, tritt in den Vordergrund. Aus der britischen Tradition des Krimis kommend, ist der Detektiv anfangs zumeist ein vermögender Privatgelehrter (ein *armchair detective* wie Sherlock Holmes, Miss Marple, Hercule Poirot). In den dreißiger Jahren wird dieser Typus im amerikanischen Film (*film noir*) durch den Privatdetektiv (*private eye*) abgelöst, der in der Großstadt eine schlecht gehende Agentur unterhält, sich hart, cool und ohne Gefühle gibt (*hardboiled*), aber einen Punkt der inneren Verletztheit besitzt (*The Maltese Falcon*, 1941). Die spektakulären Effekte im Kriminalfilm der Frühzeit wurden in den zwanziger Jahren mehr und mehr durch psychologische Motivierungen ersetzt. Der Detektiv kam dem Verbrecher zunehmend dadurch auf die Schliche, dass er sich in seine Psyche hineinversetzte. Der Detektiv schnürte als einsamer und letztlich immer misstrauischer Wolf durch den Großstadtdschungel und blieb dem Täter (als seinem Opfer) auf der Spur. Als Einzelkämpfer und Verteidiger der Gerechtigkeit stieß er jedoch immer häufiger auf eine Welt, die undurchsichtig war und deren Schlechtigkeit er nicht mehr ausräumen konnte.

So plausibel diese Entwicklung des Detektivs auch aus einer ästhetischen Perspektive ist, hat es daneben auch immer den erfolgreichen Detektiv im Kriminalfilm und vor allem in der Serienunterhaltung gegeben. In der Serie ist es schon medienstrukturell notwendig, dass jede Folge erfolgreich abgeschlossen wird, damit in der nächsten Folge ein neuer Fall in Angriff genommen werden kann. Ein ständig scheiternder Detektiv ist letztlich keine brauchbare Serienfigur.

Um das Schema zu variieren, wurde das Personal der Ermittler und Aufklärer um zahlreiche Berufsgruppen erweitert: Rechtsanwälte, Journalisten, Ärzte oder Pfarrer, die sich zur Detektion berufen fühlen und die durch ihr Berufsumfeld der Detektion eine je besondere Färbung geben. Wo jeder zum Täter werden kann, kann auch jeder zum Aufklärer und Ermittler werden. Der Detektiv oder Kommissar klärt nicht nur auf, sondern nimmt auch die Verfolgung nach dem oft flüchtigen Täter auf. Die Verfolgungsjagd wird zum Stereotyp des Genres (beispielhaft in *Bullitt*, 1968), sie ist als Bewegung und Aktion selbst das filmische Gestaltungsmittel schlechthin. Hier werden Autos zu Schrott gefahren, Helikopter zum Absturz gebracht, Eisenbahnzüge demoliert.

(2) Ist im Detektivfilm der Privatdetektiv als Privatperson und Einzelgänger unterwegs, so arbeitet im **Polizeifilm** der Polizist (als Polizeidetektiv wie als Kommissar) innerhalb eines Apparats und kann Mitarbeiter, Mittel und Institutionen einsetzen. Der Polizist löst in den fünfziger Jahren zunehmend den Privatdetektiv als dominanten Ermittler ab, er steht für eine durch Institutionen existierende Gesellschaft. Er schafft qua Amt und Bezahlung Ordnung; auch wenn er scheitert, existiert die Institution der Polizei ungebrochen weiter.

Eines der Grundmuster ist die hierarchische Struktur des Apparats, die dazu führt, dass der ehrliche kleine Polizist die Aufklärung des Falls gegen die ignoranten Vorgesetzten durchsetzen muss und dafür keinen Dank erhält. Der Dienst für die Gemeinschaft speist sich aus anderen Werten als das Verletzen der Normen durch den Verbrecher. Kontinuität, Berechenbarkeit, Standfestigkeit, Unbeirrbarkeit sind die Kennzeichen des Hüters der Ordnung, umgekehrte Werte werden dem Störer der Ordnung, dem Verbrecher zugewiesen.

Die institutionelle Verfolgung des Täters wurde zum bestimmenden Prinzip der Krimiunterhaltung seit den fünfziger Jahren. Vor allem in den zahlreichen Fernsehkriminalfilmen (z. B. in der *Tatort*-Reihe) tritt die Arbeit des Polizeiapparats in den Vordergrund. Stellt diese sich anfangs als eine funktionierende staatliche Gewalt dar, thematisiert der Polizeifilm zunehmend die Unfähigkeit des Apparats, Ordnung zu garantieren. Im Apparat aber sind noch einzelne, oft in Jahren erfahrene Kommissare verblieben, die dann doch noch gegen alle Widerstände die Täter stellen. Die pessimistische Prognose: Wenn diese in den Ruhestand gehen, funktioniere die Aufklärung nicht mehr.

Der Kinokriminalfilm, vor allem amerikanischer Herkunft, zeigt seit den siebziger Jahren die Gesellschaft als unfähig, Verbrechen zu bekämpfen, so dass der einzelne Cop zu einem ›legalisierten Killer ohne Privatleben‹ (Norbert Grob) wird. *Dirty Harry* (1971) ist hier schulbildend gewesen. Verstärkt werden auch Korruption und Kriminalität innerhalb des Polizeiapparats gezeigt, der sich zu einer eigenen Gesellschaft innerhalb der Gesellschaft entwickelt hat. Wenn das Verbrechen überall stattfinden kann, dann auch innerhalb der Polizei, und – Steigerung der Perfidie – der Aufklärer selbst kann der Täter sein. Die waffenfixierte Welt der Polizei erscheint deshalb im Genre zunehmend als die eigentliche Bedrohung der Gesellschaft, z. B. in den Sjöwall/Wahlöö-Verfilmungen.

(3) Der **Gangsterfilm** stellt die Welt des Verbrechens in seinen Mittelpunkt, sowohl die des einzelnen Täters als auch die des organisierten Verbrechens. Er vertritt eine Welt unterhalb der bürgerlichen Gesellschaft, die Welt der Schatten, in denen nicht nur Glücksspiel, Drogen, Prosti-

tution, sondern auch Raub und Mord zu Hause sind. Nachdem Josef von Sternbergs *Underworld* (1927) den Gangster als Außenseiter zeigte, wird ab Anfang der dreißiger Jahre der Gangsterfilm mit *Little Caesar* (1931) zu einem eigenen Subgenre, dessen Elemente sich dann im *film noir* wiederfinden. Es ist die Welt der großen Bosse wie Al Capone, der Bandenkämpfe und Straßenschlachten. Seit den siebziger Jahren entstehen immer neue Varianten der Schilderung der Gangsterwelt: Von *Bonnie and Clyde* (1967) über *The Godfather* (1972) reicht die Linie bis zu *Once upon a Time in America* (1984), in dem die Welt der Gangster dargestellt wird. Hier ist deshalb oft auch vom *caper movie* die Rede, das sich um die Aktionen unterschiedlicher Gangster dreht, die einen Coup durchführen oder in Kriege miteinander verwickelt sind. Die Akzentuierung des Blicks auf die Welt des Verbrechens wird von einer letztlich pessimistischen Sicht auf die Gesellschaft geprägt, in der nur noch der etwas wird, der sich rücksichtslos durchschlägt und auch vor einem Mord nicht zurückschreckt.

Der Gangsterfilm der frühen dreißiger Jahre thematisiert vor allem das organisierte Verbrechen. Im Kino der fünfziger und sechziger Jahre ist die Verbrechensdarstellung stärker eine, in der der Einzeltäter in den Mittelpunkt gerückt wird: Der raffinierte Einbruch und gerissene Diebstahl stehen hier im Vordergrund (*Rififi*, 1954; *Topkapi*, 1963). Aber auch im französischen *film noir* der sechziger Jahre finden sich andere Akzentuierungen des Subgenres (z. B. *Le doulos*, 1962).

Eine weitere Variante des Gangsterfilms entsteht seit den siebziger Jahren um die Figur des Serienmörders. Im **Serienkillerfilm** wird häufig auf reale Beispiele zurückgegriffen. Prototyp wird neben vielen anderen das Beispiel des Serienmörders Henry Lee Lukas (*American Psycho*, 2000). Der Serienkiller stellt das ultimativ Böse dar, bei dem die Frage nach den Gründen oft sinnlos ist, weil die Wahl der Opfer nur vordergründig nach bestimmten Merkmalen erfolgt. Sadismus, ritualhaftes Morden, Kannibalismus, triebhaftes Verhalten stehen im Mittelpunkt der Geschichten. Neben den Psychokillern und Amokläufern gibt es Monstren und mythische Killerfiguren, als Spezialfälle mörderische Frauen und mörderische Pärchen. Zu den deutschen Filmen dieses Subgenres zählt z.B. *Nachts, wenn der Teufel kam* (1957). Die neueren Schlüsselfilme sind vor allem *The Silence of the Lambs* (1991), *Natural Born Killers* (1994) und *Se7en* (1995) sowie der eher dokumentarisch wirkende *Der Totmacher* (1995).

(4) Der **Gerichtsfilm** legt den Schwerpunkt auf die Gerichtsverhandlung, in der die Fäden der Aufklärung eines Verbrechens zusammengeführt und durch in der Regel überraschende Wendungen die Lösung ermittelt wird. Das *courtroom drama* ist ein vor allem amerikanisches Genre, das sich aus der besonderen Bedeutung der Gerichtsverhandlung innerhalb der Justiz erklärt. Für den Kriminalfilm wird die Fokussierung des Geschehens auf einen Raum und eine begrenzte Zeit sowie die letztlich finale Dramaturgie entscheidend: Am Ende steht das ›Schuldig‹ oder ›Unschuldig‹ der Geschworenen. Der Prozess erinnert an das antike Drama mit seinem Chor (hier das Prozesspublikum), seinen Peripetien und seiner Lösungsfindung. Die Detektion wird vom Richter betrieben, Staatsanwalt und Verteidiger sind parteilich und versuchen in einer Art Wettkampfdramaturgie das Urteil in ihrem Sinne zu beeinflussen. Zwar kommen Gerichtsprozesse in vielen Kriminalfilmen vor, als eigenes Subgenre aber ist es ebenso mit vielen Beispielen vertreten: von *Affäre Blum* (1948) über *Body of Evidence* (1992) lassen sich Beispiele bis zu *A Time to Kill* (1996) finden. *Twelve Angry Men* (1957) und *Witness for the Prosecution* (1958) wurden zu Prototypen dieses Subgenres. Der Gerichtsfilm gilt manchen auch als ›Metagenre‹, weil er im Inszenierungsmedium Spielfilm die Inszenierung selbst thematisiert und in-

szeniert. Die Bedeutung des Gerichtsfilms hat in den siebziger und achtziger Jahren zugenommen, neben den fiktionalen Formen gibt es auch dokumentarische Varianten,
etwa zum Nürnberger Prozess und zu den Auschwitzpro-
zessen, im Fernsehen ist das Genre vor allem in jüngster
Zeit in den *daily court shows* (wie z. B. *Barbara Salesch*)
vertreten.

(5) Der **Gefängnisfilm** hat das Leben im Gefängnis und
Zuchthaus zum Gegenstand, erzählt von den oft inhuma-
nen Haftbedingungen, schildert die sozialen Beziehungen
der Gefangenen untereinander, die Abhängigkeiten von
internen Hierarchien, die Abkehr von kriminellem Verhalten, aber auch Ausbruchsversuche und Revolten. *Riot
in the Cell Block 11* (1954), *Birdman of Alcatraz* (1962)
sind Schlüsselfilme wie *Papillon* (1973) und *Die Verro-
hung des Franz Blum* (1973). Auch in diesem Subgenre ist
eine Tendenz zur pessimistischen Sicht auf die Verhältnisse zu erkennen, dass Gefängnis und Zuchthaus weniger
zur Sühne und Reue dienen, sondern mehr dazu beitragen, ein kriminelles Milieu zu verfestigen und für dieses
zu sozialisieren. Der kathartische Effekt für das Publikum
kann aber wiederum gerade darin bestehen, dass hier
möglichst drastisch von den Schrecken in den Haftanstal-
ten erzählt wird.

(6) Gegenüber den bisher genannten Subgenres, die su-
jetbezogen sind und eine Akzentverschiebung auf der Ach-
se ›Verbrechen – Detektion – Bestrafung‹ innerhalb des
Kriminalfilms zum Gegenstand haben, geht es beim **Thriller** um eine Akzentuierung der Spannung (*suspense*), also
der Relation von Film und Zuschauer. Grundsätzlich lassen sich zwei Möglichkeiten, Spannung zu erzeugen, unterscheiden: Entweder hat der Zuschauer den gleichen In-
formationsstand wie die Figuren im Film, oder er weiß
mehr als die Filmfiguren. Der Zuschauer forciert seine An-
teilnahme an einzelnen Filmfiguren, diese wird durch inszenatorische und dramaturgische Strategien gesteigert.

Letztlich geht es um die Erzeugung einer lustvoll erlebten Angst (*thrill*) beim Zuschauer, ähnlich wie sie auch bei anderen Unterhaltungsformen (z. B. bei einem Drahtseilakt) erzeugt werden kann. Neben Alfred Hitchcocks *Thirty-Nine steps* (1935), Robert Siodmaks *The Spiral Staircase* (1945) gehören Filme wie Hitchcocks *Psycho* (1960) und *Vertigo* (1958) zu den Schüsselfilmen. Der Krimi als Psychodrama entwickelt sich vor allem in den letzten Jahrzehnten zu einer besonderen Form der Kriminalgeschichte, die z. B. mit *The Silence of the Lambs* (1991) viele andere Genreelemente abstreift und ganz diesem psychischen Kampf nachspürt.

Dabei wird deutlich, dass sich das Subgenre weiter differenziert: So lässt sich vom Psychothriller der Politthriller unterscheiden, in dem die Akteure ganz oder teilweise nicht mehr nur aus individuellen Antrieben, sondern im Auftrag staatlicher Instanzen oder krimineller Organisationen handeln. **Politthriller**, wie sie z. B. Costa-Gavras oder Yves Boisset drehen, sind parteiliche Filme, die authentische oder der Realität nahe kommende Ereignisse aufgreifen und vom klaren Gegeneinander engagierter Einzelner (Polizisten, Journalisten, Politiker) und Diktatoren, Geheimdiensten, mafiösen Organisationen usw. leben. Gekämpft wird gegen Unterdrückung, Folter, Korruption. Weil hier häufig auch Journalisten als Einzelkämpfer in den Mittelpunkt rücken, ist deshalb auch vom **Medienthriller** gesprochen worden.

(7) Der **Spionagefilm** schreitet diese Differenzierung weiter aus, in ihm geht es um die Auseinandersetzung zwischen verschiedenen Staaten und um die illegale Informationsgewinnung beim Gegner, die häufig mit verbrecherischen Handlungen kombiniert sind: Vom Auskundschaften ist der Weg über die Sabotage zum Mord nicht weit. Vom Spionagefilm aus kommt es auch zu einer Überlagerung mit dem Agentenfilm und dem Genre des Kriegsfilms. Spionage ist im Film grundsätzlich die des

Gegners, die eigene Spionage wird selten positiv dargestellt (Ausnahme: der DDR-Film *For eyes only*, 1963). Neben dem Auskundschaften ist das Motiv der Täuschung
für das Subgenre spezifisch, der Identitätswechsel bildet
ein zentrales Motiv wie auch der Einsatz von technischen
Apparaturen zur verdeckten Beobachtung und Aufzeich-
nung von Geheiminformationen. Neben frühen Beispielen
wie Fritz Langs *Spione* (1927) und den frühen Hitchcock-
Filmen *Thirty-Nine steps* (1935) und *Foreign Correspondent* (1940) prägten vor allem die *James-Bond*-Filme wie
z. B. *From Russia with Love* (1963) das Subgenre. Die verbrecherischen Organisationen sind ebenso wie Bond technisch hochgerüstet. Bond führte zu einer comic-artigen
Profilierung des Spions, die ähnlich auch bei den *Lemmy
Caution*- und *Jerry Cotton*-Kinofilmserien zu beobachten
sind. Die Welt der Spione wurde zunehmend in Filmen
wie *The Spy who Came in from the Cold* (1965) und *The
Three Days of the Condor* (1975) entmystifiziert, das
Genre selbst häufig parodiert.

   (8) Der *film noir* wird zunächst als ein Stil des amerikanischen Films der vierziger und fünfziger Jahre verstanden, in dem Kriminalromane von Dashiell Hammett, Raymond Chandler und anderen verfilmt wurden (*The Maltese Falcon*, 1941). Als ein zeitlich begrenztes Phänomen
(»Schwarze Serie«) wird er auch als ein Subgenre verstanden. Zunehmend wurde er als ein filmisches Prinzip definiert, das sich über die fünfziger Jahre hinaus ausdehnte.
In den sechziger Jahren lässt sich auch für den französischen Film die Ausprägung eines *film noir* feststellen, in
den letzten Jahren ist davon gesprochen worden, dass sich
der *film noir* auch als ein Stil bzw. als ein Darstellungs-
prinzip etabliert habe. Dafür wird dann der Begriff des
*neo-noir* verwendet, bzw. es wird von einer *méthode noire*
(Röwekamp) gesprochen (z.B. *Pulp Fiction*, 1994). Elemente des ursprünglichen *film noir* sind die im Zweiten
Weltkrieg und danach erfahrene Identitätskrise, der Rol-

lenkonflikt zwischen den Geschlechtern, Werteverlust und eine desillusionierte Sicht auf die Zukunft. Als Stil greift er Formen der expressionistischen Lichtgestaltung, der Rückblende und der Subjektivierung der Erzählperspektive auf. Als Subgenre bildet er durch seine Zeichnung der Ermittler und anderer Figuren, vor allem der Frauen als *femmes fatales* (z.B. *Double Indemnity*, 1943), eine eigene Gruppe von Filmen mit identifizierbaren Elementen und Motiven, als Methode einer ›Verdichtung‹ filmsprachlicher Mittel.

Subgenres zeichnen sich dadurch aus, dass sie einerseits die das Kriminalgenre determinierende Balance von Verbrechensdarstellung, Tatermittlung, Verfolgung des Täters und Wiederherstellung der Ordnung variieren und modifizieren, andererseits sich aber selbst wiederum durch die Ausformulierung eigener Motive und Erzählstrategien als Form verdichten. Die Subgenres werden deshalb vereinzelt auch als eigene, separate Genres behandelt, wodurch jedoch der Zusammenhang des Kriminalgenres verloren geht. Gerade beim Kriminalfilm ist durch die immense Zahl der Produktionen die Neigung zu einer Verfestigung der Subgenres zu erkennen (vgl. z.B. die Genreuntersuchungen von Seeßlen). Es steht jedoch auch nicht zufällig am Ende der Typologie der Subgenres der *film noir*, weil er wiederum Tendenzen der Auflösung fester Typologien sichtbar macht, die den gegenwärtigen Film immer stärker prägen.

Der Differenzierungsprozess innerhalb des Kriminalgenres, der aufgrund eines offensichtlich großen gesellschaftlichen Bedarfs an Filmen über Normverstoß und Normbestätigung existiert, hat weitere Untergruppen entstehen lassen, die sich jedoch weniger klar als eigene Subgenres ausgebildet haben. Dazu zählen:
– Formen wie die Kriminalkomödie, die vor allem als Gaunerkomödie (z.B. *Peter Voss, der Millionendieb*, 1958;

*The Pink Panther,* 1964; *Beverly Hills Cop,* 1984, oder *Der Bruch,* 1988) augeprägt ist. Selten geht es hier um Morde, die Grenzüberschreitungen beschränken sich zumeist auf Diebstahl und Raub, wobei es in der Regel die Vermögenden trifft. Die Gentlemanverbrecher (*Die Gentlemen bitten zur Kasse,* 1966) sind hier zu Hause, aber auch der Robin Hood, der für die Bedürftigen kämpft;

– regionale Ausformungen des Kriminalfilms, die den Milieuaspekt vertiefen und im Grenzgebiet zum Großstadtfilm (z.B. in den St.-Pauli- und Reeperbahn-Filmen), zum Straßenfilm (z.B. in *Die Halbstarken,* 1956) und zum Heimatfilm angesiedelt sind;

– der Kinderkriminalfilm (am bekanntesten *Emil und die Detektive,* 1931) und der

– historische Kriminalfilm, bei dem das Geschehen in einer Zeit vor der Existenz des Mediums Film angesiedelt werden (z.B. *Der Name der Rose,* 1986).

Das Erzählen von Verbrechen ist so attraktiv, dass Spannungsdramaturgien auch von anderen Genres eingesetzt werden und Kriminalität als Motiv in vielen Genres verwendet wird. Das Genre neigt damit zur Entgrenzung, es mutiert zum Metagenre. Bei manchen Filmen ist die Zuordnung zu einem Genre ungewiss: Sind *RoboCop* (1987) und *Minority Report* (2002) Kriminal- oder Science-Fiction-Filme, lässt sich *High Noon* (1952) nur als Western oder unter dem Aspekt der Verbrechensbekämpfung nicht auch als historischer Polizeifilm verstehen? Kaum ein Film im Kino kommt heute ohne einen Gesetzeskonflikt aus, im Fernsehen ist die Krimifizierung der anderen Genres sprichwörtlich.

*Der Realismus des Kriminalgenres*

Für den Kriminalfilm zentral sind Probleme des jeweils gegenwärtigen Zusammenlebens, wobei es nicht um eine vordergründige, abbildrealistische Darstellung nachprüfbarer Verhältnisse geht. Die Darstellung des Alltags interessiert im Kriminalfilm wenig, es geht in ihm grundsätzlich um eine Grenzüberschreitung des Erlaubten, und hier interessiert den Zuschauer vor allem das Potenzial an Überschreitung, nicht so sehr, ob diese auch wirklich real in allen Details wie geschildert stattgefunden hat.

Zwar besteht besonders in der deutschen Kriminalfilmgeschichte in den fünfziger und frühen sechziger Jahren eine Orientierung an der Pitaval-Tradition, den Sammlungen authentischer historischer Kriminalfälle. Sie ist in den frühen Fernsehkriminalfilmserien (z.B. *Stahlnetz*, ab 1958) zu finden. Doch die Authentizität des Verbrechens und seiner Aufklärung (mit dem stereotypen Hinweis ›nach den Akten der Kriminalpolizei‹) spielte für die Kriminunterhaltung letztlich nur eine geringe Rolle. Auch wenn in der Öffentlichkeit die Kritik an der verfälschten Darstellung der Polizeiarbeit im Kriminalfilm über Jahrzehnte hinweg anhielt, verfehlte sie dennoch das spezifische Realismusprinzip des Kriminalgenres. Denn dieses besteht stärker auf der strukturellen und mentalen Ebene als auf der der Identität von Geschehensabläufen, Ausstattungsdetails und Figurenzeichnungen. Der Rückgriff auf reale Fälle dient auch mehr dazu, dem jedem Genre eigenen Drang zur Schematisierung und Standardisierung durch das Hinzufügen neuer Erzähldetails, Handlungsmuster und Motive entgegenzuwirken und mit dem Versprechen auf Authentizität dem Publikum einen zusätzlichen ästhetischen Reiz zu verschaffen.

Strukturell ist der Realitätsbezug darin zu finden, dass der Kriminalfilm zum einen gesellschaftliche Bereiche (z.B. Wirtschaft, neue Medien) fokussiert, in denen aktuelle Verbrechen die gesellschaftliche Aufmerksamkeit erregen; zum anderen, indem eine Art allgemeine Handlungslogik vorgeführt wird (z.B. dass die Polizeiarbeit gesellschaftlich noch besonders honoriert wird und dass die Drahtzieher nicht gefasst werden). Mental besteht der Zusammenhang zwischen Genrefilm und der Zuschauerrealität darin, dass in zugespitzter Form eine Weltsicht formuliert wird, ein Bild von Gesellschaft gezeichnet wird, das jenseits des *plot* eine spezifische gesellschaftliche Konstellation als natürlich behauptet bzw. als ›Natur der Gesellschaft‹ angeboten wird. So erzeugt der Kriminalfilm oft den Eindruck der Undurchsichtigkeit der Verhältnisse, werden fatalistische oder pessimistische Verhaltensweisen als einzig mögliche gezeigt, wird der Eindruck erweckt, dass es keine Gerechtigkeit geben könne, sich nur der Stärkere durchsetze, dass es eines Helden bedürfe, der mit Stärke und notfalls außerhalb der geltenden Gesetze für Ordnung sorge usf. Der Realismus des Kriminalfilms besteht deshalb nicht in einzelnen erzählerischen und darstellerischen Details, sondern in den Prämissen seiner Geschichten, in den tiefer zugrunde liegenden Strukturen einer großen Basiserzählung von Welt. Der Kriminalfall ist die Metapher für die Befindlichkeit der Gesellschaft.

Im Kriminalfilm lassen sich verschiedene soziale Bereiche darstellen, aus deren Konflikten sich Stoffe für die Geschichten ergeben, die durch die Zuspitzung der Problemlagen auf das Publikum emotional eindringlich wirken können. Zwar kann tendenziell alles zum Anlass für einen Kriminalfilm werden – die genauere Betrachtung des Genres zeigt jedoch, dass die Bausteine, aus denen sich die Kriminalgeschichten zusammensetzen, letztlich begrenzt sind. Das begründet auch die Genrehaftigkeit des Kriminalfilms.

Wie ein Seismograph reagiert der Kriminalfilm auf die Veränderungen der Gesellschaft, insbesondere auf die Veränderungen der realen Kriminalität. Er nimmt dabei nicht

nur die Modernisierungen des Verbrechens und seiner Bekämpfung auf, sondern steigert diese noch durch fantasie-
volle Ausgestaltungen. Die einzelnen Subgenres des Kriminalfilms sind in unterschiedlicher Weise vom Kontext
ihrer Entstehungszeit abhängig. Die politischen Varianten
wie der Spionagefilm erwiesen sich für den Wandel der
Zeiten stärker anfällig als die Genres wie der Thriller oder
der psychologische Kriminalfilm, die von individuellen
Normverstößen handeln.

Der Kriminalfilm macht in seinen avanciertesten Produktionen bislang Ungedachtes öffentlich denkbar, er
kann als Anregung für reale Verbrechen dienen, ebenso
aber auch den Ausbau der öffentlichen Sicherheitssysteme
legitimieren helfen. Der Kriminalfilm ist damit Teil eines
großen Diskurses über Kriminalität und Sicherheit in einer Gesellschaft.

### Detektion zwischen Erkenntnisprinzip und Erzählstrategie

Die Detektion (die Ermittlung) zielt darauf, hinter dem
vordergründigen Schein der Verhältnisse danach zu suchen, was zu diesem Verbrechen geführt hat, also die nicht
offenkundigen Sachverhalte und Beziehungen aufzudecken und damit den Tathergang zu rekonstruieren und
den Täter zu ermitteln. Spurensuche, Kombinationsgabe,
Wahrscheinlichkeitserkundung stehen für das Erkenntnis-
interesse des Menschen, das im Kriminalfilm seine spielerische Variante auslebt. In der Detektion als Prinzip steckt
letztlich ein anthropologisches Verhalten: Erkenntnissu-
che, Enträtselung, Wahrheitssuche.

Der Kriminalgeschichte wird eine eigene Rationalität
der fiktionalen Argumentation nachgesagt. Die Detektion
bedient sich der Form des Schließens, und Umberto Eco
und Thomas A. Sebeok haben den Krimi als Vehikel ge-

nommen, um Formen des logischen Schließens zu erörtern und zu veranschaulichen. Die Spurensuche des Detektivs und die Analyse der Indizien führen trotz der Vielfalt der Richtungen, in die Spuren und Indizien weisen,
am Ende unfehlbar zu einer einzigen Lösung: Das Fähr-
tenlesen endet schließlich beim Täter. Schon in der Literatur erweist sich diese These von der Herrschaft der Logik
im Kriminalgenre als reine Fiktion, als nachhaltig wirkende Produktionslegende, um die erzählerischen Strategien
der Urheber zu verdecken. Denn was Thema des Krimis
ist, praktiziert der Autor gegenüber dem Leser und Zuschauer: Weil er seine Geschichte vom Ende her erzählt
und er um die Lösung weiß, muss er zuvor die Hinweise
auf diese Lösung in der Erzählung unauffällig machen,
muss sie verstecken. Leser und Zuschauer versetzen sich
in ihrem Rezeptionsprozess in die Rolle des Detektivs, der
die Spuren im Text sucht – und vielleicht begründet sich
in dieser erzählstrategischen Aktivierung des Lesers und
Zuschauers auch der Erfolg des Kriminalgenres. Was als
›Logik des Kriminalgenres‹ ausgegeben wird, ist also zum
großen Teil die ›Logik‹ der Narration, das Spiel mit Wahr-
scheinlichkeiten, mit der Führung von Handlungslinien,
mit dem Hervorheben und Verschweigen von kausalen
Abfolgen.

   Der Kriminalfilm erzählt nicht nur, er zeigt: Das Verbrechen drängt ins Bild, so wie sich die Detektion in Szene setzt. Zwar spielt schon die Erzählliteratur mit dem erzählerischen Auslassen, doch in dem zentralen Medium
der visuellen Narration geht es immer wieder um das
Nicht-Gezeigte, um das Nicht-Zeigbare, Ausgeklammer-
te, Verschwiegene (exemplarisch z.B. in *Blow up*, 1966).
Im Kriminalfilm, der die Kamera zu seinem Erzähler
macht, wird das Erzählen durch das Nicht-Zeigen zum
genrespezifischen Merkmal, geht es um das, was hinter
dem offenkundigen Bild des Geschehens stattgefunden
hat. Slavoj Žižek und andere haben wiederholt beschrie-

ben, dass das Zentrum leer ist, der Mord, die Leiche nicht mehr vorhanden ist, aber das Geschehen bestimmt, dass um diesen leeren Platz herum das ästhetische Spiel organisiert wird – und dass gerade diese Leerstelle ein Kennzeichen der Moderne ist.

Das häufigste Muster der Kriminalgeschichte ist der *whodunit*. ›Wer war es?‹ ist dessen stereotype Frage, die unerbittlich auf eine Antwort drängt und die Erzählung determiniert. Die Rationalität der Ermittlung ist die der dramaturgischen Konstruktion, die vor allem im Kriminalfilm offenkundig wird. Die Aufklärung des expositionell etablierten Mordes wird für das Ende des Films in Aussicht gestellt, die Handlungsführung verläuft (auch in den scheinbar ausgelegten Umwegen) zielgerichtet auf die Auflösung hin, wird von einem Zwang zur Finalität beherrscht: Der Detektiv stellt sich damit als Herr der zeitlichen Rekonstruktion dar. Er löst das geheimnisvolle Dunkel um die Tat auf, gibt eine Deutung des zumeist vorgängigen Geschehens, die durch ihre Plausibilität überzeugen soll. Der Detektiv scheidet Wichtiges von Unwichtigem, ordnet verwirrte Chronologien, stellt Kausalitätsketten in der Abfolge von Geschehen her und folgt dem Prinzip der psychologischen Wahrscheinlichkeit.

Die institutionellen Varianten des Detektivs, der Polizist und der Kommissar, haben die Detektion um die Möglichkeiten des Apparats ergänzt. Traditionell erzeugt und bestätigt er den Zuschauern die Existenz von Alltagsgewissheiten. Zunehmend wird jedoch die Glaubwürdigkeit des Polizeiapparats in Zweifel gezogen, verhindern in vielen vor allem amerikanischen Kinofilmen Korruptionsfälle, Durchstechereien und Inkompetenz die Effizienz des Apparates und stellen damit auch das Prinzip der Aufklärung als Haltung und Gewissheit in Frage.

*Systemstabilisierung durch das düstere Bild*
*des Gangsterfilms*

Von der Ökonomie des Genres als Erzählform war es
naheliegend, dass das Modell des omnipotenten Detektivs
à la Conan Doyle, dem es gelang, jede Wunde, die die Kriminalität am sozialen Körper schlug, wieder zu heilen und
die absurdeste Konstruktion aufzudecken, nicht von Dauer sein konnte, weil sie ein ständig nach neuen Variationen
gierendes Publikum irgendwann langweilen musste. Auch
widersprach ein solches göttliches Prinzip, alle Rätsel lösen zu können, jeder Lebenserfahrung.

Zum einen lösen sich die Balancekonstruktionen
scheinbar völlig auf, verschieben sich immer mehr in Konstruktionen der Absurdität. Schon immer war es eine Folge des Detektionskonzepts, das eine Unausweichlichkeit
des Zusammenspiels von Spurensicherung und intelligen-
ter Interpretation propagierte, dass umgekehrt auch das
Verbrechen als scharf kalkulierte Konstruktion auftreten
konnte. Diesen Verschiebungen konnte das Kriminalgenre
nur dadurch begegnen, dass es als neues Konzept auf die
Macht des Zufalls setzte, die jeden Versuch eines perfekten Mordes zuschanden werden ließ (*Fahrstuhl zum Schafott*, 1957). Von hier ging der Weg in völlig zufallsgesteu-
erte Geschehenswelten, in denen sich auch die Wertigkei-
ten von Gut und Böse auflösten (*Fallen Angels*, 1995) oder
in einem artifiziellen Zusammenbruch einer Welt endeten
(*Fargo*, 1996).

Zum anderen verlor sich der Glaube an die Ordnung stiftende Kraft der Rechtsorgane. Vor allem in den amerikanischen Produktionen des Gangsterfilms, im Gefängnisfilm
sowie in zahlreichen neueren Polizeifilmen wurde diese
genrespezifische Grundgewissheit vom Sieg der Ordnung,
von der Behauptung des Rechts und der Gerechtigkeit brüchig. Schon in *Dirty Harry* (1971) und den folgenden
Selbstjustizfilmen (*Ein Mann sieht rot*, 1974) entstand das

Bild einer gegenüber dem Verbrechen hilflosen Gesellschaft, dem der einzelne Polizist nur noch begegnen kann, indem er selbst gewalttätig wird und rücksichtslos zurückschießt. Im amerikanischen Kriminalfilm der siebziger und achtziger Jahre zeichnete sich zunehmend ein Zustand um sich greifender Rechtlosigkeit und Gewalt ab. Nicht die Polizei, sondern das Recht des Stärkeren schuf neue Ordnungen und neue Selbstverständlichkeiten, selbst Morde wurden einfach hingenommen (*Pulp Fiction*, 1994).

Diese Tendenz im Kriminalfilm korrespondiert mit einer wachsenden Unsicherheit und Aggressivität in der Gesellschaft der Zeit. Gespiegelt werden latente Ängste, und Bedürfnisse nach Sicherheit und Ordnung werden freigesetzt. Letztlich haben solche Filme auch eine systemstabilisierende Funktion, weil sie die Forderung nach einem starken Staat stützen, der für Sicherheit sorgen soll. Die Lösung der Probleme wird dabei nicht mehr innerhalb der filmischen Fiktion gesucht, sondern außerhalb, in der Realität der Zuschauer.

Sicherlich bestehen kulturelle Unterschiede gegenüber den amerikanischen Prototypen. In deutschen Kriminalfilmen wird zwar auch erzählt, dass sich viele *White-collar*-Verbrechen der polizeilichen Ermittlung und staatlichen Verfolgung entziehen. Doch es gibt die aggressive Zuspitzung, wie sie in den amerikanischen Selbstjustizfilmen zu finden ist, im deutschen Film nicht. Hier bleibt es bei der resignativen Erkenntnis der Ermittler und dem Vertrauen auf eine höhere Gerechtigkeit.

*Gut und Böse als nach außen verlegte Konstruktionen*
*des Subjekts*

Der Raum zwischen Verbrechen und Ermittlung, zwischen den Subgenres des Detektivfilms und des Gangsterfilms ist in den dreißiger Jahren ausgeschritten, als Alfred

Hitchcock eine weitere axiale Konstruktion in das Genre einführt. Der Film mit seinen Figuren wird zum Gegenspieler des Zuschauers, der psychische Korrelate zu den Figuren des Films entstehen lässt, der über die Sympathie- und Antipathieverteilung, über *suspense* und *thrill* seine Psyche der Modellierung durch den Kriminalfilm aussetzt. Slavoj Žižek und andere haben gerade an *Shadow of a Doubt* (1943) und *Strangers on a Train* (1951) gezeigt, wie die Doppelung der Figuren, wie der Dualismus in den Motiven und Handlungsteilen diese Konstruktion von Gut und Böse vielfach aufnimmt und als Struktur zu einem selbstverständlichen Muster werden lässt. Vom Zuschauer wird diese Externalisierung des Dualismus von Gut und Böse als polare Konstruktion des Subjekts kaum noch bewusst wahrgenommen, sie hat sich als Konstituens von Welt in unserem Denken längst etabliert.

Mit ihm setzt sich generell eine psychologisierende Konstruktion von Verbrechen und Ermittlung in der Kriminalunterhaltung durch. Über sie gelangt sie in die allgemeine, auf die Realität gerichtete Wahrnehmung, so dass sie als eine Form der Plausibilisierung uns heute selbstverständlich geworden ist. Keine Tat ohne ein inneres Motiv! Wo es Morde ohne Motive gibt, etwa bei Serienkillern, wächst das Grauen vor solchen (letztlich nicht erklärbaren) Einbrüchen in die Ordnungen der Welt und ihrer Dinge.

## Internationalität und Regionalität

Der Kriminalfilm steht in einem Spannungsgeflecht von Internationalität und Regionalität, von Großstadt und Land, von Gesellschaft und Individuum, von Kino und Fernsehen. International dominant ist das amerikanische Vorbild: Hollywood formulierte die weitaus meisten Prototypen des Genres. Neben der amerikanischen hat es im-

mer auch eine europäische Tradition des Kriminalfilms gegeben. Die Vorherrschaft des amerikanischen Films generell in den europäischen (und besonders in den deutschen)
Kinos hat die deutsche Kriminalfilmtradition im Kinofilm
verkümmern lassen. Die Produktion deutscher Kino-Kri-
minalfilme ist wenig kontinuierlich und hat kaum eigene
Genrevarianten ausgebildet.

Das Kriminalgenre ist international. Auch wenn zwei
Drittel der hier vorgestellten Filme aus den USA stammen, ist der Kriminalfilm kein Genre, das nur im Holly-
woodfilm zu Hause ist. Auch der indische Film und die
Kinematografie Chinas kennen das Genre. Im Kriminalfilm lassen sich die Differenzen der verschiedenen Kulturen deutlicher als in jedem anderen Genre erleben, und
dass die deutsche Fernsehserie *Derrick* einen so großen internationalen Erfolg hat, sagt etwas über das Bild, das von
uns Deutschen in der Welt existiert. Der französische Kriminalfilm erzählt die Geschichten von Verbrechen und
deren Aufklärung anders als der finnische Film, der britische Kriminalfilm wieder anders als der deutsche. Das
Genre lebt auch von der regionalen Färbung, vom Lokal-
kolorit, das dem Schema immer wieder neue Variationen
verschafft. Diese sind – als Ergebnis einer intermedialen
Arbeitsteilung – stärker im Fernsehen vertreten als im
Kino. Denn die Fernsehkriminalfilme sind näher am Alltag der Zuschauer, setzen stärker als die Kinofilme auf
Wiedererkennbarkeit der Szenerien und Handlungsmoti-
ve, auch sind ihre ›Fälle‹ alltäglicher als die des großen Ki-
nofilms.

Der Kriminalfilm zeichnet sich durch Urbanität aus,
nicht nur in seinen Ermittlungsstrukturen, die einer bürgerlichen Rationalität verpflichtet sind, sondern auch in
den Handlungsorten und Situationen, in denen Verbrechen stattfinden. Letztlich ist das Kriminalgenre mit seiner Verbrechensstruktur und den Formen der Ermittlung
vor allem in den Großstädten der westlichen Industrielän-

der zu Hause. Die Metropolen sind ein besonders gesuchter Schauplatz des Genres: London, New York, Los Angeles, dann auch Paris und Berlin. Das deutsche Fernsehen hat, nachdem seine Krimis bis in die sechziger Jahre hinein notorisch in London und New York spielten, zuerst mit *Stahlnetz* (1958–68), Anfang der siebziger Jahre (im Zuge des Entstehens des ›neuen deutschen Kriminalromans‹) auch die deutschen Regionen entdeckt. So ist der Kriminalfilm inzwischen längst auch in München (die Stadt gilt als die heimliche Hauptstadt des deutschen Krimis), Frankfurt, Hamburg und Leipzig zu Hause. Duisburg-Ruhrort (*Zahn um Zahn*, 1985) wurde mit dem Kommissar Schimanski (Götz George) zum Symbol einer neuen deutschen Krimigeneration.

In den großstädtischen Milieus finden sich moderne soziale Beziehungsgefüge mit ihrer Differenzierung der sozialen Verhältnisse, der individuellen Anonymisierung, dem Einsatz moderner Kommunikationstechniken und den Möglichkeiten, Verbrechen auf dem Stand der avancierten Technologien zu begehen. Doch der Einsatz neuer Technologien als Instrumente des Verbrechens und der Ermittlung bleibt begrenzt, die technischen Mittel dienen letztlich nur der Beschleunigung oder Ermöglichung dramaturgischer Konstruktionen, in der Regel unberührt bleiben davon die Motivationen zum Verbrechen, die Gründe für die Hartnäckigkeit der Ermittlung.

Im Großstadtfilm lassen sich die individuellen und sozialen Beziehungen in zugespitzter Form darstellen, weil sie durch den Mord ›auf den Punkt gebracht‹ werden. Gerade dort, wo der Kriminalfilm regionale Besonderheiten herausstellt, zielt seine Geschichte auf eine Verallgemeinerung, zeigt sie, dass die Grundstrukturen von Verbrechen und Ermittlung überregional und allgemein sind.

Die meisten Formen des Landkrimis scheinen nur Projektionen der Stadt auf das Land zu sein, nicht nur auf der Ebene der Verbrechen, sondern auch aufgrund des eingesetzten ›Apparats‹ der Ermittlung. So kommen Landschaft und kleine Orte nur als Staffage vor, die Ermittlung erfolgt in den konventionellen Formen. Nur selten gibt es hier Abweichungen, und das Genre gerät dann – selbst in europäischen Filmen – leicht in die Nähe des Westerns (*Jagdrevier*, 1973). Dabei werden auch Gestaltungselemente des Neuen deutschen Heimatfilms aufgenommen.

### Der Kriminalfilm als Film

Die Kriminalgeschichte ist von ihrer Erzählstruktur und der Art und Weise, sich auf Realität einzulassen, eng verwandt mit dem Film als Medium und als Form audiovisueller Darstellung. Wie die Detektion in der Spurensuche das gezielte Sehen kultiviert, so lenkt die Kamera den Blick des Zuschauers auf einzelne Details; wie der Krimi von Ereignissen handelt, die zumeist *vor* der eigentlichen Geschichte geschehen sind, erzählt der Film vor allem durch Auslassungen.

Der Kriminalfilm reagiert nicht nur auf die gesellschaftlichen Veränderungen, sondern greift mit seinen wieder und wieder gezeigten Formen in die Konstruktion von Gesellschaft ein. Er reagiert auch auf die ästhetischen Möglichkeiten des Mediums und will diese mitgestalten und sie vorantreiben.

Weil das Genre von Grenzsituationen der Menschen handelt, greift es immer wieder gestalterische Formen am Rande des Konventionellen auf, mit denen sich diese existentiellen Grenzüberschreitungen filmisch formulieren lassen. Es situiert sie im Rahmen einer *mainstream*-orientierten Verständlichkeit, die zur Basisvereinbarung der populären Genres gehört.

Filmgeschichte lässt sich auch als eine Geschichte der filmischen Avantgardepositionen im Krimigenre darstellen. Die Weiterentwicklung der filmischen Ausdruckswei-

se hat sich häufig des Kriminalgenres bedient. Die Filme
der »Schwarzen Serie« entfalten in den vierziger Jahren
(*The Maltese Falcon*, 1941; *The Big Sleep*, 1946) auch äs-
thetisch neue Formen der Weltdarstellung. Im europäischen Film der Moderne wird mit Godards *Außer Atem*
(1959) und Antonionis *Blow up* (1966) auch der Krimi-
film zum Ort einer filmischen neuen Sicht auf die Realität.
Der postmoderne Film der neunziger Jahre erfindet in den
Genrefilmen neue Dramaturgien und setzt die Welt neu
zusammen (*Pulp Fiction*, 1994).

Dennoch bleibt der Grundgestus des Kriminalfilms als
der eines Genres der populären Kultur erhalten: den medialen Charakter selbst so weit zurückzunehmen, dass ein
Realitätsanschein zustande kommt, der Zuschauer dem
Geschehen folgt und nicht auf Montage und Schnitt, nicht
auf das ›Gemachte‹ des Films schaut.


### Die Welt der Kriminalfilme und wir Zuschauer


Kein Kinobesucher, kein Fernsehzuschauer kommt am
Kriminalfilm vorbei. Durch seine große Verbreitung hat
der Kriminalfilm wie kein anderes fiktionales Genre unsere Wahrnehmung von Welt, unser Verständnis von Gesellschaft auf eine uns unbewusst gebliebene Weise geformt.
Wie Kriminalität ›aussieht‹, glauben wir aus zahlreichen
Krimis zu wissen. Von dem, was Gerechtigkeit bedeutet,
haben wir eine mehr oder weniger feste Vorstellung, weil
der Kriminalfilm mit dem Prinzip der poetischen Gerechtigkeit argumentiert und angesichts einer ganz anderen
Realität, in der viele Verbrechen ungesühnt bleiben, die
tröstende, aber letztlich falsche Gewissheit vermittelt, dass
jede Verbrechenstat ans Tageslicht kommt. Wir haben Bilder von den Ermittlern im Kopf, stellen uns Kommissare
wie Horst Tappert (*Derrick*) und Detektive wie Humphrey Bogart (*The Maltese Falcon*) vor. Wir wissen, wie

ein Ermordeter auszusehen hat, und kennen die stereotypen Situationen, wenn der Verhörte aus dem Verhör entlassen wird und in der Tür von der letzten, aber alles entscheidenden Frage überrumpelt wird und das entscheidende Detail preisgibt. Wir sind erfüllt von den Geschichten und Chiffren des Kriminalfilms: Der Kriminalfilm ist in uns und Teil unserer selbst.

Trotz der übergroßen Zahl an Kriminalfilmen ist die Kraft des Genres ungebrochen. Weil das Verhältnis zu uns selbst und unserer eigenen Identität ebenso wie die gesellschaftliche Ordnung prekär bleibt, ist der Bedarf an Filmen des Genres, die die alten archetypischen Modelle von Schuld und Sühne, Unrecht und Recht, Verbrechen, Ermittlung und Bestrafung in immer neuem, aktuellen Gewand thematisieren, unverändert groß.

*Knut Hickethier*

*Empfehlenswerte Literatur:* Jörg Becker: Einzelgänger und Serientäter. Der Deutsche Kriminalfilm – ein Resümee. In: FilmGeschichte. Nr. 13 (Juni 1999). S. 39–42. – Ingrid Bück / Andrea Guder / Reinhold Viehoff / Karin Wehn: Der deutsche Fernsehkrimi. Eine Programm- und Produktionsgeschichte von den Anfängen bis heute. Stuttgart/Weimar 2003. – Nicholas Christopher: Somewhere in the Night. Film Noir and the American City. New York 1997. – Martin Compart: Crime TV. Lexikon der Krimi-Serien. Berlin 2000. – Brian Davis: The Thriller. The Suspense Film from 1946. London 1973. – Peter Drexler: Der deutsche Gerichtsfilm 1930–1960. Annäherungen an ein problematisches Genre. In: Joachim Linder / Claus Michael Ort (Hrsg.): Verbrechen – Justiz – Medien. Konstellationen in Deutschland von 1900 bis zur Gegenwart. Tübingen 1999. S. 387–401. – Umberto Eco / Thomas A. Sebeok (Hrsg.): Der Zirkel oder Im Zeichen der Drei. Dupin. Holmes, Peirce. München 1985. – U. Eco / Oreste del Buono (Hrsg.): Der Fall James Bond. 007 – ein Phänomen unserer Zeit. München 1966. – William K. Everson: The Detective in Film. Secaucus 1972. – Christian Fuchs: Kino-Killer. Mörder im Film. Wien 1995. – Hans Gerhold: Kino der Blicke. Der französische

Kriminalfilm. Frankfurt a. M. 1989. – Gordon Gow: Suspense in the Cinema. London / New York 1968. – Norbert Grob: Kriminalfilm. In: Thomas Koebner (Hrsg.): Reclams Sachlexikon des Films. Stuttgart 2002. S. 325–330. – N. Grob: »Etwas ist nicht geheuer …« – Anmerkungen zum deutschen Kriminalfilm. In: FilmGeschichte. Nr. 13 (Juni 1999). S. 9–18. – N. Grob [u. a.] (Hrsg.): Abgründe der Phantasie. Der deutsche Kriminalfilm. Berlin 1998. – N. Grob: Das Geheimnis der toten Augen. 13 Aspekte zum deutschen Kriminalfilm der sechziger Jahre. In: Hilmar Hoffmann / Walter Schobert (Hrsg.): Abschied vom Gestern. Bundesdeutscher Film der sechziger und siebziger Jahre. Frankfurt a. M. 1991. S. 72–97. – Phil Hardy: Der amerikanische Kriminalfilm. In: Geoffrey Nowell-Smith (Hrsg.): Geschichte des internationalen Films. Stuttgart/Weimar 1998. S. 276–282. – Knut Hickethier / Wolf Dieter Lützen: Krimi-Unterhaltung. Überlegungen zu einem Genre am Beispiel von Kriminalfilmen und -serien. In: Helmut Hartwig (Hrsg.): Sehen lernen. Kritik und Weiterarbeit am Konzept Visuelle Kommunikation. Köln 1976, S. 312–345. – Gabriela Holzmann: Schaulust und Verbrechen. Eine Geschichte des Krimis als Mediengeschichte. Stuttgart/Weimar 2001. – Hans-Otto Hügel / Johannes von Moltke (Hrsg.): James Bond. Spieler und Spion. Hildesheim 1998. – Hans G. Kellner / J. M. Thie / Meinholf Zurhorst: Der Gangster-Film. Regisseure, Stars, Autoren, Spezialisten, Themen und Filme von A–Z. München 1977. – Matthias Kuzina: Der amerikanische Gerichtsfilm. Justiz, Ideologie, Dramatik. Göttingen 2000. – John McCharthy: Thrillers. New York 1992. – Robert J. Randisi (Hrsg.): Krimis schreiben. Ein Handbuch der Private Eye Writers of America. Frankfurt a. M. 1999. (Amerik. Orig.-Ausg. 1997.) – Burkhard Röwekamp: Vom *film noir* zur *méthode noire*. Die Evolution filmischer Schwarzmalerei. Marburg 2003. – Horst Schäfer / Wolfgang Schwarzer: Von ›Che‹ bis ›Z‹. Politthriller im Kino. Frankfurt a. M. 1991. – Wolfgang Schweiger: Der Polizeifilm. München 1989. – Georg Seeßlen: Der Asphalt-Dschungel. München 1977. – G. Seeßlen: Thriller. Kino der Angst. Marburg 1995. (Überarb. Fass. des Buches: Kino der Angst. Reinbek 1980). – G. Seeßlen: Mord im Kino. Marburg 1998. (Überarb. Fass. des gleichnam. Buches, Reinbek 1980). – G. Seeßlen: Copland. Marburg 1999. – François Truffaut: Mr. Hitchcock, wie haben Sie das gemacht? München 1973. – Jon Tuska: The Detective in Hollywood. Garden City (N. Y.) 1978. – Holger Wa-

cker (Hrsg.): Enzyklopädie des Kriminalfilms. Meitingen 1995–97.
[Loseblatt-Slg.] – Robert Warshow: The Gangster as Tragic Hero.
In: R. W.: The Immediate Experience. New York 1962. S. 127 ff.
(Dt., übers. von Georg Alexander und Ulrich Gregor, in: Kinema-
thek. Nr. 19. Berlin 1965. S. 2 ff.) – Eike Wenzel (Hrsg.): Ermitt-
lungen in Sachen ›tatort‹. Recherchen und Verhöre, Protokolle und
Beweisfotos. Berlin 2000. – Paul Werner: Film noir und Neo-Noir.
München 2000. – Hans Jürgen Wulf: Drei Bemerkungen zur Mo-
tiv- und Genreanalyse am Beispiel des Gefängnisfilms. In: Sechstes
Film- und Fernsehwissenschaftliches Kolloquium Berlin 1983.
Berlin 1984. – Slavoj Žižek [u. a.]: Was Sie immer schon über Lacan
wissen wollten und Hitchcock nie zu fragen wagten. Frankfurt
a. M. 2002. – Meinholf Zurhorst: Lexikon des Kriminalfilms. München 1993. (Überarb. Neuausg.)

# Dr. Mabuse, der Spieler

## 1. Teil: Der große Spieler – Ein Bild der Zeit

## 2. Teil: Inferno – Ein Spiel um Menschen unserer Zeit

### D 1922   s/w 3496 m (Teil 1)   2533 m (Teil 2)

R: Fritz Lang
B: Fritz Lang, Thea von Harbou (nach dem Roman *Dr. Mabuse, der Spieler* von Norbert Jacques)
K: Carl Hoffmann
D: Rudolf Klein-Rogge (Dr. Mabuse), Bernhard Goetzke (von Wenk), Aud Egede Nissen (Cara Carozza), Gertrude Welcker (Gräfin Told), Alfred Abel (Graf Told), Paul Richter (Edgar Hull)

*1. Teil:* In immer neuen Verkleidungen führt der angesehene Psychoanalytiker Dr. Mabuse ein kriminelles Doppelleben als genialer Verbrecher. Er betreibt eine Falschgelddruckerei, Spionage, Börsenbetrug, Falschspiel, Raub und Mord. Mit hypnotischen Fähigkeiten macht er Menschen zu seinen willfährigen Instrumenten. Seine ehemalige Geliebte, die Tänzerin Cara Carozza, zwingt er, ihm den reichen Fabrikantensohn Edgar Hull zuzuführen, den er beim Spiel um 150 000 Mark betrügt. Über das Falschspiel kommt Staatsanwalt von Wenk auf seine Spur. An Wenk, dem er am Spieltisch gegenübersitzt, scheitern Mabuses hypnotische Kräfte, doch Mabuse kann ihm entkommen. Während einer von Wenk veranlassten Razzia im Spielclub wird Hull von Mabuses Leuten erschossen. Cara Carozza wird festgenommen.

*2. Teil:* In dem feinsinnigen Kunstsammler Graf Told findet Mabuse sein nächstes Opfer. Bei einer exklusiven Party zwingt er ihn unter Hypnose zum offenkundigen Falschspiel und macht ihn zum Skandal. Den Aufruhr unter den Gästen nutzt Mabuse, um die schöne Gräfin Told, die er liebt, zu entführen. Der verstörte Told begibt sich in psychoanalytische Behandlung bei der Kapazität Dr. Ma-

Rudolf Klein-Rogge (Mitte) hypnotisiert als *Dr. Mabuse* die Gesellschaft um den Tisch, bevor er ein falsches Spiel betreibt.

buse, der ihm aufträgt, sich von seiner Umgebung zu isolieren. Sowohl Graf Told als auch Cara Carozza, die von Wenk immer dringlicher ins Verhör genommen wird, werden von Mabuse in den Selbstmord getrieben. Bei einem weiteren Versuch Mabuses, ihn zu hypnotisieren, erkennt Wenk in ihm den gesuchten Verbrecher, erliegt jedoch der Hypnose und entgeht nur knapp Mabuses Befehl zum Selbstmord. Wenk lässt Mabuses Haus umstellen, doch der entkommt durch einen unterirdischen Geheimgang in seine Falschmünzerwerkstatt. Dort erscheinen ihm die geisterhaften Schemen seiner Opfer und zwingen ihn zum Kartenspiel. Als Wenk die Werkstatt stürmen lässt, findet er Mabuse in geistiger Umnachtung.

*Dr. Mabuse* war Fritz Langs erster Welterfolg, Dr. Mabuse ist eine der populärsten fiktionalen Figuren der Weimarer Republik. Den außergewöhnlichen Erfolg verdankte sie auch einem geschickten Marketing des Ullstein-Verlags und der Filmfirma Decla-Bioskop. Die Dreharbeiten zu *Dr. Mabuse* hatten schon während der Veröffentlichung von Norbert Jacques' Roman in der *Berliner Illustrierten Zeitung* begonnen, so dass in den letzten Romanfortsetzungen bereits die ersten Filmfotos erscheinen konnten. Die damals aktuellsten Medien Film und Presse förderten im engen Verbund wechselseitig die Popularität des ›Produkts‹ Mabuse. Der fast vierstündige, in zwei Teilen um einen Monat versetzt uraufgeführte Film wurde von einer groß angelegten Vorab-Publicity begleitet.

Der Film beginnt, in einer fulminanten *In-medias-res*-Erzähltechnik, mit einer Parallelmontage, die Mabuse als einen »Mann der tausend Gesichter« vorstellt und als Initiator eines sich gleichzeitig in einem Zug abspielenden Raubmordes einführt. Schnell montierte Sequenzen zeigen Mabuse weiter als kaltblütigen Börsenspekulanten und Falschmünzer, der Blinde ausbeutet. Damit gelingt es Lang, eine faszinierende, abstoßende und zugleich anziehende, interessante Hauptfigur aufzubauen. Tempo und Rhythmus des Films – zu seiner Zeit hoch gelobt – sind ebenso wie die geschickte Verzahnung der verschiedenen Handlungsstränge beispielhaft für die dramaturgischen Muster des Kriminalfilmgenres in Filmen von programmfüllender Dauer.

*Dr. Mabuse* wurde gelegentlich als erster Gangsterfilm überhaupt bezeichnet, was aber nicht zutrifft; der Film knüpft an die seit der Zeit der kurzen und mittellangen Filme der 1910er Jahre auch in Deutschland äußerst erfolgreiche und sehr verbreitete Tradition der Detektiv-*serials* (Hesse, 1998) an, in denen Fritz Lang als Autor seine Filmkarriere begonnen hatte. Ebenso entstand in Frankreich zu dieser Zeit eine Tradition der Detektiv- und

Gangsterfilme in den Serien um *Zigomar* (1911/12), *Fantômas* (1913/14) und *Les vampires* (1915). Auch Fritz Lang selbst hatte mit *Die Spinnen* (1919/20) schon einen Beitrag zu diesem Genre geleistet. Innovativ war bei *Dr. Mabuse* jedoch die weitaus größere Länge als Kriminalfilm, die er mit einer vorbildhaft zum geschlossenen Bogen ausgefeilten Spannungsdramaturgie ausfüllte.

Der literarischen Vorlage, dem Roman von Norbert Jacques, blieb das Filmmanuskript von Lang und Thea von Harbou verbunden, nahm aber wichtige Änderungen vor. Der Figur des Staatsanwalts, den Jacques als konservativen Antirepublikaner zeichnete, entzieht der Film die politische Ausstaffierung. Stattdessen wurde eine Sequenz zugefügt, die die soziale Anarchie der Nachkriegszeit aufgreift und Mabuse einen Aufruhr anzetteln lässt, um einen gefangenen Helfershelfer beseitigen zu können. Der Film verzichtet auch auf das Pathos des Romans. Motive der Großstadt Berlin bereicherten die Handlung: »Aus dem Kolportageroman – konventionell in der Anlage des Figurenensembles, konservativ in der Gesinnung – wurde ein Werk der Moderne« (Töteberg, 1997).

Prägend waren die *Mabuse*-Filme für das Kriminalfilmgenre, weil sie an zeitgenössische Moden anknüpften und Elemente anderer Filmgenres aufgriffen. So bezog sich *Dr. Mabuse* mit Hypnose und Wahnsinn auf die Psychoanalyse und auf den zwei Jahre zuvor erschienenen expressionistischen Film *Das Cabinet des Dr. Caligari*, von dessen Stil sich Lang allerdings distanzierte. Das Prinzip der symbolischen Veräußerlichung innerer und gesellschaftlicher Zustände nimmt *Dr. Mabuse* gleichwohl auf, indem die Bildgestaltung stark von geometrischen Strukturen dominiert wird.

Bezüge bestehen auch zu den Verruchtheit und bürgerliche Ausschweifungen zelebrierenden ›Sittenfilmen‹ der unmittelbaren Nachkriegszeit wie auch zu den erfolgreichen exotischen Abenteuer- und Reise-Mehrteilern wie

*Die Herrin der Welt* (1919/20), *Die Jagd nach dem Tode*
(1920) und Langs eigenem Film *Die Spinnen* (1919/20).
Dem exotischen Abenteuergenre nahm Langs Film die
Weltferne-Romantik und verlegte den ›Dschungel‹ konsequent in die moderne Großstadt. Die Morbidität eroti-
scher Leidenschaften der ›Sittenfilme‹ wurde in *Dr. Mabu-
se* zur Spielleidenschaft und einer in ihr den erregenden
Ausgleich suchenden, sublimen, ›lebensschwachen‹ bürgerlichen Überfeinerung gewendet, die in den Figuren von
Graf und Gräfin Told buddenbrooksche Züge annimmt.
In Dekorationen und der Inszenierung werden Bezüge zu
modernen Kunstrichtungen wie der Wiener Sezession, der
Berliner Avantgarde und dem späteren Art déco erkennbar. Lang schnürte in den *Dr. Mabuse*-Filmen ein ganzes
Bündel von Querverweisen und setzte pointiert auf den
›Zeitgeist‹. Konsequent wurde *Dr. Mabuse* als »*Ein Bild
der Zeit*« (Untertitel Teil 1) angeboten, das die Stimmung
der Inflationszeit aufgriff. Der Film sei »konzentrierter
Zeitgeist« und biete »alles, was diese letzten Jahre an
Überreiztheit, Verderbnis, Sensation und Spekulation uns
brachten«, er stelle eine »Zusammenballung von Tanz und
Verbrechen, von Spielwut und Kokainseuche, von Jazz-
Band und Razzia« dar (zeitgenössische Kritiken).
　　Langs Film wurde später zunehmend als ein ›Zeitdoku-
ment‹ angesehen – Lotte Eisner sprach sogar von einem
›dokumentarischen‹ Film. Er wurde als ein ›politischer‹
Film bewertet, so insbesondere von Siegfried Kracauer,
der in *Dr. Mabuse* einen Markstein in der von ihm gezo-
genen Verbindungslinie *Von Caligari zu Hitler* sah. Fritz
Lang hat eine politische Absicht seines Films zwar einerseits bestritten, andererseits aber auch selbst nahegelegt.
Nach Georges Sturm hat Lang 1953 in einem Interview
behauptet, vom ersten Teil des *Mabuse*-Films sei eine bei
der Uraufführung noch vorhandene Eingangssequenz
verloren gegangen, die den Bezug zur aktuellen politischen Situation herstellte: »eine kurze, atemlose Montage

von Szenen des Spartacus-Aufstandes, der Ermordung
von Rathenau, des Kapp-Putsches und anderer gewaltsa-
mer Ereignisse der jüngsten Geschichte«. Diese dokumentarische Sequenz sei durch einen Zwischentitel (»Wer
steckt hinter alledem?«) mit der Figur Mabuse verbunden
gewesen.

Die These vom Verlust dieses dokumentarischen Anfangs wird zwar von neueren Kommentaren wiederholt,
doch sie darf Langs bekannter Neigung zur Selbststilisie-
rung zugeschrieben werden. Zum einen hätte eine solche
tendenziöse Tagesaktualität den von Lang stets angestreb-
ten »universellen Charakter abgeschwächt« (Sturm), und
zum anderen wären ›atemlose Montagen‹ (eine Wendung,
die erst unter dem Eindruck der Filme Eisensteins Mitte
der zwanziger Jahre entstand) im filmhistorischen Kontext von 1922 ebenso wie das Verfahren, in Spielfilme eine
zeitpolitisch aktuelle, dokumentarische Sequenz zu inte-
grieren, so kühn gewesen, dass Filmkritiker davon berichtet hätten. Doch keine der gut dokumentierten Rezensio-
nen erwähnt eine solche Sequenz. Auch wurde Walter Rathenau erst nach den Uraufführungen der *Mabuse*-Filme
ermordet, was Lang (wie auch Eisner und anderen) später
wohl nicht mehr präsent war. Insofern kann man davon
ausgehen, dass die überlieferten Fassungen von *Dr. Mabuse* zumindest zu Beginn vollständig sind und dass ein
ostentativ politischer Bezug weder intendiert war noch
vom Film hergestellt wurde.

Was die Figur des ›Tyrannen‹ Mabuse als prognosti-
schen Verweis auf Adolf Hitler erscheinen lässt, ist ihre
bedrohliche Überdimensionalität, der »Wille zur Macht«
über »Menschen und Menschen-Schicksale« und ihre
scheinbar metaphysischen Fähigkeiten zur Suggestion, wie
sie die brillant und spektakulär inszenierten Hypnosese-
quenzen zeigen. Jener nietzscheanisch erscheinende »Wille
zur Macht« ist bei Mabuse jedoch kein Selbstzweck, sondern ein Vorschub, der der Bereicherung dient. Am

Schluss wühlt Mabuse, irrsinnig geworden, im Geld – oder genauer und in der Inflationszeit prägnanter: im Falschgeld.

Die Figur des Dr. Mabuse in Langs erstem Film ist nicht als politische Parabel zu verstehen, sondern als Metapher des Spekulantentums und der Geld- und Besitzgier der Nachkriegsjahre und Inflationszeit. Geld und Besitzgier werden in der von Lang entworfenen Welt zugleich zum Sinnbild für den Verlust und Ersatz von Identität: Mabuse verliert »beim Spiel mit Identitäten« jede Identität (Sturm). Auch damit greift Lang zeittypische, soziale Aufstiegswünsche und Abstiegsängste der Inflationszeit auf, ins griffige Klischee des Kapitalisten ohne Herz und wahre Werte gekleidet: »Mabuse ist, so paradox es klingen mag, die unterhaltsam zu lesende Story einer großen Zeitangst« (Scholdt).

Unterhaltsam ist die Geschichte des *Dr. Mabuse* nicht zuletzt, weil sie an vertraute literarische Topoi anschließt: Geldgier, die bestraft werden muss, war schon Bestandteil des Barocktheaters und der Commedia dell'arte, und in der Verknüpfung von Genie, Wahnsinn und Verbrechen findet sich »eine alte romantische Vorstellung« wieder (Sturm). Dass die Liebe den Übermenschen zu Fall bringt, ist in der deutschen Literatur ein stehender Topos spätestens seit Goethes *Faust*. Georges Sturm ordnet *Dr. Mabuse* den ›großen Mythen‹ der Erzählkultur zu, wobei sich in Fritz Langs und Thea von Harbous Filmen jedoch die Brechungen der literarischen Traditionen durch die technische Moderne zeigen. Mabuse macht sich moderne Techniken zunutze und greift die Moderne dort an, wo sie in ihren Funktionsstrukturen verwundbar ist. Er bedient sich der anonymen Struktur des Kapitalismus im Industriezeitalter, der Börse, um sich in großem Stil zu bereichern. Die Börse zu sprengen erlaubt ihm der schnelle Eisenbahntransport eines wichtigen Vertrags und die Gelegenheit, in der Unbelauschtheit eines Eisenbahnabteils einen Mord zu

begehen (seither ebenfalls ein stehender Topos im Film).
Er bedient sich bei seinen Verbrechen der Anonymität
moderner Kommunikationsmittel (im ersten Film des Telefons, in späteren *Mabuse*-Filmen Langs der Schallplatte
und der Fernsehkamera). *Dr. Mabuse* bildete eine konge-
niale »Verbindung des Irrationalen mit dem Rationalen,
des Okkulten mit dem Technischen, des Archaischen mit
dem Modernen« (Sturm).

1932/33 realisierte Fritz Lang als Fortsetzung der stummen *Mabuse*-Filme den Tonfilm *Das Testament des Dr.
Mabuse* nach einem Manuskript von Thea von Harbou,
das lose auf einem Roman von Norbert Jacques basierte
(veröffentlicht aufgrund einer Vereinbarung mit Harbou
erst 1950 unter dem Titel *Dr. Mabuses letztes Spiel*). Mabuse lebt autistisch, jedoch besessen schreibend in der Irren-
anstalt des Dr. Baum, während gleichzeitig unerklärliche
Verbrechen stattfinden, die nach Mabuses Aufzeichnungen
von Dr. Baum, dem anonym bleibenden Kopf einer Ver-
brecherbande, ausgeführt werden. Als Mabuse stirbt, ergreift sein Geist Besitz von Dr. Baum und treibt ihn, nachdem seine Bande aufgerieben und er als Initiator eines
sinnlosen Terroranschlags entlarvt wurde, in den Wahnsinn. Am Ende nimmt Baum die Stelle Mabuses in dessen
Zelle ein.

Der Film wurde vor der Uraufführung auf Veranlas-
sung von Joseph Goebbels in Deutschland verboten (Uraufführung: Budapest, April 1933; deutsche Erstauffüh-
rung: 24. 8. 1951), der Überlieferung nach, weil der Film
zeige, dass eine Gruppe von entschlossenen Männern jeden Staat aus den Angeln heben könne. In der Forschung
wurde der Film z. T. als Warnung vor Hitlers Terrorme-
thoden bewertet – was Lang, wiederum im Nachhinein,
als seine Absicht erklärte. Selbst wenn dem Film nicht die
Absicht eines politischen Kommentars zu Grunde lag, so
nimmt er diesen Charakter doch deshalb an, weil Lang
und Harbou die Mabuse-Figur erneut dem ›Zeitgeist‹ an-

geglichen hatten. Dieser Mabuse-Figur geht es nicht mehr um Bereicherung, sondern um Macht und Terrorismus.

1960 drehte Fritz Lang den dritten und letzten seiner *Mabuse*-Filme, *Die 1000 Augen des Dr. Mabuse*, auf Anregung des Filmproduzenten Artur Brauner, der die Rechte an der Figur erworben hatte. Mabuse, der in den Masken des Psychiaters Dr. Jordan und des blinden Hellsehers Cornelius agiert, will sich mit Hilfe eines Atomkraftwerks die Weltherrschaft verschaffen und kontrolliert durch Fernsehkameras ein Luxushotel, um den Besitzer des Kraftwerks auszuschalten. Der Film erreicht nicht mehr die Suggestionskraft seiner Vorgänger, wurde jedoch zum Auftakt einer Reihe von *Mabuse*-Filmen von Brauners CCC-Filmkunst: Nach den beiden von Harald Reinl inszenierten Filmen *Im Stahlnetz des Dr. Mabuse* (1961) und *Die unsichtbaren Krallen des Dr. Mabuse* (1961/62) folgten das Remake von *Das Testament des Dr. Mabuse* (1962, Werner Klingler) sowie *Scotland Yard jagt Dr. Mabuse* (1963, Paul May) und *Die Todesstrahlen des Dr. Mabuse* (1964, Hugo Fregonese); 1970 entstand als italienisch-deutsche Koproduktion, an der Brauner beteiligt war, *La Vengaza del Doctor Mabuse / Der Mann, der sich Mabuse nannte* (*Dr. M. schlägt zu*), und 1971 erschien die amerikanisch-britische Koproduktion aus dem Jahr 1969 *Scream and Scream Again* in Deutschland unter dem Titel *Die lebenden Leichen des Dr. Mabuse*. Die Figur des Mabuse verlor zunehmend ihre Dämonie und entwickelte sich zum gewöhnlichen Verbrecher. In den Jahren 1989/90 realisierte Claude Chabrol den Film *Dr. M.*, eine Hommage an Fritz Lang und seine *Mabuse*-Filme. Dieser filmische Abgesang war jedoch kein Schlusspunkt, denn *Mabuse* lebte in anderen Medien auf.          *Corinna Müller*

*Vorlage:* Norbert Jacques: *Dr. Mabuse, der Spieler.* Mit einem Dossier zum Film von Fritz Lang, Zeichnungen von Theo Matejko, Filmbildern und faksimilierten Werbemitteln der Zeit und

einem Essay von Günter Scholdt. Hamburg 1994. (Dr. Mabuse.
Medium des Bösen. Hrsg. von Michael Farin und Günter Scholdt.
Bd. 1.)
*Literatur:* Lotte H. Eisner: Fritz Lang. London 1976. – Siegfried
Kracauer: Von Caligari zu Hitler. Eine psychologische Geschichte
des deutschen Films. Frankfurt a. M. 1979. (Engl. Orig.-Ausg.
1947.) – Michael Töteberg: Fritz Lang. Reinbek 1985. – Heide
Schöneman: Fritz Lang. Filmbilder – Vorbilder. Berlin 1992. – Mi-
chael Töteberg: Dr. Mabuse, der Spieler. In: M. T. (Hrsg.): Metzler
Filmlexikon. Stuttgart/Weimar 1995. S. 171–173. – M. Töteberg:
Die Rückkehr des Dr. Mabuse. Das Ende eines genialen Verbrechers: Serienheld im westdeutschen Unterhaltungskino. In: Thomas Koebner (Hrsg.): Idole des deutschen Films. München 1997.
S. 362–371. – Georges Sturm: Mabuse. Ein Bild der Zeit, ein Spiel
mit dem Bild. In: Norbert Jacques: Das Testament des Dr. Mabuse.
Reinbek 1997. S. 336–359. – Sebastian Hesse: Kamera-Auge und
Spürnase. Der Detektiv im frühen deutschen Kino. Bern / Frankfurt a. M. 2001.


# Der Schuss im Tonfilmatelier

D 1930     s/w 73 min

R:  Alfred Zeisler
B:  Rudolf Katscher, Egos Eis (nach einer Idee von Curt Siodmak)
K:  Werner Brandes
D:  Gerda Maurus (Gerda Maurus), Harry Frank (Harry Frank),
    Ernst Stahl-Nachbaur (Kriminalrat Holzknecht), Alfred Bei-
    erle (Kommissar Möller), Hertha von Walther (Hertha von
    Walther), Erich Krestin (Erich Krestin), Paul Kemp (Paul
    Kemp), Ewald Wenck (Kameramann), Ernst Behmer (Kame-
    raassistent), Berthe Ostyn (Saylor, Schauspielerin)

Während der Dreharbeiten zu einem Tonfilm geschieht
ein Mord. Der Verdacht fällt auf den Hauptdarsteller Harry Frank, der privat mit der Hauptdarstellerin Gerda
Maurus verlobt ist, früher aber ein Verhältnis mit der Er-

mordeten hatte, sie noch am Tag vor der Tat aufsuchte
und mit ihr in Streit geraten war. Doch auch Gerda Maurus war in dieser Nacht, durch einen anonymen Anruf
vom Aufenthalt ihres Verlobten verständigt, am Ort des
Stelldicheins gewesen. Beide haben ein Motiv und Gelegenheit zu dem Mord gehabt. Mit der vermeintlichen
Mordwaffe, zu der beide Zugang hatten, konnte jedoch
gar nicht geschossen werden. Kriminalrat Holzknecht und
Kommissar Möller rekonstruieren minutiös den Tathergang und entdecken ein wichtiges Indiz: Auf einem Film-
streifen der vor der Aufnahme warm laufenden Tonkameras wurde ein heimliches Gespräch zwischen der Ermordeten und einem Mann aufgenommen, der sie um Geld
bedrängte und bedrohte. Die Aufnahme wird den Anwe-
senden vorgespielt, und die Stimme des Mannes wird erkannt. Nun können die Kommissare den Täter – der sich
als der unter falschem Namen lebende Bruder der Ermordeten herausstellt – in eine Falle locken.

Als Kriminalfilm gehört *Der Schuss im Tonfilmatelier*
zu den eher konventionellen *whodunits*. Die Kriminalhandlung wird weniger durch Spannungselemente als
durch *running gags* belebt: Seinen Reiz bezieht der Film
vor allem aus seinem Schauplatz. *Der Schuss im Tonfilmatelier*, der zweite in Deutschland hergestellte Tonfilm-
Krimi, wurde zum beliebten Gegenstand von filmhistorischen Hochschulkursen, weil er wie in einem Lehrgang in
die Geheimnisse der Tonfilmtechnik und Tonfilmproduktion einführt. Die detektivische Arbeit der Kommissare
besteht nicht in den Verhören der Tatverdächtigen, sondern darin, sich – als Stellvertreter des Publikums – mit
den technischen Abläufen der Tonfilmproduktion vertraut
zu machen und sie in die kriminalistischen Überlegungen
einzubeziehen.

Der Film beginnt wie eines der seinerzeit vertrauten
Filmmelodramen: Ein eleganter Beau will von seinem Sa-
lon aus gerade durch einen Perlenvorhang ins Nebenzim-

mer gehen, wo seine Geliebte auf ihn wartet, als eine elegante Dame vor Wut schäumend hereinplatzt und mit einer Pistole fuchtelnd die Liaison auffliegen lassen und die Nebenbuhlerin erschießen will. Dame und Beau ringen miteinander, ein Schuss löst sich und die Geliebte schreit auf, als plötzlich eine fremde Stimme »Halt!« ruft und die Kamera durch einen Schwenk von der Szene zu den daneben stehenden Filmleuten erkennbar werden lässt, dass wir bei Dreharbeiten eines Films sind. Sie wurden unterbrochen, weil der Schuss – wie man auf dem Set meint: von Regieassistent Krestin – zu früh abgefeuert wurde. Mit dieser Eröffnung wird der Beginn von François Truffauts *La nuit américaine* (1973) vorweggenommen.

Die Unterbrechung der Dreharbeiten gibt Gelegenheit für erste Instruktionen: Krestin entdeckt eine Besucherin, die sich als Schriftstellerin Hertha Walther vorstellt und für ihren neuen Roman, der im Tonfilmmilieu spielen soll, Milieustudien betreiben will. Ihr kann Krestin nun erklären, dass nicht die Darstellerin, sondern er den Schuss abfeuern muss, damit er im Tonfilm ›echt‹ klingt. Weiter erklärt Krestin, dass die Kamera, die zu laute Eigengeräusche produziert, die ins Mikrophon dringen würden, mitsamt Kameramann und -assistent in eine schalldichte Box gesperrt werden muss. Nun folgt die erste Episode einer alternierend in die Handlung eingeflochtenen kleinen Nebenhandlung, die in der Kamerabox spielt: Der Kameraassistent erzählt dem Kameramann die neuesten Schandtaten seiner Nachbarin, Frau Paschulke. Währenddessen veranschaulicht sein schwitzender Chef, den er ständig mit Mineralwasser versorgen muss, dass es in der Kamerabox furchtbar heiß ist. Als die Dreharbeiten wieder aufgenommen werden, wird man weiter in die Tonfilmarbeit eingewiesen: Auf dem Set stimmt sich der Regisseur über Telefon mit dem Tonmeister ab, der hoch oben in seinem schalldichten Tonlabor über allem thront. Die Tonkameras werden gestartet, die Tonklappe wird geschlagen, und sodann erfährt man – während des dritten Teils der Frau-Paschulke-Geschichte –, wie sich die Filmszene aus der Sicht der Kamerabox abspielt. Durch einen Wechsel zur Szene und eine erste Perspektive aus dem Nebenraum des Filmschauplatzes wird der Mord dann entdeckt.

Die weitere Handlung führt durchs gesamte Filmatelier – eines der vier im legendären ›Tonkreuz‹ der Ufa –, die Garderoben, Flure, die Nebenbühne, den ›Katzensteg‹ der Lichtanlage, ins kleine Kino für die Sichtung der Aufnahmen des Tages und in den Schnittraum der Toncutterin, so dass man die Filmarbeit und ihren Schauplatz am Ende besser kennt als den des Films, in dem man sich anfangs zu befinden glaubte.

Der frühe deutsche Tonfilm hatte einen Hang zur ironischen Selbstreferenz, die in diesem Film ihren Höhepunkt fand. *Der Schuss im Tonfilmatelier* treibt bei seiner Selbstdarstellung doppeltes Spiel: An entscheidenden Stellen zeigt er nicht die Tonfilmpraxis, sondern schwelgt in den Legenden um den Tonfilm, die im Publikum bekannt und beliebt waren. Schon die Entlarvung des Mörders durch eine Tonaufnahme während der Drehpause ist ein Agatha-Christie-Trick, denn es wäre in der Filmpraxis pure Materialverschwendung gewesen, die diversen Tonkameras während der gesamten Drehpause laufen zu lassen.

Es bedurfte nicht unbedingt eines Insiderwissens, um dem Doppelspiel des Films auf die Schliche zu kommen: Alle Schauspieler im Film (die Kommissare ausgenommen) tragen in ihren Rollen die Namen, unter denen sie dem Publikum als Schauspieler bekannt waren, so dass der Spielcharakter der Handlung und die Rollenfiktion deutlich wurden. Der Film zielt auf das Wissen der Zuschauer um den durch den Ton verstärkten filmischen ›Realitätsanschein‹, wobei er dem Publikum eine unterhaltsame Medienreflexion abverlangte. Denn am deutlichsten (und auch am besten versteckt) entlarvt der Film die vorgeführte Tonfilmwelt auf der Ebene der Kameraästhetik als Ku-

lissenzauber: Die liebevoll aufbereitete Kamerabox (mit
dem im Film als ›Schauspieler‹ agierenden Kamerateam
Ewald Wenck und Ernst Behmer) wird durch die Filmkamera von Werner Brandes Lügen gestraft. Riesig und
schwer ist die Kamerabox fest auf ihren Standort fixiert
und auf den starren Blick, den ihr Glasfenster aufs Set
freigibt. Die beim Drehen der Szene verwendete Kamera
jedoch schwenkt und bewegt sich, und wir blicken aus
schwindelnder Höhe auf das Atelier hinunter. Diese Bild-
ästhetik wäre bei Verwendung einer ›Box‹ unmöglich gewesen. Die Kamerabox ist keine Tonfilmrealität, sondern
Filmkulisse, und das beschwerliche Dasein der Kamera-
crew in ihr ist ebenfalls nur eine hübsche Geschichte – die
das zeitgenössische Publikum liebte und die Heinz Rüh-
mann noch um 1990 flunkernd als ›frühe Tonfilmpraxis‹
zum Besten gab.

Als ein ›Klassiker‹ der internationalen Film- und Kriminalfilmgeschichte kann *Der Schuss im Tonfilmatelier* vor
allem deshalb gelten, weil er im Gewand eines Krimis die
Auflösung seines eigentlichen Krimis, die auf einer ästhetischen Ebene dieses ›Films im Film‹ stattfindet, den Zuschauern selber überantwortet: die filmische Scheinrealität
anhand des Sichtbaren im Film als solche zu erkennen. Der
Film setzt Zuschauer voraus, die über eine kritische Distanz zum Medium verfügen, die einzig ihren Augen trau-
en, genau wahrnehmen und dem Film nur das glauben,
was er ihnen tatsächlich zu sehen anbietet – nicht aber die
Geschichte(n), die ihnen die Filmfiguren erzählen.

*Corinna Müller*

*Literatur:* Georg Seeßlen: Mord im Kino. Geschichte und Mythologie des Detektiv-Films. Reinbek 1981. S. 132–133. – Corinna
Müller: Vom Stummfilm zum Tonfilm. Stuttgart 2003. S. 367–372.

# M – Eine Stadt sucht einen Mörder

M – Mörder unter uns

D 1931    s/w 98 min

R:  Fritz Lang
B:  Fritz Lang, Thea von Harbou, Paul Falkenberg, Adolf Lang,
    Karl Vash (nach einem Artikel von Egon Jacobson)
K:  Fritz Arno Wagner, Karl Vash
D:  Peter Lorre (Hans Beckert), Otto Wernicke (Kommissar Karl
    Lohmann), Gustaf Gründgens (Gangsterchef »Schränker«),
    Ellen Widmann (Frau Beckmann), Inge Landgut (Elsie)

Im Lebenswerk von Fritz Lang markiert *M – Eine Stadt
sucht einen Mörder* den Übergang vom Stummfilm zum
Tonfilm. Obwohl ein Tonfilm, ist noch die visuelle Sprache des Stummfilms, z. B. in der expressionistischen Titel-
grafik mit einem »M« in der Innenfläche einer Hand, zu
erkennen.

Der von Peter Lorre verkörperte Kindermörder Hans
Beckert ist der »schwarze Mann«, der seinen Schatten auf
ein Plakat wirft, das über seine Bluttaten informiert. Im
Off ist seine Stimme bei der Verführung des Mädchens zu
hören: »Du hast aber einen schönen Ball.« Der Mörder
selbst trägt kindliche Züge, als er seinen Opfern Luftbal-
lon, Spielsachen und Süßigkeiten kauft. Befriedigung und
Qual prägen seine Mimik nach der Tat. Der isoliert zur
Untermiete wohnende Triebtäter sucht nach dem Mord
den Kontakt zur Öffentlichkeit und wendet sich in einem
Brief direkt an die Presse. Die letzte Zeile ist eine Dro-
hung: »Ich bin noch nicht am Ende.« Die graphologische
Untersuchung des Briefes hilft der Polizei, ihm auf die
Spur zu kommen.

Fritz Lang sah im Kriminalfilmgenre die Möglichkeit
der Kritik »an bestimmten Aspekten des Lebens, die es
wirklich gibt« (Kellner u. a.). Ihn interessierte der Mensch
und insbesondere die Frage »what makes him tick« (Geh-

Unheil verkündend fällt Peter Lorres Schatten in *M – Eine Stadt suchtt einen Mörder* auf das Fahndungsplakat an einer Litfaßsäule. Obwohl er selbst im Bild nicht zu sehen ist, wird über die Lichtsetzung eine Verbindung zwischen ihm und seinem nächsten Opfer, der kleinen Inge Landgut, hergestellt.

ler/Kasten). Die Vorlage für den Film bildete der Prozess gegen den Düsseldorfer Massenmörder Peter Kürten. Lang verlegt die Geschichte in das futuristisch anmutende Großstadtlabyrinth Berlin, das vorzugsweise in der Totalen zu sehen ist. Weitere Anregungen für den Film entnahm er den in den zwanziger Jahren viel diskutierten Kriminalfällen der Massenmörder Haarmann, Großmann und Denke sowie dem Doppelmord an den Geschwistern Fehse in Breslau, dem Fall Husmann und aus Berichten über weitere Kindermorde. Begleiterscheinungen der Morde in der Bevölkerung, wie Massenhysterie, Denunziationen und Angstpsychosen, thematisiert Lang in seinem Film.

Die Massenhysterie der Bevölkerung führt, wie Lang zeigt, zu einem totalen Überwachungsapparat der Polizei. In einer Spiegelung entsteht die gleiche Tendenz auch bei der Verbrecherorganisation. Sie entwickelt ebenfalls ein umfassendes Spitzelsystem, das mit Bettlern operiert. In den unterschiedlichen Figuren und ihren Charakteren zeichnet Lang das Gesamtbild der Gesellschaft seiner Zeit. Der Film trug ursprünglich den Titel *Mörder unter uns*, den die Produktionsfirma allerdings als Anspielung auf die stärker werdende Gruppierung der Nationalsozialisten verstand und deshalb nicht zuließ.

Lang zeichnet ein Psychogramm von Angst und Paranoia in einer Großstadt, die nach einer Anzahl von Kindermorden wie gelähmt ist. Der Einbruch des Bösen durch die Taten eines unbekannten Individuums droht die gesellschaftliche Ordnung zu zerstören. »Ein Mörder tyrannisiert 4,5 Millionen Menschen«, konstatiert ein Minister im Film. Das Töten auf der einen und die passive Angst auf der anderen Seite bestimmen den Alltag. Lang fasst diese polarisierte Atmosphäre in eindrucksvollen Bildsequenzen: Eine Mutter wartet auf ihr Kind und muss mit wachsender Panik erkennen, dass es ermordet wurde. Der Film benutzt dazu den Wechsel visueller Chiffren: der leere Dachboden, der leere Teller, der rollende Ball und der Luftballon des Mädchens, der sich in den Leitungen eines Telefonmastes verfangen hat.

Die Gesellschaft reagiert und wendet sich gegen das Verbrechen. Jeder kann der gesuchte Mörder sein, mögliche Verdächtige werden auf der Straße fast gelyncht. Zwei widersprüchliche Ordnungskräfte treten gemeinsam in Aktion, um das Böse zu besiegen: zum einen die Polizei und zum anderen die Unterwelt, weil diese sich durch die ständigen Polizeirazzien in ihrer alltäglichen ›Berufsausübung‹ gestört sieht.

Der Typus des Schuldigen wider Willen und des Gefangenen seiner Triebe war im deutschen Film bereits mit der Figur des Somnambulen in *Das Cabinet des Dr. Caligari* (1920) etabliert. In der Verhandlung, die die Verbrecher gegen ihn eröffnen, zeigt Peter Lorre in einer schauspielerischen Glanzleistung die Leiden eines Triebtäters, der wider Willen immer wieder zum Mörder wird. Sein Senken des Kopfes und die zuckenden Hände deuten als Körperäußerungen jene Mordlust an, die sein Pfeifen akustisch hörbar macht. Lorre zeigt noch den mimischen und gestischen Schauspielstil des Stummfilms, wird aber auch in der dramaturgischen Gestaltung seiner Dialoge und Monologe den neuen Anforderungen des Tonfilms gerecht.

In der psychologisierenden Darstellung des Mörders gründet der realitätsnahe Charakter des Films, sie erstreckt sich auch auf den Einsatz des Tons. Lang passt die Tongestaltung der jeweiligen subjektiven Wahrnehmung des Protagonisten einer Szene an. So wird z. B. ein Mann gezeigt, der sich bei einer Drehorgel mehrmals die Ohren zuhält. Sofort verstummt die Musik. Lang nutzte den Ton auch als zentrales dramaturgisches Element, etwa »wenn die Stille von Straßen [...] plötzlich durch schrille Polizeipfeifen zerrissen wird« (Gehler/Kasten).

Der Regisseur experimentierte mit den akustischen Formen und band Bild- und Tonmontagen in einen musikalischen Rhythmus ein. Neben der kontrastiven Bild- und

Tonmontage arbeitet Lang auch mit der Gleichzeitigkeit von Erzähltem und Gezeigtem. So schildert in einer Szene der Polizeipräsident dem Minister am Telefon die laufenden Fahndungsmaßnahmen der Polizei, die gleichzeitig im Bild gezeigt werden. Der Inhalt eines Fahndungsprotokolls wird durch eine Folge schnell geschnittener Einzelaufnahmen visualisiert. Lang experimentierte auch mit einem Wechsel der Stimmen. Passanten lesen im Wechsel mit den Mitgliedern eines Stammtisches den Text des Fahndungsplakates, das 10000 Mark Belohnung für die Ergreifung des Mörders verspricht. Die Dialoge der Polizei und der Verbrecherorganisation werden so geschnitten, dass eine einheitliche Abfolge entsteht. Der Verbrecher beginnt einen Satz, der von einem Polizeibeamten vollendet wird.

Neben den vielfältigen Formen der Tongestaltung ist die Symbolsprache des Stummfilms noch präsent. Das Gesicht des Mörders wird umrahmt von einer Dornenkrone aus sich spiegelnden Messern, deren Leuchten an einen Heiligenschein erinnern. Lorre erscheint als der Engel des Bösen. Wie ein gejagtes Tier verbirgt er sich hinter Efeuranken. Bildsymbolik und Lautsymbolik ergänzen sich. Der Ton wird zur Kennzeichnung des Mörders eingesetzt: Immer, wenn ihn die Lust zum Töten überkommt, pfeift er ein Grieg-Motiv. Diese Melodie wird ihm zum Verhängnis. Ein blinder Luftballonverkäufer erkennt daran den Mörder und informiert einen Bettler, der dem Mörder folgt und ihm mit Kreidestrichen ein »M« auf die Schulter drückt. Die Jagd ist eröffnet. Die Jäger verständigen sich durch Pfeifsignale, die der Gejagte hören kann.

Der Spiegel gewinnt eine besondere Funktion, um das Innenleben des Täters sichtbar zu machen. In einem Spiegel versucht Hans Beckert durch Grimassieren die Störungen seines Innenlebens zu entdecken, kontrapunktisch ertönt aus dem Off die Stimme des Gutachters, der ein Täterprofil entwirft: ›Schauspielerei‹, ›Trägheit‹, ›Wahnsinn‹

sind die Stichworte. In dem Spiegel eines Spielwarenge-
schäftes steht Beckert schließlich seinem anderen Ich gegenüber, dessen Stigma ›M‹ er auf dem eigenen Rücken
entdeckt. Diese Szene, so äußert sich Lang, gab dem Film
seinen Titel.

Nicht nur die gesellschaftliche, auch die filmische Ordnung beginnt sich aufzulösen. Dissonanzen von Zeit und
Raum bestimmen die Szenen, »steile, die Perspektiven ja-
gende Kameraschüsse« prägen die Bildwelt, »mit bedeut-
sam wirkenden Schrägen und kühnen, jähen Sprüngen
zwischen Totalen und Naheinstellungen« (Maibohm). Die
Lichtgestaltung lässt Anklänge an den Expressionismus
erkennen. Lang betonte, der Film solle »wie ein wandern-
der Scheinwerfer« (Gehler/Kasten) wirken. Der Kamerablick durch Häusereingänge verdeutlicht die immer gerin-
ger werdenden Fluchtmöglichkeiten des Mörders.

Lang sah den Film als Tatsachenbericht, der dazu beitragen sollte, »wie eine mahnend und warnend erhobene
Hand auf die unbekannte lauernde Gefahr hinzuweisen,
auf die chronische Gefahr, die im ständigen Vorhanden-
sein krankhaft oder kriminell belasteter Menschen als ge-
wissermaßen latenter Brandherd unser Dasein – besonders
aber das Dasein der Hilflosesten unter uns, der Kinder –
bedroht«. Der Film könne dazu beitragen, »vielleicht
doch dieser Gefahr vorzubeugen« (zit. nach Maibohm).
Im Film übernehmen diese Mahnung drei trauernde Müt-
ter, die dem Urteil über den Täter beiwohnen. Dieses
bringe ihnen ihre toten Kinder auch nicht zurück, bemerken sie und konstatieren als moralischen Appell: »Man
hätte eben besser auf sie aufpassen müssen.«

*Joan Kristin Bleicher*

*Protokoll:* Fritz Lang: *M.* Protokoll von Gero Gandert und Ulrich
Gregor. Hamburg 1963.
*Literatur:* Fritz Lang. München 1976. (Reihe Film. 7.) – Hans-G.
Kellner / J. M. Thie / Meinholf Zurhorst: Der Gangster-Film.

München 1977. – Frederick W. Ott: The Films of Fritz Lang. Secaucus (N.J.) 1979. – Ludwig Maibohm: Fritz Lang. Sein Leben
und seine Filme. München 1981. – Dieter Dürrenmatt: Fritz Lang.
Leben und Werk. Basel 1982. – Fred Gehler / Ulrich Kasten: Fritz
Lang. Die Stimme von Metropolis. Berlin 1990.


## Emil und die Detektive

D 1931    s/w 75 min

R:  Gerhard Lamprecht
B:  Billy (Billie) Wilder (nach dem gleichnamigen Roman von
    Erich Kästner)
K:  Werner Brandes
M:  Allan Grey
D:  Rolf Wenkhaus (Emil), Käthe Haack (seine Mutter), Fritz
    Rasp (Grundeis), Rolf Biebrach (Wachtmeister), Olga Engl
    (Großmutter), Inge Landgut (Pony Hütchen), Hans Schaufuß
    (Gustav mit der Hupe), Hans Richter (Fliegender Hirsch =
    Krummbiegel), Hans Löhr (Dienstag)

Der etwa zwölfjährige Emil fährt allein mit der Eisenbahn
aus der Kleinstadt in die Metropole Berlin, um seine
Großmutter zu besuchen. Unterwegs werden ihm die 140
Mark, die er von seiner Mutter für die Großmutter mitbe-
kommen hat, von einem finsteren Ganoven namens Max
Grundeis gestohlen. Emil nimmt, wie er es von den India-
nerspielen aus seiner Kleinstadt gewohnt ist, die Verfolgung auf. Er trifft auf den Jungen Gustav, der mit seiner
Hupe noch zahlreiche andere Jungen zusammenruft. Die
Verfolgung wird nun generalstabsmäßig organisiert. Die
Jungen beobachten Grundeis, wie er im Restaurant isst
und sich ein Hotel sucht. In einem Versteck gegenüber
dem Hotel halten die Jungen an einem Lagerfeuer Kriegs-
rat. Emil tauscht mit dem Hotelpagen die Kleider und
schleicht in das Zimmer von Grundeis und entwendet

Rolf Wenkhaus versucht in *Emil und die Detektive*, Fritz Rasp als Dieb Grundeis dingfest zu machen. Dies gelingt ihm dank der Solidarität anderer Berliner Kinder.

dessen Portemonnaie, doch das Geld ist nicht darin. Am nächsten Tag heften sich hundert Jungen an die Fersen von Grundeis, der daraufhin in eine Bank flüchtet, um das gestohlene Geld umzutauschen. Doch Emil fällt im letzten Moment ein, dass er die Geldscheine mit einer Nadel in seiner Jacke befestigt hatte. Der Bankbeamte findet die Löcher, und Grundeis wird ins Polizeipräsidium gebracht, wo er als ein gesuchter Bankräuber identifiziert wird. Emil erhält eine ausgesetzte Belohnung von 1000 Mark und wird bei seiner Rückkehr in die Kleinstadt als Held gefeiert.

Gerhard Lamprechts Film ist der erste in einer Reihe von Verfilmungen der Kinderbücher von Erich Kästner (davon fünf Remakes von *Emil und die Detektive*) und begründete zugleich eine Tradition von Kinderkriminalfilmen, in denen die Kinder Verbrechen aufdecken und Täter überführen. Die optimistische Weltsicht, mit der sich hier alles zum Guten wendet und die Schurken gefasst werden, steht dem im gleichen Jahr fertiggestellten Film *M – Eine Stadt sucht einen Mörder* von Fritz Lang entgegen, in dem die Kinder nur als Mordopfer vorkommen. Das Verbrechen ist in *Emil und die Detektive* auch weniger existentiell, es geht nur um einen Diebstahl, und schon allein dadurch zählt der Film auch zum Subgenre der Kriminalkomödie.

Gegenüber dem Roman, der kurz nach seinem Erscheinen bereits ein großer Erfolg war, weil er eine völlig neue Form von Kinderbuch darstellte, in dem die Kinder ernst genommen wurden, erzählt Lamprechts Film eine leicht veränderte Geschichte. Viele Überlegungen Emils, die sein ›vernünftiges‹ Handeln unterstreichen, fehlen im Film, stattdessen wird die Verfolgung herausgestellt. Hans Richter, hier in seinem Filmdebüt, spielt einen Jungen, der sich als Indianer hervortut, als er der wartenden Großmutter eine Nachricht von Emil überbringt. Auch ist die Hotelszene, in der Emil Grundeis das Portemonnaie stiehlt, neu hinzuerfunden. Im Roman hingegen wird das ›Zurückstehlen‹ als Unrecht verurteilt.

Dennoch gilt die Verfilmung von Lamprecht als die beste Kästner-Verfilmung überhaupt, weil sie wie kaum eine andere die Atmosphäre der Zeit einfängt. Der Film lebt von den zahlreichen Berlin-Aufnahmen, den Straßen- und Eisenbahnszenen, einer Taxi-Verfolgungsjagd quer durch die Stadt, ihren Milieuschilderungen und Figurenzeichnungen. Der Film erinnert an ähnliche Großstadtschilderungen wie *Menschen am Sonntag* (1930) und *Berlin Alexanderplatz* (1931) und lässt darin das Berlin der Weimarer Republik auferstehen.

Fritz Rasp spielt den Ganoven Grundeis (dieses Rollenbild hing ihm zeitlebens an) als Klischee eines Bösewichts, das so sehr überzeichnet ist, dass es sich dadurch selbst demontiert. Strittig war in der Rezeptionsgeschichte des Films die Art und Weise, in der die Jungen Grundeis verfolgen. Siegfried Kracauer hat schon den Gegensatz zwischen dem in Schwarz gehaltenen Bösewicht und den Kindern, die ihn im morgendlichen Sonnenlicht stellen (»Sieg des Lichts«), hervorgehoben und von einem »Kinderkreuzzug« gesprochen. Frieda Grafe und Enno Patalas haben 1970, an Kracauer anknüpfend, »die Nähe bürgerlicher, scheinbar unverdächtiger ›Law and order‹-Vorstellungen zum Faschismus« erkannt. Noch in den achtziger Jahren – mit einem Seitenblick auf *M – Eine Stadt sucht einen Mörder* – wird in dieser Szene eine ›Hetzjagd‹ gesehen, die an spätere Verfolgungen gemahne (Bäumler). Andere haben dagegengehalten, es handle sich bei der Kinderverfolgungsjagd um eine Notmaßnahme der Schwächeren, weil sie in ihrer Beweisnot den Erwachsenen nicht trauen (Hembus/Bandmann, Tornow).

Im Genrekontext erscheinen derartige Kritikerdebatten befremdlich, weil diese Art von Verfolgung doch eigentlich sehr moderat ist; auch wirkt für die frühen dreißiger Jahre das leicht chaotische Durcheinander der vielen Kinder eher unmilitärisch und demokratisch. Kästners Geschichte plädiert nicht für Gehorsam, sondern wirbt für Eigenständigkeit und Selbstvertrauen, mit denen sich die Kinder hier selbstbestimmt einer für sie großen Aufgabe stellen. Die üblichen Genrebestandteile (z.B. Polizeiapparat, Detektiv, falsche Spuren und Verrätselung der Tat) fehlen entweder ganz oder sind stark in den Hintergrund gerückt: Stattdessen wird ein Fall mit ganz anderen, wenig genrespezifischen Mitteln (wie Solidarität und Selbstorganisation der Kinder) gelöst. Das Detektivische der Jungen wirkt hier als demokratische Initiative.

Ganz unstrittig sind die Schilderung der Friseurin, die ihren Sohn Emil allein aufziehen muss, und die Inszenierung des pompösen Empfangs von Emil in der Kleinstadt dem Geist der frühen dreißiger Jahre verpflichtet. Lamprechts Film lief in Deutschland noch bis 1937 in den Kinos, obwohl Kästner zu dieser Zeit schon mit einem Schreibverbot belegt war.

Die Remakes sind um Aktualisierung der Geschichte bemüht. In Robert A. Stemmles Fassung von 1954 spielt Kurt Meisel den Ganoven im Berlin der fünfziger Jahre, in der Fassung von 1963 ist aus Grundeis ein Trio geworden (Walter Slezak, Peter Ehrlich und Heinz Schubert), das mit Tunnel und Explosion einen Bankeinbruch verübt. In der bislang letzten Neuverfilmung von 2001 durch Franziska Buch spielt Jürgen Vogel den Ganoven. Hier lebt Emil bei einem alleinerziehenden, arbeitslosen Vater (Kai Wiesinger) an der Ostsee und soll nach Berlin zur Schwester des Lehrers, weil der Vater einen Autounfall erlitten hat. Alle diese Remakes kommen an die Lamprecht-Verfilmung nicht heran, die im Subgenre des Kinderkriminalfilms einen Klassiker darstellt und auch heute noch ihr Publikum im Kino fasziniert. *Knut Hickethier*

*Drehbuch:* Billie Wilder: *Emil und die Detektive,* frei nach dem Roman von Erich Kästner. München 1999.
*Literatur:* Siegfried Kracauer: Von Caligari zu Hitler. Frankfurt a. M. 1970. [Zuerst 1947.] S. 236–237. – Joe Hembus / Christa Bandmann: Klassiker des deutschen Tonfilms 1930–1960. München 1980. – Marianne Bäumler: Die aufgeräumte Wirklichkeit des Erich Kästner. Köln 1984. – Ingo Tornow: Erich Kästner und der Film. München 1998. – Knut Hickethier: Kästner geht zum Film. In: Manfred Wegner (Hrsg.) »Die Zeit fährt Auto«. Erich Kästner zum 100. Geburtstag. Berlin 1999. S. 82–91.

# Der kleine Caesar

Little Caesar

## USA 1931   s/w 80 min

R: Mervyn LeRoy
B: Francis E. Faragoh (nach dem gleichnamigen Roman von Riley Burnett)
K: Tony Gaudio
D: Edward G. Robinson (Caesar Enrico Bandello, genannt Rico), Douglas Fairbanks jr. (Joe Massara), Glenda Farrell (Olga)

»Gar keine langen Zicken! Nur raus mit der Kanone und drauflos geballert! Hart und kaltblütig musst du sein; dann schaffst du's.« Nach dieser Maxime plant der kleine Ganove Rico seine Karriere in der Unterwelt. Tatsächlich schafft er innerhalb kürzester Zeit den Aufstieg vom Tankstellenräuber zum Gangsterboss. Doch das Ende ist absehbar: Allein und abgebrannt zieht er durch billige Absteigen, um schließlich von der Polizei gestellt und erschossen zu werden.

*Little Caesar* gilt als erster ›echter‹ Gangsterfilm. Seine Vorgänger, namentlich Josef von Sternbergs *Underworld*, ein Stummfilm aus dem Jahre 1929, stellten zwar auch die Figur des Gangsters in den Mittelpunkt, schilderten ihn jedoch als krankhaften Außenseiter und gesellschaftlich unbedeutende Randerscheinung. Der Film enthält bereits alle wesentlichen Elemente des Subgenres: rivalisierende Banden, reuige Ganoven, die den Ausstieg aus der Organisation mit dem Leben bezahlen, den kleinen Gangster, der hoch steigt und tief fällt, Verfolgungsjagden, Feuergefechte in dunklen Straßen und Maschinenpistolen. Letztere, vor allem die Ende der zwanziger Jahre entwickelte Thompson-MP, wurden zu einem unverzichtbaren Accessoire von Gangstern und Polizisten gleichermaßen. Auch Rico wird schließlich mit diesem Gewehr erschossen.

Diese Szene ist in mehrfacher Hinsicht für den Film und das Genre erhellend. Zum einen durch die Akustik: Tonfilm und Gangsterfilm haben sich gegenseitig zum Erfolg verholfen. Erst der Tonfilm machte es möglich, neben dem Großstadtslang der Gangster, ihrer lakonischen, oft undeutlichen Sprache, auch die Motorengeräusche der Autos, das Klingeln der Telefone und nicht zuletzt die Salven der Maschinenpistolen eindrucksvoll in die Handlung einzubeziehen und dem Film eine zusätzliche realistische Komponente zu verleihen.

Es ist ferner bemerkenswert, dass Rico nicht unmittelbar, für den Zuschauer sichtbar erschossen wird. Der *production code* von 1930 verbot, den Gebrauch von Schusswaffen mit der Folge einer Verwundung im Detail darzustellen. Daher lässt Mervyn LeRoy den Polizisten Flaherty auf eine Plakatwand schießen, hinter der sich Rico verschanzt hat. Nachdem die Wand in ihrer gesamten Breite durchlöchert wurde, blickt die Kamera auf die andere Seite und sieht Rico zusammenbrechen. Dies ist nur ein Beispiel dafür, wie der Code, der eigentlich als Element der Beschränkung gedacht war, die Kreativität der Filmschaffenden anspornte. Bestimmte typische Elemente des Gangsterfilms lassen sich auf diese Beschränkungen zurückführen. So durften beispielsweise Überfälle nicht im Detail gezeigt werden. In der Eingangssequenz von *Little Caesar* sehen wir nachts einen Wagen vor eine Tankstelle fahren. Eine Person geht ins Büro, löscht das Licht, und es ertönen zwei Schüsse. Diese ellipsenhafte, stringente Erzählweise ist typisch für das Subgenre und wurde auch nach Lockerung des Codes beibehalten. Auch die ›mittelbaren Morde‹ wurden für das Genre prägend. So werden in späteren Filmen Menschen durch Kofferraumdeckel (*White Heat*, 1949), Türen (*This Gun for Hire*, 1942) und selbstverständlich in ihren Autos erschossen. Die Dunkelheit, die die Details verdeckt, zieht sich von *Little Caesar* an durch das gesamte Genre. Düstere Seitenstraßen, aufblitzendes Mündungsfeuer und das oft nur akustisch wahrnehmbare Zusammenbrechen der Getroffenen sind ikonografischer Bestandteil zahlloser Gangsterfilme.

Ein weiteres wesentliches Detail der angesprochenen Schlusssequenz aus *Little Caesar* liegt in der Art der Plakatwand, durch die Rico erschossen wird. Es handelt sich um eine gigantische Werbetafel, die den Auftritt seines Freundes Joe mit dessen Tanzpartnerin Olga ankündigt. Mit Joe hatte Rico einst Tankstellen ausgeraubt. Doch während Rico zum Gangsterboss Little Caesar aufstieg, sah Joe seine Zukunft in einer Karriere als Tänzer. Obwohl Joe trotzdem Mitglied in Ricos Bande blieb, entfremdeten sich beide immer mehr, und schließlich kommt es zur finalen Konfrontation. Doch Rico bringt es nicht über sich, seinen alten Freund zu erschießen, und wird seiner eigenen Maxime »raus mit der Kanone und drauflos geballert« untreu. Dies wird ihm zum Verhängnis, denn Joe – von einem anderen Gangster angeschossen und von seiner Freundin Olga überredet – verrät Rico an die Polizei. Die Gegenüberstellung des erfolgreichen Tänzers auf dem Plakat mit dem toten Gangster in der Gosse versinnbildlicht einerseits, dass Joe letztlich für Ricos Ende verantwortlich ist. Darüber hinaus wird die entscheidende Botschaft des Gangsterfilms deutlich: »Crime doesn't pay«.

Hierin liegt ein strukturelles Dilemma des Genres. Da die Geschichte zwangsläufig aus der Perspektive des Gangsters erzählt wird, identifiziert sich das Publikum zumindest ansatzweise mit der Hauptfigur. *Little Caesar* und viele andere Gangsterfilme sind daher mit einem Prolog versehen, der das Gangstertum verdammt und die Gesellschaft auffordert, dem Treiben des organisierten Verbrechens ein Ende zu bereiten. So wurde das Publikum einerseits ideologisch auf eine bestimmte Rezeptionshaltung eingestimmt, andererseits konnten Schwierigkeiten mit der Zensur vermieden werden. Zusätzlich wird das Verhalten des Gangsters als besonders verwerflich dargestellt.

So erschießt Rico zum Beispiel ein abtrünniges Banden-
mitglied, das sich einem Priester anvertrauen will, direkt
auf der Kirchentreppe.

*Little Caesar* steht für die Gangsterfilme der frühen
Phase. In den folgenden Jahren produzierte Warner
Brothers zahlreiche weitere Varianten dieses Subgenres.
Abgesehen von *Public Enemy* (1931) erreichte jedoch kei-
ner von ihnen die Reife seines Vorgängers.

*Gerald Beeckmann*

*Drehbuch:* Francis Edwards Faragoh: *Little Caesar.* Hrsg. von Gerald Peary. Madison (Wisc.) 1981.
*Literatur:* Colin McArthur: Underworld USA. New York 1972. –
Stuart M. Kaminsky: *Little Caesar* and its Roll in the Gangster
Film Genre. In: Journal of Popular Film 1 (Sommer 1972). – Georg Seeßlen: Der Asphalt-Dschungel. Geschichte und Mythologie
des Gangsterfilms. Reinbek 1980. – Stuart M. Kaminsky: American Film Genres. Chicago 1984.


## Scarface, das Narbengesicht

Scarface – Shame of a Nation

### USA 1932    s/w 93 min

R: Howard Hawks
B: Ben Hecht (nach der Erzählung von Armitage Trail)
K: Lee Garmes
M: Adolph Tandler, Gus Arnheim
D: Paul Muni (Tony Camonte), George Raft (Rinaldo), Osgood
   Perkins (Johnny Lovo), Ann Dvorak (Cesca)

Im Chicago der Prohibitionszeit wechselt der Kriminelle
Tony Camonte die Fronten, indem er seinen ehemaligen
Boss Costillo ermordet und sich dem Chef der South Side,
Johnny Lovo, anschließt. Mit brutalen Mitteln erkämpfen
sich Lovo und Camonte ein Monopol im Bierabsatz.

Auch ein weiterer Rivale – O'Hara – hat unter der neuen Situation zu leiden: Camonte liefert ihm einen verlustreichen Bandenkrieg, der mit dem Massaker am St.-Valentins-Tag sein Ende nimmt: Von nun an beherrscht Camonte die ganze Stadt; wenig später entledigt er sich auch seines Bosses Lovo, um dessen Machtanteil und seine Geliebte Poppy übernehmen zu können. Rinaldo, Camontes treuer Handlanger, wird zu einem weiteren Opfer, als er dessen Schwester Cesca heimlich heiratet. Der eifersüchtige Camonte tötet den vermeintlichen Liebhaber seiner Schwester. Ausgerechnet dieses Verbrechen führt zu seinem Scheitern: Die Polizei umlagert sein zur Festung ausgebautes Haus und erschießt erst seine Schwester und schließlich ihn selbst. Wie ein ironisches Motto überschreibt die Leuchtreklame eines Reisebüros Camontes verquere Ziele: »The world is yours!«

Howards Hawks' Film erzählt in pointierten Episoden Stationen aus der Gangsterkarriere des historischen »Narbengesichtes« Al Capone. Hatte sich der ehemalige Reporter Ben Hecht mit seinem Drehbuch eher einer semidokumentarischen Perspektive bedient, brach Hawks diese Bemühungen, indem er sein Interesse an einer eher mythologischen Zeichnung des Gangsters verwirklichte. Der Gangster wird hier zum eigentlichen Protagonisten, die Staatsgewalt ist unterrepräsentiert (eine Tatsache, die den Film fast zu einem Zensurfall werden ließ), und Camontes Leben und Sterben wird zu einem Zerrbild des kapitalistischen Aufsteigers während der entbehrungsreichen Jahre der Depression. In seiner *Geschichte des Films* reduzierte Jerzy Toepliz den Film ganz auf seine realistischen und naturalistischen Aspekte (er spricht von »Verismus«), die sich leicht aus der soziologischen Argumentation des Films herauslesen lassen; aufschlussreicher ist jedoch Robin Woods provokante Kategorisierung des Films als »Komödie«. Tatsächlich haben die stakkatohafte Montage und die grotesken moralischen Dispositionen der Charaktere ein angedeutetes ironisches Potential, es ist jedoch eher anzunehmen, dass die grotesken Überspitzungen unter dem Einfluss der Zensurinstanz, des Hays-Codes, entstanden, die aus dem tragischen Anti-Helden die »Schande der Nation« werden ließen.

Hawks lässt seinen Protagonisten in demonstrativer Amoral agieren und beobachtet dessen skrupellosen Aufstieg mit einem nüchternen, fast dokumentarisch anmutenden Blick: aus der Augenhöhe, in Totalen und Halbtotalen. Selbst in den Verfolgungssequenzen und Schießereien bleibt er auf Distanz, was dem Geschehen oft eine ›irrwitzige‹ Note verleiht. Ergänzend dazu fungieren die spärlichen Kamerabewegungen bedeutungstragend, indem sie Bezüge herstellen: so z.B. am Ende, wenn der Blick von Camontes Leiche auf die Neonreklame schwenkt. Die *Chiaroscuro*-Ausleuchtung (scharfe Helldunkelkontraste, ominöse Schattenzonen) nimmt einige Elemente des *film noir* der vierziger Jahre vorweg, ohne jedoch dessen nihilistische Abgeklärtheit zu teilen. *Scarface* ist somit ein Film der klaren Perspektiven, der gerade angesichts seiner Eindeutigkeit heute als satirisches Porträt eines skrupellosen Karrieristen auf dem kapitalistischen Markt gelten kann: die bittere Reaktion auf jene umfassende wirtschaftliche Rezession, die »Depression« der dreißiger Jahre.

Die frühen achtziger Jahre brachten mit Brian de Palmas *Scarface* (1983) ein aufwändiges Remake – oder besser eine zeitgenössische Variante – des klassischen Gangsterstoffes. Nach einem Drehbuch von Oliver Stone (*Natural Born Killers*, 1994) verfolgt de Palma den brutalen Aufstieg des kubanischen Flüchtlings Antonio Montana (Al Pacino) in der Kokainszene Miamis mit ungewöhnlich kühlen, präzisen Bildern, die dieses dreistündige Epos zu der schmutzigen Kehrseite von Coppolas *Godfather*-Saga werden lassen. Er nutzt das dramaturgische Gerüst des Hawks-Films und dessen Figurenkonstellation ansatzweise als Spielfeld für ein hochaktuelles, politisches Drogen-

kriegsszenario, in dem von Hollywood-Mythen wie
Gangsterehre und Familienbande keine Spur mehr bleibt:
Montanas Fixierung auf seine Schwester Gina (Mary Elisabeth Mastrantonio) erreicht hier deutlicher inzestuöse
Züge und lässt ihn schließlich den besten Freund Manolo
(Steven Bauer) erschießen. Die Mutter verachtet sein
»schmutziges Geld«. Montanas aggressiver Gestus wird
hier weniger aus sozialen Missständen als aus politischen
Implikationen heraus erklärt. Sein erstes Opfer in Amerika ist nicht von ungefähr ein aus Kuba ausgewiesener Li-
beraler. Immer wieder wird angedeutet, dass der rücksichtslose Gangster von intelligenteren Intriganten zu politischen Zwecken missbraucht wird. Doch auch in diesem
Film scheitert er letztlich an seiner Unfähigkeit zu lieben
und zu vertrauen. Nachdem ihn seine eigene Schwester
schwer verletzt hat, wird er von den anrückenden Todes-
schwadronen in Fetzen geschossen.

    War Howard Hawks' *Scarface* eines der ersten stilbil-
denden Gangsterepen, gelang de Palma mit seiner Variation einer der letzten großen Gangsterfilme überhaupt, der
angesichts seiner rücksichtslosen stilistischen Konsequenz
einen Schlussstrich unter jede romantische Verklärung der
Thematik zog.                              *Marcus Stiglegger*

*Drehbuch:* Ben Hecht [u.a.]: *Scarface.* In: L'avant-scène du cinéma.
Januar 1973.
*Literatur:* William K. Everson.: The Gangster-Film. In: Maurice
Speed (Hrsg.): Film Review 1969–70. London 1969. – John Ga-
bree: Der klassische Gangster-Film. München 1975. – Jacques
Rivette: Genie des Howard Hawks. In: J. R.: Schriften fürs Kino.
München 1989. (Revue CICIM. 24/25.) – Robin Wood: Howard
Hawks. London 1981. – Hans-Peter Rodenberg: Der Gangsterfilm
und die Depression: *Scarface.* In: Werner Faulstich / Helmut Korte
(Hrsg.): Fischer Filmgeschichte. Bd. 2: 1925–1944. Frankfurt a. M.
1991. – Georg Seeßlen: Der Asphalt-Dschungel. Geschichte und
Mythologie des Gangsterfilms. Reinbek 1980. – Jerzy Toeplitz:
Geschichte des Films. Bd. 2: 1928–1933. Berlin 1992. S. 107 ff.

# Der dünne Mann

(Mordsache »Dünner Mann« / Der Unauffindbare)

The Thin Man

USA 1934   s/w 91min

R: Woodbridge Strong Van Dyke II
B: Albert Hackett und Frances Goodrich (nach dem Roman *The Thin Man* von Dashiell Hammett)
K: James Wong Howe
M: William Axt
D: William Powell (Nick Charles), Myrna Loy (Nora Charles), Maureen O'Sullivan (Dorothy Wynant), Nat Pendleton (Lieutnant Guild), Minna Gombell (Mimi Wynant), Porter Hall (McCauley), Edward Ellis (Clyde Wynant, »Der dünne Mann«)

Als Dashiell Hammett im Januar 1934 mit *The Thin Man* seinen fünften Kriminalroman veröffentlichte, wollte er das Krimigenre verlassen. Der Roman war schon nicht mehr in der Tradition des *hard-boiled* geschrieben: Er stellt eine frivole Krimikomödie um den Ich-Erzähler Nick Charles dar. Noch vor Erscheinen des Buches konnte Hammett die Filmrechte für 21 000 Dollar an die MGM verkaufen. Zu Beginn des Jahres 1934 arbeitete das Autorenpaar Albert Hackett und Frances Goodrich den Roman innerhalb von drei Wochen in ein Drehbuch um, das unter der Regie von W. S. Van Dyke in achtzehn Tagen – ursprünglich waren sogar nur zwölf vorgesehen – in den Studios der MGM in Hollywood gedreht wurde. Die Produktionskosten, auf 200 000 Dollar veranschlagt, betrugen schließlich 231 000 Dollar.

Die Hauptrollen von Nick und Nora sollten ursprünglich mit Edward Ellis und Laura La Plante besetzt werden. Van Dyke überzeugte jedoch Louis B. Mayer von der MGM, William Powell und Myrna Loy einzusetzen, mit denen er schon zusammengearbeitet hatte. Powell hatte

auch schon in der Rolle des Philo Vance Erfahrungen im
Darstellen eines Privatdetektivs sammeln können. Edward
Ellis spielte schließlich die Rolle des »dünnen Mannes«.

Der Film beginnt mit dem Verschwinden des kauzigen
Erfinders Clyde Wynant, wegen seiner Statur auch der
»dünne Mann« genannt. Seine Tochter Dorothy bittet den
ehemaligen Privatdetektiv Nick Charles um Hilfe. Nick,
der früher einmal für Wynant gearbeitet hat, ist mit seiner
vermögenden Frau Nora und dem Terrier Mr. Asta nur
zur Erholung über die Weihnachtstage in New York und
deshalb am Verschwinden des seltsamen Wissenschaftlers
nicht sonderlich interessiert. Als kurze Zeit später jedoch
die Leiche von Wynants Sekretärin entdeckt wird, wird
Nick Charles unweigerlich in den Fall um das mysteriöse
Verschwinden des dünnen Mannes hineingezogen. Auf
Drängen seiner Frau und unter dem Eindruck der Unfähigkeit des ermittelnden Kriminalbeamten Guild widmet
er sich schließlich der Aufklärung des Rätsels. Darüber
hinaus entdeckt Mr. Asta die skelettierten Überreste einer
zerlegten männlichen Leiche, die Nick als Wynant identifiziert. Zur Lösung des Falls lässt er schließlich alle Verdächtigen von der Polizei zu einem Abendessen in seine
Hotelsuite bringen, in dessen Verlauf Wynants Anwalt
McCauley als dreifacher Mörder enttarnt wird.

Der eigentliche Reiz des Films liegt weniger in der
Konstruktion der Handlung – die spannend und schlüssig
aufgebaut ist – als vielmehr in der Ausgestaltung der Dialoge und Charaktere der Geschichte. Im Gegensatz zur literarischen Vorlage ist der Film sehr stark auf das Duo
Powell/Loy zugeschnitten, die das Bild eines glücklich
verheirateten, trinkfesten Paares abgeben, deren Lebensfreude den Film geradezu überstrahlt. Besonders Myrna
Loy verkörpert als Nora nicht einfach die Frau an der Seite des großen Detektivs; sie bildet ein selbstbewusstes und
schlagfertiges Pendant zu Nick. Bei ihrem ersten Auftreten in der Bar zu Beginn des Films gesteht Nick auf Noras

Frage hin, dass er bereits seinen sechsten Martini trinke, worauf sich Nora fünf Martinis nachbestellt, um mit ihm gleichzuziehen.

Aber die Beziehung zwischen Nick und Nora steht nicht nur für eine lustvolle Versöhnung der Geschlechter. Sie ist auch die soziale Versöhnung der Millionärstochter mit dem Privatdetektiv, der in der amerikanischen Erzähltradition stets sozialer Außenseiter ist. Dieses demokratische Miteinander überträgt sich auch auf andere Teile der Handlung, etwa wenn Nicks resozialisierte Halbweltbekannte mit Noras snobistischen Freunden Partys feiern und bei der Entlarvung des Täters hilfreich zur Seite stehen. Darüber hinaus ist der Film von einer Reihe skurriler Figuren bevölkert, wie Wynants Sohn Gilbert, der alles, was geschieht, mit wissenschaftlichem Interesse betrachtet, oder seine überdrehte Ex-Frau Mimi und ihr zwielichtiger Freund Jorgensen. Sie bleiben jedoch im Vergleich zu ihren Vorbildern aus dem Roman alle etwas blass. Das liegt neben der notwendigen Reduktion der Buchvorlage auf Spielfilmformat nicht zuletzt daran, dass die Drehbuchautoren Goodrich/Hackett die Geschichte um einige ironische sexuelle Anspielungen bereinigen mussten. Während in Hammetts Version der Geschichte Nick und Nora so ziemlich das einzige Paar sind, das einander die Treue hält, stimmt der Film ein Loblied auf Ehe und Zweisamkeit an.

Regisseur W. S. Van Dyke verzichtete bei der Realisierung des Stoffes auf den Einsatz besonderer filmischer Kunstgriffe. Neben dem relativ geringen finanziellen Budget und der sehr kurz angesetzten Drehzeit lag das an Van Dykes nüchterner und schneller Art zu arbeiten, für die er bei den Produzenten beliebt war. Seine rationale Arbeitsweise, jede Szene möglichst nur einmal zu drehen, die ihm den Spitznamen »One-Take-Woody« einbrachte, führte zu einem lebhaften Inszenierungsstil, der besonders die komödiantischen Elemente von *The Thin Man* herausstellt.

Der Film ist eine Mischung aus Detektivfilm und *screwball*-Komödie. Er funktioniert, indem er auf der Grundlage eines bewährten *whodunit*-Plots die komödiantische Erzählform des *screwball* entfaltet; eine überdrehte, verrückte Spielart der Filmkomödie, die durch *The Thin Man* und die schon im Februar 1934 angelaufene Columbia-Produktion *It Happened One Night* zu einer der populärsten Erzählformen des Hollywoodkinos der dreißiger Jahre wurde. Mediengeschichtlich wird diese Erweiterung des Kriminalfilmgenres in den Bereich der *comedy* durch die Einführung des Tonfilms 1928 ermöglicht.

Als der Film 1934 in die Kinos kam, geriet er zu einem der größten Kassenschlager der Saison. Er spielte mehr als das Dreifache seiner Produktionskosten ein und wurde für den Oscar nominiert. Sein anarchischer Witz, seine Lebensfreude und seine gesellschaftliche Modernität trafen das Lebensgefühl der USA zwischen Depression und New Deal. Myrna Loy und William Powell wurden als Filmpaar Nick und Nora Filmlegende, eine *national craze* der dreißiger Jahre.

Der Erfolg veranlasste die MGM, weitere *Thin Man*-Produktionen in Auftrag zu geben. So entstanden unter der Regie von Van Dyke: *Dünner Mann 2. Fall (After the Thin Man*, 1936); *Dünner Mann 3. Fall (Another Thin Man*, 1939); *Der Schatten des dünnen Mannes (Shadow of the Thin Man*, 1941). Nach Van Dykes Tod 1943 übernahmen Richard Thorpe für *Der dünne Mann kehrt heim (The Thin Man Goes Home*, 1944) und Edward Buzzell für *Das Lied des dünnen Mannes (Song of the Thin Man*, 1947) die Regie. Die Filme, die alle mit dem Gespann Loy/Powell gedreht wurden, verloren jedoch nach und nach an Attraktivität. Das zunehmende Alter der Hauptdarsteller, das Zurückweichen der *screwball*-Komponente gegenüber dem *plot* und die heraufziehenden vierziger Jahre mit ihren veränderten Publikumsbedürfnissen waren sicherlich einige der Gründe dafür. Die Drehbücher der Fortsetzungen sind alle von Frances Goodrich und Albert Hackett geschrieben. Bei *Dünner Mann 2. Fall* und *Dünner Mann 3. Fall* konnten sie auf Hammett-Vorlagen zurückgreifen, ehe sich der alkoholkranke Hammett nach einem Kreislaufzusammenbruch 1938 von Hollywood abwandte. *Christian Pundt*

*Literatur:* Bernhard Roloff / Georg Seeßlen: Mord im Kino. Geschichte und Mythologie des Detektivfilms. Reinbek 1981. – Diane Johnson: Dashiell Hammett. Eine Biographie. Zürich 1988. – Richard Layman: Shadow Man. New York 1981. – Tino Balio: Grand Design. Hollywood as a Modern Business Enterprise, 1930–1939. Berkeley 1993. – Meinolf Zurhorst: Lexikon des Kriminalfilms. Überarb. Neuaufl. München 1993. – Judith Maus: *The Thin Man.* In: Holger Wacker (Hrsg.): Enzyklopädie des Kriminalfilms. Filme, Fernsehserien, Personen, Themen/Aspekte. Meitingen 1995–97.

## Die 39 Stufen

The Thirty-Nine Steps

GB 1935    s/w 87 min

R:  Alfred Hitchcock
B:  Charles Bennett, Alma Reville, Ian Hay (zusätzliche Dialoge) (nach dem gleichnamigen Roman von John Buchan)
K:  Bernard Knowles
M:  Jack Beaver, Hubert Bath
D:  Robert Donat (Richard Hannay), Madeleine Carroll (Pamela), Lucie Mannheim (Miss Smith), Godfrey Tearle (Professor Jordan)

Richard Hannay liegt im Bett seiner Londoner Wohnung. Die schöne Fremde, die er am Abend im Varieté kennen gelernt hat, liegt über ihm. Irritierend ist allein die Tatsa-

che, dass die Dame tot ist; hinterrücks erdolcht von
feindlichen Agenten. Eine unangenehme Situation für
Hannay, der fortan nicht nur als Mörder verdächtigt
wird, sondern auch Ziel neuerlicher Anschläge seitens der
Spione ist. Diese planen, eine für die Landesverteidigung
wichtige Formel außer Landes zu schmuggeln. Ausgangspunkt der Verschwörung ist ein kleiner Ort in Schottland.
Mit diesen Informationen ausgestattet, die ihm die geheimnisvolle Fremde vor ihrem Ableben übergeben
konnte, flieht Hannay nach Schottland, gewinnt nach anfänglichen Zweifeln das Vertrauen und das Herz einer
jungen, blonden Frau, spürt die Verschwörer auf und verfolgt sie zurück nach London, wo der Kopf der Bande in
einem dramatischen Finale im »Palladium« von der Polizei erschossen wird.

»Was ich an *The Thirty-Nine Steps* besonders mag, sind
die unvermittelten Übergänge … Man muss eine Idee auf
die andere folgen lassen und dabei alles der Schnelligkeit
opfern«, sagte Hitchcock in seinem Interview zu François
Truffaut. In der Tat gibt es in diesem Film keine ›überflüs-
sigen‹ Sequenzen. Jede Szene hat ihre Bedeutung für die
Handlung, auch scheinbar unwesentliche Dinge entpuppen sich später als essentiell. So bekommt Hannay auf seiner Flucht durchs schottische Hochland von einer Far-
mersfrau den Mantel ihres Mannes geschenkt. In diesem
Mantel steckt ein Psalmbuch, das die Kugel abfängt, die
die Verschwörer in einer späteren Szene auf ihn abfeuern.
Der zunächst bedeutungslose Varietékünstler aus der Ein-
gangsszene entpuppt sich am Ende als der entscheidende
Überbringer der geheimen Formel, und die blonde Frau
im Zug, die Hannay an die Polizei verrät, erkennt ihn später wieder, um ihn erneut auszuliefern. Der Held flieht
also den ganzen Film hindurch gleichermaßen vor der Polizei und den Verbrechern und stolpert so von einer ge-
fährlichen Situation in die nächste. Kaum ist er der einen
Partei entkommen, findet er sich in der Gewalt der ande-

ren wieder, um erneut zu fliehen und so die wilde Jagd fortzusetzen. Das Element, das diese Handlung vorantreibt, ist die Formel, die nicht in die Hände des Feindes fallen darf. Nach Hitchcocks Terminologie handelt es sich dabei um einen klassischen *MacGuffin*, einen bloßen dramaturgischen Vorwand, um den Helden in möglichst viele gefährliche Situationen zu bringen.

Die Jagd durch das schottische Hochland bildet einen der eindrücklichsten Höhepunkte des Films. Die verfolgenden Polizisten verschmelzen teilweise mit der Landschaft zu einem bedrohlichen Ganzen, Gebirgsbäche behindern unvermittelt das Fortkommen von Jägern und Gejagtem, und aus der Luft greift ein Flugzeug ins Geschehen ein. So wird die Natur von Hitchcock zum handelnden Element erhoben, das gleichzeitig Schutz bietet und Bedrohung darstellt.

*The Thirty-Nine Steps* stellt einen Meilenstein der Filmgeschichte dar, was die Remakes von 1959 und 1979 belegen. Die Romanvorlage von John Buchan aus dem Jahre 1915 fällt in die Frühzeit des literarischen Spionage-Genres und gilt neben Conrads *Secret Agent* und Childers' *Riddle of the Sands* als herausragendes Beispiel britischer Spionageliteratur.

Hitchcock selbst begab sich während seines gesamten Schaffens von *The Secret Agent* (1936) bis zu *Topaz* (1969) wiederholt in dieses Metier. Dabei beginnt mit der Figur des Amateurspions in *The Thirty-Nine Steps* ein Subgenre, das diese Filme von solchen mit professionellen Agenten wie James Bond unterscheidet. Wir finden diese Helden in Filmen wie *Journey into Fear* (1942), nach einem Roman von Eric Ambler, über *Arabesque* (1966) bis zu Roman Polanskis *Frantic* (1987). Überdurchschnittlich stark vertreten sind sie jedoch bei Hitchcock. *The Man Who Knew Too Much* (1934 und 1956), *The Lady Vanishes* (1938), *Foreign Correspondent* (1940), *Saboteur* (1942), *North By Northwest* (1959) und *Torn Curtain* (1966) stellen die Figur des Amateurspions in den Mittelpunkt der Handlung, in deren Verlauf der Held oft unfreiwillig in internationale Verschwörungen verwickelt wird.

Menschen, die sich unversehens und ohne ihr Zutun in Verbrechen verwickelt wieder finden, sind eine Spezialität von Alfred Hitchcock, denn sie bieten dem Publikum viel eher die Möglichkeit zur Identifikation als professionelle Spione oder Polizisten. So ist Hitchcocks Werk geprägt von Figuren, die durch Zufall (*Young And Innocent,* 1937), aus Neugier (*Rear Window,* 1954) oder auf Grund einer Verwechslung (*The Wrong Man,* 1957) in Gefahr geraten. Dabei sehen sich die Helden oft mit Gegnern konfrontiert, die Teil eines gut organisierten Systems sind. So geht die Bedrohung für Henry Fonda in *The Wrong Man* nicht von den einzelnen Polizisten aus, sondern von der Macht der anonymen Maschinerie, die in diesem Fall nachgerade kafkaeske Züge trägt. Immer wieder kommen Hitchcocks Helden in Situationen, in denen sie sich einer Person anvertrauen, die sich danach als Mitglied der feindlichen Organisation erweist. In *The Thirty-Nine Steps* ist dies der Fall, als Hannay dem Professor das Erkennungsmerkmal des Chefspions verrät – ein fehlendes Fingerglied – und dieser sofort darauf die Hand hebt, an der ein Teil des kleinen Fingers fehlt.

*The Thirty-Nine Steps* kam bei Publikum und Kritik ausgezeichnet an. Sogar Autor John Buchan, 1935 zum Baron Tweedsmuir und Generalgouverneur von Kanada avanciert, verzieh Hitchcock nach anfänglichem Groll die erheblichen Veränderungen, die an seinem Werk vorgenommen wurden. Er räumte später sogar ein, der Film sei besser als das Buch.

*Gerald Beeckmann*

*Drehbuch:* Charles Bennett / Alma Reville: *Les 39 Marches.* In: L'avant-scène du cinéma. Juni 1980.
*Literatur:* Peter Bogdanovich: The Cinema of Alfred Hitchcock. New York 1963. – François Truffaut: Mr. Hitchcock, wie haben Sie

das gemacht? München 1973. – Robert A. Harris / Michael S. Lasky: Alfred Hitchcock und seine Filme. München 1979. – Eric Rohmer / Claude Chabrol: Hitchcock. Paris 1957. [Engl. Ausg. Oxford 1992.] – Bernhard Jendricke: Alfred Hitchcock. Reinbek 1993.

## Die Spur des Falken

The Maltese Falcon

USA 1941   s/w 100 min

R: John Huston
B: John Huston (nach dem gleichnamigen Roman von Dashiell Hammett)
K: Arthur Edeson
M: Adolph Deutsch
D: Humphrey Bogart (Sam Spade), Mary Astor (Brigid O'Shaughnessy), Peter Lorre (Joel Cairo), Sydney Greenstreet (Kasper Gutman)

Der Film beginnt mit dem Text der Legende um die Skulptur eines Falken, die ins 16. Jahrhundert zurückreicht. Die Filmhandlung wird in San Francisco, im Büro von »Spade & Archer« lokalisiert. Ein Blick in das Detektivbüro zeigt Sam Spade, wie er, entspannt an seinem Schreibtisch sitzend, von einer Frau, die sich als Ruth Wonderly ausgibt, beauftragt wird, einen gewissen Thursby zu beschatten. Spades Kompagnon Miles Archer nimmt die Spur auf und wird erschossen. Spade trifft am Tatort auf einen befreundeten Polizisten, der ihm die näheren Umstände vom Miles' Ermordung berichtet. Spade berichtet seinerseits von seinem Auftrag. Die Polizei setzt Spade unter Druck, den Namen seiner Klientin zu verraten, doch er weigert sich, auch als die Polizisten ihn verdächtigen, selbst seinen Partner erschossen zu haben. Auch der zu beschattende Thursby wurde ermordet, und Spade braucht für die Tatzeit ein Alibi.

Am Tag darauf besucht Archers Witwe Spade in seinem Büro, doch obwohl die beiden offensichtlich in der Vergangenheit eine Affäre miteinander hatten, schickt Spade sie weg. Ruth Wonderly ruft Spade an; bei einem Treffen erzählt sie neue unglaubwürdige Geschichten und gibt sich jetzt als Brigid O'Shaughnessy aus – ihm wird schnell klar, dass sie ihn die ganze Zeit angelogen hat. Er bietet ihr an, gegen Bezahlung zu schweigen und weiterhin ihre Interessen zu vertreten.

Nun sucht ein gewisser Joel Cairo Spade auf und bietet ihm 5000 Dollar für eine kleine Statue, die der »Malteserfalke« genannt wird. Brigid weiß offenbar, wo sich die Statue befindet. Spade erfährt von Kasper Gutman (»the fat man«), was es mit der Statue auf sich hat. Er habe Brigid angeheuert, um den wertvollen Falken in Istanbul zu stehlen. Gutman wähnt ihn jetzt in Spades Besitz und bietet ihm 25 000 Dollar für die Statue. Gutman verabreicht Spade K.-o.-Tropfen in einem Drink. Dieser erwacht einige Zeit später allein in Gutmans Apartment, durchsucht es und findet eine Zeitung mit einem Bericht über ein aus Hongkong kommendes Schiff. Sam kommt gerade noch rechtzeitig bei den Docks an, um das besagte Schiff in Flammen aufgehen zu sehen. Zurück in seinem Büro, fällt ihm ein sterbender Mann zusammen mit der Statue in die Arme. Brigid lockt ihn mit einem Telefonanruf aus seinem Büro, wo ihn bei seiner Rückkehr Cairo, Brigid, Gutman und sein Handlanger Wilmer erwarten, um ihm die Statue abzunehmen. Spade erklärt sich bereit, sie für 10 000 Dollar auszuhändigen, falls Gutman im Gegenzug Wilmer der Polizei als Archers Mörder präsentiert. Gutman willigt ein und klärt Spade über den Tathergang auf: Er habe Wilmer den Auftrag gegeben, Brigids Freund Thursby zu töten, damit der Druck auf diese, den Falken zu besorgen, stärker würde. Cairo, Gutman und Wilmer hätten sie mit dem Kapitän des Schiffs aus Hongkong bei der Übergabe der Statue überrascht. Der von Wilmer angeschossene See-

Humphrey Bogart als Detektiv Sam Spade mit der Skulptur des Falken in *Die Spur des Falken*.

mann sei daraufhin mit der Statue in Spades Büro geflohen. Die Falkenstatue stellt sich jedoch als Fälschung heraus. Sam gibt Gutman die 10 000 Dollar abzüglich seiner »Unkosten« zurück. Nachdem Brigid den Mord an Archer gestanden hat, gesteht Spade ihr seine Liebe und übergibt sie anschließend, entgegen seinen Gefühlen, der Polizei.

John Huston lieferte mit seinem Regiedebüt *The Maltese Falcon* ein Meisterwerk ab, das zum Prototyp des *film noir* avancierte. Jack Warner, Chef der Warner Brothers Studios, hatte dem jungen Huston einige nicht unerhebliche Auflagen mit auf den Weg gegeben. Huston musste den Film innerhalb von sechs Wochen mit einem Budget von maximal 300 000 Dollar fertigstellen. Huston plante den Ablauf der Dreharbeiten minutiös und versah das Drehbuch mit detaillierten Instruktionen für jede Einstellung und erstellte für nahezu jede Szene eine Zeichnung. Die herausragende Kameraführung Arthur Edesons wurde mit leicht unterbelichteten, zwielichtigen Schattenbildern und ausgefeilten Einstellungen zu einer eigenständigen Erzählinstanz. Ungewöhnliche Kameraeinstellungen und -ansichten charakterisieren die Figuren und treiben die Geschichte voran. Als Gutman Spade in die Hintergründe der Falkenlegende einweiht, besteigt die Kamera förmlich den massigen Körper dieser sinistren Gestalt und verleiht dieser eine bedrohliche Erscheinung, welche die dunkle Sage des »Malteserfalken« untermalt. Am stärksten tritt die Symbolhaftigkeit der Bilder in den Szenen hervor, in denen Brigid O'Shaughnessy (Mary Astor) im Mittelpunkt steht. Fast jede Einstellung visualisiert das Zwielichtige ihres Charakters.

Vor allem die Schauspieler trugen einen Großteil zur Einzigartigkeit dieses Films bei. Humphrey Bogart war an Stelle des Wunschkandidaten George Raft (*Scarface*, 1932) eingesprungen, der nicht mit einem Jungregisseur arbeiten wollte. Bogarts Sam Spade wurde zu einer Art Blaupause für unzählige Detektivgestalten der Filmgeschichte. Immer an der Grenze zum Verlust aller Sympathien manövriert sich der Schnüffler durch das undurchsichtige Labyrinth von Mord und Intrigen. Er ist dabei nicht nur *tough* und professionell, sondern auch zynisch und erbarmungslos. Den kleinen Joel Cairo verweist er genussvoll in seine physischen Grenzen, und den Schriftzug »Spade & Archer« lässt er in »Samuel Spade« ändern, noch ehe sein Partner so richtig kalt geworden ist. Allen Versuchen, ihn in kriminelle Handlungen zu verstricken, weicht er erst nach Abwägung der Möglichkeiten aus oder vollzieht rechtzeitig einen geschickten Rückzug. Überlegen steht er am Schluss als einziger Gewinner da. Der Film steht nicht nur für eine neue Filmästhetik, sondern etabliert auf der

Basis des Romans von Dashiell Hammett den Typus des
*hard-boiled investigator.*

The Maltese Falcon war Bogarts 42. Film und machte
ihn zum Star. In seinen Rollenfiguren wurde hier eine
Wandlung vom ewigen Verlierer zum Gewinner begründet. Die Dreharbeiten bedeuteten für ihn den Beginn einer
lebenslangen Freundschaft mit Huston, der ihn ebenfalls
für *Across the Pacific* (1942), *The Treasure of the Sierra
Madre* (1948), *Key Largo* (1948), *The African Queen*
(1951) und *Beat the Devil* (1951) vor die Kamera holte.

*Sven Schirmer*

*Literatur:* John Gabree: Der klassische Gangster-Film. München
1975. – Spencer Selby: Dark City – The Film Noir. Jefferson
(N.C.) 1984. – Hans C. Blumenberg: Rise and Fall. In: H. C. B.:
Humphrey Bogart. München ³1985. – Paul Werner: Film Noir. Die
Schattenspiele der »schwarzen Serie«. Frankfurt a. M. 1989.

## Tote schlafen fest

The Big Sleep

### USA 1946   s/w 113 min

R:  Howard Hawks
B:  William Faulkner, Jules Furthman, Leigh Brackett (nach einem
    Roman von Raymond Chandler)
K:  Sid Hickox
M:  Max Steiner
D:  Humphrey Bogart (Philip Marlowe), Lauren Bacall (Vivian
    Rutlegde), John Ridgeley (Eddie Mars), Martha Vickers (Carmen Sternwood)

Privatdetektiv Philip Marlowe wird von dem schwer
kranken Millionär General Sternwood engagiert, um einem Gangster namens Geiger auf die Spur zu kommen,

der ihn mit Schuldscheinen erpresst, die Sternwoods
Tochter Carmen unterschrieben hat. Der ehemalige General, im Ölgeschäft reich geworden, hat zwei Töchter, die
ihm mit ihren Extravaganzen und ihrer Labilität Kummer
bereiten: Carmen ist die Jüngere, eine rauschgiftsüchtige
Nymphomanin, die Marlowe gleich zu Beginn des Films
in die Arme fällt und Avancen macht, und Vivian, die Äl-
tere, verheiratet, macht anfangs einen souveränen Eindruck, doch scheint sie aufgrund ihrer Spielleidenschaft
manipulierbar zu sein. Bei seiner Suche nach dem Erpres-
ser stößt Marlowe auf Geigers Leiche und eine verstörte,
unter Drogen stehende Carmen. Der Detektiv bringt sie
nach Hause und instruiert alle, den Vorfall zu vergessen.
Als er zum Tatort zurückkehrt, ist Geigers Leiche verschwunden.

In derselben Nacht wird Sternwoods Chauffeur Owen
Taylor samt seinem Wagen tot aus dem Wasser gezogen.
Alles spricht für Mord, und selbst Marlowe scheint als
Verdächtiger in Frage zu kommen und gerät damit immer
stärker in ein schier undurchdringliches Gewirr von Verbrechen und Intrigen. Am folgenden Tag taucht Vivian in
Marlowes Büro auf und sagt ihm, dass sie mit Aktfotos
ihrer Schwester erpresst werde. Marlowe rät ihr, das Geld
zu besorgen und abzuwarten. Sie erzählt ihm von dem
Spielclub-Besitzer Eddie Mars. Eine erste Spur führt ihn
zu einem Joe Brody, der auch die Fotos besitzt. Als der
von den Hintermännern erzählen will, wird er erschossen.
Marlowe verfolgt den Täter, der ein Vertrauter Geigers ist.

Am folgenden Tag versucht Vivian Marlowe mit einem
Scheck davon zu überzeugen, dass alles geklärt sei und er
den Fall nun abschließen könne. Doch Marlowe gibt nicht
auf. Nach einer Verabredung mit einem kleinen Ganoven,
der ihm einen Tipp geben will, zuvor aber selbst erschossen wird, wird Marlowe überwältigt. Vivian befreit ihn,
und schließlich taucht auch Eddie Mars auf, der selbstsicher den Mord an Geiger gesteht, um letztendlich von

Marlowe mit einem Trick in den Kugelhagel seiner eigenen Männer geschickt zu werden.

*The Big Sleep* gilt als einer der bedeutendsten Filme der »Schwarzen Serie« Hollywoods, doch besitzt er zahlreiche Merkmale, die auf den Gangsterfilm der frühen dreißiger Jahre verweisen. Dazu gehört die differenzierte Verwendung der Kleidung als soziales Distinktionsmittel, der Revolver, der als universelles Machtinstrument dient, sowie der schon als ritualisiert zu bezeichnende Gebrauch des Telefons. Auch der beim *film noir* zu einem wichtigen Genremerkmal avancierte zentrale Handlungsort, die Großstadt, spielt bei *The Big Sleep* eine tragende Rolle. Sie ist Lebensort sowohl des Verbrechens als auch der Detektion.

*The Big Sleep* unterscheidet sich jedoch auch gravierend vom klassischen Gangsterfilm. Die Verstrickungen finden hier subtiler statt. Nicht mehr das große Verbrechen wird thematisiert, sondern der Einzelgänger steht im Mittelpunkt. Die eigentlichen Gegner bleiben hinter einer Wand aus Intrigen, Lügen und Verstrickungen bis zum Schluss verborgen. Der Held watet, wie Paul Werner es treffend beschreibt, mühsam durch Treibsand. Fragen sind das zentrale Element des Films, sie treiben die Handlung voran, halten die Spannung. Was hat Vivian mit Eddie Mars zu schaffen? Wer hat Geiger ermordet? Welche Rolle spielt Joe Brody? Viele Fragen, von denen einige bis zum Schluss unbeantwortet bleiben. Das alles geschieht in der düster-schwarzen Atmosphäre des endlos fallenden Regens in Los Angeles.

Howard Hawks inszenierte nach *To Have and Have Not (Haben und nicht Haben,* 1945) seinen zweiten Film mit dem Schauspielerpaar Bogart und Bacall. Nachdem die beiden sich bei den Dreharbeiten zu *To Have and Have Not* kennen und lieben gelernt hatten und ihr Zusammenspiel wesentlich zum Erfolg des Filmes beigetragen hatte, entschlossen sie und Hawks sich, ein weiteres Projekt miteinander in Angriff zu nehmen. *The Big Sleep* sollte das als

Humphrey Bogart und Lauren Bacall wurden zur Zeit der Produktion von *Tote schlafen fest* als ideales Liebespaar gefeiert, weshalb zusätzliche gemeinsame Szenen in das Drehbuch aufgenommen wurden. Zur Verständlichkeit der Handlungsstränge hat dies
nicht beigetragen. Howard Hawks räumte ein, auch er habe die
Handlung nicht bis in alle Details durchschaut.

Traumpaar gefeierte Duo so richtig in Szene setzen und einen erneuten Erfolg garantieren. So präsentiert sich *The
Big Sleep* auch als eine Art Zwei-Personen-Stück, in dessen Zentrum sich Bogart und Bacall, Marlowe und Vivian,
geistreiche Wortgefechte liefern, die nie so richtig offenba-
ren, wie die beiden nun zueinander stehen, so dass irgendwie bis zum Ende offen bleibt, ob zwischen beiden eine
Liebesbeziehung oder eine Feindschaft besteht.
    Humphrey Bogart und Lauren Bacall fanden sich im
Vorfeld des Films auf den Titelseiten aller großen Magazine wieder und wurden als ideales Liebespaar gefeiert. Bei

den ersten Testvorführungen von *The Big Sleep* wurde dann schnell deutlich, dass das Publikum von der Beziehung, die sich zwischen den beiden Hauptdarstellern privat entwickelt hatte, magisch angezogen wurde und diese im Film wiederzufinden suchte. So blieb den Produzenten keine andere Wahl, als mit den beiden weitere Szenen zu drehen. Andererseits ließ Regisseur Hawks ganze Handlungsstränge wieder herausnehmen, so dass die Story an Stringenz verlor. Fragen bleiben unbeantwortet, Morde und Geschehnisse ungeklärt: Wer zum Beispiel den aus dem Wasser geborgenen Chauffeur auf dem Gewissen hat, bleibt bis zum Schluss rätselhaft. Dies war jedoch schon in der Romanvorlage von Raymond Chandler eine offene Frage. Die offenen Handlungsschlüsse verstärken das intendierte Bild einer undurchsichtigen Großstadtgesellschaft und das düster-pessimistische Bild einer Zeit, in der der Einzelne cool seinen Weg gehen muss.

Regisseur Hawks gestand später, auch er habe die Handlung nicht bis ins letzte Detail verstanden, was jedoch auch nicht nötig gewesen sei, da das damalige Publikum ohnehin nicht mehr für komplexe Handlungen zu begeistern war. Hawks in einem Gespräch mit H. C. Blumenberg: »Ich war überzeugt, dass sich die Leute nur noch für gute Szenen interessierten. Wir interessierten uns nicht dafür, wer wen umbrachte, sondern nur für das Wie der Morde«.                    *Sven Schirmer*

*Literatur:* John Gabree: Der klassische Gangster-Film. München 1975. – Hans C. Blumenberg: Die Kamera in Augenhöhe. Begegnungen mit Howard Hawks. Köln 1979. – Georg Seeßlen: Der Asphalt-Dschungel. Geschichte und Mythologie des Gangster-Films. Reinbek 1980. – Peter Buchka: Ansichten des Jahrhunderts. München 1988. – Paul Werner: Film Noir. Die Schattenspiele der »schwarzen Serie«. Frankfurt a. M. 1989. – Paul Werner: Scheiternde Helden im Film Noir: *Tote schlafen fest.* In: 100 Jahre Film. Bd. 3. Frankfurt a. M. 1990. S. 58–80. – David Thomson: *The Big Sleep.* Berlin 2000.

# Rächer der Unterwelt

## The Killers

### USA 1946   s/w 102 min

R:  Robert Siodmak
B:  Anthony Veiller und John Huston (nach der gleichnamigen
    Kurzgeschichte von Ernest Hemingway)
K:  Elwood Bredell
M:  Miklos Rozsa
D:  Edmond O'Brien (Jim Riordan; auch: Reardan), Ava Gardner
    (Kitty Collins), Burt Lancaster (»Swede« Pete Lunn alias Ole
    Andreson), Albert Dekker (»Big Jim« Colfax), Sam Levene
    (Sam Lubinsky)

Eine nächtliche Straße, die Scheinwerfer fangen das Orts-
schild »Bentwood« ein. Die Autoinsassen, der Feiste und
der Hagere, sind am Ziel. Sie wechseln über die Straße zu
einem Diner, treiben mit dem Wirt und dem einzigen Gast
ein sadistisches Spiel – ein Verhör. Gesucht wird der
»Schwede« Pete Lunn. Die Killer machen kein Hehl aus
ihrer Absicht. Nachdem sie das Lokal verlassen haben,
wagt es Nick Adams, der Gast, seinen Arbeitskollegen
Lunn zu warnen. Er hetzt über Zäune und Hecken zu
dessen ärmlicher Wohnung – vergebens. Adams findet im
Halbdunkel des Raumes einen lethargischen Mann vor,
der alle Hoffnung aufgegeben hat. »I did something
wrong, once.« Adams geht, und Lunn erwartet in fatalisti-
scher Starre seine Mörder, die kaltblütig ihr Werk voll-
enden.

Warum wurde Lunn ermordet? Warum wehrte er sich
nicht, versuchte nicht zu fliehen? Diesen Fragen geht der
Versicherungsagent Riordan nach. Aus seinen Recherchen
entfaltet sich als Rückblenden-Puzzle eine Geschichte von
Leidenschaft und Verrat: Die schöne *femme fatale* Kitty
Collins hatte den »Schweden«, der damals noch Ole Andreson hieß, dazu gebracht, nach einem Raubüberfall ihren

Komplizen Jim Colfax, Blinky und Dum Dum die Beute von 250 000 Dollar abzujagen; dann war Ole mit Kitty geflüchtet. Zwei Tage später verschwand aber Kitty mit dem Geld; der Schwede war nur das Bauernopfer in einem perfiden Plan von Colfax und Kitty, der ihn als Gebrochenen und Gejagten zurückließ.

Die Frage nach der Ursache des Mordes ließ Hemingways Kurzgeschichte, auf der der Film basiert, bewusst unbeantwortet. So formuliert die *short story* – fast wortgetreu übernommen – nur das Rätsel, dessen Aufklärung sich der Hauptteil des Films widmet. Die Fortsetzung der Story entwickelten die Drehbuchautoren Anthony Veiller und John Huston (der in den Titeln aus Vertragsgründen nicht erwähnt wurde) so gekonnt, dass Hemingway begeistert war. Entstanden ist eine klassische *film noir*-Detektivgeschichte mit zwei verwobenen Erzählsträngen und zwei Helden: der Vorgeschichte des Mordes an Ole und der Geschichte seiner Aufklärung durch Riordan. Die Dramaturgie einer komplexen, achronologischen Abfolge von elf Rückblenden – beeinflusst vom wenige Jahre älteren *Citizen Kane* – betont die Schicksalhaftigkeit und Ausweglosigkeit der vergangenen Ereignisse wie auch die Begrenztheit des Wissens der einzelnen Zeugen, die Riordan befragt.

Der vom deutschen Expressionismus beeinflusste Exilant Siodmak und sein Kameramann Woody Bredell fassten das Buch in eindrucksvolle Bilder: Düsterkeit und Schatten der *lowkey*-Beleuchtung, Einstellungen von großer Raumtiefe und komplizierte Kamerafahrten wie bei dem in einer einzigen Einstellung gefilmten Überfall ließen *The Killers* stilistisch zu einem Klassiker des *film noir* werden. Miklos Rozsa begleitete das Geschehen mit dramatisch-pathetischer Orchestermusik. Einen Teil seiner Anschaulichkeit hat *The Killers* vielleicht auch dadurch gewonnen, dass Produzent Mark Hellinger (laut Siodmak) mit Mafiabossen befreundet war – es soll eine

Preview für ein begeistertes Unterwelt-Publikum gegeben
haben. Der Erfolg des für den Oscar nominierten Films
machte den Debütanten und ehemaligen Zirkusartisten
Burt Lancaster und die unbekannte Schönheit Ava Gardner zu großen Stars.

Auf einer tieferen Ebene als der des Detektiv-Puzzles
erzählt *The Killers* die Geschichte zweier Lebenswelten,
die aufeinanderprallen: Mit der Ermordung des »Schweden« Pete Lunn alias Ole Andreson dringt die Unterwelt
in die Welt der »normalen Leute« ein. Durch die Ermittlungen Riordans wiederum schlägt die gestörte Welt der
Bürger zurück und erringt einen Etappensieg über die der
Verbrecher. Das Gangsterpaar Kitty Collins und Jim Colfax erhält am Schluss durch Riordans Ermittlungen seine
Strafe: für ihn den Tod, für sie das Gefängnis.

Die beiden Welten werden immer wieder kontrastiv ge-
geneinandergesetzt. Die Unterwelt stellt einen morbiden
Glamour zur Schau; die Gangster treffen sich auf elegan-
ten Partys und in luxuriösen Restaurants, aber auch im
nächtlichen Halbdunkel konspirativer Verstecke, wo sie
ihre verbrecherischen Pläne schmieden. Hier sind Leidenschaft und Abenteuer, Erotik und Tragik noch möglich,
und es besteht die Aussicht auf materiellen Reichtum.
Gleichzeitig ist die Gangsterwelt durchdrungen von bru-
taler Gewalt und mitleidlosem Verrat: ein Mikrokosmos,
schillernd zwischen Glanz und Elend. Dagegen ist die
»normale« Welt des Kleinbürgertums geprägt von ver-
nünftiger Bescheidung. Selbstzufrieden gehen die Mitglieder ihren Geschäften nach – auch der Aufklärung eines
Verbrechens. Keine Spur vom Unbehagen des Menschen
in seiner Kultur.

Am deutlichsten kontrastiert *The Killers* Verbrecher-
und Kleinbürgerwelt über die Figuren des »Schweden«
Ole und seines Jugendfreundes Lieutenant Lubinsky. Der
Polizist lebt in einem Taubenzüchteridyll, streicht auf dem
sonnigen Mietshausdach Stühle an. Lubinsky legt in meh-

reren Rückblenden zwei unterschiedliche Lebensentwürfe offen: Er und Ole stammen aus demselben Milieu, doch als der Polizist dem Boxer Ole, dessen Karriere durch eine Verletzung brutal beendet wird, vorschlägt, gleichfalls in den Polizeidienst zu gehen, lehnt der brüsk ab: So viel, wie Lubinsky in einem Jahr verdiene, habe er oft in einem Monat gehabt. Neben der materiellen Motivation des Helden auf dem Weg ins Verbrechen tritt hier seine Weigerung zutage, sich zu bescheiden. Während Lubinsky mit Lilly, der verschmähten Verehrerin Oles, ein stilles Glück findet – auch das die Geschichte einer scheinbar problemlos überwundenen narzisstischen Kränkung –, trägt der »Schwede« bald elegante weiße Anzüge.

Erst die Begegnung mit der *femme fatale* Kitty Collins reißt Ole endgültig in den Sog des Verbrechens und ins unabwendbare Verderben, und damit gewinnt seine Figur tragisches Format. Als Ole Kitty sieht, gerät er in ihren Bann. Er vergisst das ›gute blonde Mädchen‹ neben sich, den lieben Kumpel, und verliert sich in blinder Leidenschaft an die laszive dunkle Schönheit, die erotische Verkörperung seines Untergangs. Ava Gardner singt »The more I know of love, the less I know you«, und das sollte Ole eine Warnung sein, doch er merkt es nicht. Von da an irrt er rettungslos durch die Unterwelt als Parzival, der ihre Gesetze nicht kennt.

Grenzgänger zwischen den Welten wie Ole sind auch andere Figuren des Films, doch anders als er verlieren sie nicht ihre Orientierung. Kitty und »Big Jim« Colfax haben sich mit ihrem kriminellen Reichtum eine solide bürgerliche Existenz aufgebaut, sind also (zunächst) problemlos von der Unterwelt in die Alltagswelt gewechselt. Versicherungsagent Riordan und Lieutenant Lubinsky dagegen sind fest in der Welt der Normalität verwurzelt und tauchen von dort aus mit rechtschaffenen Zielen versehen in die Unterwelt ein. Es wirkt, als seien sie froh, der Alltagsroutine für eine Weile zu entkommen.

Den Zynismus einer desillusionierten Nachkriegszeit
zeigt auch die wohlplatzierte Komik in *The Killers:*
schwarzer Humor im *film noir.* Dieser Film geht nicht zim-
perlich mit seinen Figuren um. Ein Bild fasst das am besten
zusammen: Der tödlich verletzte Jim Colfax bittet Riordan
und Lubinsky um eine Zigarette. In Großaufnahme reißt
Lubinsky das Streichholz an seiner spitzen Schuhsohle an –
direkt neben dem Gesicht des sterbenden Colfax.

Am Schluss trifft der zynisch kalte Blick auf die Welt sogar die Protagonisten Ole und Riordan. Das Schicksal des
Schweden verliert sein Gewicht im Zusammenhang der modernen Massengesellschaft. Im Gespräch mit seinem Boss
erfährt der Detektiv, stolz auf die Aufklärung des verwickel-
ten Falls und die Sicherstellung der Beute, dass sein Erfolg
dem einzelnen Versicherungsnehmer eine Prämienerleichte-
rung von gerade mal einem Zehntel Cent gebracht hat.

Dass die Geschichte von *The Killers* über Jahrzehnte
hinweg fasziniert, hat sich auch in der Filmgeschichte niedergeschlagen: 1964 drehte Don Siegel ein Remake, und
1982 verwendete Carl Reiner Szenen aus dem alten Klassiker für seine Parodie *Dead Men Don't Wear Plaid.*

*Jens Eder*

*Vorlage:* Ernest Hemingway: The Killers. In: E. H.: Men Without
Women. New York 1927. – Dt.: Die Killer. In: Gesammelte Werke.
Reinbek [3] 1982. Bd. 6. S. 237–245.
*Literatur:* Robert Bookbinder: Classic Gangster Films. New York /
Toronto 1985. S. 141–148. – David Bordwell: Narration in the Fic-
tion Film. London 1985. S. 193–198. – Stuart M. Kaminsky: Ame-
rican Film Genres. Chicago 1985. S. 81–91. – Georg Seeßlen: Der
Asphalt-Dschungel. Geschichte und Mythologie des Gangster-
films. Reinbek 1977. S. 160–163. – Spencer Selby: Dark City – The
Film Noir. Jefferson / London 1984. S. 39–44. – Michael Walker:
Robert Siodmak. In: Ian Cameron (Hrsg.): The Movie Book of the
Film Noir. London 1992. S. 110–151. – The Killers. In: Thomas
Koebner (Hrsg.): Filmklassiker: Beschreibungen und Kommentare.
Bd. 1. Stuttgart 1995. S. 512–516.

# Der dritte Mann

The Third Man

GB 1949   s/w 108 min

R: Carol Reed
B: Graham Greene (nach seiner gleichnamigen Erzählung)
K: Robert Krasker
M: Anton Karas
D: Orson Welles (Harry Lime), Joseph Cotten (Holly Martins),
Alida Valli (Anna), Trevor Howard (Major Calloway), Paul
Hörbiger (Portier)

Wien nach dem Zweiten Weltkrieg: Die halb zerstörte
Stadt ist in vier Sektoren aufgeteilt; lediglich das Stadtzen-
trum wird gemeinsam von Russen, Amerikanern, Briten
und Franzosen verwaltet. Mit gemischten Patrouillen versuchen die Siegermächte, die Ordnung aufrechtzuerhalten
und den Schwarzmarkt einzudämmen. In diese Stadt
kommt der Amerikaner Holly Martins, um seinen Freund
Harry Lime zu besuchen, erscheint jedoch gerade rechtzeitig zu dessen Beerdigung. Nur wenige Menschen haben
sich auf dem Friedhof versammelt. Major Calloway, Chef
der britischen militärischen Sicherheitspolizei, ist einer
von ihnen. Von ihm erfährt Martins, dass sein Freund mit
gestohlenem Penizillin handelte, das er aus Profitgier mit
Wasser verdünnte und so den Tod tausender Kinder ver-
ursachte. Im Laufe der Geschichte stellt sich heraus, dass
Harry Lime tatsächlich noch lebt und sich im sowjetischen Sektor – unerreichbar für Calloway – versteckt hält.
Martins erklärt sich trotz anfänglicher Bedenken bereit,
seinem Freund eine Falle im britischen Sektor zu stellen.
In einer dramatischen Verfolgungsjagd durch die Kanalisation Wiens wird Harry Lime schließlich von seinem
Freund Martins erschossen.

»Die dreißigjährige Herrschaft der Borgias brachte Italien Krieg, Terror, Mord und Blutvergießen, aber auch Mi-

chelangelo, Leonardo da Vinci und die Renaissance. In der
Schweiz herrschten brüderliche Liebe, fünfhundert Jahre
Demokratie und Frieden. Und was brachte das hervor?
Die Kuckucksuhr.« Mit dieser zynischen Bemerkung – die
von Orson Welles selbst ins Drehbuch eingefügt wurde –
verteidigt Harry Lime gegenüber Martins seine kriminellen Taten. Jede Handlung des Machtmenschen Lime dient
dem eigenen Vorteil und vernichtet zahllose andere Existenzen: kranke Kinder, die an verwässertem Penizillin
sterben, seine tschechische Freundin Anna, die er an die
Russen verrät, der Mann, der sterben muss, damit Lime
seinen eigenen Tod inszenieren kann, und der Portier, der
zu viel gesehen hat. Harry Lime ist beileibe kein sympa-
thischer Zeitgenosse. Dennoch gelingt es Orson Welles,
der Figur eine Aura der Faszination zu verleihen, gegen
die Joseph Cotten als Holly Martins kaum eine Chance
hat. Nicht nur deshalb hat der Film weder Helden noch
Gewinner. Lediglich Major Calloway hat Erfolg bei seiner
Jagd auf Harry Lime, doch tut er nur seine Pflicht, und
persönliche Interessen spielen dabei keine Rolle. Ansonsten gibt es nur Verlierer: Harry Lime natürlich, der sterben muss, Anna, seine Freundin, die den geliebten Mann
verliert und bald vielleicht auch die Freiheit, und Holly
Martins, der den Freund verrät und Annas Zuneigung
nicht gewinnen kann. Ursprünglich hatte Graham Greene
ein versöhnliches Ende vorgesehen, bei dem Anna und
Martins Arm in Arm Harry Limes Beerdigung verlassen.
Carol Reed überzeugte den Autor jedoch von seiner Variante, in der Anna wortlos an Martins vorbeigeht und ihn
allein auf der Straße zum Friedhof stehen lässt.

Dass dies nicht deprimierend, sondern allenfalls melan-
cholisch wirkt, ist – neben Reeds Regie – vor allem Anton
Karas zu verdanken, dem genialen Zitherspieler, dessen
Musik die Szene untermalt. Bereits der Vorspann wird
von dieser Musik dominiert. Und das nicht nur akustisch:
Im Bild ist das Schallloch einer Zither zu sehen, über dem

Joseph Cotten (links) und Orson Welles treffen sich in *Der dritte Mann* in einer Gondel des Prater-Riesenrads in Wien. Auf Welles' Frage »What can I do, Holly?« antwortet Cotten knapp: »Be reasonable.«

die jeweils gezupften Saiten vibrieren. Fernab jeder Heurigen-Seligkeit bestimmt die Musik Tempo und Stimmung des Films ebenso stark wie die Bilder. Dabei ist sie so eingängig, dass sie weit über den Zusammenhang des Films hinaus bekannt wurde.

Der Kamerablick prägt die Stimmung des Films entscheidend. Extreme Blickwinkel und Kontraste rücken den *Dritten Mann* in die Nähe des expressionistischen Films der zwanziger Jahre sowie der frühen Filme von Fritz Lang. Mit der verkanteten Kameraperspektive verlieh auch Alfred Hitchcock seinen späteren Filmen Dynamik.

Carol Reed versteht es, seinen Bildern eine unaufdringliche Symbolik zu verleihen. So versucht zum Beispiel Harry Lime, seinen Verfolgern in der Kanalisation zu entkommen, indem er in einem Abwasserschacht nach oben steigt. Doch der Kanaldeckel lässt sich nicht öffnen, und wir sehen Limes weiße Finger, die sich um das schwarze Metall verkrampfen. Für Harry Lime gibt es keinen Weg zurück; die Gosse, die er für seine dunklen Wege ausnutzte, wird sein Gefängnis, und in ihr wird er sein Ende finden. Große Teile des Films spielen im Dunkel der Nacht oder in der Kanalisation. *The Third Man* wird daher auch gern als erster großer Nacht-Thriller bezeichnet, der in der Tradition des *film noir* steht und seinerseits die optische Erscheinung des Thrillers bis hin zu Filmen wie *Nikita* (1992) und *Black Rain* (1989) nachhaltig beeinflusste.

Wien, die halb zerstörte und geteilte Stadt, ist mehr als nur Schauplatz dieser Schwarzmarktgeschichte, sie ist handelndes Element. Ihre Kanalisation, das Riesenrad im Prater und die Ruinen der herrschaftlichen Häuser sind für den Verlauf der Handlung unentbehrlich. »Trümmerfilme« wurden diese Produkte der Nachkriegszeit genannt, die in den zerstörten Großstädten spielten. *The Third Man* ist ein später Vertreter dieser Filmrichtung, und in ihm deutet sich bereits der Kalte Krieg an. Harry Lime sucht nicht zufällig im sowjetischen Sektor Unterschlupf, und auch im gemeinsam verwalteten Teil der Stadt verbreiten die Vertreter der Roten Armee Schrecken unter der Bevölkerung. Harrys tschechische Freundin Anna ist mit gefälschten Papieren eingereist, und die sowjetische Administration verlangt ihre Auslieferung, was nichts Gutes zu bedeuten hat. Die übrigen Nationalitäten werden im Film mit harmloseren Klischees bedacht: Engländer sind steif und höflich, Franzosen galant und Amerikaner jovial.

Aber vielleicht ist doch etwas Wahres an Harry Limes

These: Unter dem Terror der Borgias erblühte die Renaissance – und im Elend der Nachkriegszeit entstanden Filme wie *Der dritte Mann.*                    *Gerald Beeckmann*

*Vorlage:* Graham Greene: The Third Man. London/Boston 1988.
*Literatur:* Lothar Schwab: Der Identifikationsprozess im Kinofilm. Analyse des Films *Der dritte Mann.* In: Knut Hickethier / Joachim Paech (Hrsg.): Modelle der Film- und Fernsehanalyse. Stuttgart 1979. S. 24–62.

# Asphaltdschungel

The Asphalt Jungle

USA 1950    s/w 105 min

R: John Huston
B: Ben Maddow, John Huston (nach dem gleichnamigen Roman von William R. Burnett)
K: Harold Rosson
M: Miklos Rozsa
D: Sterling Hayden (Dix Handley), Louis Calhern (OF: D. Emmerich; dt.: Alonzo D. Emmery), Sam Jaffe (OF: »Doc« Riedenschneider, dt.: »Doc« Esterhazy), Jean Hagen (Dolly Conovan), James Whitmore (Gus Minissi)

Mit Raubüberfällen schlägt sich der *tough guy* Dix Handley in Chicago durch, bedrängt von Wettschulden und verfolgt von der Polizei. Die hat die Spur eines Verbrechers anderer Größenordnung verloren: »Doc« Riedenschneider, *mastermind* und Gentleman-Ganove, will nach seiner Entlassung aus dem Gefängnis einen lange gereiften Coup durchführen. Dazu braucht er einen Geldgeber. Über den schmierigen Wettbürohalter Cobby nimmt er Kontakt zu Emmerich auf, einem Rechtsanwalt, der hinter großbürgerlicher Fassade ein Doppelleben als Verbrecher führt. Über Cobby wirbt der Doc auch seine Crew an: den professionellen Safeknacker Ciavelli, den buckligen Kneipier Gus als Fahrer und Dix Handley als schlagkräftige Rückendeckung.

Der Einbruch beim größten Juwelier Chicagos verläuft zunächst nach Plan. Doch dann wird Ciavelli durch einen zufällig ausgelösten Schuss lebensgefährlich verletzt. Die Übergabe der Juwelen endet vollends im Desaster: Emmerich erwartet den Doc und Handley mit seinem Freund, dem Detektiv Bob Brannon, in betrügerischer Absicht. Er will seinen Komplizen die Beute abnehmen und sich ins Ausland absetzen. Es kommt zum Schusswechsel. Dix Handley tötet Brannon, wird aber auch selbst schwer verletzt.

In einem Versteck warten Dix und Riedenschneider darauf, dass Emmerich wenigstens von der Versicherung des Juweliers etwas Geld für die Beute aushandelt. Doch die Zeit verstreicht, und die Polizei zieht die Schlinge immer enger zu. Der korrupte Lieutenant Ditrich prügelt Cobby, bis der seine Komplizen verrät. Emmerich wird daraufhin von der Polizei bei seiner Geliebten gestellt und nimmt sich das Leben. Gus landet im Gefängnis, Ciavelli stirbt an seiner Schussverletzung.

Dix Handley und der Doc entkommen und verbergen sich erst einmal bei Dolly, einer Prostituierten, die in Handley verliebt ist. Doc Riedenschneider setzt sich dann mit den Juwelen aus der Stadt ab. Die Polizei fasst ihn, weil er sich unterwegs davon aufhalten lässt, einem Mädchen beim Tanzen zuzusehen. Währenddessen fliehen Dolly und der schwer verletzte Dix im Auto über Land. Dix phantasiert von der Farm seines Vaters. Er stirbt vor den Augen seiner hilflosen Begleiterin auf einer idyllischen Koppel, umringt von Pferden.

John Huston hatte durch *The Maltese Falcon* (1941) bereits den *film noir* mitbegründet. Knapp zehn Jahre später leitete er durch *The Asphalt Jungle* ein neues Subgenre des

Kriminalfilms ein, den *big caper movie*, die Geschichte vom großen Coup. Standen beim typischen *film noir* eher der gebrochene Einzelheld und die *femme fatale* im Vordergrund, so ist es beim *caper movie* eine Gruppe unterschiedlich akzentuierter Gangster. Das Augenmerk liegt auf Planung, Durchführung und Scheitern ihres gemeinsamen Projekts, auf seinen technischen Details und den Beziehungen innerhalb der Gruppe.

Stilistisch trägt *The Asphalt Jungle* deutlich die Züge des *film noir*: das *chiaroscuro* der *low key*-Beleuchtung, die stürzenden Diagonalen des Bildaufbaus, die Raumtiefe, bei der die Gesichter Einzelner das Bild dominieren. Doch das mystische Samtschwarz löst sich auf in ein kaltes, raues Dunkelgrau; nur noch selten schimmert der Glanz der regennassen Straßen. Im Vergleich mit den frühen Filmen der Schwarzen Serie wirken die Bilder in *The Asphalt Jungle* naturalistischer. Der Zynismus der Erzählweise wird bitter: Verflogen ist die Atmosphäre von Geheimnis, Leidenschaft und Abenteuer des Verbrechertums, geblieben sind Not, Verrat und Scheitern.

*The Asphalt Jungle* ist als *caper movie* ein Ensemblefilm: Neben den Hauptfiguren Dix Handley und Doc Riedenschneider gewinnen die anderen Charaktere an Bedeutung. (In der deutschen Fassung tragen übrigens zahlreiche Figuren andere Namen als im Original: Riedenschneider wird zu Esterhazy, Emmerich zu Emmery, Inspektor Ditrich zu Deadish.) Die Konstellation der Gangstergruppe ist auf Kontraste angelegt. Jede der Figuren verkörpert bei allem Facettenreichtum auch einen bestimmten Typus: Doc Riedenschneider ist der stocksteife Planer, Dix Handley der harte Kerl vom Land, Ciavelli ein Familienvater, der eigentlich nur seine Ruhe will. Das soziale Spektrum reicht dabei vom proletarischen Gus bis zum arrivierten Großbürger Emmerich. Die Bourgeoisie zeigt in diesem Spektrum deutlich die größere Verkommenheit.

Die sorgfältige Zeichnung auch kleiner Rollen (z. B.

Rechtsanwalt Emmerichs depressiver Ehefrau May) macht
eine der Stärken dieses Klassikers aus. Die Schauspieler
sind prägnant: Sam Jaffe erhielt für seine Darstellung des
»Doc« Riedenschneider eine Oscar-Nominierung. Sterling
Hayden erneuerte mit diesem Film seinen Star-Status. Ma-
rilyn Monroe bewahrte ihre Nebenrolle als Emmerichs
Geliebte davor, die Schauspielerei aufgeben zu müssen.
Drehbuch und Regie Hustons wurden ebenfalls für den
Oscar nominiert, doch wie bei Jaffes Rolle zog die Jury
Joseph L. Mankiewicz' *All About Eve* (1950) vor.

Das verbitterte Gesicht Dix Handleys drückt die Ge-
samtstimmung von *Asphalt Jungle* aus: Der Film wirft einen moralischen Blick auf eine unwirtliche Welt, mit der
man irgendwie fertig werden muss. »Verbrechen ist nur
eine besondere Form des Lebenskampfes« (»a lefthanded
form of endeavour«), sagt Emmerich zu seiner Frau (und
den Zuschauern) in frontaler Naheinstellung. Der Satz
fasst die Botschaft des Films zusammen: Die urbane kapitalistische Gesellschaft zeigt sich mitleidlos wie die Natur
des Dschungels und fordert den Kampf ums Überleben
mit allen Mitteln. Triebe und soziale Zwänge sind ihre
Naturgesetze. Keiner der Verbrecher ist von Grund auf
böse, jeder von ihnen steht unter einem besonderen
Druck. Der entwurzelte Handley will eigentlich nichts
anderes als die Farm seines Vaters zurückkaufen und dann
»den ganzen Stadtdreck von sich abspülen«. Doc Riedenschneider kommt mittellos direkt aus siebenjähriger Haft.
Emmerich steht vor dem finanziellen Zusammenbruch.
Ciavelli wird von Gus unter Druck gesetzt, mitzumachen,
Cobby von Emmerich – ein Netz von Abhängigkeiten
durchzieht den Film. Das Verbrechen bildet den einzigen
Ausweg aus ihrer Situation.

Neben diesen Zwängen werden die Gangster aber auch
durch ihre Schwächen motiviert, die sie nicht beherrschen
können. »Jeder von uns hat ein Laster, für das er arbeitet«,
sagt Riedenschneider (damit wird eine zentrale Botschaft

offen ausgesprochen). Bei dem alten Voyeur sind es die Frauen, bei Emmerich ebenfalls: Er kann seine Geliebte Angela nicht mehr finanzieren. Handley ist von Pferdewetten besessen, Gus und Cobby davon, das Gefühl ihrer Minderwertigkeit zu bekämpfen. Meist kennen die Gangster ihre Schwächen, stehen ihnen jedoch hilflos gegenüber. So bestimmen Triebe und Zwänge ihren Untergang schon im Voraus: Der *mastermind* Riedenschneider wird von der Polizei gefasst, weil er seiner Schwäche, dem Voyeurismus, nachgibt und einem Mädchen beim Tanzen zusieht. Die einzige Chance der Gangster liegt in den Tugenden von Ehrlichkeit, Selbstbeherrschung, Mut und Zuverlässigkeit; sie scheitern, weil Emmerich nicht ehrlich ist und die anderen betrügen will, weil Cobby aus Feigheit die anderen verrät, weil der Doc sich nicht beherrschen kann.

Die Welt des Verbrechens ist eine Männerwelt. Die kriminelle *femme fatale* gibt es in *The Asphalt Jungle* nicht, und auch keine weibliche Figur, die an deren intellektuelle Kraft und erotische Macht heranreichen könnte. Emmerichs Frau May und seine Geliebte Angela sind beide naiv und ahnungslos. Dollys Verletzlichkeit wird schon zu Beginn fast brutal gezeigt, als sie weint und dabei ihre künstlichen Wimpern verliert. Dix behandelt Dolly mit einer Nachlässigkeit, die beziehungsgestört wirkt, während sie bereit ist, sich für ihn aufzuopfern. Durch ihre bedingungslose Liebe lässt sich Dolly in seine Flucht verwickeln.

Die Sequenz der Flucht Handleys und Dollys zeigt auch am deutlichsten, wo die Sympathien des Films liegen: Identifikationsangebote für den Zuschauer gibt es nur bei den Gangstern. Ihre Motive und ihre Psychologie zeichnet *The Asphalt Jungle* differenziert nach; ihr Ehrenkodex macht sie (fast) zu tragischen Helden. Die Polizisten erscheinen als negatives Gegenbild: Lieutenant Ditrich ist korrupt und brutal, Kommissar Hardy ein bürokrati-

scher Prinzipienreiter, der sich blind zeigt für die sozialen
Ursachen verbrecherischen Handelns. Kontrastiv setzt das
Ende des Films eine Pressekonferenz Hardys gegen die
Flucht des sterbenden Dix und der verzweifelten Dolly.
Während der Kommissar Verbrecher mit Raubtieren ver-
gleicht, die jeden Anspruch auf Mitgefühl verwirkt hätten,
arbeitet der Film darauf hin, genau dieses Mitgefühl für
Dix und Dolly im Zuschauer entstehen zu lassen: In
Großaufnahmen sieht man die lautlos weinende Dolly
und Handley, der von der Farm seines Vaters phantasiert.
Wie ein Todestraum Handleys rast die idyllische, pastorale
Landschaft am Auto vorbei, die endlich den Asphalt-
dschungel ersetzt hat. Sein Ziel, die Farm, erreicht Dix jedoch nur im Tod. Die tragische Ironie des Schlussbildes
wird durch Miklos Rozsas pathetische Musik unterstri-
chen: Dix' Körper, der verloren wirkt auf der weiten Wei-
de und um den sich neugierig die Pferde versammeln. Der
*pursuit of happiness* ist hier in jedem Fall ein vergebliches
Streben.                                                *Jens Eder*

*Vorlage:* William R. Burnett: The Asphalt Jungle. New York 1949.
*Drehbuch:* John Huston / Ben Maddow: *The Asphalt Jungle*. Car-
bondale 1980.
*Literatur:* Georg Seeßlen: Der Asphalt-Dschungel. Geschichte und
Mythologie des Gangsterfilms. Reinbek 1977. S. 174–176. – Robert
Bookbinder: Classic Gangster Films. New York / Toronto 1985.
S. 188–194. – John McCarthy: The Complete Films of John Hus-
ton. Secaucus (N.J.) 1987. S. 74–79. – Lawrence Grobel: The Hus-
tons. London 1990. S. 331–337. – Judith Maus / Holger Wacker:
*The Asphalt Jungle*. In: Holger Wacker (Hrsg.): Enzyklopädie des
Kriminalfilms. Filme, Fernsehserien, Personen, Themen/Aspekte.
Meitingen 1995–97. Tl. 1: Filme. S. 1–7.

# Der Fremde im Zug

(Verschwörung im Nordexpress)

Strangers on a Train

USA 1951    s/w 93 min

R: Alfred Hitchcock
B: Raymond Chandler, Czenzi Ormonde, Whitfield Cook (nach
   dem Roman *Strangers on a Train* von Patricia Highsmith)
K: Robert Burks
D: Farley Granger (Guy Haines), Ruth Roman (Ann Morton),
   Robert Walker (Bruno Anthony), Leo G. Carroll (Senator
   Morton), Patricia Hitchcock (Barbara Morton)

Guy Haines ist ein bekannter Tennisspieler mit politischen Ambitionen. Er liebt die Tochter des Senators Morton, ist aber noch mit der untreuen Miriam verheiratet. Im
Zug begegnet ihm der aufdringliche Bruno Anthony, der
durch die Boulevardpresse genau über Guys Eheprobleme
informiert ist. Bruno drängt Guy eine Idee auf, die er für
den perfekten Mordplan hält: Er bietet an, Guys Ehefrau
zu ermorden, im Gegenzug soll Guy ihn von seinem verhassten Vater befreien. Als Fremde, die sich im Zug zufällig begegnet sind, könnte die Polizei keinem von beiden
ein Motiv unterstellen. Guy nimmt den Vorschlag nicht
ernst. Kurz darauf erfährt er von seiner Frau, dass sie sich
weigert, in die Scheidung einzuwilligen. Voller Hass gesteht er seiner Geliebten Ann Morton, dass er Miriam erwürgen könnte.

   Bruno erfüllt seinen Teil dessen, was er offenbar für
eine Abmachung hielt. In einem Vergnügungspark flirtet
er mit Miriam und erwürgt sie. Nun fordert er von Guy
den Mord am Vater ein, doch Guy weigert sich. Durch ein
schwaches Alibi gerät er bei der Polizei in Verdacht, seine
Ehefrau ermordet zu haben. Guys Versuch, Brunos Vater
vor dem wahnsinnigen Sohn zu warnen, schlägt fehl. Bru-

no sinnt auf Rache und plant, ein Feuerzeug, das Guy gehört, an den Tatort seines eigenen Mordes zu bringen, um
der Polizei einen vermeintlichen Beweis für Guys Schuld
in die Hände zu spielen. Guy und seine inzwischen einge-
weihte Geliebte Ann ahnen Brunos Absicht, und in einem
Wettlauf gegen die Zeit und die verfolgende Polizei gelingt
es Guy, den Mörder Bruno im Vergnügungspark zu stellen. Beim spektakulären Kampf auf einem Karussell wird
Bruno tödlich verletzt. Vor den Augen der Polizei gibt er
sterbend das Feuerzeug als Beweis seiner Schuld preis.

Die Romanvorlage schrieb die damals noch unbekannte
Patricia Highsmith, und in ihrer Fassung lässt sich Guy
tatsächlich zum Mord an Brunos Vater verleiten. Raymond Chandler, von dem die erste Drehbuchfassung
stammt, hielt dies für eine unglaubwürdige Konstruktion.
Zwar verzichtet der Film auf diese Wendung, aber von
den ersten Einstellungen an lässt Hitchcock keinen Zweifel darüber aufkommen, dass Guy und Bruno nur die beiden Seiten einer Figur sind – Licht und Schatten sind nicht
zu trennen. Der eine führt nur aus, was sich der andere
sehnlich wünscht. Ohne Guys Hass auf seine Ehefrau
wäre der wahnsinnige Bruno nie auf die Idee gekommen,
Miriam zu ermorden. »Überkreuzend« nennt er seinen
Plan der gegenseitigen Beihilfe, überkreuzend verlaufen
auch die Schienen des Zuges, in dem sich die beiden begegnen, und überschneidend montiert Hitchcock immer
wieder selbst alltägliche Handlungen von Bruno und Guy.
Guys Wunsch, Miriam zu erwürgen, wird sofort mit einer
Nahaufnahme von Brunos Händen kommentiert. Bruno
benutzt dieselbe Telefonzelle wie Guy, er blickt auf die
Uhr und Guy liest andernorts die Zeit ab, einer zündet
sich die Zigarette an, der andere raucht in der nächsten
Einstellung weiter. Begegnen sich Bruno und Guy, so sind
sie zunächst durch Gitter oder Säulen voneinander getrennt, aber nach kurzer Zeit lösen sich die Bildhälften
auf, und beide teilen einen gemeinsamen Hintergrund. Ei-

ner der vielen magischen Alltagsgegenstände in Hitchcocks Werk ist das Feuerzeug, das Guy im Zug vergisst und das die beiden bis zum Ende aneinanderkettet. »A to G« ist eingraviert, »Ann to Guy«. Aber »A« kann natürlich auch für Anthony stehen, den Nachnamen Brunos. Wie ein Liebhaber übernimmt Bruno mit diesem Feuerzeug Anns Platz an Guys Seite – ein tödliches Verhältnis.

Furios verwischt Hitchcock auch bei Miriams Ermordung die Grenzen zwischen Mord und Liebesverhältnis. Bruno folgt Miriam in den Vergnügungspark und lenkt die Aufmerksamkeit offensiv auf sich. Miriam, bereits in Begleitung zweier Männer, geht voller Vergnügen auf den Flirt ein, und eine Kette von Zweideutigkeiten steigert die erotische Spannung, die durch unser Wissen um Brunos Absichten auch ein *suspense* auf den Tod ist. Kitschige Sehnsucht treibt Miriam schließlich auf die sogenannte »Liebesinsel«, wo Bruno sie in einer stillen Umarmung, die von einem romantischen Höhepunkt kaum zu unterscheiden ist, erwürgt.

Berühmt ist die Parallelmontage im Finale. Guys Tennisspiel verläuft im Wettlauf gegen Brunos Racheplan, das Feuerzeug an den Tatort zurückzubringen. Bruno verliert das Feuerzeug in einem Gully, und während er es verzweifelt herauszuangeln sucht, muss Guy gegen seinen üblichen Stil aggressiv ein Spiel in drei Sätzen gewinnen. Ein Sport-Krimi, der erst am Schneidetisch nach dreiwöchigen Experimenten entstanden ist.

Das glückliche Ende ist wieder reiner Zufall. Bruno leugnet bis zuletzt, der Täter zu sein, und nur ein Zeuge und das Feuerzeug in Brunos Hand können Guy vor dem Gefängnis bewahren. Hitchcocks katholische Moral hat sich nicht immer so deutlich offenbart: Von Beginn an muss Guy durch seine Mordwünsche als schuldig gelten, und nur Gnade kann ihn retten.

Enno Patalas hat darauf hingewiesen, dass Hitchcock zwar den Ruf eines prototypischen Krimiregisseurs besitzt, aber fast nur untypische Kriminalfilme gedreht hat. Tatsächlich bietet auch *Strangers on a Train* keinen Anlass, kriminalistische Rätsel zu lösen und Täter von Opfern zu unterscheiden. Offen beobachten wir den Mörder bei seiner Tat, und sein Gegenspieler ist ihm unangenehm ähnlich. Dennoch war auch dieser Film ein großer kommerzieller Erfolg. Kontinuierlich rückte das Genre durch Hitchcock der modernen Konvention der Grauzonen ein Stück näher.

*Christoph Mecke*

*Vorlage:* Patricia Highsmith: Zwei Fremde im Zug. Zürich 1974. *Literatur:* Henry Hart in: Films in Review 2 (1951) Nr. 6. – Jean-Luc Godard [Hans Lucas]: Suprématie du sujet. In: Cahiers du cinéma (1952) Nr. 10. Auch in: J.-L. G.: Kritiker. Ausgewählte Kritiken und Aufsätze über Film (1950–1970). München 1971. – François Truffaut: Mr. Hitchcock, wie haben Sie das gemacht? München 1973. – Donald Spoto: The Art of Alfred Hitchcock. New York 1976. – J. Yellowlees Douglas: *American Friends* and *Strangers on Trains*. In: Literature/Film Quarterly 16 (1988) Nr. 3. – Almut Oetjen: *Strangers On a Train*. In: Enzyklopädie des Kriminalfilms. 5. Erg.-Lfg. Dezember 1996. – Bill Krohn: Hitchcock at Work. New York 2000. S. 114–127. – Mladen Dolar: Hitchcocks Objekte. In: Slavoj Žižek [u.a.]: Was Sie schon immer über Lacan wissen wollten und Hitchcock nie zu fragen wagten. Frankfurt a.M. 2002. S. 27–44.

# Bei Anruf Mord

## Dial M for Murder

### USA 1954   f 88 bis 123 min

R: Alfred Hitchcock
B: Frederick Knott (nach seinem gleichnamigen Bühnenstück)
K: Robert Burks
M: Dimitri Tiomkin
D: Grace Kelly (Margot Wendice), Ray Milland (Tony Wendice), Robert Cummings (Mark Halliday), Anthony Dawson (Lesgate), John Williams (Inspector Hubbard)

Nicht allzu viel zu sagen hatte Alfred Hitchcock im Gespräch mit François Truffaut zu *Dial M for Murder*. Er habe den Film, die Umsetzung eines erfolgreichen Bühnenstückes, von Anfang an nur für einen Routinejob gehalten, den er ebenso gut vom Telefon aus hätte dirigieren können. Der Legende nach in 36 Tagen abgedreht, wurde das Werk von vielen Kritikern als zu konventionell befunden und ist in der Literatur über Hitchcocks Schaffen meist nur eine Randbemerkung wert. Dazu passt, dass Hitchcock selbst bei den Dreharbeiten bereits intensiv am Folgeprojekt *Rear Window* (1954) arbeitete. Das Publikum jedoch machte den Schnellschuss zu einem veritablen Kassenschlager.

Wie *Rear Window* konzentriert sich *Dial M for Murder* auf nur einen Handlungsort, die Wohnung von Tony und Margot, aus deren klaustrophobischer Enge kaum ein Ausblick gewährt wird. Schon in der Exposition entlarvt Hitchcock das Zusammenleben des Ehepaares als Farce und zeigt Margot mit ihrem Geliebten, dem amerikanischen Kriminalautor Mark Halliday. Bis dahin sind kaum Worte gefallen. Die Verfilmung der Vorlage folgt eindeutig dem Bestreben nach Verdichtung. Hitchcock erzählt mit schneller Montage und drängt die Kamera in die Nähe der Figuren. Die Wohnung mit ihrem spießbürgerlichen Ambiente, eindeutig von Tony kontrolliert, wird damit zu einem Ort der Bedrohung.

Tony will Margots Vermögen an sich bringen und plant deshalb, sie durch einen bezahlten Mörder – einen alten Studienkollegen – umbringen zu lassen. Er selbst ist am fraglichen Abend außer Haus, sorgt jedoch mit einem Telefonanruf dafür, dass seine Frau dem wartenden Komplizen in die Arme läuft. Der Plan schlägt fehl, statt Margot stirbt der Killer. Tony reagiert blitzschnell und arrangiert in der Wohnung eine Fülle von Indizien, die der ermittelnden Polizei den Schluss nahe legen, Margot habe den Mann, der sie mit ihrer Affäre erpressen wollte, absichtlich umgebracht. Verzweifelt versucht darauf der linkische Mark, seine Geliebte vor der drohenden Todesstrafe zu retten. Ohne Erfolg. Erst der mit dem Fall beauftragte Inspektor Hubbard kommt Tony auf die Spur und kann ihn kurz vor der Vollstreckung des Urteils gegen Margot überführen.

Bis dahin jedoch versteht Tony es, jeden Ermittlungserfolg der Polizei in seine immer kompliziertere und perfektere Lügengeschichte einzuspinnen, ohne dabei je die Fassung zu verlieren, was ihn eindeutig zu einer faszinierenden Gestalt macht. Unweigerlich ertappt sich der Zuschauer bei moralisch nicht ganz einwandfreien Sympathien mit dem Schurken und ist doch gleichzeitig von der Neugier getrieben, was ihn letztlich zu Fall bringen wird.

Auf die Spitze getrieben wird dieses Spiel bei dem gescheiterten Versuch des Mordes an Margot: Wir sehen Tony, auf dem Weg, den entscheidenden Anruf zu machen. Er ist verspätet – es folgt ein Schnitt auf seinen wartenden Komplizen in der Wohnung, Der bereits wieder gehen will – Schnitt zurück auf Tony: Die Telefonzelle ist besetzt, wertvolle Sekunden verstreichen, schließlich ist der Apparat frei. Tony wählt. Statt des erneuten Gegenschnittes wird eine Einstellung vom Wählmechanismus der Telefonzentrale eingeschoben, der in stoischer Langsamkeit die Verbindung herstellt. Erst dann klingelt das Telefon in Tonys und Margots Wohnung, gerade noch rechtzeitig, um den Mörder auf seine Position zurückzubringen. Margot geht an den Apparat, wieder ein Zögern, endlich legt der Mörder ihr die Schlinge um den Hals – die Verzögerung ist überwunden, die Zeit fließt wieder, unweigerlich stellt sich ein Gefühl von Erlösung ein und das Erschrecken darüber, begierig auf der Seite der Mörder mitgefiebert zu haben.

Wie so oft spielt Hitchcock lieber mit dem Identifikationsbedürfnis des Publikums, als klare Angebote zur Verteilung der Sympathien zu machen. Nicht zuletzt aus der Ambivalenz der Figur des Tony, die Ray Milland überzeugend umsetzt, bezieht der Film seine Spannung.

Gleichwohl kann *Dial M for Murder* mit einer der positivsten Polizistenfiguren in Hitchcocks Œuvre aufwarten: Inspektor Hubbard ist – ganz gegen die Tradition – ein echter Gentleman, clever und vor allen Dingen trickreich. Damit wird er zum geeigneten Gegenspieler für Tony. Er kann diesen letztlich überführen, indem er einen entscheidenden Schritt über die Ermittlungstätigkeit hinausgeht. Er verlässt die Ebene der Recherche und macht Tony die Herrschaft über seine eigenen vier Wände streitig, als er selber anfängt, die Indizien des Mordes zu manipulieren. Dabei stößt er schließlich eher zufällig auf den winzigen Gegenstand, der Tony zu Fall bringt: ein Schlüssel, der die ganze Zeit unbemerkt direkt vor der Wohnungstür im Treppenhaus gelegen hat – höhnischer kann die Begrenztheit von Tonys Machtbereich wohl kaum demonstriert werden.

*Dial M for Murder* war der erste Film, den Hitchcock mit der damals noch recht unbekannten Grace Kelly drehte. Zwei weitere sollten folgen: *Rear Window* (1954) und *To Catch a Thief* (1955). Sie machten die Kelly zum Weltstar. Keine Fortsetzung erfuhr das Rendezvous mit der 3D-Technik, in der Hitchcock *Dial M for Murder* drehte

– oder besser: drehen musste, denn er selbst schien von der extrem unhandlichen Technik nicht gerade überzeugt zu sein. Folglich wurde der Raumeffekt äußerst sparsam verwendet, im Wesentlichen bei einigen Untersichten, so z.B. beim Kampf zwischen Margot und dem Mann, der sie ermorden will. Zur Geltung ist das ohnehin nicht gekommen: Als der Film endlich in die Kinos gelangte, war die 3D-Technik bereits wieder aus der Mode.

Beeindruckend ist heute noch Hitchcocks sichere Licht- und Farbregie: Er reduzierte z.B. Margots Gerichtsverhandlung auf eine wenige Sekunden dauernde Frontalaufnahme der Angeklagten, während deren sie von Lichtern in wechselnden Farben umkreist wird. Ebenso verändert sich Margots Kleidung im Laufe der Handlung: je schlechter es um sie bestellt ist, desto dunkler wird ihre Garderobe.                               *Torsten Michaelsen*

*Vorlage, Drehbuch:* Peter Bordonaro: *Dial M for Murder.* A Play by Frederick Knott / A Film by Alfred Hitchcock. In: Sight and Sound 45. Nr. 3 (Summer 1976). S. 175–179.
*Literatur:* Donald Spoto: The Art of Alfred Hitchcock. New York 1976. – André Bazin: Alfred Hitchcock. In: The Cinema of Cruelty. From Buñuel to Hitchcock. New York 1982. S. 101–180. – Bodo Fründt: Alfred Hitchcock und seine Filme. München 1986. – Bernhard Jendricke: Alfred Hitchcock. Reinbek 1993. – Donald Spoto: Alfred Hitchcock. Die dunklen Seiten des Genies. München 1999.

# Das Fenster zum Hof

Rear Window

USA 1954    f 112 min

R: Alfred Hitchcock
B: John Michael Hayes (nach der Erzählung *It Had to Be Murder* von Cornell Woolrich)
K: Robert Burks
M: Franz Waxman
D: James Stewart (L. B. Jeffries), Grace Kelly (Lisa Fremont), Thelma Ritter (Stella), Raymond Burr (Lars Thorwald)

Der Fotograf Jeffries hat sich bei Aufnahmen eines spektakulären Unfalls bei einem Autorennen ein Bein gebrochen. Seither ist er in seiner Wohnung an den Rollstuhl gefesselt und beobachtet die Bewohner im Hinterhof. Seine Freundin Lisa Fremont pflegt ihn. Sie will den ruhelosen Jeffries heiraten und ihn sesshaft machen. Doch Jeffries ist gegen eine feste Bindung, er fürchtet, im ehelichen Alltag zu verkümmern.

Jeffries' Beobachtungen entwickeln sich zum Voyeurismus, als er das plötzliche Verschwinden von Lars Thorwalds Ehefrau bemerkt, die wegen einer Krankheit die Wohnung eigentlich nicht ohne Hilfe verlassen kann. Jeffries nimmt Thorwald mit seinem Teleobjektiv ins Visier. Dieser hantiert mit großen Küchenmessern, packt die Kleider der Verschwundenen zusammen, verschickt einen Schrankkoffer und sortiert den Schmuck seiner Ehefrau. Diese Indizien lassen Jeffries glauben, dass Lars Thorwald seine Frau ermordet hat. Lisa und Jeffries' Krankenschwester Stella, die seine Neugier anfangs als unanständig bezeichnet hatten, interessieren sich zunehmend für seine Geschichte von Thorwalds Mordkomplott. Der Polizist Tom Doyle glaubt Jeffries nicht und bringt in Erfahrung, dass Frau Thorwald aufs Land gefahren sei. Beschämt über ihren Verdacht, lassen Lisa und Jeffries die Rollos herunter, Jeffries fragt: »Wer ist zu verurteilen, der vermeintliche Mörder oder der Voyeur?«

Als kurz darauf der Hund einer Nachbarin im Hof umgebracht wird, erneuert sich der Verdacht gegen Thorwald. Jeffries ruft ihn an und lockt ihn unter dem Vorwand, Schweigegeld zu verlangen, aus der Wohnung. Lisa und Stella suchen im Hof nach Beweisen, bleiben aber erfolglos. Lisa, inzwischen fest entschlossen, Thorwald zu überführen, dringt in dessen Wohnung ein und findet den Ehering der Verschwundenen. Sie wird vom zurückkehrenden Thorwald gestellt und kann nur knapp gerettet werden. Thorwald entdeckt Jeffries, der von seiner Wohnung aus gespannt das Geschehen verfolgt, und dringt in dessen Wohnung ein. Nach einem Handgemenge stürzt Jeffries in den Hof und bricht sich das zweite Bein. Doyle, inzwischen von Lisa alarmiert, nimmt den geständigen Thorwald fest.

Die Grundlage für das Drehbuch bildete die Kurzgeschichte *It Had To Be Murder* von Cornell Woolrich. Woolrich erzählt von einem Invaliden, der von seinem Fenster aus einen Mord beobachtet, dem Mörder auf die Spur kommt und schließlich von diesem bedroht wird. Zusätzlich inspirierten Hitchcock Berichte über zwei englische Mordfälle.

Für *Rear Window* wurde die bis dahin größte Studiokulisse gebaut, dennoch wird der Hof aus Jeffries' Perspektive fast ausschließlich halbtotal bis halbnah gezeigt. Der Kinobesucher, wie Jeffries an einen Stuhl gebunden, wird so unfreiwillig zu Jeffries' Komplizen, der mit der beruflichen Neugier eines Fotografen beobachtet. Der Film thematisiert auf diese Weise die Kinosituation und spielt in zahlreichen Varianten mit diesem Motiv. Wie ein Kinobesucher deutet Jeffries, was er im Hof und hinter den Fenstern sieht, schließt auf Gefühle und Handlungen, wo er nur partiell Ausschnitte sieht. Seine Kamera, vor allem das Teleobjektiv, wird zum Symbol für den filmischen

In *Das Fenster zum Hof* sitzt James Stewart mit eingegipstem Bein in seinem Appartement und beobachtet mit Hilfe seiner Kamera die Bewohner des gegenüberliegenden Hauses. Raymond Burr spiegelt sich in Stewarts Objektiv und wird schließlich als Mörder überführt.

Blick. Es geht sowohl um das Beobachten als auch um das Sichzeigen und Gesehenwerden und die detektivische Lust, hinter den alltäglichen Bildern ein Geheimnis aufzuspüren. Als der Polizist Jeffries für einen Moment von Thorwalds Unschuld überzeugt, wird dem Fotografen bewusst, dass sein Wunsch, Thorwald möge ein Verbrechen begangen haben, das Motiv für seinen Voyeurismus ist. Voyeurismus und Detektion erweisen sich als eng miteinander verwandt. Die angesprochene Schaulust arbeitet in hohem Maße mit der Phantasie – und dass Jeffries am

Ende mit seinem Verdacht Recht behält, ist ein genrespezifischer Schluss, der mit einer weiteren Fixierung auf die Rolle des Beobachtens bezahlt wird.

Hitchcock hat das Geschehen in Jeffries' Wohnung und die Ereignisse auf dem Hof eng miteinander verwoben. Im Gegensatz zu den Szenen aus den anderen Wohnungen, in denen gesprochen, gesungen und gestritten wird, bleibt das Geschehen in Thorwalds Wohnung tonlos wie in einem Stummfilm. Erst am Telefon wird Thorwalds Stimme für den Zuschauer hörbar. Damit gewinnen diese Bilder etwas Bedrohliches. Die Hinterhofgeschichte wird zum Spiegel für Jeffries' Seelenzustand, der sich zwischen seiner Unabhängigkeit als Junggeselle und der festen Bindung an Lisa entscheiden muss. Diese inhaltliche Verbindung ist ein zusätzliches dramaturgisches Moment des Films, das für die komödiantischen Momente sorgt. Das Geschehen, das Jeffries beobachtet, ist immer eine ironische Darstellung seiner Gefühle für Lisa. Die Dramaturgie der Handlungsstränge des Verbrechens und der Liebe zwischen Jeffries und Lisa findet ihren Höhepunkt, als Lisa in Thorwalds Wohnung den Ehering seiner Frau findet und sich ihn an den Finger steckt. Damit signalisiert sie dem beobachtenden Jeffries, dass sie den Beweis für Thorwalds Schuld gefunden hat, und bringt Jeffries dazu, in die Hochzeit einzuwilligen.

Jeff Bleckner drehte 1999 ein Remake, in dem der querschnittsgelähmte Christopher Reeve und Daryl Hannah die Hauptrollen spielten, ohne große Aussicht, den Erfolg von Hitchcocks Klassiker auch nur annähernd zu erreichen *Klaas Klaassen*

*Literatur:* François Truffaut: Mr. Hitchcock, wie haben Sie das gemacht? München 1973. – R. Stam / R. Pearson: Hitchcock's *Rear Window*: Reflexitivity and the Critique of Voyeurism. In: Enclitic (1983) Nr. 2. – R. Barton Palmer: The Metafictional Hitchcock. The Experience of Viewing and the Viewing of Experience in *Rear*

*Window* and *Psycho*. In: Cinema Journal (1985/86) Nr. 2. – Johann N. Schmidt: *Das Fenster zum Hof*. In: Thomas Koebner (Hrsg.): Filmklassiker. Beschreibungen und Kommentare. Bd. 2. Stuttgart 1995. S. 205–209.

# An einem Tag wie jeder andere

The Desperate Hours

USA 1955    s/w 112 min

R:  William Wyler
B:  Joseph Hayes (nach seinem Roman und gleichnamigen Theaterstück)
K:  Lee Garmes
M:  Gail Kubik
D:  Humphrey Bogart (Glenn Griffin), Fredric March (Dan Hilliard), Arthur Kennedy (Jesse Bard), Martha Scott (Eleanor Hilliard), Dewey Martin (Hal Griffin)

Die dem Gefängnis entflohenen Verbrecher Glenn Griffin, sein jüngerer Bruder Hal und Sam Kobish dringen auf ihrer Flucht in ein Haus in einem Vorortwohnviertel von Indianapolis ein. Dort leben Dan und Eleanor Hilliard mit ihren Kindern Ralphie und Cindy, eine amerikanische Durchschnittsfamilie aus der gehobenen Mittelschicht. Griffin droht, die Familienmitglieder umzubringen, falls einer von ihnen versucht, Hilfe zu holen. Vor der ausgedehnten Fahndung der Polizei bietet das unauffällige Haus eine ideale Zuflucht, in der die Verbrecher so lange bleiben wollen, bis Griffins Freundin mit einer größeren Geldsumme zu ihnen stößt. Von der Wirkung seiner Morddrohung überzeugt, lässt Griffin Hilliard und die fast erwachsene Tochter Cindy sogar mehrfach aus dem Haus gehen, um nach außen den Anschein der Normalität aufrechtzuerhalten. Mit der Zeit wächst der psychische

Druck. Der intelligente und mitleidlose Anführer Griffin
lässt keinen Zweifel an seiner Bereitschaft aufkommen, die
Geiseln zu töten, und Kobish, der minderbemittelte
Hüne, stellt mit seinen unkontrollierten Gewaltausbrü-
chen eine für alle unberechenbare Gefahr dar. Nur der zusehends nervös angespannte Hal scheint keine Freude an
der Terrorisierung der Familie zu haben.

Am späten Abend des ersten Tages können Cindy und
Hilliard Hal durch einen Trick entwaffnen und aussper-
ren, während Griffin im Garten den betrunkenen Kobish
bewusstlos schlägt. Die Hilliards wähnen sich befreit.
Doch ihr zehnjähriger Sohn Ralphie ist in den Garten ge-
sprungen, um Hilfe zu holen, und damit in die Gewalt
Griffins geraten. Dadurch gewinnen die Gangster wieder
die Oberhand.

Die Fahndung leitet der stellvertretende Sheriff Bard,
der dem Polizistenmörder Griffin bei seiner Verhaftung
den Kiefer brach. Er lässt Griffins Freundin beobachten,
die allerdings von Verkehrspolizisten aufgehalten wird.
Damit ist die wichtigste Spur der Polizei zerstört. Die
Qual der Hilliards verlängert sich, da das von den Gangstern erwartete Geld erst am nächsten Tag mit der Post
kommen soll. Hal drängt Glenn vergebens zur geplanten
Fortsetzung der Flucht nach Mexiko, denn dieser will
auch an Bard Rache nehmen.

Am nächsten Morgen entdeckt ein Müllmann das
Fluchtauto in der Garage und wird daraufhin von Kobish
mit Griffins Waffe erschossen. Am Abend dieses zweiten
Tages lässt sich Hal nicht länger zurückhalten und macht
sich allein auf den Weg nach Mexiko. Wenig später hört er
im Radio, wie dicht die Polizei ihnen auf der Spur ist.
Beim Versuch, seinen Bruder telefonisch zu warnen, wird
er von Polizisten überrascht und erschossen. Hals Waffe
aus dem Besitz der Hilliards bringt die Fahnder auf den
Aufenthaltsort der übrigen Ausbrecher. Zufällig erfährt
Cindys Freund Chuck von der Situation. Während der

Angst und Terror brechen in den geordneten Alltag einer gutbür-
gerlichen amerikanischen Familie herein, als sie von dem flüchtigen Schwerverbrecher Glenn Griffin (Humphrey Bogart) und
zwei Kompagnons als Geiseln in ihrem eigenen Haus in der *subur-
bia* festgehalten wird. Im Bühnenstück, das für *An einem Tag wie
jeder andere* adaptiert wurde, spielte der junge Paul Newman den
Glenn Griffin.

Geiselnahme war er mit Cindy ausgegangen und erkennt nun den wahren Grund für ihr merkwürdiges Verhalten. Unter einem Vorwand kann er sie gefahrlos aus dem Haus holen, kurz bevor die Polizei den gesamten Umkreis unauffällig abriegelt.

Hilliard hat inzwischen die in seinem Büro angekommene Geldsendung abgeholt und wird auf dem Rückweg von den Beamten abgefangen. Der Sheriff will das Haus mit massiver Gewalt stürmen, ohne Rücksicht auf den verzweifelt protestierenden Familienvater. Da übernimmt ein FBI-Mann die Verantwortung, und Hilliard geht mit einem entladenen Revolver in sein Haus. Der nichts ahnende Griffin entdeckt diesen Revolver und bewaffnet sich mit ihm. Hilliard kann Kobish austricksen und dessen Schusswaffe an sich nehmen. Kobish wird daraufhin im Vorgarten von der Einsatztruppe niedergeschossen. Der mit der entladenen Waffe wehrlose Griffin wird von Hilliard aus dem Haus getrieben. Nicht bereit, sich in die Gewalt der Polizei zu begeben, stirbt er im Maschinengewehrfeuer. Die Familie zieht sich – nach vierzig Stunden Geiselnahme – mit Chuck in ihr befreites Haus zurück.

In Hayes Broadway-Erfolgsstück *The Desperate Hours* spielte Paul Newman die Rolle des Griffin. Humphrey Bogart befand sich 1955 auf dem Höhepunkt seiner Karriere und hatte bereits einige Gangster verkörpert, darunter 1937 Baby Face Martin in *Dead End* (*Sackgasse*) in der Regie von William Wyler. Bogart interessierte sich für den herausfordernden Part des Glenn Griffin und initiierte die Adaption des Dramas für die Leinwand.

Der Film zeigt Durchschnittsmenschen in einer Grenzsituation. Es ist eine Geschichte, in die jede Mittelstandsfamilie hineingeraten könnte, und das macht sie für viele Zuschauer interessant, weil sie sich in die Lage der Hilliards hineinversetzen können. Der Film lebt von dem figurenzentrierten Psychogramm, das sich rasch entfaltet. Es verlangt von den Schauspielern ein genau austariertes Spiel.

Die erste Hälfte des Films wird vom Nervenkrieg zwischen Hilliard und Griffin bestimmt. Hilliard ist ein solider und rechtschaffener Bürger. Sein Verhalten ist unheroisch, vernunftbestimmt und von der Sorge um seine Familie geprägt. Griffin verkörpert das Gegenteil, er ist ein Gesetzloser, wird von Hass und Rachegelüsten getrieben und von den Hütern der bürgerlichen Ordnung gejagt. Man erkennt in ihm einen anarchischen Moralverächter, der sich seine eigenen Gesetze macht. Die Gesellschaft gründet auf Familien wie den Hilliards, die ungestört in ihrem beschaulichen Wohlstand leben möchten. Griffin hasst Hilliard für das, was er ist und was Griffin nicht (oder nicht mehr) sein kann. Er dringt in das Eigenheim, die Festung der bürgerlichen Existenz, ein und stellt damit eine existentielle Bedrohung der bürgerlichen Ordnung dar. Zwar fügen sich die Hilliards dieser Bedrohung, doch sie gewinnen daraus Kraft und familiäre Standhaftigkeit gegenüber den Verbrechern.

In der zweiten Hälfte des Films gewinnt die Dramatik an Tempo. Die Geiselnahme dauert länger an als erwartet. Die Angst der Opfer wächst, gleichzeitig nimmt der psychische Druck auf Griffin und seine Leute zu. Der Müllmann Patterson muss beseitigt werden, immer wieder taucht Cindys Freund Chuck auf, Ralphies Lehrerin sieht Kobish. Das Verhältnis zwischen den ungleichen Gangstern wird gespannter, während innerhalb der Familie die Solidarität wächst. Kobish gibt Griffin dessen Revolver, mit dem der Anführer den undisziplinierten und brutalen Mann in Schach hielt, nicht wieder zurück. Hal erkennt die Gefahren, in die sein Bruder sie wegen seiner Rachegelüste bringt, er beschuldigt Griffin, Freude an seiner Grausamkeit zu haben. In der bürgerlichen Umgebung ist Hals Wunsch nach einem Leben in der Normalität erwacht. In einer heftigen Auseinandersetzung wirft er seinem älteren Bruder vor, ihn um die Chance eines solchen Lebens gebracht zu haben. Hal geht, Griffin verliert mit ihm seine einzig verlässliche Stütze.

Zur wachsenden Spannung beim Zuschauer trägt auch die parallel gezeigte Fahndung bei, der Film treibt konsequent auf seinen Höhepunkt zu. Die Polizei rückt näher, mit Hal wird der erste Verbrecher erschossen, schließlich ist das Haus umstellt, die Erstürmung des Hauses kann Hilliard nur mit Mühe verhindern. Griffins Terror hat ihn zu einem Mann gemacht, der hasst, der bereit ist, einen Menschen zu morden. Seine stille Verzweiflung hat sich in Entschlossenheit und Kampfesmut gewandelt; und in dem Wissen, dass nur er noch seine Familie retten kann, reißt Hilliard das Geschehen an sich und wird zum Helden wider Willen. Voll Verachtung treibt er Griffin in die Arme der Polizei, nicht ohne ihn vorher mit der Nachricht von Hals Tod gequält zu haben.

Wyler, Hollywood-Regisseur seit 1925, in den unterschiedlichsten Genres ungemein produktiv und erfolgreich, beherrschte das filmische Handwerk meisterhaft. Es gelang ihm, für jeden seiner Filme einen jeweils eigenen, adäquaten Stil zu finden. Nach drei Oscars für die beste Regie erhielt er 1976 den Oscar für sein Lebenswerk. In *The Desperate Hours* setzt Wyler die *deep focus*-Technik ein, die er mit dem Kameramann Gregg Toland entwickelt und unter anderem schon in *The Little Foxes* (1941) eingesetzt hatte. Mit der Verwendung einer hohen Schärfentiefe bezieht er den Bildhintergrund bewusst mit in die Handlung ein und zeigt Aktion und Reaktion oft in ein und derselben Einstellung. Spannung wird hier nicht durch hohe Schnittgeschwindigkeit erzeugt, sondern in langen Einstellungen. Lee Garmes' Kamera ist dokumentarisch, will Alltag verdeutlichen. Sie gleitet durchs Haus und konzentriert sich auf bedrohliche Elemente, um dann wieder die bedrückende Abgeschlossenheit des Raums einzufangen. Der Verzicht auf Hintergrundmusik unterstützt den dokumentarischen Stil. Die spannungsgeladene Atmosphäre entsteht gleichermaßen durch die Handlung wie durch Bildaufbau, Aufnahmewinkel und Kamerafahrten, Lichtsetzung und Schnitt.

Trotz der Begrenzung des Films auf größtenteils einen Schauplatz versetzt er den Zuschauer in permanente Anspannung, anders als das Remake *Desperate Hours* (*24 Stunden in seiner Gewalt*, 1990). Regisseur Michael Cimino – der so bedeutende Werke wie *The Deer Hunter* (1979) und *Heaven's Gate* (1980) schuf – verlegt hier das Drama in die Gegenwart und setzt auf Action, Tempo und Gefühlsausbrüche. Trotz der Besetzung mit Mickey Rourke als Anführer der Bande und Anthony Hopkins als Hausherr wirkt die Geschichte bei Cimino oberflächlich. Die Dialoge sind verquer, die übertrieben gezeichneten Figuren vermögen nicht zu fesseln, und die schönen Bilder, die Cimino mit offensichtlichen Stilwillen schafft, bleiben meist inhaltsleer. So gerät dieser Film zu einem aufgeblasenen melodramatischen Thriller, der wenig mit dem stillen Meisterstück von 1955 zu tun hat.

*Eckhard Düsberg*

*Literatur:* Joachim Paech: *An einem Tag wie jeder andere.* Film im Alltag – Alltag im Film und wie man Alltag filmen könnte. In: Knut Hickethier / Joachim Paech (Hrsg.): Modelle der Film- und Fernsehanalyse. Stuttgart 1979. S. 140–174. – Robert Bookbinder: *The Desperate Hours.* In: R. B.: Classic Gangster Films. New York 1985. – Alain Charlot: *An einem Tag wie jeder andere.* In: A. C.: Die 100 besten Kriminalfilme. München 1991.

# Die zwölf Geschworenen

Twelve Angry Men

USA 1957    s/w 96 min

R: Sidney Lumet
B: Reginald Rose (1954 als Drehbuch für ein Fernsehspiel verfasst)
K: Boris Kaufman
M: Kenyon Hopkins
D: Henry Fonda (Geschworener Nr. 8, Architekt), Lee J. Cobb (Geschworener Nr. 3, der Patron), Ed Begley (Geschworener Nr. 10, Tankstellenbesitzer), E. G. Marshall (Geschworener Nr. 4, Börsenmakler), Martin Balsam (Geschworener Nr. 1, Obmann)

Zwölf Männer sollen über das Schicksal eines jungen Mannes entscheiden, den man beschuldigt, den eigenen Vater ermordet zu haben. Im engen Geschworenenzimmer eingesperrt, beginnt ihr Gespräch bei drückender Hitze. Alles spricht für ein Todesurteil. Einigen der Geschworenen ist der Ausgang gleichgültig, sie zweifeln aber keinen Augenblick an der Schuld des Jungen, auch deshalb, weil sie möglichst bald den Raum verlassen wollen. Ohne den Prozess und seine Ergebnisse noch einmal erörtern zu wollen, soll sofort abgestimmt werden. Fast alle Geschworenen sind bereit, auf »schuldig« zu erkennen. Einer, der Geschworene Nr. 8 (Henry Fonda), stimmt jedoch überraschenderweise nicht mit ihnen überein, was zu allgemeiner Entrüstung führt. Er begründet seine Entscheidung damit, dass das amerikanische Recht verlange, die Schuld, nicht die Unschuld, nachzuweisen. Solange er von dieser nicht überzeugt sei, könne er den Jungen nicht verurteilen. Durch seine Beharrlichkeit zwingt er die übrigen, die Beweisführung der Staatsanwaltschaft Argument für Argument auf ihre Stichhaltigkeit hin zu überprüfen. Im Laufe der Diskussion weicht die anfängliche Sicherheit jedes Einzelnen zunehmend Zweifeln. Aus individuell unterschiedlichen Gründen wenden sie sich von ihrer vorgefassten Meinung ab, bis die letzte Abstimmung nach dem dramatischen Zusammenbruch des gescheiterten Geschworenen Nr. 3 schließlich das einstimmige »nicht schuldig« ergibt. Lee J. Cobb (als Nr. 3) schreit seine ganze Wut heraus, als er seine Meinung unsachlich verteidigt, dann gebrochen niedersinkt und sein Blick stumpf ins Leere starrt.

Zwar kann der Zuschauer das Ergebnis von Anfang an erahnen – die durch die genauere Betrachtung der Beweise zustande kommende Wendung, die schließlich zum Freispruch führt, bleibt jedoch bis zuletzt in der Schwebe und das Geschehen deshalb spannend. Zu überzeugt von ihrer Entscheidung scheint die Mehrheit der Geschworenen zu Beginn, selbst dann noch, als Nr. 8 beginnt, die Verhandlung noch einmal Punkt für Punkt aufzurollen. Erst nach und nach verlieren die einzelnen Indizien an Kraft, stellt sich die Schuldannahme der anderen Geschworenen als voreilig und Folge von Vorurteilen, geistiger Trägheit oder des fehlenden Mutes zu einer abweichenden Meinung heraus.

Um objektive Betrachtungsweise bemüht und von hohem Verantwortungsbewusstsein erfüllt, zeigt der Geschworene Nr. 8 den »Mangel an Beweisen« auf. Durch seine Argumentation macht er seine Gedankengänge nachvollziehbar. Henry Fonda geht in seiner Rolle auf, bescheiden und selbstsicher wirkend, fesselt er zugleich durch eine geschliffene Rhetorik. Er wird zum Vertreter der Gerechtigkeit, der mit wenigen Worten viel bewegt. Fonda ist als Hauptdarsteller auch in Lumets folgendem Film *Stage Struck* (1958) zu sehen.

Sidney Lumet entwickelt die verschiedenen Charaktere, indem diese ihre Herkunft und Lebensumstände nach und nach zu erkennen geben. Dadurch werden ihre Reaktionen zunehmend nachvollziehbar, und die Figuren wirken lebensecht. Unterstützt wird der realistische Eindruck durch Kamera und Montage: Die Komposition jeder Ein-

stellung sowie die Abfolge der Bilder veranschaulichen die
Beziehungen der Personen zueinander. Lumet gruppiert
die Geschworenen entsprechend ihrer momentanen Meinung zum Fall immer wieder um. Steht anfangs hauptsächlich der Geschworene Nr. 8 isoliert der visuellen Einheit der für »schuldig« Stimmenden gegenüber, findet sich
gegen Ende der Geschworene Nr. 3 abseits der geschlossenen Gruppe der Übrigen wieder, die nun den Rücken der
Nr. 8 stärken.

In der ersten Sequenz im Gerichtszimmer stellt Sidney
Lumet die Beteiligten in Halbtotalen vor; durch die dabei
erzeugte Distanz gibt er dem Zuschauer keine Beurteilung
der Charaktere vor, sondern ermöglicht ihm einen unpar-
teiischen Blick. Der Kameramann Boris Kaufman, mit
dem Lumet in fast allen seinen Schwarzweiß-Filmen zu-
sammenarbeitete, erfasst die Figuren in einer fast sieben-
minütigen Sequenz durch Schwenks und Fahrten eines
vielfältig beweglichen Krans. Da für diese komplexe Einstellung drei Seiten des eng begrenzten Raumes zugleich
›filmreif‹ sein mussten, stellte das Ausleuchten eine
schwierige Aufgabe dar, für die Boris Kaufman sieben
Stunden benötigte.

Seine Kamera verstärkt die bis ins Explosive gespannte
Atmosphäre. Je weiter die Handlung voranschreitet, desto
tiefer sinkt die Kamera, bis die Zimmerdecke im Bild er-
drückend wirkt. Unmerklich verlängert Boris Kaufman
die Brennweite, der Raum wird eng, die erhitzten Gesichter der erschöpften Geschworenen, in einer zunehmend
beschleunigten Montage immer größer in den Bildkader
gezwängt, bringen die Atmosphäre des Eingeschlossen-
seins zum Ausdruck. Die Kamera filmt nicht ab, was im
Raum geschieht, sondern findet eine eigenständige Bildsprache und schafft damit eine weitere Ausdrucksebene
neben dem Dialog, der Schauspielkunst und der Inszenierung der Figuren durch die Regie. Das Verschmelzen dieser Ebenen macht diesen Film zu einem Meisterwerk, das

sich dem Etikett eines reinen »Wortfilms« widersetzt, mit dem es einige Kritiker wegen seines Kammerspielcharakters versahen. Obwohl der Film *Twelve Angry Men* mit 387 Set-ups aufwändig inszeniert ist, konnte Lumet das Budget von nur 35 000 Dollar dank sorgfältiger Vorbereitungen und der zügigen Arbeitsweise, die er sich durch zahlreiche Produktionen fürs Fernsehen erworben hatte, einhalten. Kritiker, die an Lumets erstem Kinofilm bemängeln, der Film sei nur ein zweitrangiges Fernsehspiel oder abgefilmtes Theater, übersehen nicht nur die Vielfalt der Kameraeinstellungen. Lumet vermeidet jede Monotonie, indem er dem Film gerade durch die Begrenzung auf einen einzigen Raum große Dichte und Spannung verleiht. Diesen dynamischen Stil wandte Lumet später noch häufiger, unter anderem in *Murder on the Orient Express* (1974), an.

Das Thema der *Twelve Angry Men* basiert auf einer persönlichen Erfahrung des Drehbuchautors Reginald Rose, der daraufhin ein Drehbuch dieser Geschichte für das Fernsehen schrieb, das Franklin J. Schaffner 1954 für den Bildschirm inszenierte.

Der gesellschaftskritische Inhalt der *Twelve Angry Men* ist typisch für Lumet und andere Regisseure der Zeit, in der die Entstehung unabhängiger Produktionsfirmen ein neues antikonformistisches Kino in Amerika ermöglichte. Lumet ist Ende der fünfziger Jahre unter den zahlreichen jungen Regisseuren derjenige, der sich für die realistische Darstellung ernsthafter Themen besonders im Gerichtsfilm engagiert.

Der Gerichtsfilm, als Subgenre des Kriminalfilms zu verstehen, hat vor allem in den USA hohe Popularität erlangt, da dort das System des Schwurgerichts eine große Nähe zwischen Bürger und Rechtsprechung erzeugt. Lumet kritisiert in seinem Film, dass die Macht über einen Menschen, die in einem solchen Verfahren dem Einzelnen übertragen wird, leicht missbraucht werden kann und das Schicksal eines Angeklagten von der momentanen Verfassung der durch Zufall zu Geschworenen bestimmten Menschen abhängig wird.

Lumet, Sohn polnischer Einwanderer, startete mit diesem Film eine weltweite Karriere. Anfänglich als ›Flop‹ in den amerikanischen Kinos gescheitert, fand *Twelve Angry Men* später zu internationalem Erfolg, der sich in mehreren Preisen, darunter ein Goldener Bär (1957) und der Oscar für Regie und Produktion (1957), spiegelte.

*Inka Seitz*

*Drehbuch:* Reginald Rose: *12 Angry Men.* In: Film Scripts. Hrsg. von George P. Garrett [u. a.]. New York 1989.
*Literatur:* Sidney Lumet: Making Movies. New York 1995. – Dt.: Filme machen. Hinter der Kamera mit einem großen Regisseur. München 1996. – Ulrich Gregor: *Die zwölf Geschworenen.* In: Filmkritik (1957) Nr. 9. S. 134 f.

# Zeugin der Anklage

Witness for the Prosecution

USA 1957   s/w 116 min

R: Billy Wilder
B: Billy Wilder, Harry Kurnitz (nach dem gleichnamigen Bühnenstück von Agatha Christie)
K: Russell Harlan
M: Matty Malneck
D: Tyrone Power (Leonard Vole), Marlene Dietrich (Christine Helm), Charles Laughton (Sir Wilfrid Roberts), Elsa Lancester (Miss Phimsoll), John Williams (Brogan Moore), Henry Daniell (Mayhew)

London in den 1950er Jahren. Der berühmte Rechtsanwalt Sir Wilfrid, gerade von einem Herzanfall genesen, übernimmt die Verteidigung des kleinen Handelsvertreters Leonard Vole, der wegen Mordes an der reichen Witwe

French angeklagt wird. Diese hatte Vole als Erben ihres
großen Vermögens eingesetzt. Es sieht schlecht für ihn
aus, alle Indizien weisen auf ihn, entlasten könnte ihn nur
seine Frau Christine mit einem Alibi für die Tatzeit. Sir
Wilfrid wie auch sein Sozius Brogan Moore sind von dem
freundlichen Leonard Vole angetan und glauben an seine
Unschuld. In zwei Rückblicken zeigt der Film, darin den
Erzählungen Voles folgend, wie dieser die Witwe und wie
er seine Frau 1945 in Hamburg kennen gelernt hat. Sir
Wilfrid empfindet Christine als eine eiskalte und berech-
nende Frau, die ihrem Mann offenbar schaden will. Es
stellt sich auch heraus, dass Christine nicht mit Vole verheiratet ist, weil sie schon vor 1945 einen anderen Mann
geheiratet hat, der noch lebt. Sir Wilfrid will sie deshalb
auch auf keinen Fall vor Gericht als Zeugin laden. So wird
sie die Zeugin der Anklage.
    Im Gerichtssaal des Schwurgerichtsprozesses entwickelt
sich die übliche Prozessdramaturgie, bei der vor allem Sir
Wilfrid als Verteidiger Voles Punkte machen und Zeugen
demontieren kann. Am Ende sagt jedoch Christine gegen
ihren Mann aus, so dass Voles Verurteilung doch noch
droht. Da erhält Sir Wilfrid von einer zweifelhaften Frau
in einer Bahnhofskneipe Briefe Christines an ihren Liebhaber Max zugespielt. Als der Staatsanwalt zum Schluss-
plädoyer anheben will, erzwingt Sir Wilfrid noch einmal
die Beweisaufnahme und stellt mit den Briefen Christine
zur Rede, in denen sie ihrem Liebhaber schreibt, sie werde
gegen ihren Mann aussagen, damit sie von ihm freikom-
men und mit Max ganz zusammen sein könne. Christine,
von Sir Wilfrid zur Rede gestellt, bricht zusammen. Vole
wird freigesprochen.
    Im Gerichtssaal bleibt ein trotz seines Sieges nach-
denklicher Sir Wilfrid zurück, dem das alles zu glatt erscheint. Da stürzt Christine, von den Zuschauerinnen bedroht, noch einmal in den Saal. Sir Wilfrid und sie kommen ins Gespräch, und Christine enthüllt ihm, dass die

In *Zeugin der Anklage* warnt Laughton einen Kollegen vor dem ersten Erscheinen der Dietrich, die in einem strengen Kleid auf dem Flur wartet: »Denken Sie daran, dass sie Ausländerin ist, seien Sie auf hysterische Ausbrüche und sogar auf Ohnmachtsanfälle gefasst.« Darauf ist die Stimme der Dietrich aus dem Off zu hören: »Ich glaube, das wird nicht nötig sein. Ich werde nie ohnmächtig, denn ich bin nicht sicher, dass ich anmutig falle.«

Briefe Fälschungen seien, sie selbst in einer Maske die Brieflieferantin in der Bahnhofskneipe gewesen sei und dass sie das alles nur aus Liebe zu Vole gemacht habe, der den Mord wirklich beging. Aber wegen dieser Tat könne er nun nicht mehr verurteilt werden. Da taucht Vole aus einem Zugang zum Gerichtssaal auf. Er hat alles mit angehört. Er bekennt sich zynisch zu seiner Tat, und herein eilt eine junge Geliebte, mit der Vole nun als reicher Erbe in die Flitterwochen aufbrechen und die von ihm betrogene Christine verlassen will. Christine beschwört Vole und ihre Liebe, doch dieser zeigt sich skrupellos. Da ergreift Christine ein noch auf dem Richtertisch liegendes Küchenmesser, das als Beweisstück diente, und ersticht Vole. Sie richtet ihn, wie Sir Wilfrid abschließend feststellt.

Zeugin der Anklage ist ein *courtroom drama*, ein Gerichtsfilm, und gilt als Meisterstück dieses Subgenres. Zu seinen Erzählmustern gehört die hoffnungslose Anfangssituation für den Angeklagten, das Eintreffen der entscheidenden Information in letzter Minute, die Verzögerung der Entscheidung und das Motiv der unerwarteten Wendungen. Diese Genreelemente werden im Film sparsam (und damit umso wirkungsvoller) eingesetzt. Bis zur letzten Einstellung steigert sich die Spannung durch die immer neuen schroffen Wendungen des Geschehens. Er ist damit auch ein Film über die Täuschungen, denen die Wahrheitssuche immer wieder unterliegt, wenn sie auf ein geschicktes Kalkül trifft. Sowohl Vole als auch Christine operieren mit dem, was als plausibel und glaubhaft gilt, und wissen diese Plausibilität immer wieder geschickt zu inszenieren. Wie im Gerichtsfilm üblich, liegt der Schwerpunkt auf den großen Rededuellen, nur dass sie hier weniger zwischen dem Staatsanwalt und dem Verteidiger bzw. zwischen diesen und den Zeugen erfolgen, sondern vor allem zwischen dem Verteidiger Sir Wilfrid und Voles Frau Christine.

In fünf großen Auftritten begegnen sich beide: zuerst in Sir Wilfrids Kanzlei, als Christine unerwartet hereindrängt und sich als kühle, selbstsichere und kluge Frau darstellt, die offenbar über Leichen geht. Dieser Eindruck wird inszenatorisch dadurch verstärkt, dass sich zuvor Vole als freundlicher, etwas naiver und unbedarfter Mann dargestellt hat, zu dem Christines Erscheinung im krassen Gegensatz steht. Der zweite Auftritt erfolgt vor Gericht, als Christine als Zeugin der Anklage Sir Wilfrids Verteidigung dadurch zum Einsturz bringt, dass sie Vole des Mordes beschuldigt. Danach treten sich Sir Wilfrid und Christine in der Kneipe gegenüber, sie in einer Maske, so dass Sir Wilfrid sie nicht erkennt. Und schließlich in den Schlussszenen, als Sir Wilfrid sie mit dem Brief konfrontiert und sie zusammenbricht.

Am Ende hat sie wieder die Oberhand, als sie ihm deutlich macht, dass alles von ihr inszeniert wurde, und als sie zum rächenden Engel ihrer Liebe wird. In diesen Szenen begegnen sich mit Marlene Dietrich und Charles Laughton zwei große Schauspieler und gestalten diesen Kampf zu einem faszinierenden Spiel der menschlichen Herausforderungen. Beide inszenieren sich grundlegend verschieden: die Dietrich knapp, streng, geradezu männlich in ihrer Erscheinung. Laughton dagegen barock, in seinen Verhaltensweisen stark changierend, mit einer durchschaubaren und nachvollziehbaren Raffinesse. Für das Subgenre des Gerichtsfilms setzte dieser Film Maßstäbe.

Der Film beginnt jedoch zunächst als eine Komödie, und nicht zufällig führt auch Billy Wilder als erfahrener Komödienregisseur Regie. Als Nebenhandlung wird eine ständige Auseinandersetzung zwischen Sir Wilfrid als Rekonvaleszent und der ihm zugeordneten Krankenschwester Miss Phimsoll geführt. Elsa Lancaster wurde in dieser Nebenrolle zu einem Typus, der im Kino der fünfziger und sechziger Jahre wiederholt zu finden ist.

Als *running gag* bemuttert sie ihn mehr, als ihm lieb ist, verbietet ihm immer wieder das Zigarrenrauchen und Cognactrinken, wobei er das Verbot durch allerlei Tricks unterläuft, bis sie sich in der Schlussszene miteinander versöhnen: Er akzeptiert ihre Sorge um ihn, und sie zeigt ihm, dass sie alle seine Tricks längst durchschaut und damit auch seine Eigenart akzeptiert. Die komödiantischen Elemente brechen die Spannung der Kriminalhandlung und steigern sie gleichzeitig, weil sie der Handlung Gelegenheit geben, zu einem neuen Spannungshöhepunkt zu gelangen.

Der Film thematisiert auf einer tiefer liegenden Ebene das Verhältnis von Schein und Sein, von der Plausibilität einer Darstellung und wie diese selbst im Kalkül einer absichtsvollen Inszenierung eingesetzt wird. Dass der leutselige und naiv wirkende Vole nicht wirklich so ist, wie er sich anfangs gibt, vermutet jeder Kriminalfilmkenner, weil dies zum Grundschema des Krimis gehört. Dass aber auch die sich hart gebende Christine anders ist, ist schon weniger nahe liegend, und dass sie eine doppelte Inszenierung zustande bringt, ist wirklich unerwartet und hat wahrnehmungskritische Effekte. Ihre Inszenierung wird selbst wiederum dadurch konterkariert, dass diese ein Baustein in Voles Inszenierung ist, auch wenn Vole ihr Vorhaben nicht im Detail kennt.

Ein Remake mit dem gleichen Titel von 1982 (R: Alan Gibson) in der Besetzung des Sir Wilfrid mit Ralph Richardson und Diana Riggs als Christine reichte an das Original nicht heran. *Knut Hickethier*

*Vorlagen*: Agatha Christie: Witness for the Prosecution. In: A. C.: The Hound of Death and Other Stories. London 1933. S. 102–124. – Agatha Christie: Zeugin der Anklage / Der Prügelknabe. München 1962. – Agatha Christie: Zeugin der Anklage. Hörbuch. Gesprochen von Martin Maria Schwarz. Marburg 1995.

*Literatur:* Donald Spoto: Marlene Dietrich. München 1992. – Paul Bergman / Michael Asimow: Reel Justice. The Courtroom Goes to the Movies. Kansas City 1996. – Matthias Kuzina: Der amerikanische Gerichtsfilm. Justiz, Ideologie, Dramatik. Göttingen 2000.

## Fahrstuhl zum Schafott

L'ascenseur pour l'échafaud

F 1957    s/w 88 min

R: Louis Malle
B: Roger Nimier, Louis Malle (nach dem gleichnamigen Roman von Noël Calef)
K: Henri Decae
M: Miles Davis
D: Jeanne Moreau (Florence Carala), Maurice Ronet (Julien Tavernier), Lino Ventura (Kommissar Chérier), Georges Poujouly (Louis), Jean Wall (Simon Carala)

Die schöne Florence Carala (Jeanne Moreau) beschwört am Telefon ihren Liebhaber, den ehemaligen Fallschirmspringer Julien Tavernier, Mitarbeiter ihres Mannes, diesen umzubringen. Tavernier plant einen perfekten Mord: Während er sich am Samstagabend, kurz vor Feierabend, an einem Seil zu Caralas Büro hochhangelt, wartet die Telefonistin vor seinem Büro und verschafft ihm damit ein Alibi. Doch als die Tat begangen ist, sieht er eine schwarze Katze am Fenster. Er vergisst das Seil mitzunehmen. Mit den letzten Mitarbeitern verlässt er das Bürogebäude. Als er in sein Auto einsteigen will, sieht er das Seil und kehrt zurück. Doch der Fahrstuhl bleibt mit ihm stecken, weil der Pförtner am Feierabend den Strom abstellt. Sein Versuch, dem Fahrstuhl zu entkommen, bleibt die ganze Nacht über vergeblich. Währenddessen hat sich der junge

Louis, um seiner Freundin Véronique, der kleinen Blumenhändlerin, zu gefallen, vor deren Laden Tavernier sein Auto geparkt hat, in Taverniers Auto gesetzt, schließt den Motor kurz, und beide brausen aus Paris hinaus. Das Auto wird von Florence gesehen, die in einem Café auf Tavernier wartet, sie erkennt Véronique und glaubt, dass Tavernier den Wagen fährt.

Während Florence durch das nächtliche Paris zieht, um Tavernier zu suchen, liefern sich Louis und Véronique ein Wettrennen mit deutschen Touristen, schließlich stoßen die Autos vor einem Motel zusammen. Die Touristen laden das junge Paar auf einen Drink, dabei macht die deutsche Frau mit Taverniers Minox-Kamera Aufnahmen von allen. Als Louis und Véronique nachts heimlich aufbrechen und dabei das Auto der Deutschen stehlen wollen, werden sie ertappt, Louis erschießt die Touristen mit Taverniers Revolver, den er im Handschuhfach gefunden hat. Louis und Véronique fahren nach Paris zurück, beide wollen sich mit Veronal das Leben nehmen. Der Mord an den Touristen ist inzwischen entdeckt worden. Am Sonntag früh steht alles in der Zeitung, mit einem Bild von Tavernier, weil dessen Sachen identifiziert wurden.

Florence ist inzwischen auf der Straße von der Polizei aufgegriffen worden. Sie wird auf dem Revier erkannt, der Kommissar fragt sie nach Tavernier und dem Mord im Motel. Die Polizei kommt daraufhin in das Bürohaus, um Taverniers Büro zu durchsuchen. Für diese Durchsuchung wird der Fahrstuhl wieder mit Strom versorgt, und Tavernier kann das Haus ungesehen verlassen, während im Büro Caralas Leiche gefunden wird. Florence erfragt im Blumenladen die Adresse Véroniques und findet die beiden, die wieder wach sind, weil die Dosis des Schlafmittels nicht ausreichend war. Sie alarmiert die Polizei. Der Junge fährt ins Motel, um die Fotos, die die deutsche Frau von ihnen gemacht hat, zu holen. Florence folgt ihm, doch der

Kommissar ist vor ihnen dort, und die Fotos überführen die Jungen als Motelmörder und gleichzeitig Tavernier und Florence als die Mörder Caralas, weil sie auf den Fotos in enger Beziehung zueinander zu sehen sind.

Der von Tavernier raffiniert ausgedachte Mordplan scheitert an Zufällen. Der Mord an Carala sollte als Selbstmord erscheinen. Doch Tavernier vergisst das Seil, der Fahrstuhl bleibt mit ihm stecken, das Auto wird ihm gestohlen. Dass der junge Dieb dann mit Taverniers Sachen selbst einen Mord begeht, bringt die Polizei auf die Spur. Auch die anderen scheitern mit ihren Vorhaben, ihre Absichten verkehren sich ins Gegenteil. Florence erzählt dem Kommissar von Taverniers Wagen, den sie gesehen hat, der Selbstmord der Jugendlichen scheitert, Florence will beide als Täter der Polizei ausliefern und beschleunigt selbst ihre Festnahme. Im Leben läuft es anders, als es sich die Täter ausdenken.

Auch falsche Aussagen führen auf die richtige Spur, der Kommissar muss nur zur richtigen Zeit an der richtigen Stelle sein. Das Verbrechen deckt sich selbst auf. Am Ende sind es die Fotos mit der Minox, der »Spionagekamera«, wie der Junge im Film feststellt, als er sie im Auto findet. »Fotos sind oft sehr verräterisch«, sagt der Kommissar am Ende lakonisch. Das verbindet den Film auf eine assoziative Weise mit Antonionis späterem Film *Blow-up* (1966), in dem die Fotos eher etwas zu verdecken scheinen, als dass sie etwas offenkundig machen.

Der Film ist unterkühlt inszeniert, das nüchterne Design eines modernen Bürogebäudes gibt den Rahmen für die Tat, erinnert auch ein wenig an die Interieurs in Tatis Filmen. Henri Decae hat Paris in einer existentialistisch wirkenden Sicht aufgenommen. Als Florence mit hochgeschlagenem Kragen durch das nächtliche Paris streift – der Regen steht für die Tränen ihrer Trauer –, wird das Kriminalgeschehen unwichtig; als sie am Schluss über die Fotos, die ihre Liebe dokumentieren, im Fixierbad streicht, wird ihr die Sinnlosigkeit ihrer Tat bewusst. Der Film spricht nebenbei auch den Waffenhandel und die französischen Kriege in Indochina und Algerien an, doch bleibt dieser politische Akzent unerheblich, weil er nicht wirklich Ursache der Tat ist.

Der Film lebt nicht nur von den Zufällen und unerwarteten Wendungen, sondern vor allem auch durch die Atmosphäre, die schon an die *nouvelle vague* gemahnt, auch wenn Stoff und Fügung der Szenen ganz dem Genre verhaftet sind. Als Tavernier von der Polizei verhört wird, ist der Raum ganz schwarz, so dass sich nur die Figuren abheben, die Szenen im Motel sind von einer unterkühlten Modernität, und auch Florence geht mit einer tiefen Distanziertheit durch die nächtlichen Bistros und Kneipen.

Der Debütfilm des 24-jährigen Louis Malle atmet den Hauch der Moderne, weil er zum einen amerikanische Vorbilder des *film noir* aufgreift, zum anderen sich an den Fotografien Robert Bressons orientiert. Obwohl es ein Mord aus Liebe ist, gibt es keine Leidenschaften, die Figuren wirken unberührt von dem, was sie tun. Und als Véronique und Louis eher beiläufig aus dem Leben scheiden wollen, träumt Véronique nur davon, dass sie, wenn sie tot gefunden werden, als das berühmteste Liebespaar in den Zeitungen stehen werden.　　　　　*Knut Hickethier*

*Literatur:* Marcel Martin: *Fahrstuhl zum Schafott.* In: Filmkritik (1958) Nr. 9. – Hans Gerhold: Kino der Blicke. Der französische Kriminalfilm. Frankfurt a. M. 1989. – Karsten Visarius: *Fahrstuhl zum Schafott.* In: epd Film (1989) Nr. 11.

# Vertigo – Aus dem Reich der Toten

Vertigo

USA 1958   f 128 min

R: Alfred Hitchcock
B: Alec Coppel, Samuel Taylor (nach dem Roman *D'entre les morts* von Pierre Boileau und Thomas Narcejac)
K: Robert Burks
M: Bernard Herrmann
D: James Stewart (John »Scottie« Ferguson), Kim Novak (Madeleine Elster / Judy Barton), Barbara Bel Geddes (Midge Wood), Tom Helmore (Gavin Elster)

*Vertigo* ist geprägt von dem Dualismus von Realität und Illusion, Authentizität und Darstellung, Leben und Tod. Die Spiralformen in Saul Bass' suggestiver Titelsequenz stehen für das Schwindelgefühl (engl. *vertigo*) der Hauptfigur, für eine hypnotische Anziehungskraft der Motive Wiedergeburt und Tod sowie für das Hineingezogenwerden des Betrachters.

Bei einer Verbrecherjagd über die Dächer von San Francisco rutscht der Polizeibeamte John »Scottie« Ferguson ab. An einer Dachrinne hängend, schaut er in die Tiefe der Häuserschlucht, in die sein ihm zu Hilfe eilender Kollege tödlich stürzt. Hier befällt Scottie das erste Mal seine Akrophobie, der Schwindel, in dem sich die Angst vor dem Fallen mit dem Wunsch, sich in den Abgrund zu stürzen, verbindet. Scottie quittiert den Polizeidienst. Ein früherer Bekannter, Gavin Elster, bittet ihn, seine Frau Madeleine zu beschatten. Elster fürchtet, sie könne sich wie ihre lange verstorbene Ahnin Carlotta Valdez umbringen, von der Madeleine besessen scheint. Scottie folgt ihr in traumartigen, fast wortlosen Sequenzen. Madeleine führt Scottie zu stillen Orten, die Übergänge zu anderen Welten sind: die historische Gemäldegalerie, der spanische Missionsfriedhof, das viktorianische Haus der toten Carlotta. Mit Scottie zusammen erlebt der Zuschauer Madeleine als von einem Mysterium umgeben. Immer mehr wird Madeleines Bild zur Obsession des beobachtenden Mannes.

Madeleine ist assoziativ mit einer jenseitigen Welt verbunden, Scotties Verlangen nach ihr ist ein unbewusstes Verlangen nach dem Tod.

In ihrer Erotik stellt sie einen Gegenpol zu Scotties ehemaliger Verlobten Midge dar, einer mütterlichen, in der Realität verwurzelten Frau. In ihrem Apartment präsentiert Midge Scottie ein Portrait der Carlotta Valdez, deren Gesicht sie durch ihr eigenes ersetzt hat. Dadurch versucht sie ihn zurückzuholen in die Welt, die wir als Wirklichkeit bezeichnen. Doch ihr früherer Verlobter weigert sich, seinen Traum zu zerstören. Verärgert lässt Scottie sie in ihrer Wohnung zurück.

Nachts erhält Scottie unerwartet Besuch von Madeleine. In der detaillierten Schilderung ihres Albtraums erkennt er als dessen Schauplatz die alte, spanische Mission San Juan Baptista. Am nächsten Morgen fährt das Paar dorthin. Madeleine erinnert sich an Bruchstücke ihrer Kindheit in der Mission in einem längst vergangenen Zeitalter. Sie eilt zum Glockenturm, die spiralartige Treppe hinauf in die Höhe; der nachfolgende Scottie wird von seiner Höhenangst behindert. Für das Gefühl des Schwindels und der Desorientierung findet Hitchcock einen visuellen Ausdruck, der legendär geworden ist: Die Kamera, als Repräsentant für Scotties Blick, schaut das Treppenhaus hinunter, fährt zurück und zoomt gleichzeitig nach vorn. Der Beschützer muss seine Verfolgung auf halber Höhe aufgeben. Und schon sehen wir Madeleines Körper an der Fensteröffnung vorbeistürzen und tot auf dem Dach der Missionskirche liegen.

Nachdem der Zuschauer im ersten Teil der Erzählung aufgrund der genretypischen Elemente annehmen musste, es handele sich hier um die Aufklärung eines wenn auch geheimnisvoll dunklen, so doch rational erklärbaren Kriminalfalls, entwickelte sich die Geschichte im zweiten Teil scheinbar zu einer Liebesgeschichte.

Nach einer gerichtlichen Untersuchung, die auf Selbstmord erkennt, Scottie aber eine moralische Schuld zuweist, erleben wir dessen Albtraum. Scottie sieht sich in Madeleines/Carlottas Grab fallen. Er tritt ganz an ihre Stelle, sieht den Schatten seines Körpers auf das Missionsdach und weiter ins endlose Nichts stürzen. In seinem Traum erlangt er die Einheit mit der Geliebten.

Scotties Zusammenbruch folgt ein Aufenthalt in einem Sanatorium. Wieder entlassen, streift er durch die Stadt. In verschiedenen Frauen glaubt er kurzzeitig Madeleine zu erkennen. In Judy Barton, die er zufällig auf der Straße erspäht, entdeckt er Züge von Madeleine. Widerstrebend lässt sie sich zum Essen einladen. Nun ändert sich die Erzählhaltung. Wir verlassen die Perspektive des Protagonisten und erfahren, dass das, was wir mit Scottie zusammen als Realität wahrgenommen haben, nichts weiter als eine Täuschung war. Judy hat Madeleine Elster mit ihrer vermeintlichen Besessenheit und Selbstmordabsicht gespielt. Gavin Elster stürzte seine echte Frau den Glockenturm hinunter, während Judy sich versteckt hielt. Unter Ausnutzung seiner Behinderung wurde Scottie so zum manipulierten Zeugen des angeblichen Selbstmords. Gavin konnte sich unverdächtig nach der Gerichtsverhandlung außer Landes begeben. Judys Liebe jedoch war echt. Nun zerreißt diese ihr Geständnis, um Scotties Liebe ein zweites Mal – diesmal als Judy – zu gewinnen.

Wieder wird der Zuschauer enttäuscht und verunsichert. Mitten im Fortgang der Handlung wird ein Verbrechen aufgeklärt, von dem wir gar nicht wussten, dass es existierte. Darüber hinaus gelingt es Hitchcock, dem Zuschauer nach dem Schock bei Madeleines Tod einen zweiten zu versetzen: Scotties Madeleine hat nie existiert. Das Zutrauen des Zuschauers in seine Wahrnehmung der Realität wird erschüttert.

Anders als in der – ohnehin stark veränderten – literarischen Vorlage *D'entre les morts* von Boileau und Narcejac nimmt Hitchcock also die Überraschung, dass Judy Madeleine ist, vorweg und erzielt einen *suspense*-Effekt. Das gespannte Interesse wechselt zwischen der Erwartung auf Scotties Reaktion bei Entdeckung der Wahrheit und darauf, ob er Erfolg hat, durch Judy Madeleines Bild wiederherzustellen. Ihr Bestreben, von ihm als Judy wahrgenommen und geliebt zu werden, schlägt fehl.

Scottie liebt eine Tote, und ihm gelingt schließlich die Wiederherstellung seines Fetischs. In grünem Licht, wie ein Geist, tritt Judy in Madeleine zurückverwandelt vor Scottie. Ein Kuss, ein Moment des Glücks, die Kamera vollzieht eine volle Kreisfahrt um die wieder vereinten Liebenden, wir sehen die Scheune der Mission und wieder das Hotelzimmer. Die Grenzen zwischen Vergangenheit und Gegenwart, Realität und Illusion verwischen. Beispielhaft für seine Arbeit im gesamten Film setzt Hitchcock hier die kinematografischen Mittel zur emotionalen Führung des Betrachters und zur Schaffung einer zusätzlichen symbolischen Ebene ein.

An Carlottas Halskette, von Judy umgelegt, erkennt nun auch Scottie den Betrug. Hasserfüllt bringt er Judy zur Mission, zwingt sie den Glockenturm hinauf, wo sie ihm die Mordintrige gesteht, aber auch verzweifelt ihre Liebe beteuert. Mal spricht sie als Judy, mal als Madeleine. Die Grenze ihrer Identität löst sich auf, die Wirklichkeit hat keinen festen Boden mehr. Judy/Madeleine und Scottie – zwischen Anziehung und Abstoßung hin- und hergeworfen – erneuern ihre Liebe. Da wird Judy, vom plötzlichen Auftauchen einer schattenhaften Nonne entsetzt, buchstäblich aus Scotties Armen gerissen und stürzt in den Tod. Im Schlussbild sehen wir Scottie, auf dem Glockenturm stehend, aufs Dach der Mission blicken, von seiner Höhenangst geheilt, doch verzweifelt und leer.

*Vertigo* markiert einen bedeutenden Einschnitt in der

Entwicklung des Kriminalfilms. Hitchcock spielt mit den gängigen Dramaturgien, mit Elementen des *film noir* sowie des Detektivfilms und den sich daraus ergebenden Zuschauererwartungen. Er benutzt die Motive des *thrillers* (die tödliche Mordintrige, eine gefährliche Wandlung, die Freisetzung von erotischen Energien, das mysteriöse Element), gibt ihnen eine bis dahin unbekannte Tiefe und verbindet sie mit einer intensiven emotionalen Einbeziehung des Zuschauers. Zu dieser trägt auch die hypnotische, psychedelische, dann wieder romantische Filmmusik von Bernard Herrmann bei. Hitchcocks Film entzieht sich einer eindeutigen Zuordnung: Er ist ein Psychothriller; ein romantischer Traum von der Liebe und deren Ende; eine tief verstörende Darstellung der äußeren Welt wie auch unserer Identität als zerbrechliche Hülle, jenseits deren Schwindel und erregendes Chaos herrschen. Die symbolische Tiefe, die universelle Thematik zusammen mit der Einzigartigkeit und Perfektion der filmischen Umsetzung machen *Vertigo* zu einem herausragenden Werk der Filmgeschichte. 1997 wurde das in Technicolor und SuperVistaVision gedrehte Werk in aufwändig restaurierter Fassung als 70-mm-Kopie wieder aufgeführt.

*Eckhard Düsberg*

*Filmprotokoll: Vertigo*. In: Bryan R. Bruce: Hitchcock's *Vertigo*. Toronto 1987.
*Literatur:* François Truffaut: Mr. Hitchcock, wie haben Sie das gemacht? München 1973. – Donald Spoto: *Vertigo*. In: D. S.: The Art of Alfred Hitchcock. New York 1976. S. 291–337.– Hartmut Bitomsky [u. a.]: Sonderheft zu *Vertigo*. Filmkritik (1980) Nr. 6. – Mechthild Krüger-Zeul: Der Knoten. Phantasien über Weiblichkeit und ihre Kostüme in Alfred Hitchcocks *Vertigo*. In: Frauen und Film (1985) Nr. 38. – Virginia Wright Wexman: The Critic as Consumer: Film Study in the University. *Vertigo* and the Film Canon. In: Film Quarterly (1986) Nr. 1. – Robin Wood: *Vertigo*. In: R. W.: Hitchcocks Films Revisited. Boston 1989. S. 108–130. – Helmut Korte: Trügerische Realität: *Vertigo – aus dem Reich der*

Toten (*Vertigo*, 1958). In: Werner Faulstich / Helmut Korte (Hrsg.): Fischer Filmgeschichte. Bd.3. Frankfurt a.M. 1990. S. 331–359. – Slavoj Žižek: Sublimierung und der Fall des Objekts. In: S. Ž.: Ein Triumph des Blicks über das Auge. Wien 1992. S. 183–189. – Chris Marker: A fee replay (notes sur *Vertigo*). In: Positif (1994) Nr. 400. – Hans Jörg Marsilius: Zurück ans Licht (Zur Wiederaufführung von *Vertigo* in restaurierter Fassung). In: film-dienst (1997) Nr. 4.

## Im Zeichen des Bösen

Touch of Evil

USA 1958   s/w
111 min (restaurierte Endfassung von 1998)

R:  Orson Welles (zusätzliche Szenen: Harry Keller)
B:  Orson Welles, Paul Monash (nach dem Roman *Badge of Evil* von Whit Masterson)
K:  Russell Metty
D:  Orson Welles (Hank Quinlan), Charlton Heston (Ramon Miguel »Mike« Vargas), Janet Leigh (Susan Vargas), Joseph Calleia (Pete Menzies)

Der hohe Polizeibeamte Miguel Vargas und seine Frau Susan verbringen ihre Flitterwochen in der amerikanisch-mexikanischen Grenzstadt Los Robles. Nach einem Sprengstoffattentat auf einen reichen Bürger der Stadt beteiligt sich der mexikanische Rauschgiftfahnder an den Ermittlungen des amerikanischen Sheriffs Hank Quinlan. Als Vargas und Quinlan den vermeintlichen Attentäter in dessen Wohnung aufsuchen, gerät die Sicherstellung der Beweismittel zur Farce. Quinlans Mitarbeiter präsentiert eine Schachtel mit Dynamitstangen, die die Schuld des verdächtigten Mexikaners Sanchez belegen soll. Genau diese Schachtel hielt Vargas kurz zuvor selbst in den Händen – sie war leer. Vargas wird misstrauisch, zumal sich Quinlan

zunehmend als autoritäres und rassistisches Ekel gebärdet,
das unverhohlen seine Verachtung für Mexikaner zur
Schau stellt. Vargas Recherchen liefern noch weitere Belege
für Quinlans dubiose Machenschaften. Unter dem Druck
der Anschuldigungen verbündet sich Quinlan mit dem
Gauner Onkel Joe, der mit Vargas eine alte Rechnung offen
hat. Opfer der Intrige ist Susan Vargas. In einem Motel
wird sie mit rauschgiftartigen Substanzen ›vollgepumpt‹,
um den Ruf des Ehemanns durch einen Drogenskandal zu
erschüttern. Am Bett der bewusstlosen Frau kommt es zu
einer überraschenden Wendung: Statt mit Onkel Joe das
Gelingen des Plans auszukosten, erwürgt Quinlan kaltblütig den Verbündeten. Mit einer Mörderin als Ehefrau wäre
Vargas endgültig erledigt. Der Mord wird Quinlan allerdings zum Verhängnis, da er seinen Gehstock am Tatort
zurücklässt. Als Pete Menzies – bis dahin ergebener Assis-
tent und loyaler Freund Quinlans – das vernichtende Beweisstück am Tatort findet, schlägt er sich auf Vargas' Seite.
Es gelingt den beiden, ein Schuldgeständnis von Quinlan
auf Tonband aufzuzeichnen. Doch Petes Verrat fliegt auf,
bei der anschließenden Schießerei töten sich die beiden
Freunde gegenseitig. Vargas überlebt, erleidet aber am
Ende doch eine schwere Niederlage: Sanchez hat auf dem
Polizeirevier seine Schuld am Attentat eingestanden. Quinlan hat also Recht behalten.

Ende der fünfziger Jahre inszeniert Orson Welles den
Film als einen späten Klassiker des *film noir*. Im Mittelpunkt steht ein selbstherrliches Scheusal ohne ›Rechts-
empfinden‹. Quinlan maßt sich an, Kriminelle rein intuitiv
mit Hilfe eines zuckenden Beines zu erkennen. Wie in früheren Welles-Filmen erhält das Monstrum einen jüngeren
Gegenspieler, der diesmal den Prototypen eines unbe-
stechlichen Polizisten verkörpert. Ausgehend von dieser
genrekonformen Konfliktkonstellation entspinnt sich ein
spannungsgeladener Machtkampf zweier Kontrahenten.

Im Gegensatz zu vielen anderen Kriminalfilmen stehen

sich aber nicht zwei stereotyp gezeichnete Gegenspieler gegenüber. Quinlans Bösartigkeit hat ein Motiv: Trotz intensiver Bemühungen konnte er den Mexikaner, der seine geliebte Ehefrau ermordete, nie überführen. Die ungesühnte Tat ist Ursache der rassistischen Menschenverachtung und des gnadenlosen Rachefeldzugs. Vielschichtig und widersprüchlich ist auch die Figur des Gegenspielers angelegt: Vargas ist ein aalglatter Karrierist, der die Ehefrau schon in den Flitterwochen vernachlässigt. Zudem wird sein Image als integrer ›Saubermann‹ gegen Ende des Films demontiert, als er den Kontrahenten mit einer hinterhältigen Abhöraktion zu Fall bringen kann.

Dass die zweifelhafte Ermittlungsmethode tragischerweise Auslöser für den Tod zweier Menschen wird, ist nur ein Baustein im ebenso virtuosen wie komplexen Spiel mit Widersprüchen, Brechungen und Irritationen. Vor allem die Schlusssequenz stellt die Genrekonventionen auf den Kopf, denn das *happy end* erfüllt nur scheinbar die Muster des Genres. In Wirklichkeit degradiert Welles den Sieg des Guten über das Böse mitsamt der glücklichen Vereinigung der Eheleute Vargas zu Marginalien und fokussiert – ähnlich seinen vorangegangenen Filmen – die Verletzlichkeit und Schwäche des Monstrums. Während Quinlan elend im Müll und Dreck auf einem verrotteten Sessel verendet, zeigt eine Großaufnahme eine Träne, mit der er schuldbewusst um den von ihm ermordeten Freund trauert. Die Schreckensfigur polizeistaatlicher Willkür ruft plötzlich Mitleid und Sympathie hervor. Trotz ihrer menschenverachtenden Boshaftigkeit erscheint sie als tragisches Opfer der eigenen Geschichte.

Wenn sich am Ende des Films das vermeintliche Opfer Sanchez doch als der wahre Täter entpuppt, wird die vermeintliche Eindeutigkeit moralischer Werte endgültig ad absurdum geführt. Nicht der gesetzestreue ›Vorzeige-Polizist‹, sondern der instinktgeleitete Kriminalist obsiegt, der auch vor einem Mord nicht zurückschreckt. Gescheitert

ist damit Vargas' heroischer Kampf um Durchsetzung des
Rechts. Seine bedingungslose Ergebenheit gegenüber einem abstrakten Gerechtigkeitsideal war letztlich der kaum
beherrschbaren Wirklichkeit, die sich dem »Gut-Böse-
Schema« beharrlich widersetzt, nicht gewachsen.

Zwischen Bestätigung und Überschreitung der Genrekonventionen bewegt sich auch die filmästhetische Form
von *Touch of Evil*. Welles greift die in den späten fünfziger Jahren bereits hochgradig ausdifferenzierte Bildsprache des *film noir* auf, stilisiert sie aber auf eine eigene Weise. Typisch für den Film ist die Verbindung von Schärfentiefe und Weitwinkeloptik, die bereits seit *Citizen Kane*
zu Welles' ausgeklügelter Bildsprache gehört. Im Zusammenspiel mit dem Bildaufbau und den niedrigen Kamera-
positionen unterstreichen verzerrende halbnahe und nahe
Weitwinkelaufnahmen immer wieder Quinlans Zwielich-
tigkeit und physische Überlegenheit. In ihrer Radikalität
trägt diese visuelle Umsetzung zur ironischen Brechung
der Furcht erregenden Monstrosität bei und zeichnet den
Sheriff als Karikatur seiner selbst – nicht zuletzt auch dadurch, dass Welles seine ohnehin schon beträchtliche Lei-
besfülle durch eine künstliche Polsterung noch steigerte.
Zudem sind die tiefenscharfen Weitwinkelaufnahmen – oft
in Verbindung mit Untersichten oder einer gekippten Kamera – wesentliche Stilmittel zur Inszenierung des Schauplatzes, der wie so oft im *film noir* eine Hauptrolle spielt.
Die Kamera betont die Präsenz des Raumes und verfremdet die Stadt durch perspektivische Verzerrungen. Durch
schräge Linien und aufgerissene Straßenschluchten wirkt
der Handlungsort ›irreal‹ und bedrohlich.

Die ästhetischen Grenzen des Genres erweitert aber vor
allem die Eröffnung, die als Meilenstein der Filmgeschichte gilt. In einer ca. drei Minuten langen Plansequenz gelingt die atmosphärisch dichte Schilderung einer brodeln-
den Grenzstadt »in einem moralischen, kulturellen Nie-
mandsland« (Seeßlen 1980). Bis zur Explosion der Bombe

führen eine befreit schwebende Kamera und bis ins Detail choreografierte Abläufe das chaotische Lebendige so intensiv und spannungsgeladen vor, dass der Zuschauer die Orientierung im Geschehen verliert und in die Handlung förmlich hineingesogen wird. Von der ersten Minute an überträgt sich das Moment des Rauschhaften, das den Film leitmotivisch durchzieht und nicht nur die Visualisierung des Schauplatzes, sondern auch die Handlungen der Protagonisten »im Dschungel verwirrter Motivationen, unheimlicher Intrigen und Enthüllungen« (Houston) prägt.

Nach zehnjähriger Abwesenheit von Hollywood hatte sich Welles vor allem aus Geldnot als Schauspieler für *Touch of Evil* verpflichten lassen. Die Regie für die niedrig budgetierte Produktion wurde ihm erst auf Initiative Charlton Hestons vom Produzenten Albert Zugsmith übertragen. Ohne Kenntnis der Romanvorlage *Badge of Evil* von Whit Masterson schrieb Welles das seiner Ansicht nach »lächerliche« Drehbuch des Studios um und verfilmte eine stark veränderte Version. Nach Abschluss der Dreharbeiten erstellte er nacheinander zwei unterschiedliche Schnittfassungen, mit denen das Universal-Studio allerdings nicht zufrieden war. Die Studiobosse lehnten die unkonventionelle Machart des Films, u. a. das *cross cutting*, ab. Die damals innovative Verzahnung der Handlungsstränge erschien den Geldgebern als zu verwirrend für ein Massenpublikum. Zwischen dem Studio und Welles kam es zum Bruch. Anschließend wurde der Fernsehregisseur Harry Keller mit dem Nachdreh erläuternder und beschwichtigender Szenen beauftragt. In die Kinos gelangte schließlich eine neue, von Welles nicht autorisierte Schnittfassung, die einige nachgedrehte Szenen enthielt. Auch bei der um etwa fünfzehn Minuten längeren Version, die 1975 von der Universal freigegeben wurde, kann nicht von einem *director's cut* gesprochen werden. Neben bislang unveröffentlichtem Material, das noch unter der

Regie von Welles belichtet wurde, enthielt diese zugleich weitere Szenen von Keller.

1998 wurde auf dem Telluride Film Festival eine restaurierte Fassung gezeigt, die nach einem 58 Seiten langen Memorandum von Orson Welles erstellt wurde und damit einem *director's cut* vergleichbar ist. In der Version wurde u. a. die Szenenreihenfolge teilweise neu geordnet, *credits* und Musik der Eröffnungssequenz wurden entfernt (zu hören sind nunmehr lediglich die Originalgeräusche). So erfuhr erst nach rund vierzig Jahren ein Klassiker, der schon in den verstümmelten Fassungen zu den bedeutendsten Spätwerken des *film noir* zählte, seine Vollendung.

Rüdiger Maulko

*Drehbuch:* Terry Comito (Hrsg.): *Touch of Evil.* New Brunswick [u. a.] 1985.
*Literatur:* Penelope Houston: *Im Zeichen des Bösen (Touch of Evil).* In: Filmkritik (1958) Nr. 10. – Peter Cowie: The Cinema of Orson Welles. London / New York 1965. – François Truffaut: Die Filme meines Lebens. Aufsätze und Kritiken. München 1976. – André Bazin: Orson Welles. Wetzlar 1980. – Peter Buchka: *Touch of Evil.* In: Peter W. Jansen / Wolfram Schütte (Hrsg.): Orson Welles. München 1977. (Reihe Film. 14.) – Georg Seeßlen: Kino der Angst. Geschichte und Mythologie des Filmthrillers. Reinbek 1980. – Joachim Paech: *Touch of Evil.* In: Michael Töteberg (Hrsg.): Metzler Film Lexikon. Stuttgart/Weimar 1995. S. 584f.

## Anatomie eines Mordes

Anatomy of a Murder

USA 1959   s/w 149 min

R: Otto Preminger
B: Wendell Mayes (nach einem Roman von Robert Traver)
K: Sam Leavitt
M: Duke Ellington
D: Lee Remick (Laura Manion), Ben Gazzara (Leutnant Manion),
   George C. Scott (Claude Dancer), James Stewart (Paul Biegler)

Ein Armeeangehöriger ist angeklagt, den vorgeblichen Vergewaltiger seiner Ehefrau erschossen zu haben, und wird von einem ehemaligen Provinzstaatsanwalt verteidigt.
   Otto Preminger stellt in diesem Gerichtsfilm den gesamten Prozess dar, nutzt die Prozessdramaturgie voll aus, zeigt das Spiel der gegenseitigen Attacken von Staatsanwalt und Verteidiger, wobei der Staatsanwalt lange im Vorteil ist und der Verteidiger ebenso lange Punkte macht vor den Geschworenen, aber das Urteil klar zu sein scheint.
   Der Angeklagte Leutnant Manion hatte wahrscheinlich Grund zu schießen, aber er ist überheblich, eifersüchtig, lügt und ist unsympathisch. Seine Ehefrau Laura wurde wahrscheinlich vergewaltigt, doch gerade ihr Ehemann hatte anfangs Zweifel, denn sie ist ein Biest, sieht gut aus, weiß das und setzt ihr Aussehen ein. Ihr Anwalt Paul Biegler ist zwar seriös und eine ›ehrliche Haut‹, aber auch ein Versager, finanziell ruiniert, mit allen Anzeichen eines Sonderlings (sein Kühlschrank quillt über von selbst gefangenen Forellen). Sein Helfer ist ein alter Säufer und Ex-Anwalt, der auch nicht dem gängigen Klischee entspricht, weil er nämlich nicht rückfällig wird. Nur der smarte Staatsanwalt George Scott, der eigens zum Prozess hinzugezogen wird, ist als eindeutige, geradlinige Figur angelegt

– und scheitert im Prozess genau mit diesen Eigenschaften: Im Endspurt setzt er alles auf eine – nämlich die falsche – Karte. Die gegensätzliche Besetzung der beiden Prozessvertreter sorgt für ein differenziertes Konfrontationsspiel zwischen beiden.

*Anatomy of a Murder* ist insofern ein irreführender Titel, als Tathergang und Motivation des Angeklagten nur Nebenschauplätze darstellen. Seziert wird in diesem Film vor allem die Moral der Ehefrau. Dabei folgt der Prozess der gleichen Bewegung wie der Film insgesamt: Nach langem Tauziehen hat der Verteidiger Biegler endlich erreicht, dass die Erörterung der Frage der Vergewaltigung vor Gericht zugelassen wird. Verhandelt wird gleichzeitig – wie immer in solchen Fällen –, ob bzw. inwieweit die Frau die Vergewaltigung ›provoziert‹ hat und somit selbst die Schuld trägt.

Die entsprechenden Gerichtsszenen im Film führten in der Realität zu einer gerichtlichen Auseinandersetzung Premingers mit der Zensur: Beanstandet wurden die detaillierten Ausführungen zum Tatbestand der Vergewaltigung (es fallen Begriffe wie »Höschen«, »Sperma«, »Verkehr«).

Man muss sich schon zurückversetzen in die fünfziger Jahre, um nachempfinden zu können, welche Sensation der Film damals dargestellt haben mag. Die Frau, die in *Anatomy of a Murder* auf dem Prüfstand gestellt wird, ist geschieden, geht abends allein in Kneipen, trinkt, raucht und gibt sich mit (fremden) Männern ab. Sie trägt, wenn überhaupt, dann rote, hochhackige Schuhe und eng anliegende Kleidungsstücke, unter denen sich ihr Körper abzeichnet, aber keinen Hüftgürtel, der vielleicht Ordnung in das Chaos bringen könnte, das ihr Wackeln und Wippen anrichtet. Selbst Biegler, der den eingefleischten Junggesellen gibt, ist anzumerken, dass er von ihrem Anblick nicht unbeeindruckt bleibt. Und doch kann er das Gericht von der Vergewaltigung überzeugen. Den Ausschlag gibt, wie es der Dramaturgie des Subgenres entspricht, ein winziges Detail – eine Information, die die Verteidigung dank des alten Anwalts hat und der Staatsanwalt nicht: Eine junge Zeugin der Verteidigung, deren moralische Integrität von der Staatsanwaltschaft ebenfalls vehement in Frage gestellt wird, ist – wie sich herausstellt – die Tochter des Toten und somit über jeden Zweifel erhaben. Leutnant Manion wird schließlich freigesprochen.

Bemerkenswert ist die Kameraarbeit von Sam Leavitt an dieser Stelle des Films: Die Zeugenaussagen der beiden jungen Frauen und ihre Befragungen gehören zu den Filmmomenten, in denen Preminger sich nicht nur mit einer starren Kameraposition begnügt, sondern im entscheidenden (und spannendsten) Moment den Blickwinkel radikal verengt. Insgesamt kennzeichnet eine äußerst bewegliche Kamera den Film, betrachtet die Situationen von verschiedenen Seiten aus und liefert immer wieder überraschende Einblicke. Selten dürften die Beschränkungen eines Gerichtssaals so unauffällig und elegant umfahren und ein Geflecht von Zusammenhängen, Bezügen und Details visuell so überzeugend umgesetzt worden sein. Gegenüber *Zeugin der Anklage* (1958) und *Die zwölf Geschworenen* (1957) zeigt der Film stärker das Umfeld des Prozesses und reichert damit das Geschehen an.

Preminger besetzte den Richter in *Anatomy of a Murder* mit dem Juristen Joseph N. Welch, der 1954 in einem Rechtsstreit dem Senator McCarthy, dem besessenen Verfolger »unamerikanischer Umtriebe«, öffentlichkeitswirksam entgegengetreten war und zu seinem Sturz beigetragen hatte – ein Seitenhieb auf die Verhöre und Schwarzen Listen, unter denen viele kritisch denkende Künstler zu leiden hatten. Preminger hat sich als unbequemer Regisseur nie davor gescheut, schwierige Themen wie Drogenabhängigkeit (*The Man with the Golden Arm*, 1955), Homosexualität oder Korruption (*Advise and Consent*, 1962) anzufassen, und legte sich immer wieder erfolgreich mit den Kontrollsystemen Hollywoods an. Als einer der Ersten unterlief er als unabhängiger Produzent das Studiosystem. Er brachte Filme ohne *production code seal*, die Genehmigung einer Filmkontrollbehörde, heraus, z.B. *The Moon Is Blue* (1953), die trotzdem erfolgreich waren und teilweise eine Änderung des Codes zur Folge hatten (*The Man with the Golden Arm*). Und ein Jahr nach *Anatomy of a Murder* wagte es Preminger, Dalton Trumbo, einen der verfemten »Hollywood Ten« – zehn Filmschaffende, die es verweigert hatten, sich über ihre vermeintlich »unamerikanischen Umtriebe« verhören zu lassen –, wieder offiziell als Drehbuchautor zu benennen (*Exodus*, 1960).

Bekannt geworden ist Preminger, der sich als Regisseur nie auf ein Thema oder ein Genre festlegte, in Europa vor allem durch einige kleinere Filme aus der *film noir*-Ära (*Laura*, 1944; *Fallen Angel*, 1945; *Angel Face*, 1952), die ihm die Bewunderung der Mitarbeiter der *Cahiers du Cinéma* eintrugen.                                    *Gabi Dobusch*

*Literatur:* Willi Frischauer: Behind the Scenes of Otto Preminger. London 1973. – Otto Preminger: Preminger. An Autobiography. New York 1977.

# Augen der Angst

Peeping Tom

GB 1960   f 109 min

R: Michael Powell
B: Leo Marks
K: Otto Heller
D: Karlheinz Böhm (Mark Lewis), Anna Massey (Helen Stephens), Maxine Audley (Mrs. Stephens), Moira Shearer (Vivian), Esmond Knight (Arthur Baden)

Mark Lewis arbeitet als Schärfenzieher in einem Filmstudio und verdient sich nebenbei Geld als Aktfotograf. Auch in seiner Freizeit verlässt er das Haus nicht ohne Kamera. Besonders nachts wird die Jagd nach Bildern zu einer tödlichen Besessenheit: Mit dem Stativ seiner Kamera, das er zu einem Bajonett umgebaut hat, ermordet Mark Frauen und filmt die Todesangst in ihren Augen.

Nach dem Mord an einer Prostituierten lernt er die junge Helen kennen, die in seinem Haus als Mieterin mit ihrer blinden Mutter wohnt. Mit ihrer direkten und unschuldigen Art gewinnt sie sofort Marks Vertrauen. Auf ihren Wunsch hin zeigt er Helen Aufnahmen aus seinem Archiv. Der Film aus seiner Kindheit zeigt ihn als hilfloses Opfer eines fanatischen Wissenschaftlers. Der Vater hat Marks Kindheit durch permanente filmische Observation nahezu lückenlos dokumentiert und ihn dadurch zum Versuchskaninchen für psychologische Angststudien degradiert. Obwohl Helen von den eigenartigen Aufnahmen und dem merkwürdigen Verhalten Marks irritiert ist, entsteht zwischen den beiden eine zaghafte Liebesbeziehung. Gleichzeitig setzt der Psychopath seine ›Mission‹ fort und ermordet eine Schauspielerin aus seinem Filmteam. Die Tötung einer Person aus dem beruflichen Umfeld erweist sich als Fehler. Mark gehört bald zum Kreis der Verdächtigen und wird observiert. Da ihm die perfekte Aufnahme

Moira Shearer wird in *Peeping Tom – Augen der Angst* von Karlheinz Böhm überredet, im Atelier nachts heimlich Aufnahmen von sich machen zu lassen. Das Stativ der Kamera wird zur Mordwaffe.

einer Sterbenden immer noch nicht gelungen ist, entschließt er sich trotz Beschattung zu einem letzten Mord. In Erwartung der Festnahme gesteht er Helen die perversen Taten und schreitet zum lange vorbereiteten letzten Akt: Begleitet von einer surrealen akustischen Toncollage mit Stimmen aus der Kindheit stürzt er sich im Blitzlichtgewitter zahlloser Fotoapparate ins Stativ-Bajonett. Auch der eigene Tod ist lückenlos dokumentiert, der Film über das tragische Leben eines Besessenen ist abgeschlossen.

*Peeping Tom* zählt heute zu den markantesten Filmen im Subgenre des Psychothrillers. Powell gelingt ein differenziertes Psychogramm eines skrupellosen Mörders, der wie Norman Bates aus dem etwa gleichzeitig entstandenen Hitchcock-Film *Psycho* eigentlich ein schüchterner Einzelgänger ist. Gründlicher als in *Psycho* erschließen sich die Motive für ein psychopathisches Verhalten, das diesmal nicht (wie oft im Psychothriller) auf einem gestörten Verhältnis zur Mutter, sondern auf einer Vater-Sohn-Beziehung basiert. Die Filmaufnahmen zeigen, dass der Vater das Entstehen einer eigenen Persönlichkeit des jungen Mark verhinderte. Der Identitätslose adaptierte den Dokumentationswahn des Übervaters und führte ihn in perverser Übersteigerung fort. Sein krankhafter Voyeurismus verbindet sich mit einer sexuellen Triebhaftigkeit und einer Blockierung gegenüber dem anderen Geschlecht, das er nur noch morden kann.

Herausragendes Merkmal des Thrillers ist die Verzahnung von Psychogramm und einer Reflexion über Kino, Film und die (krankhafte) Lust am Schauen. Der Tötungsdrang des scheuen, fast sanften Lewis, der hinter der Kamera plötzlich Selbstsicherheit gewinnt, wird erst durch die Kombination aus Filmen, männlicher Voyeursperspektive und Todesangst ausgelöst. Auf das eigene Medium verweist auch die zynische Darstellung des Filmmilieus, in dem Mark sein Geld verdient. Powells Hang zur ironischvieldeutigen Selbstreflexion zeigt ein inszenatorisches Detail: Bei den Morden hat Lewis an der Kamera einen Parabolspiegel installiert. Er soll die Angst der Opfer potenzieren, indem die Beobachteten zu Beobachterinnen des eigenen Todes werden. Auf filmsprachlicher Ebene zeugt insbesondere die experimentelle Gestaltung des ersten Mordes vom selbstreflexiven Konzept. In der entscheidenden Phase sieht man das Opfer ausschließlich durch den Sucher der Kamera, der durch einen verengten, mit einer Art Fadenkreuz versehenen Bildkader visualisiert wird. Die Bild-im-Bild-Ästhetik wird kombiniert mit verwackelten Bildern einer Handkamera, die um dokumentarische Authentizität bemüht sind. Die ungewöhnliche Inszenierung zielt, über die damaligen Grenzen des Genres hinweg, auf Steigerung des *thrill*. Die subjektive Kamera erlaubt keine Distanzierung, der Blick von Mörder und Zuschauer wird in eins gesetzt.

Gerade diese leitmotivisch wiederkehrende Gleichsetzung, die die Zuschauer mit dem eigenen Voyeurismus und ihrer Angstlust beim Betrachten von Gewaltdarstellungen konfrontiert, war ein wesentlicher Grund für die damalige Empörung bei Publikum und Kritik. Verstörend wirkte sicherlich auch das Motiv der Kamera als tödlicher Waffe, das die Cocteau'sche These über die enge Verwandtschaft von Tod und Kino auf die Spitze treibt. *Peeping Tom* wird zu einer zynisch überspitzten Anklage gegen die amoralischen Seiten des filmischen Voyeurismus und gegen das eigene, über Leichen gehende Genre. Marks rücksichtslose Jagd nach dem ungestellten Live-Augenblick steht auch für Powells Misstrauen gegenüber einem vermeintlich unfehlbaren dokumentarischen Realismus, der vom gleichzeitig aufkommenden *direct cinema* propagiert wurde.

Die weit verbreitete Ablehnung des Films war vermutlich auch eine Reaktion auf die düstere Grundstimmung, in der der Film verschrobene Gestalten und gescheiterte Existenzen vorführt und die in einem makabren Ende mündet. Powells Karriere als Regisseur und Böhms Laufbahn als Schauspieler waren über Jahre hinaus ruiniert, Kritiker bezeichneten den Film als »krankhaft abwegig und peinlich geschmacklos« (*film-dienst*). Erst nach rund zwanzig Jahren stieß der mit einem geringen Budget gedrehte Film auf Anerkennung. Ausschlaggebend war jetzt der Mut zur radikalen Selbstreflexion.     *Rüdiger Maulko*

*Literatur:* Reynold Humphries: *Peeping Tom*: Voyeurism, the Camera, and the Spectator. In: Film Reader (1979) Nr. 4. – Fritz Göttler / Stefan Braun [u.a.] (Red.): Living Cinema. München

1982. – Claudia Cippitelli / Marianne Dörrenbach: *Peeping Tom*. In: Arnoldshainer Filmgespräche (1986) Nr. 3. – Makoto Ozaki: *Peeping Tom*. Berlin 1989. – Peter Wollen: Dying for Art. In: Sight and Sound (1994) Nr. 12. – Gertrud Ohling: *Peeping Tom*. In: Michael Töteberg (Hrsg.): Metzler Film Lexikon. Stuttgart/Weimar 1995.

# Psycho

Psycho

USA 1960     s/w 110 min

R:  Alfred Hitchcock
B:  Joseph Stefano (nach dem gleichnamigen Roman von Robert Bloch)
K:  John L. Russell
D:  Janet Leigh (Marion Crane), Anthony Perkins (Norman Bates), Vera Miles (Lila Crane), John Gavin (Sam Loomis)

Phoenix, Arizona an einem Freitag. Das Liebespaar Marion Crane und Sam Loomis muss sich in der Mittagspause in einem Hotel treffen, weil sich Sam eine Scheidung nicht leisten kann. Bei Marions Rückkehr an ihren Schreibtisch in einem Maklerbüro ergibt sich die Chance, 40 000 Dollar zu unterschlagen. Sie flieht mit dem Geld aus der Stadt. Dabei gerät sie durch einen misstrauischen Polizisten, einen Gebrauchtwagenhändler und ihr eigenes Gewissen in immer stärkere Bedrängnis. Starker Regen in der Nacht zwingt sie schließlich dazu, in Bates Motel zu übernachten. Sie ist der einzige Gast des verklemmten und nervösen Norman Bates, der mit seiner Mutter einen heftigen Streit im Haus oberhalb des Motels auszutragen scheint, weil er Marion ein Abendessen angeboten hat. Nach einem Gespräch mit Norman hat Marion offenbar beschlossen, nach Phoenix zurückzukehren, um das Geld wieder abzugeben. Sie zieht sich in ihr Zimmer zurück und entkleidet sich. Norman Bates beobachtet sie dabei durch ein Loch in der Wand. Als Marion unter der Dusche steht, taucht unvermittelt eine Frauengestalt auf und ersticht sie brutal. Norman entdeckt die Leiche und lässt sie mit ihrem Wagen im Sumpf verschwinden.

Derweil machen sich Marions Schwester Lila, Sam Loomis und der Privatdetektiv Arbogast auf die Suche nach der Vermissten. Arbogast stößt schließlich auf Bates Motel und erkennt Marions Schrift im Gästebuch. Beim Versuch, Normans Mutter über Marion zu befragen, wird er ermordet. Lila und Loomis suchen in Sorge um den verschwundenen Detektiv die Polizei auf und erfahren, dass Normans Mutter seit zehn Jahren tot ist. Sie mieten sich in dem Motel ein und entdecken im Keller des Wohnhauses die mumifizierte Leiche von Mrs. Bates. Norman, mit Frauenkleid und Perücke, wird von Loomis bei dem Versuch überwältigt, Lila mit dem Messer zu ermorden.

Als *Psycho* 1960 in die Kinos kam, wurde der Film von einer Werbekampagne begleitet, in der Hitchcock Publikum und Kritik ermahnte, die Pointe der Geschichte nicht zu verraten. Zuschauern, die nach dem Beginn der Vorstellung in den Saal gelangen wollten, wurde der Zutritt verwehrt. Die Manipulation von Erwartungen und Emotionen der Betrachter während des Films schien der Regisseur auf diese Weise über die Leinwand hinaus verlängern zu wollen. Inzwischen ist nicht nur die Geschichte von *Psycho*, sondern sind auch Kulisse, Figuren und einzelne Einstellungen Elemente der Popkultur geworden.

Dabei war die Produktion mit 800 000 Dollar Kosten für Hitchcock ein eher ›kleiner‹ Film; der Film *North by Northwest*, den er unmittelbar davor drehte, kostete das Fünffache. Paramount wagte die Produktion nicht, weil der Star Janet Leigh mitten in der Geschichte ermordet werden sollte, und so finanzierte Hitchcock *Psycho* mit eigenen Mitteln. Er rekrutierte die wichtigsten Mitarbeiter aus dem Team seiner Fernsehserie *Alfred Hitchcock Presents*, für die er bis 1960 bei fünfzehn Folgen Regie geführt hatte. Die Dramaturgie der meisten dieser Episoden ist pointenorientiert im Stil der Gruselgeschichten von Roald Dahl, der mehrere Texte zur Serie beisteuerte. *Psycho* scheint auf den ersten Blick ähnlich angelegt zu sein, was dem Film bei seiner Premiere abfällige Urteile der Kritik eintrug. Der genauere Blick auf die ausgeklügelte Konstruktion des Films revidierte das Urteil über den vermeintlich simplen Schocker. Die handwerklichen Details verraten, weshalb Hitchcock gegenüber Truffaut *Psycho* als einen Film beschrieb, der »uns Filmemachern gehört«, ein *fun picture*, spaßig für den Manipulateur auf dem Regiestuhl.

Der dirigierte Zuschauer ist dem Film zu jedem Zeitpunkt ausgeliefert, und nicht nur durch die Kameraarbeit und Montage, auf die Hitchcock besonders stolz war. Manipulativ ist der Bruch der Konventionen, vor allem der Wechsel der Protagonisten. Mehrmals müssen sich die Zuschauer auf neue Identifikationsfiguren einlassen.

Sobald sie Geld unterschlagen hat, ist Marion Crane unsere Heldin, und ihr Diebstahl wird zum Motor der Handlung im ersten Teil, weil sie ihren Geliebten aus seinen Geldnöten befreien will.

Hitchcock wiegt uns auch nach Bates' Erscheinen lange in Sicherheit, denn er scheint der Protagonistin zunächst unterlegen zu sein. Seine nervöse Verklemmtheit kontrastiert mit ihrer sexuellen Ausstrahlung. Dem Zuschauer muss Marions Ankunft in Bates Motel als eine beruhigende Fluchtpause erscheinen. Marion gewinnt nach dem Gespräch mit Bates fast ein moralisches Profil, weil sie beschließt, das Geld am nächsten Tag nach Phoenix zurückzubringen. Doch ihr Entschluss kommt zu spät. Damit ist der Zuschauer der kriminellen Identifikationsfigur in einer vermeintlich entspannten Situation durch einen eruptiven, brutalen Mord beraubt.

Norman Bates wirkt fast routiniert bei dem Versuch, die Spuren des Mordes und die Leiche loszuwerden. Dennoch ist es verlockend, mit ihm zu bangen, wenn für einen Moment der Wagen mit der Toten im Sumpf stecken zu bleiben scheint. Wieder stellen wir uns auf die moralisch falsche Seite.

Nur im letzten Teil bewegen wir uns auf der sicheren Seite des Genres bei den Aufklärern, die das Verbrechen enthüllen und den Täter stellen werden. Aber der rational erklärende Psychiater hat nicht das letzte Wort. Normans Grinsen, überblendet für einen Moment mit der Mumienfratze, entlässt uns mit der Gewissheit, dass mit Untergründigem jederzeit wieder zu rechnen ist.

In der Eröffnungssequenz gleitet die Kamera aus der Vogelperspektive durch die Jalousien in das Hotelzimmer des Liebespaars. Bevor der erste Satz im Dialog fällt, ist der Zuschauer damit in der Rolle des Voyeurs: Er will unbeteiligt beobachten und macht sich im gleichen Augenblick schuldig. Später teilt er den voyeuristischen Blick mit Norman Bates und sieht mit ihm durch ein Loch in der Wand Marion beim Entkleiden zu. Die Großaufnahme des Auges vor dem Loch in der Wand blendet Normans Gesicht aus und verstärkt die Identifikation. Der aktive Blick im Kino, daran lässt Hitchcock keinen Zweifel, ist ein schuldiger Blick.

Zu den am häufigsten zitierten und parodierten Sequenzen der Filmgeschichte gehört der Mord unter der Dusche. Saul Bass, Titeldesigner für *North by Northwest*, *Vertigo* und *Psycho*, entwarf für die zentrale Montage des Mordes ein detailliertes Storyboard. Im Zusammenspiel mit Bernard Herrmanns kreischender, stechender Musik entfaltet die Sequenz eine schockierende Wucht. Die Montage, synchronisiert mit dem Geräusch eines eindringenden Messers, erweckt den Eindruck, Zeuge einer brutalen Erstechung zu sein. Dabei sehen wir das Messer nie in Marions Körper fahren, und doch ›sehen‹ wir im Wechsel der Einstellungen nichts anderes.

Hitchcocks Kinofilm im Fernsehformat definierte ein neues Subgenre, den Psychothriller. Fast immer setzt das Genre auf der rational organisierten Oberfläche moderner Alltäglichkeit an, um die inneren Dämonen zunächst harmlos wirkender Geisteskranker eruptiv leibhaftig werden zu lassen. Dass die Zuschauer in *Psycho* dabei ihre genießende Haltung aufgeben müssen, macht den Film auch nach über vierzig Jahren zu einer düsteren Variation dieses Genres. *Christoph Mecke*

*Drehbuch:* Richard J. Arnobile (Hrsg.): Alfred Hitchcock's *Psycho*. London 1974.
*Literatur:* Enno Patalas: *Psycho*. In: Filmkritik (1960) Nr. 11. – François Truffaut: Mr. Hitchcock, wie haben Sie das gemacht? München 1973. – William Rothman: Hitchcock. The Murderous Gaze. Cambridge (Mass.) 1982. S. 245–341. – Bodo Fründt: Alfred Hitchcock und seine Filme. München 1986. – Patrick Humphries: The Films of Alfred Hitchcock. London 1986. – Herwig Fischer: Der Duschmord in Alfred Hitchcocks *Psycho*. Eine Mikroanalyse. Moosinning 1990. – Frank Schnelle (Hrsg.): Alfred Hitchcocks *Psycho*. Stuttgart 1993. – Lars Olav Beier / Georg Seeßlen (Hrsg.): Alfred Hitchcock. Berlin 1999.

# Der Teufel mit der weißen Weste

Le doulos

F/I 1962   s/w 108 min

R: Jean-Pierre Melville
B: Jean-Pierre Melville (nach dem gleichnamigen Roman von Pierre Lesou)
K: Nicholas Hayer
M: Paul Misraki
D: Jean-Paul Belmondo (Silien), Serge Reggiani (Maurice Faugel), Jean Desailly (Kommissar Clain), Michel Piccoli (Nuttheccio), Fabienne Dali (Fabienne), Monique Hennessy (Thérèse)

Der Film beginnt mit einer Erklärung des Titels: *doulos* nennt man im Gangster- und Polizeijargon eine bestimmte Art von Hut, aber auch die Person, die einen solchen Hut trägt – einen Spitzel. Im Vorspann begleitet die Kamera in einer langen Fahrt einen Mann in Trenchcoat und Filzhut. Er geht unter den Metallgittern, Betonplatten, Eisenträgern einer Brückenkonstruktion entlang, verschwindet in tiefem Schatten, taucht auf ins Licht einer grauen Dämmerung, wird wieder vom Schatten verschluckt. Ist er der *doulos* des Titels? Ein Motto-Insert scheint das zu bestätigen: »Man muss sich entscheiden. Sterben … oder lügen?« Der Film lässt hier den nihilistischen Dichter Céline für sich sprechen.

Wir sind in Paris. Sacré Cœur verschwindet weit hinten im Dunst und Rauch, die durch die Industrielandschaft der Banlieue ziehen. Fast spürbar sind Staub und Schutt, dumpf hallt das Rattern und Pfeifen von Eisenbahnen. Eine kalte, unwirtliche Welt. Der Mann im Trenchcoat, Maurice Faugel, betritt ein abgelegenes Haus. Mit dem Bewohner, dem Hehler Gilbert, führt er ein freundschaftliches Gespräch, leiht sich von ihm einen Revolver für den nächsten Coup. Dann erschießt er den Ahnungslosen mit dessen eigener Waffe, rafft Schmuck und Geld des Toten an sich, verschwindet. Ein eiskalter Killer, der nicht davor zurückschreckt, aus Habgier einen wehrlosen Freund niederzuschießen?

Wer den Film nicht kennt, sollte jetzt nicht weiterlesen. Denn obwohl *Le doulos* seinen Reiz mit mehrmaligem Sehen keineswegs verliert, verwickelt das erste Seh-Erlebnis den Zuschauer auf eine ganz eigene Weise in sein Thema: *Le doulos* kehrt die Prinzipien des Melodrams um – Glaube, Liebe, Hoffnung werden zu Vorurteil, Misstrauen, Täuschung. Und die erste Täuschung des Zuschauers hat soeben stattgefunden. Der vermeintlich eiskalte Mord aus Habgier war in Wirklichkeit ein Racheakt; Maurice Faugel, eben aus dem Gefängnis entlassen, hat Gilbert erschossen, weil der seine frühere Geliebte ertränkte. Und er leidet, bei allem Zynismus, unter seiner Tat.

Faugel trifft sich am folgenden Tag mit seinem Freund Silien und seiner jetzigen Geliebten Thérèse, um einen Einbruch vorzubereiten. Doch bei dem Coup taucht plötzlich die Polizei auf. Faugels Komplize Rémy wird erschossen, und ihn selbst trifft eine Kugel. Als er aus der Bewusstlosigkeit erwacht, weiß Faugel nicht, wer ihn gerettet hat. Er weiß nur eins: Silien hat ihn verraten. Er macht sich auf die Suche. Silien wird inzwischen von Kommissar Clain gezwungen, Faugel aufzuspüren. Als dieser durch die Zeitung erfährt, dass Thérèse ermordet wurde, schlagen die Polizisten zu.

Während Faugel in Untersuchungshaft sitzt, gräbt Silien den Schmuck und das Geld aus, das sein Freund von Gilbert erbeutet hatte. Mit Hilfe seiner ehemaligen Geliebten bringt er den Edelgangster Nuttheccio um und legt den Schmuck in dessen Safe, um ihm den Mord an Gilbert unterzuschieben. Kommissar Clain lässt den bisherigen Verdächtigen Faugel daraufhin frei. Als sich Faugel mit Silien in einer Bar trifft, wird der wahre Verlauf der Ereignisse deutlich: Nicht Silien war der Verräter, sondern Thérèse hatte ihren Geliebten Faugel verraten. Deshalb

musste sie sterben. Silien hatte seinen Freund nach dem
Einbruch gerettet und Nuttheccio getötet, um Faugel vom
Mordverdacht zu befreien. Nach dieser Eröffnung macht
sich Silien auf den Weg zu seinem Landhaus. Faugel fährt
ihm verzweifelt hinterher. Denn er hat im Gefängnis den
Auftrag erteilt, den vermeintlichen Verräter umzubringen.
Er verpasst seinen Freund jedoch und kommt als Erster
bei dessen Haus an. Der Auftragskiller verwechselt und
erschießt ihn. Dann trifft auch Silien ein. Er tötet den Killer, findet dabei aber selbst den Tod.

*Le doulos* ist die kühl berechnete Studie einer Welt, die
von Misstrauen und Verrat beherrscht wird und in der
Freundschaft und Liebe unmöglich geworden sind, weil
keiner dem anderen mehr trauen kann. Maurice bringt
Gilbert um, der ihn für seinen Freund hielt; er selbst verdächtigt seinen wahren Freund Silien und wird von seiner
Geliebten Thérèse verraten. Das Thema des Verrats und
der Rache dafür ist allgegenwärtig.

Der Film erzählt seine Geschichte allgegenwärtiger Täuschung auf höchst ungewöhnliche und effektive Weise, indem er den Zuschauer selbst in sie verwickelt. Schon der
Titel und das Motto, vor allem aber das Ausblenden von
Informationen sind Mittel einer raffinierten Irreführungs-
strategie. Zu Beginn hält man Maurice für den Verräter, den
der Titel ankündigt, und seine Rache an Gilbert für Mord
aus Habgier. Trotz dieses ersten Irrtums lässt der Zuschauer
sich dann abermals in das Täuschungsspiel hineinziehen:
Fast bis zum Schluss muss man mit Maurice überzeugt sein,
dass Silien ein kaltblütiger Verräter ist. Bereits vor seinem
ersten Auftreten wird er als zweifelhafte Persönlichkeit eingeführt. Nach dem Treffen mit Maurice vor dem Einbruch
ruft er seinen Freund, den Inspektor Salignari an. Dann
misshandelt er Thérèse und erscheint dadurch als besonders
skrupellos und grausam. Immer wieder zeigt die Kamera
seinen Hut, den *doulos*, in einer Großeinstellung; einmal
heftet eine Garderobiere die Nummer 13 an diesen Hut.

Erst in der letzten Viertelstunde des Films – im Gespräch von Silien, Maurice und Jean in der Bar – zeigen Rückblenden, was die Ursachen für Siliens Handeln waren, und verdeutlichen seine unbedingte Loyalität gegenüber Maurice. Es werden dem Zuschauer bei diesem Fall ›unzuverlässigen‹ Erzählens jedoch keine ›falschen‹ Informationen geliefert, sondern dieser zieht voreilige Schlüsse aus unzureichenden Daten. Wir können unseren Folgerungen nicht trauen, tun es aber dennoch unvermeidlich. Genau das teilen wir mit den Figuren des Films, vor allem Maurice. Die Loyalität Siliens zu Maurice in einer Welt der Lüge hebt sein Verhalten als Ausnahme hervor und steigert seine tragische Fallhöhe.

Mit dieser Struktur zielt *Le doulos* mehr als andere Krimis auf die Wirkung der Überraschung, ohne auf Spannung zu verzichten. Wie Maurice und Silien in ihr Verderben rennen, ist noch beim mehrfachen Sehen äußerst spannend. Quälend gesteigert wird die *suspense* dadurch, dass sich *Le doulos* ein langsames Erzähltempo leistet, sich Zeit lässt, Situation und Umgebung differenziert zu registrieren.

Sämtliche Figuren von *Le doulos* sind stilisierte Typen, Melville verzichtet darauf, sie mit biographischen Details auszustaffieren. Persönlichkeit gewinnen sie durch die hervorragenden Darsteller: Jean-Paul Belmondo als Silien, Serge Reggiani als Faugel und Michel Piccoli als Nuttheccio. Die Rollenbiographie des Sympathieträgers Belmondo macht dabei seine Handlungen als skrupelloser ›Verräter‹ besonders schockierend und seine Wende zur positiven Figur plausibel. Ausdruckslos, stoisch, ohne Gefühlsäußerungen bewegen sich die Gangster in ihren Mänteln, Hüten und mit ihren amerikanischen Riesenkarossen durch eine *film noir*-Welt. Ihr Tod kommt plötzlich aus einer Revolvermündung, man muss immer mit ihm rechnen. Und auch die Polizisten verstoßen gegen das Recht. Der Zweck heiligt die Mittel der Polizei, am deutlichsten bei der Erpressung Siliens mit der Drohung, ihm Kokain unterzuschieben. Gangsterehre und Polizistenlist sind die Regeln zweier Armeen, die, losgelöst von der zivilen Bürgerwelt, sich gegenseitig bekämpfen. Frauen sind in dieser Männerwelt nur Randfiguren – allerdings mit fataler Macht: So wie Thérèse Maurice verriet, verursacht Jeans Frau seine Verhaftung wegen Mordes an Thérèse.

Jean-Pierre Melville (der seinen Namen zu Ehren Herman Melvilles ändern ließ und ursprünglich Grumbach hieß), war ein großer Fan des amerikanischen Kinos. Mit *Le doulos* beginnt 1962 seine französische Version des *film noir*, die über fünf weitere Filme bis 1972 reicht. So folgt *Le doulos* auch in Atmosphäre und Stil dem Vorbild der Schwarzen Serie: Regen und Düsternis beherrschen den gesamten Film. Sein größter Teil spielt sich in Halbdunkel ab, aus dem im harten *low key*-Licht die Silhouetten der Gangster hervortreten. Beeindruckend ist die Kameraarbeit Nicholas Hayers, vor allem eine mehrere Minuten lange Plansequenz, in der Silien von Kommissar Clain in dessen Büro verhört wird. So wie der scharfsinnige Kommissar Silien einkreist, folgt ihm die Kamera in endlos kreisenden Bewegungen und fängt dabei zudem den Verhörten und zwei weitere Polizisten ein. In der Wahl der Musik unterscheidet sich *Le doulos* vom *film noir* der vierziger Jahre: Statt mit dramatischer Orchestermusik begleitet Paul Misraki das Geschehen mit sanftem melancholischem Jazz.

Die deutsche Kritik nahm *Le doulos*, der bis zur Rekonstruktion 1993 nur in einer stark gekürzten Version existierte, mit »erheblichen Einwänden« auf (so damals der *film-dienst*). Moralisch bemängelt wurde vor allem das Ende, das »falsche Sympathien« für die Verbrecher wecke. Dabei möchte man mit Melvilles Gangstern keinesfalls tauschen: Der Tod des Freundespaars Maurice und Silien ist vermeidbar, seine letzte Ursache erscheint banal. Maurice kann seine Fehleinschätzung des Freundes, die wir den ganzen Film hindurch geteilt haben, nicht wiedergutmachen, beide müssen dafür büßen. Sie tun es in gewohnter Coolness. Bevor Silien stirbt, ruft er seine Freundin an: »Fabienne, ich kann heute Abend leider nicht kommen.« Bildlich entspricht dieser zynisch gebrochenen Heroisierung der Blick Siliens in einen Spiegel, dessen sonnenförmiger Rahmen ihm eine Aureole verleiht, bis er zusammenbricht. Die Kamera verharrt auf seinem Hut, dem *doulos*, der über den Boden rollt, letztes Element eines Symbolismus, der Melvilles gesamte strenge Konstruktion durchzieht. *Jens Eder*

*Drehbuch: Le doulos.* In: L'avant-scène du cinéma (1963) Nr. 24. *Literatur:* Hans Stempel: *Der Teufel mit der weißen Weste (Le Doulos).* In: Filmkritik (1964) Nr. 1. S. 21 f. – Hans-G. Kellner / J. M. Thie / Meinolf Zurhorst: Der Gangster-Film. München 1977. S. 248–251. – Hans Gerhold: *Le doulos.* In: Peter Buchka / Hans Gerhold [u. a.]: Jean-Pierre Melville. München/Wien 1982. S. 155–164. – Hans Gerhold: Kino der Blicke: Der französische Kriminalfilm, Frankfurt a. M. 1989. S. 162–165. – Michael Althen / Fritz Göttler: Der Schnurrbart von Delon. In: Steadycam (1990) Nr. 17. S. 32–41. – Thierry Jousse: *Le doulos.* In: 100 films pour une vidéothèque. Cahiers du cinéma. Sonderheft (Dezember 1993). S. 46 f. – Robin Buss: French Film Noir. London / New York 1994. S. 70–73.

# Liebesgrüße aus Moskau

James Bond 007. From Russia with Love

## GB 1963   f 118 min

R: Terence Young
B: Richard Maibaum, Johanna Harwood (nach dem gleichnamigen Roman von Ian Fleming)
K: Ted Moore
M: John Barry
D: Sean Connery (James Bond), Daniela Bianchi (Tatjana Romanova), Lotte Lenya (Rosa Klebb), Robert Shaw (Red Grant), Bernard Lee (»M«)

Knapp ein Jahr nachdem James Bond (007), der britische Geheimagent mit der Lizenz zum Töten, dem bis ins Mark bösen Dr. No das Handwerk gelegt hatte, steht der Held erneut einer illustren Anzahl von Handlangern gegenüber, die von der Verbrecherorganisation »Spectre« ins Rennen geschickt wurden. In der Auftaktszene, einer der berühmt gewordenen *pre credit*-Sequenzen der *Bond*-Verfilmungen, jagt der Killer Grant in einem Ausbildungscamp von »Spectre« ein sichtlich verängstigtes Bond-Double und erdrosselt es. »Spectre« will die russische Dechiffriermaschine Lektor in die Hände bekommen und den Erzfeind der Organisation, James Bond, ausschalten. Zusammen mit dem Killer Grant macht sich die ehemalige Chefin des russischen Geheimdienstes Rosa Klebb auf den Weg nach Istanbul, um die Angestellte der Kryptographieabteilung des russischen Konsulats Tatjana Romanova als Lockvogel für Bond zu gewinnen. Der britische Geheimagent erhält unterdessen den Auftrag, ebenfalls nach Istanbul zu reisen, wo Tatjana Romanova Lektor an die Engländer übergeben will, wenn ihn James Bond persönlich abholt, da sie sich angeblich unsterblich in ein Foto von ihm verliebt hat. Trotz der offensichtlichen Falle tritt 007 die Reise an. Bond lernt Tatjana kennen und lieben, gerät in Auseinandersetzungen zwischen seinem türkischen Kontaktmann Kerim Bey und den Russen. »Spectre«-Killer Grant sorgt dafür, dass 007 sein Ziel erreicht, da er Lektor für ihn aus Istanbul schmuggeln soll. Bond und Kerim Bey gelingt es schließlich, Lektor aus dem Konsulat zu stehlen und zusammen mit Tatjana Istanbul via Orientexpress zu verlassen. Doch die Russen und Grant sind ihnen auf den Fersen. Der russische Geheimdienstler ist schnell überwältigt, Bond und Tatjana treten ihre Reise als Ehepaar getarnt an, während Bey seinen russischen »Kollegen« im Auge behält. Jetzt wird Grant aktiv und beseitigt sowohl Kerim Bey als auch den Russen und gibt sich, nachdem Bond Verstärkung angefordert hat, als Kollege aus, der ihm helfen soll, Lektor über die jugoslawische Grenze zu schmuggeln. Bond kommt hinter das falsche Spiel von Grant und besiegt ihn im spektakulären Kampf. Tatjana und Bond verlassen den Zug und erreichen über Umwege das rettende Venedig. Nachdem die in einem Hinterhalt lauernde Rosa Klebb ausgeschaltet ist, gondeln beide, in der letzten Einstellung des Films, wohlverdient durch die Stadt.

Die Agentengestalt des britischen Thriller-Autors Ian Fleming, die im Auftrag des Geheimdienstes »Ihrer Majestät« gegen die Bedrohung der »freien« (westlichen) Welt mit allen zur Verfügung stehenden technischen, psychologischen, kämpferischen und vor allem auch körperlichen Mitteln zu Felde zieht, ist für viele in erster Linie eine Reaktion auf den Kalten Krieg. Philippe Garner sieht Bond als einen »Archetypus der sechziger Jahre«, der die Mächte des Bösen im Zaum halten kann. Doch die Figur ist ins Comichafte überzeichnet, das Spiel nutzt einerseits die Feindbildstereotypen des »bösen« Russen und mischt sie mit dem Topos des exotischen Orients, zitiert Agatha Christies Orientexpress und karikiert die Technikhypertrophie. So ernst ist der Kalte Krieg schon nicht mehr, als dass man ihn nicht als spektakelhafte Unterhaltung bieten könnte.

Die Auseinandersetzung zwischen den Mächten ist deshalb nur Hintergrund; sie gerät zu einem großen Spiel, bei dem die eine Seite Gewalt und Brutalität, die andere Intelligenz und überraschende Technik einsetzt. Der Film wird zu einer Kette sich übersteigernder *showdowns*, bei der – natürlich – am Ende Bond siegreich bleibt. Der Kampf zwischen Ost und West wird zum Kampf des Einzelnen, des Helden der westlichen Welt, gegen verbrecherische Organisationen und machtgierige Größenwahnsinnige umfunktioniert.

Bond arbeitet nicht im eigenen Interesse, sondern »im Auftrag Ihrer Majestät«, seine Handlungen sind damit immer im Dienste einer höheren Sache: Wenn er tötet, ist es unumgänglich, oft auch in eigener Notwehr. Der Filmkritiker Dietrich Kuhlbrodt schrieb 1964 zum Deutschlandstart von *Liebesgrüße aus Moskau*: »Er schießt, haut und schlägt, dass es eine Freude ist. Ist ein Befehl ausgeführt, bittet er um den nächsten. [...] Gedanken würde er sich nicht darüber machen; ein Faschist würde es auch nicht tun.« Die harsche Kritik ist aus der Zeit zu verstehen, verkennt aber auch das Spielerische dieser Filme. Das Vergnügen für den Zuschauer bestünde darin, so ein Jahr später Umberto Eco, »an einem Spiel teilzunehmen, dessen Figuren und Regeln – und sogar dessen Ausgang – er kennt; er bezieht sein Vergnügen lediglich aus dem Verfolgen der minimalen Variationen, durch die der Sieger sein Ziel erreicht.«

Zum *Superhero* gehört seine sexuelle Attraktivität bei den Frauen und seine Unermüdlichkeit, sie immer wieder dem Publikum vorzuführen. Seine One-Night-Stands sind, wie Dietrich Kuhlbrodt schreibt, »kurzfristige körperliche Tätigkeiten«. Die Frauen sind austauschbar.

Die Figur des Agenten als Superhelden ließ sich schon in den sechziger Jahren nur durch eine ironische Wendung erhalten, die Gefahren, die er bekämpfte, nur durch Übertreibungen in eine dramaturgische Konstellation bringen.

Sean Connery als weltläufiger und den Frauen zugewandter Agent James Bond unterbricht in *Liebesgrüße aus Moskau* sein Rendezvous mit Eunice Gayson, um für Ihre Majestät Verbrecher zu jagen.

James Bond wurde eine der ersten großen Pop-Figuren der sechziger Jahre, sein erster Darsteller Sean Connery zum Inbegriff des weltläufigen Agenten, der Luxus, Hightech und männliche Sexualität offen ausstellte.

Mit Bond kam nun der professionelle Spion, und der weltweite Erfolg der Filme führte schließlich Ende der sechziger Jahre zu einem regelrechten Agenten-Boom in Kino und Fernsehen (z.B. *Mission Impossible – Kobra, übernehmen Sie!, Man From U. N. C. L. E – Solo für ONKEL*). Der Erfolg der James-Bond-Filme ist nicht nur auf inhaltliche und thematische Grundmuster zurückzuführen, sondern auch wesentlich auf die Inszenierung und die filmische Realisation dieser Inhalte. Besonders die ersten Filme der Reihe haben in ihrer Zeit neue Maßstäbe gesetzt. Der Chef-Editor der ersten Filme Peter Hunt entwickelte einen *Editing*-Stil, der bis zum heutigen Tag angewandt wird und den Stuart Basinger *cut to the chase* genannt hat. Durch schnelle Schnitte und das Auslassen einiger Bilder gewinnt die Erzählung an Tempo. In die Filmgeschichte eingegangen ist der Kampf zwischen Bond und Grant im Orientexpress. Hunt benutzte auf 115 Sekunden 59 Schnitte, um diesem Höhepunkt des Filmes seine angemessene Dramatik zu verleihen.

Regisseur Terence Young, der mit *Liebesgrüße aus Moskau* nach *James Bond jagt Dr. No* sein zweites 007-Abenteuer abgab, gilt als einer der Väter der filmischen Darstellung der Geheimagenten; 1965 drehte er mit *Feuerball* seine letzte Bond-Verfilmung. Für den 1964 gedrehten dritten Bond-Film, *Goldfinger*, gab er den Regiestuhl an Guy Hamilton ab. *Goldfinger* markierte dann auch den eigentlichen Durchbruch der Serie, die bis dato fünf Bond-Darsteller überlebt hat und in dem 18. James-Bond-Film *Tomorrow Never Dies* (*Der Morgen stirbt nie*) zum zweiten Mal Pierce Brosnan in der Rolle des Agenten präsentiert.

*Sven Schirmer*

*Literatur:* Dietrich Kuhlbrodt: *James Bond – Liebesgrüße aus Moskau.* Filmkritik 5 (1964). S. 254f. – Umberto Eco / Oreste del Buono: Der Fall James Bond. 007 – ein Phänomen unserer Zeit. München 1966. – Alexander Hall: Hollywood, England. The British Filmindustries in the Sixties. London 1986. – Philippe Garner: Sixties Design. Köln/Lissabon/London 1996. – Hans-Otto Hügel / Johannes von Moltke (Hrsg.): James Bond. Spieler und Spion. Hildesheim 1998.

## Stahlnetz: In der Nacht zum Dienstag

BRD 1963 (ARD/NDR 7. 11. 1961)   s/w 76 min

R:  Jürgen Roland
B:  Wolfgang Menge
K:  Günter Haase, Fritz Lehmann
M:  Heinz Funk
D:  Heinz Engelmann (Oberkommissar), Wolfgang Völz (Kommissar), Frank Staas (Carstens), Kurt Klopsch (Ortspolizist), Hela Gruel (Mutter Carstens), Manfred Greve, Erich Dunskus, Hans Müller-Westernhagen

*Stahlnetz* ist die erste lang laufende Kriminalfilmserie des deutschen Fernsehens. Sie ist aus der auf Prävention ausgerichteten Serie *Der Polizeibericht meldet* (1953–58) hervorgegangen und wurde nach dem Modell der amerikanischen Polizeifilmserie *Dragnet* konzipiert. Von *Stahlnetz* gibt es 22 Folgen: für 21 von ihnen schrieb Wolfgang Menge die Drehbücher; Jürgen Roland führte bei acht Folgen Regie. Vom NDR in Hamburg produziert, nahm *Stahlnetz* in seinen einzelnen Folgen die Regionalisierung der Tatorte und Kommissare vorweg, wie sie dann ab 1970 die *Tatort*-Reihe der ARD kennzeichnete.

*In der Nacht zum Dienstag* kommt es in der Nähe von Düsseldorf zu einer Reihe von Autodiebstählen, einer davon ist auch mit einem Mord an einer Zeitungsausträgerin

verbunden, die in einem Waldstück tot aufgefunden wird.
Zunächst scheinen es eine Reihe verschiedener Delikte zu
sein, die nichts miteinander zu tun haben. Der Oberkommissar der Düsseldorfer Kripo, der gerade von einem Besuch in Hamburg zurückgekommen ist, erkennt jedoch
rasch, dass sich die Autodiebstähle zu einer Kette verbinden lassen. An deren Anfangspunkt steht ein Fürsorge-
heim, aus dem der Zögling Carstens entflohen ist, der sich
mit den Autos zur Grenze durchschlagen will. Nach zahlreichen Hindernissen, die einen Blick in die Alltagsarbeit
der Polizei geben, wird eine Großfahndung nach dem Täter herausgegeben, und er wird über die Autobahn gejagt.
Er flüchtet sich in ein riesiges Stahlwerk, aus dem gerade
die Arbeiter in den Feierabend strömen. Die Polizei
schwärmt auf dem Gelände aus und treibt den Jungen vor
sich her, der schließlich vor einem riesigen Kessel mit flüs-
sigem Stahl steht, in den er am Ende hineinstürzt.

*In der Nacht zum Dienstag* steht für die Wende der
*Stahlnetz*-Serie von einem immer noch auf didaktische
Vermittlung der Polizeiarbeit ausgerichteten *plot* zu einem
stark von Aktion, Bewegungen und *suspense* gekennzeich-
neten Kriminalfilm. Immer wieder gibt es in der ersten
Hälfte des Films Erklärungen, wie Polizeiarbeit aussieht
und was es in vielen Filmen für irrige Vorstellungen von
der Arbeit der Mordkommission gebe. So ereifert sich
z. B. die Sekretärin des Oberkommissars gegenüber dem
jungen Kommissar (Wolfgang Völz), dass sie von den
Schnöseln nichts halte, die am Tatort immer den Hut auf-
behielten und nicht die Hände aus den Taschen nehmen
würden. Der zufällig hereinkommende Oberkommissar
belehrt sie, dass er seine Mitarbeiter, wenn sie es anders
machten, sofort hinauswerfen würde, weil falsche Spuren
entstünden, wenn sie am Tatort ihren Hut irgendwo able-
gen würden.

Gegenüber den ersten *Stahlnetz*-Folgen ist *In der
Nacht zum Dienstag* sehr flüssig erzählt. Zahlreiche Paral-

lelhandlungen, die am Anfang kein zusammenhängendes
Bild ergeben, beschleunigen den Erzählfluss und drängen
durch die eingeschnittene Übertragung eines Turnier-Box-
kampfes der Polizei in eine sportlich-aktive Richtung.

Eine Wende erhält der Film durch die Verfolgungsjagd,
die Jürgen Roland (bekannt durch den Polizeifilm *Polizeirevier Davidswache*, 1964) für die damalige Zeit rasant inszeniert und in immer neuen Montagen beschleunigt.
Überraschend ist, wenn sich für die ausgerufene Großfahndung wie auf einen geheimen Befehl alle Tore der Ga-
ragen öffnen und eine Armada weißer Porsche-Sportwa-
gen herausfährt und die Verfolgung nach dem Flüchtigen
auf den Autobahnen aufnimmt. Hinzu kommen weiß gekleidete Kradfahrer, die dann in das dunkle Stahlwerk
stürmen und wie Cocteau'sche Engel den Täter einkreisen.
Hier verlässt der Film seine kleinbürgerlichen Milieus, das
Grau-in-Grau der engen Wohnverhältnisse und Kittel-
schürzen. Für einen Moment gewinnt er eine existentielle
Grundhaltung, als der junge Carstens im Gegenlicht der
glühenden Stahlmasse verschwindet. Roland entdeckt die
Möglichkeiten der Filmkamera (bis dahin wurden die
meisten Folgen vor allem elektronisch produziert) und
lässt sich vom Ambiente der Stahlkonstruktionen, Türme
und Gerüste des Stahlwerks faszinieren. Die Einstellungen
erinnern für einige Szenen an die Stadt- und Industriefil-
me der späten zwanziger Jahre.

Die *Stahlnetz*-Serie ist trotz der zunehmenden Aktions-
betontheit in den späteren Folgen eine für das Vertrauen
in die Polizeiarbeit werbende Darstellung, die vor allem
eine kleinbürgerliche bundesdeutsche Welt vorführt. Die
durchgängig biederen Milieus, in denen sich die Kriminalgeschichten dieser Zeit ansiedeln, sind so auffällig zur
Schau gestellt, dass sie als eine Fassade erscheinen, hinter
der das Erbe der deutschen NS-Zeit verborgen wurde. Die
vergleichsweise auffällige Harmlosigkeit vieler Verbrechen
in den *Stahlnetz*-Folgen ist programmatisch.

Die Serie erfreut sich einer ungebrochenen Beliebtheit bei einem großen Publikum, weil sie in der Erinnerung vielen Zuschauern die Mentalität der Zeit ihrer Entstehung vor Augen führt.

1999 bis 2001 drehte der NDR mit dem gleichen Erkennungszeichen vier weitere *Stahlnetz*-Kriminalfilme in Farbe, die jedoch dem legendären Ruf ihrer Vorgänger nicht entsprachen.

*Knut Hickethier*

# Topkapi

Topkapi

USA 1964  f 115 min

R:  Jules Dassin
B:  Monja Danischewsky (nach dem Roman *The Light of Day* von Eric Ambler)
K:  Henri Alekan
D:  Melina Mercouri (Elizabeth Lipp), Maximilian Schell (William Walter), Peter Ustinov (Arthur Simpson), Robert Morley (Cedric Page), Akim Tamiroff (Geven)

»Topkapi Saray« heißt ein Sultanspalast in Istanbul, der jetzt als Museum die Touristen anzieht. Auf dessen wertvollstes Ausstellungsstück, einen saphirbesetzten Dolch, hat es die Edeldiebin Elizabeth Lipp abgesehen. Zusammen mit ihrem Liebhaber William Walter, Meisterdieb im Cutaway, entwickelt sie einen raffinierten Plan. Als Komplizen wirbt das Paar Amateure mit besonderen Fähigkeiten an: den verrückten Erfinder Cedric Page, den starken Mann Hans Fischer und den stummen Akrobaten Giulio. In Griechenland beauftragen Lipp und Walter den gescheiterten Fremdenführer Arthur Simpson, ihr Cabrio nach Istanbul zu überführen.

An der Grenze wird Simpson jedoch kontrolliert und erlebt eine unliebsame Überraschung: Der Wagen steckt voller Waffen. Die türkische Polizei zwingt ihn daraufhin, seine Auftraggeber auszuspionieren. Als deren stets alkoholisierter Koch Geven behauptet, sie seien russische Spione, gibt Simpson die Information an die Polizisten weiter.

Kurz vor dem Coup wechselt Simpson jedoch abermals die Seiten. Elisabeth Lipp und William Walter überreden ihn, beim Einbruch ins Topkapi-Museum für den starken Hans einzuspringen, der sich die Hände verletzt hat. Die Diebesgruppe ist nun vor ihren Beschattern gewarnt und schüttelt sie während eines Volksfestes ab. Der Coup kann stattfinden. Elizabeth und Cedric setzen den Suchscheinwerfer außer Gefecht. Walter, Simpson und Giulio klettern in einer waghalsigen Aktion über die Palastkuppeln. Von dort wird Giulio in den Ausstellungsraum abgeseilt, um den Dolch gegen eine Fälschung auszutauschen.

Der Coup gelingt, das wertvolle Original reist in einem Kirmeswagen in Richtung Grenze. Dann wird die Bande in aller Unschuld bei der Polizei vorstellig, um den Fund der Waffen im Wagen zu melden. Die Polizisten hätten nichts gegen sie in der Hand – wäre nicht ein kleiner Vogel während des Einbruchs in den Museumsraum geraten. Der Vogel setzt das hochsensible Alarmsystem ausgerechnet in dem Moment in Gang, als die Diebe beim Polizeichef sitzen. So landen die Gauner kurz vor dem Ziel doch noch im Gefängnis. Aber dort hat Elizabeth bereits neue Pläne: Im Kreml lagern schließlich die Kronjuwelen der Romanows.

Weil er auf der schwarzen Liste des ›Kommunistenjägers‹ McCarthy stand und in den USA keine Arbeit mehr bekam, emigrierte Jules Dassin Anfang der fünfziger Jahre nach Frankreich. Erst 1954 realisierte er dort wieder einen Spielfilm: *Du Rififi chez les hommes* wurde ein Klassiker der *big heist* oder *caper movies*. Detailgenau schildern diese Filme, wie eine Gruppe spezialisierter Verbrecher einen genialischen Coup planen, durchführen – und meist scheitern. Dem ersten *Rififi* folgten weitere von unterschiedlicher Qualität und unterschiedlichen Regisseuren. 1964, zehn Jahre nach dem düsteren Vorbild, setzte Dassin (wieder in den USA) mit *Topkapi* einen parodistischen Schlusspunkt unter die Reihe der *caper movies*.

In Figurenkonstellation und Handlungsschwerpunkt spitzt *Topkapi* die Merkmale seiner Vorläufer auf komische Weise zu. Seine Figuren sind grell gezeichnete Typen: die laszive Männerfresserin Lipp, der stets elegante Walter, der gravitätische Cedric Page; die türkischen Geheimagenten mit ihren Schnurrbärten und Sonnenbrillen; der dauerbetrunkene Koch Geven. Vor allem Akim Tamiroff und Peter Ustinov brillieren als komisches Paar; Ustinov bekam seinen zweiten Oscar.

Die Komödie setzt auf Effekte, Spektakel und nicht zuletzt auf die akribische Schilderung des Einbruchs. Hier musste Dassin sich an seiner eigenen Regieleistung in *Rififi* messen lassen, und *Topkapi* hält dem Vergleich durchaus stand. Nicht weniger als eine halbe Stunde des Films widmet sich dem Ablauf des Diebstahls, vom Klettern über die Kuppeln des Palastes bis zur Ablenkung der Wachen mit einem künstlichen Papagei. Noch in heutigen *blockbusters* finden sich Reminiszenzen an Einfälle Dassins (und von Vorlagen-Autor Eric Ambler und Drehbuchautorin Monja Danischewsky): So schwebt Tom Cruise in *Mission Impossible* (1996) an einem beweglichen Trapez über dem Boden wie Giulio im Saal des »Topkapi Saray«.

Die Meisterdiebe in *Topkapi* treibt die pure Lust am Spiel der Übertretung gesellschaftlicher Schranken. Diese Hindernisse sind einerseits ganz konkret die Sicherheitsvorkehrungen des Museums, die sie herausfordern: der Diebstahl als spielerische Mutprobe, als genialer Einfall, technische Meisterleistung und akrobatisches Kunststück. Darüber hinaus sind die übertretenen Schranken sozialer

Art. Die Diebe genießen ihre Stellung außerhalb der Gesellschaft, die sie sich durch Mut, Könnerschaft und Witz verdienen. Anarchisch verhalten sich die Einbrecher allerdings nur gegenüber der institutionellen Öffentlichkeit. In ihrer Gruppe herrscht eine strenge Hierarchie; Lipp und Walter behandeln ihre Komplizen wie dumme Kinder. Die lustvolle Übertretung auch sexueller Normen wird deutlich, wenn sich Elizabeth selbst als Nymphomanin bezeichnet und laut überlegt, wen aus der Truppe sie als nächsten verführen könnte. *Thrill* und Erotik liegen hier nah beieinander: Durch Küsse werden die männlichen Mitglieder der Gang auf den Einbruch eingestimmt.

Bei dem Coup schaden die Gauner niemandem ernsthaft: Sie gehen gewaltlos vor, und in der unpersönlichen Institution Museum, wo der Dolch als Kunstfetisch ruht, würde niemand bemerken, dass er gegen ein Replikat ausgewechselt wurde. Aber auch die Diebe selbst sind nicht bedroht: Zwar scheitert der Coup durch einen dummen Zufall (so wie im besten Sicherheitssystem ist eben auch im genialsten Einbruchsplan eine unvermeidbare Lücke). Doch Witz und Erfindergeist der Gauner sind auch im Gefängnis ungebrochen, wo sie neue Pläne schmieden. Im Abspann tanzen sie bereits durch den Schnee um den juwelenbergenden Kreml (Insert: »Here they go again«).

War *Rififi* stilistisch wie inhaltlich ein schwarzromantischer, tragischer Film, so kommt *Topkapi* poppig bunt und albern daher, ein Kind der sechziger Jahre, vom Thema über den Stil bis in die Art hinein, wie Melina Mercouri, Hauptdarstellerin und Frau Dassins, geschminkt ist. Was damals furios und sehr modern gewirkt haben muss, erscheint heute eher als Dokument.

In die sechziger Jahren fiel auch der endgültige Durchbruch des Farbfilms. So ist dem Umgang mit Farbe in *Topkapi* eine naive Begeisterung für die neuen Möglichkeiten anzumerken: Der Film beginnt mit einem Gewitter aus Farb-Blitzen, das durch eine knallbunte Montage von

Jahrmarktsdetails abgelöst wird und schließlich übergeht in eine von bewegten Farbfiltern überlagerte Sequenz, in der sich Elizabeth Lipp den Zuschauern direkt vorstellt. Wie dieser Anfang lenkt auch der Abspann des Films die Aufmerksamkeit darauf, *wie* erzählt wird: Unter den Schlusstiteln bewegen sich die Charaktere durch ein künstliches Theaterkulissen-Russland.

Überhaupt setzt die Inszenierung auf den exotischen Reiz ihrer Schauplätze – ein Zeichen entfesselter Reiselust des Publikums der Sechziger: Die Fischerboote und Melonenverkäufer Griechenlands und Istanbuls gewinnen in der Reisefilm- oder Postkartenfotografie von Kameramann Henri Alekan vorübergehend sogar Eigenwert vor der Handlung. Im Gegensatz zum geheimnisvollen Schwarzweiß der frühen *caper movies* sind die Orte in *Topkapi* in das gleißende Licht der südlichen Sonne gehüllt; die Stadt ist hier nicht mehr ein undurchdringlicher Asphaltdschungel, sondern eine Touristenattraktion.

*Jens Eder*

*Vorlage:* Eric Ambler: The Light of Day. London 1962. – Dt.: Topkapi. Zürich 1978.
*Literatur:* Jules Dassin. In: Hans-G. Kellner / J. M. Thie / Meinolf Zurhorst: Der Gangster-Film. München 1977. S. 99–102. – Georg Seeßlen: Kino der Angst: Geschichte und Mythologie des Film-Thrillers. Reinbek 1980. S. 127–132.

# Blow up

Blow-up

GB 1966   f 111 min

R: Michelangelo Antonioni
B: Michelangelo Antonioni, Tonio Guerra (nach Motiven der Er-
   zählung *Las babas del diabolo* von Julio Cortázar)
K: Carlo di Palma
D: David Hemmings (Thomas), Vanessa Redgrave (Jane), Sarah
   Miles (Patricia), John Castle (Bill), Peter Bowles (Ron)

*Blow up* war Michelangelo Antonionis größter Erfolg, sowohl kommerziell als auch bei der Kritik: Unter anderem
gewann er den Großen Preis bei den Filmfestspielen von
Cannes 1967.

Der junge Londoner Fotograf Thomas findet auf einer
Serie von Fotos, die er heimlich und zufällig von einem
Liebespaar im Park geschossen hat, Indizien für einen
Mord, eine Pistole nämlich und eine Leiche. Die Spur eines Verbrechens ist also aufgetaucht. Der klassischen Kri-
minalfilmhandlung zufolge müsste es nun darum gehen,
dieser Spur nachzugehen und sie dabei in eine Geschichte
zu verwandeln, die am Ende den Fall als aufgeklärt erscheinen lässt. Antonioni jedoch erzählt etwas ganz anderes: Beim Versuch, den Erscheinungen auf seinen Fotos
nachzugehen, findet Thomas zwar im Park eine wirkliche
Leiche vor, offenbar den zum Paar zugehörigen Mann.
Dann jedoch verliert er sich im Großstadtgewirr auf der
Suche nach jemandem, dem er seine Entdeckung anvertrauen kann. Bei einem zweiten Besuch am Tatort wenig
später ist die Leiche wieder verschwunden. Hat sie jemals
dort gelegen? Die Spur, die sich vorübergehend zu einer
Geschichte zu verdichten schien, verschwindet ohne Rest
im Unterholz des Parks, aus dem sie kurz zuvor erschienen war. War der ganze Fall nicht von vornherein reine
Konstruktion?

In *Blow up* wird die Atmosphäre des swinging London der sechziger Jahre eingefangen. Dazu gehört die Fotosession David Hemmings' mit der knabenhaften Veruschka Gräfin von Lehndorff.

In der zentralen Sequenz des Films beobachten wir Thomas dabei, wie er die Fotografien des Paares entwickelt und betrachtet. Seine und unsere Neugier sind geweckt, denn die unwissentlich abgelichtete Frau hatte den Fotografen im Park letztlich doch entdeckt, von ihrem Partner abgelassen und mit Nachdruck darauf gedrungen, ihr den Film auszuhändigen. Dem ist Thomas nicht nachgekommen und arrangiert stattdessen jetzt um sich herum eine Art Fotoroman aus den großformatigen Abzügen. Wieder und wieder betrachtet er die Bilder, offenbar auf der Suche nach etwas, was deren Bedeutung für die Frau rechtfertigen könnte. Einen Einblick in die Reflexionen

seines Protagonisten eröffnet Antonioni jedoch nicht,
folgt lediglich mit der Kamera seinen Blicken und damit
dem Versuch, die Bilder in einen räumlichen und zeitlichen Zusammenhang zu bringen. Im Gegensatz zum
stoischen Erzählfluss des Filmes, der ohne offensichtliche
Akzentuierung alle Ereignisse gleichmäßig am Zuschauer
vorbeiziehen lässt, scheinen die Fotos die Stillstellung und
unbegrenzte Wiederholbarkeit des festgehaltenen Augen-
blicks zu ermöglichen. Schließlich entdeckt Thomas auf
einem Abzug, wie die Frau einen Punkt im Gebüsch fixiert. Er folgt ihrem Blick und macht Vergrößerungen
(*blow-ups*) von eben diesem Punkt. Verschwommen erscheinen zwischen den Blättern das schemenhafte Gesicht
eines Mannes und eine Pistole. Doch damit nicht genug:
Auf einem anderen Foto entdeckt Thomas wenig später
einen formlosen weißen Fleck unter einem Busch. Weitere
Vergrößerungen machen daraus ein unidentifizierbares
grobkörniges Flimmern. Thomas ist überzeugt, eine Leiche entdeckt zu haben. Die Liebesszene im Park ist ihm
unter der Hand zur Fotoreportage eines Mordes geraten.

Ob es sich dabei um Einbildung oder um ein reales Ereignis handelt, wird nicht aufgeklärt und ist offenbar auch
nicht Antonionis Fragestellung. Denn eine solche Unter-
scheidung würde nach eindeutiger Entscheidbarkeit zwischen unverstellter Wahrheit und ›nur‹ konstruierter Realität verlangen. Gibt es diese Sicherheit nicht, lässt sich
nur noch fragen, wie Realität konstruiert wird. Und genau
das macht Antonioni. Hervorgehoben wird dabei die Rolle des Mediums: Entdeckt wird das Ereignis erst in den
Vergrößerungen seiner Abbilder; während der Szene im
Park ist sowohl Thomas als auch den Zuschauern nichts
weiter aufgefallen. Antonioni legt nahe, den konstruktiven
Aspekt des Beobachtens noch weitreichender zu verstehen: Thomas nämlich hat in seinem Arrangement drei Fotos zu einer Sequenz zusammengestellt, die in direkter
Abfolge zunächst die Frau zeigt, wie sie ins Gebüsch

sieht, dann die Detailaufnahme vom Gesicht und der Pistole zwischen den Blättern und schließlich eine Frontalaufnahme der Frau, die genau in die Kamera blickt – offenbar hat sie gerade den fotografierenden Beobachter entdeckt. In der Montage aber scheint das letzte Bild der Gegenschuss vom Standpunkt der Pistole aus zu sein. Die Entdeckung des vermeintlichen Mörders und des Voyeurs fallen demnach in der nachträglichen Inszenierung des Geschehens in einem Moment zusammen. Die eindeutige Trennung zwischen dem beobachtenden Zeugen und dem, was er beobachtet, beginnt zu verschwimmen. Und war der einzige Zeitpunkt, an dem der Mord hatte geschehen können (wenn er denn stattgefunden hat), nicht gewesen, als Thomas mit der Frau über die Herausgabe des Filmes verhandelte? Seine Anwesenheit hätte dann das Geschehen im Park, wie er es später rekonstruiert, überhaupt erst möglich gemacht.

Andererseits legt Antonioni Fährten aus, die auf eine Mordverschwörung um die Frau im Park hindeuten. Immerhin ist diese auf für uns unerklärliche Weise plötzlich in Thomas' Atelier aufgetaucht. Das Atelier findet der Fotograf nach der Entdeckung der Leiche verwüstet vor – wer dafür verantwortlich gewesen sein mag, ist nur eine der Fragen, die der Film offen lässt. Natürlich ist es gerade diese Mehrdeutigkeit und Offenheit, die seine Faszination ausmacht.

Das Genremotiv von Mord und Aufklärung geht auf in einem Film, der mehr vom neuen Lebensgefühl des swinging London Mitte der sechziger Jahre erzählt als von einer vollständig kriminalisierten Welt, wie sie nur fünf Jahre später das amerikanische Kino mit den *Dirty Harry*-Filmen präsentiert. In der übermütigen und lebenslustigen Popwelt der Londoner mittsechziger Jahre ist das Verbrechen ein peripheres Thema und verschattet noch nicht die jugendbewegte Lebenslust. Auch der Fotograf als Ermittler ist letztlich nur vor allem an dem

fotografischen Phänomen interessiert, in der Bildkörnung
Figuren entdecken zu können. Die Semiotisierung des
fotografischen Mediums changiert im Film damit, dass
das Medium auch Vehikel für ein extrovertiertes Leben
ist.                                          *Torsten Michaelsen*

*Vorlage:* Julio Cortázar: Der Teufelsgeifer. In: J. C. Der Verfolger.
Erzählungen. Frankfurt a. M. 1978.
*Drehbuch:* Dt. Filmprotokoll. In: Film. (1967) Nr. 6.
*Literatur:* Enno Patalas: *Blow up.* In: Filmkritik (1967) Nr. 5. –
Klaus Eder: Auf der Suche nach der verlorenen Wirklichkeit. In:
Film (1967) Nr. 6. – Hans Stempel / Peter M. Ladiges: *Blow up.* In:
Filmkritik (1967) Nr. 7. – Ernst Wendt: *Blow up.* Die Revolution
durch Vergrößerung. In: Film. Jahresheft 1967. – Karl Prümm:
»Suspense«, »Happy-End« und tödlicher Augenblick. Überlegun-
gen zur Augenblicksstruktur im Film mit einer Analyse von Mi-
chelangelo Antonionis *Blow up.* Siegen 1983. – Michelangelo Antonioni. München/Wien 1984. (Reihe Film. 31.) – Roland Barthes:
Die helle Kammer. Bemerkungen zur Photographie. Frankfurt
a. M. 1985. – Anselm Jungeblodt: *Blow up.* In: film-dienst (1992)
Nr. 20. – Andreas Kilb: Das Fell des Tigers. In: Rolf Schüler
(Hrsg.): Antonioni. Berlin 1993. – Gerhard Oppermann: Die Mit-
telszene des Films *Blow-up.* In: Jan Berg / Hans-Otto Hügel
(Hrsg.): Michelangelo Antonioni. Hildesheim 1995. – William Ar-
rowsmith: Antonioni. The Poet of Images. New York / Oxford
1995.

# Die Gentlemen bitten zur Kasse

BRD 1966 (ARD/NDR Teil I–III)   s/w 233 min

R: John Olden / Claus Peter Witt
B: Henry Kolarz (nach einem Bericht im *Stern*)
K: Gerald Gibbs, Frank A. Banuscher
M: Heinz Funk
D: Horst Tappert (Michael Donegan), Hans Cossy (Patrick Kinsey), Günther Neutze (Archibald Arrow), Siegfried Lowitz (Superintendent Dennis McLeod), Karl-Heinz Hess (Geoffrey Black), Hans Reise (Thomas Webster), Rolf Nagel (Gerald Williams), Harry Engel (George Slowfoot), Horst Beck (Twinky), Paul Edwin Roth (Anwalt Masterson), Grit Böttcher (Jennifer Donegan), Kai Fischer (Frau Masterson)

Der legendäre Gangsterfilm über den Raub von rund zweieinhalb Millionen Pfund Sterling (etwa 15 Millionen Euro) aus einem Postzug Ihrer Majestät der Königin von England ist ein Film über den authentischen Zugüberfall in Großbritannien im August 1963. Der Film erzählt in drei Teilen die Geschichte eines großen Coups und schildert ihn als ein sportliches Ereignis, nicht zuletzt deshalb, weil es dabei nur einen Verletzten gegeben hat.

Eine Gruppe von inzwischen arrivierten Bankräubern, Einbrechern, Fälschern, Wettbetrügern, die unter der Leitung des »Majors« Michael Donegan (in der Realität: Ronald Biggs) eine eigene Organisation aufgebaut haben, erhält im ersten Teil des Films den Tipp, dass im Postzug von Glasgow nach London regelmäßig ausgesondertes Geld zur Bank von England transportiert wird, um vernichtet zu werden. Die Gangster planen einen Überfall und bereiten ihn generalstabsmäßig über ein Jahr lang vor. Mit einem Überfall auf eine Bank am Londoner Flughafen Heathrow beschaffen sie sich dafür das ›Betriebskapital‹ und demonstrieren damit gleichzeitig ihre »Arbeitsmethoden«, die *gentlemanlike* sind.

Zwischen den Figuren, vor allem zwischen Donegan (Horst Tappert) und Archibald Arrow (Günther Neutze), der sein Gegenspieler innerhalb der Gruppe ist, kommt es häufig zu Meinungsverschiedenheiten, die noch wachsen, weil sie zusätzliche Spezialisten für Signaltechnik und das Fahren von Loks benötigen. Über einen Anwalt kaufen sie in der Nähe des Überfallorts eine Farm, die als logistischer Standort genutzt werden soll. Alles ist vorbereitet und die Bande ist bereits auf der Farm, da muss der Überfall im letzten Augenblick noch einmal um einen Tag verschoben werden, weil im Zug nur wenig Geld transportiert wird und die Wagenfolge kurzfristig verändert wurde.

Im zweiten Teil des Films wird der Überfall gezeigt: Die Gentlemangangster stoppen den Zug, koppeln Lok und Geldwaggon von den übrigen Postwaggons ab und fahren beide bis zu einer Brücke, um 130 Geldsäcke in kurzer Zeit umzuladen und zur Farm zu bringen. Während die Polizeiarbeiten anlaufen, bleiben die Posträuber auf der Farm. Es kommt zum erneuten Streit, weil Archie vom Major die Leitung übernommen hat, aber nicht gut planen kann. Nach einem Besäufnis vergraben sie das Geld und schlagen sich einzeln nach London durch.

Der dritte Teil stellt die Polizeiarbeit in den Vordergrund. Superintendent McLeod (Siegfried Lowitz) organisiert mit kühlem Blick die Jagd auf die Posträuber, so dass schließlich alle bis auf vier (darunter auch Donegan) gefasst werden. In einem langen Prozess werden sie zu hohen Freiheitsstrafen (bis zu dreißig Jahren Gefängnis) verurteilt. Der größte Teil des Geldes wird allerdings nicht gefunden. In zwei »Nachträgen« zeigt der Film, wie Donegan mit Hilfe von Tricks zwei der Inhaftierten befreien kann. Und er verspricht am Ende dem Publikum, dass er auch die anderen befreien werde. Mit dem Satz »Die Partie steht unentschieden, noch ist der letzte Zug nicht getan« des Off-Erzählers endet der Film.

*Die Gentlemen bitten zur Kasse* wird zunächst aus der

Perspektive der Bande und ihrer Vorbereitung und
Durchführung des großen Coups erzählt. Dadurch sind
die Sympathien ganz auf der Seite der Posträuber, was
auch der Haltung der meisten Zeitgenossen entsprach, die
am Postraub vor allem die organisatorische Leistung be-
wunderten. In der Mitte des zweiten Teils tritt als weitere
Perspektive die der Polizeiarbeit unter dem Scotland-
Yard-Beamten McLeod (Siegfried Lowitz) hinzu, der als
Stratege und ironischer, aber hartnäckiger Verfolger gezeigt wird. Beide Perspektiven werden häufig parallel geführt, im dritten Teil überwiegt dann die Polizeiperspekti-
ve. Motive aus dem Gerichts- und Gefängnisfilm werden
nur am Rande ausgeführt und entwickeln kein Eigenle-
ben. Bei den Formen des »großen Coups« bildet der Ei-
senbahnüberfall eine eigene Traditionslinie, die von Edwin
S. Porters *Great Train Robbery* (1903) bis in die Gegenwart reicht.

Den sportlichen Touch, den Drehbuchautor Henri Kolarz der Geschichte gab, wird durch die ironisch-pointier-
te Inszenierung verstärkt. Stilmittel der Kriminalkomödie,
vor allem in der Überzeichnung der Gangster als ehren-
werte Mitglieder der englischen Gesellschaft mit Bowler
und Regenschirm, werden oft gezielt eingesetzt und die
Figuren visuell im Bild komponiert. Bei der Profilierung
der Figuren tritt weniger der militärisch knappe Major
Donegan in den Vordergrund, sondern stärker der Fri-
seurladenbesitzer Archibald (»Archie«) Arrow, den Günther Neutze als blasierten und arroganten Schnösel spielt.
Im Tableau der vielen Figuren werden die Einzelnen als
Typen ausgestattet und gegeneinander gesetzt. Die Bilder
von London und Umgebung wirken auch in ihren fotografischen Besonderheiten (verkantete Bilder, ungewöhnliche Perspektiven) heute dokumentarisch. Die Einstellungen werden oft kontrapunktisch geschnitten, der Erzählfluss wird in einem (für die Zeit der Produktion) leicht
beschleunigten Tempo und durch eine akzentuierende

Musik und einen das Geschehen raffenden Off-Erzähler rhythmisiert.

Der Film erzählt seine Geschichte mit *suspense*, aber ohne düstere Verschattungen und die Stereotypen, wie sie zur selben Zeit die Edgar-Wallace-Filme im deutschen Kino (*Die toten Augen von London*, 1960; *Der Bucklige von Soho*, 1966) verwenden. Die Welt bleibt bei einem derartigen Verbrechen, wie es als ›größter Raubüberfall aller Zeiten‹ vorgeführt wird, immer noch in Ordnung. Der ironische Blick auf die Polizeiarbeit ist, anders als im amerikanischen Kriminalfilm, ohne den tief greifenden Zweifel in die Fähigkeit des Staates, die Normen des Rechts aufrechtzuerhalten. Als das Gericht die hohen Haftstrafen verkündet, hat der Zuschauer dafür Verständnis, weil es der Maxime, dass sich das Verbrechen eben doch nicht lohnt, wieder Geltung verschafft. Mitleid mit den Verurteilten kann er sich dennoch leisten.

Wesentliches Moment für das anhaltende Publikumsinteresse an diesem Fernsehfilm-Klassiker, der zum Kultfilm wurde, als Videokassette mehrfach auf den Markt kam und 1974 als Schallplatte angeboten wurde und dessen Titel zum geflügelten Wort avancierte, ist sein Authentizitätsversprechen, dass es eine reale Geschichte im Hintergrund gibt, diese aber in vielen Details fiktional ausgedeutet wurde. Die Geschichte erschien auch als Hörspielkassette und als Gesellschaftsspiel. Der britische Spielfilm *Robbery* (*Der Überfall*) von 1967 greift die Geschichte ebenfalls auf.

Der Mehrteiler *Die Gentlemen bitten zur Kasse*, 1966 erstmals gesendet und seitdem vielfach wiederholt, steht am Übergang von deutschen Kriminalfilmmehrteilern nach Vorlagen von Francis Durbridge (*Das Halstuch*, 1962) zu den lang laufenden Kriminalserien am Ende der sechziger Jahre (*Der Kommissar*, 1969 ff., *Tatort*, 1970 ff.). Lowitz, der Darsteller des Scotland-Yard-Ermittlers, spielt in den siebziger und achtziger Jahren in der Langzeitserie

*Der Alte* des ZDF den Kommissar, Horst Tappert dagegen wird ebenfalls Kommissar und Oberinspektor der Serie *Derrick* des gleichen Senders.                    *Knut Hickethier*

*Fassungen: Die Gentlemen bitten zur Kasse.* Tatsachenbericht. München 1964. [Zuerst als Tatsachenbericht in der Illustrierten *Stern*] – *Die Gentlemen bitten zur Kasse.* 3 Videokassetten (1: Der Plan; 2: Der Überfall; 3: Die Flucht). Hamburg 1995, 2001. – *Die Gentlemen bitten zur Kasse.* Der größte Raubüberfall des 20. Jahrhunderts in authentischer Darstellung. (Schallplatte) Hamburg 1974. – *Die Gentlemen bitten zur Kasse.* Das große Posträuberspiel. München (um 1967).
*Literatur:* Marcus Hehl: *Die Gentlemen bitten zur Kasse.* In: eisenbahn kurier (1989) Nr. 5. S. 30–33. – Stefan Vockrodt: Das Geld kam im Zug. In: Lok Magazin (2001) Nr. 11. S. 50–51.

# In der Hitze der Nacht

In the Heat of the Night
USA 1967   f 109 min

R:  Norman Jewison
B:  Stirling Silliphant (nach dem gleichnamigen Roman von John Ball)
K:  Haskell Wexler
M:  Quincy Jones
D:  Sidney Poitier (Virgil Tibbs), Rod Steiger (Bill Gillespie), Warren Oates (Sam Wood)

Sparta, Mississippi ist ein von Landwirtschaft geprägter Ort in der Provinz der amerikanischen Südstaaten. In den sechziger Jahren herrschen hier immer noch rassistische Vorurteile, in der Mittelschicht und unter den Entscheidungsträgern finden sich ausschließlich Weiße. Der Polizist Sam Wood entdeckt auf einer nächtlichen Straße die Leiche des Industriellen Colbert. Dieser hatte in

Sparta den Bau einer Fabrik mit 11 000 Arbeitsplätzen geplant, die Hälfte davon für Schwarze. Virgil Tibbs, auf der Durchreise in der Wartehalle des verlassenen Bahnhofs sitzend, wird verhaftet. Doch schnell stellt sich heraus, dass der gut gekleidete Schwarze ein Polizeibeamter der Mordkommission in Philadelphia ist. Sheriff Gillespie würde Tibbs zwar gerne loswerden, fühlt sich aber nun ohne Verdächtigen ratlos und lässt deshalb Tibbs die Leiche untersuchen. Währenddessen jagt und verhaftet die örtliche Polizei einen neuen Verdächtigen, der die Brieftasche des Opfers bei sich trägt. Um den Fall abzuschließen, ignoriert Gillespie zunächst Tibbs' Untersuchungsergebnisse und schickt diesen nach einer heftigen Auseinandersetzung zum Bahnhof. Dann ändert er jedoch Tibbs' Erkenntnissen entsprechend die Anklage auf Diebstahl.

Nun droht Colberts Witwe der Gemeinde, den für die Entwicklung der Stadt wichtigen Bau der Fabrik zu stoppen, wenn nicht der erfahrene Ermittler Tibbs mit der Aufklärung des Mordes betraut werde. Unter diesem Druck muss Gillespie Tibbs bitten zu bleiben, was dieser zunächst entschieden ablehnt. Der Polizeichef führt darauf dem schwarzen Polizisten die Möglichkeit vor Augen, den provinziellen, vorurteilsbeladenen Weißen seine geistige Überlegenheit zu demonstrieren. Gillespies Rechnung geht auf, Tibbs lässt sich diese Gelegenheit nicht entgehen. Eine erste Spur führt die beiden Beamten zu dem in Sparta überaus einflussreichen Besitzer einer alteingesessenen Baumwollplantage, Mr. Endicott, der dem Industrieprojekt Colberts Schwierigkeiten bereitete. Endicott, anfangs zuvorkommend und distinguiert, ohrfeigt Tibbs, als dieser ihn zu dem Mordfall vernehmen will. Tibbs schlägt blitzschnell zurück. Da Tibbs sich nun endgültig in Lebensgefahr begeben hat, drängt ihn Gillespie erneut zur Abreise. Tibbs aber, voll Hass, will Endicott des Mordes überführen. Wenig später wird er von Schlägern verfolgt und

bedroht, nur der in letzter Sekunde dazukommende Polizeichef rettet ihn.

Gillespie verhaftet aufgrund von Indizien seinen Polizisten Sam Wood. Wieder meint der auftrumpfende Sheriff, Tibbs' Hilfe nicht mehr zu brauchen. Da erscheinen
Purdy und seine Schwester Dolores. Sie zeigen Wood an,
die minderjährige Dolores geschwängert zu haben. Trotzdem gelingt es Tibbs, Gillespie schließlich von Woods Unschuld zu überzeugen.

In der Nacht stößt Tibbs bei einer schwarzen Engelma-
cherin auf Dolores, die mit dem weißen Kellner des
schmierigen Diners zur Abtreibung gekommen ist. Der
leicht debile Kellner will Tibbs niederschießen. Da kommt
Purdy inmitten eines bewaffneten Schlägertrupps, welcher
ausgezogen ist, Tibbs umzubringen. In höchster Bedrängnis entlarvt der alles durchschauende Tibbs den Kellner als
wahren Verführer von Dolores. Dieser schießt den zorni-
gen Purdy im folgenden Tumult nieder, wird dann jedoch
von Tibbs entwaffnet und festgenommen. Tibbs hat den
Fall gelöst. Im Büro des Sheriffs gesteht der Kellner den
Mord an Colbert; er schlug den arglosen Industriellen nieder, um dessen Geld zu rauben. Tibbs setzt seine unter-
brochene Reise fort.

Die Kriminalgeschichte dieses Polizeifilms ist eher
durchschnittlich: ein Raubmord, ein paar falsche Spuren,
Verfolgungsjagden und eine Auflösung. Der Täter, bisher
eine Randfigur, wird in diesem *whodunit* schließlich entlarvt, sein Motiv und der Tathergang werden im Schnell-
verfahren erläutert, weiter interessiert die Psychologie des
Verbrechers aber nicht.

Die Aufklärung des Verbrechens dient nur als Vehikel
für eine andere Geschichte, die *In the Heat of the Night*
seinen besonderen Charakter gibt. Im Vordergrund steht
dabei die Konfrontation eines schwarzen Bürgers aus der
Großstadt Philadelphia im liberalen Norden, wo er Position und Ansehen genießt, mit weißen Kleinstädtern in ei-

ner Provinz des Südens, die einem rassistischen Weltbild
verhaftet und verkrusteten Denkstrukturen treu geblieben
sind. Durchgängig werden solche Strukturen gezeigt. So
wird Tibbs, weil er schwarz ist, in der Exposition als
Mordverdächtiger verhaftet, wird geduzt, im herunterge-
kommenen Diner nicht bedient und, als er ermittelt, gar
verfolgt und mit dem Tod bedroht. Für Endicott, Repräsentant der alten Südstaaten-Herrschaft, bricht eine Welt
zusammen, als Tibbs zurückschlägt und der Sheriff, traditionell Schützer der Interessen der Weißen und Herr-
schenden, auch noch tatenlos zusieht. Früher – oder auch
bei einem anderen Sheriff – wäre der Schwarze dafür erschossen worden, wie der Plantagenbesitzer stammelt. In
seinem Reich erleben wir neben Tibbs die Billiglohn-Pflü-
cker auf einem Baumwollfeld und einen Butler, die für
die Vergangenheit als Sklaven stehen, von der die erzählte
Gegenwart auf sozialer Ebene gar nicht allzu weit entfernt ist.

Ein Gegenentwurf zu Endicotts Welt, die in ihrem Fest-
halten an überkommenen Traditionen Spartas Gegenwart
prägt, ist Colberts Plan. Die vorgesehene Ansiedlung von
Industrie, verbunden mit der Schaffung von Arbeitsplätzen für Weiße und Schwarze, bedeutet neben wirtschaftli-
cher Entwicklung auch einen Schritt zur Integration der
schwarzen Bevölkerung. Mit dem Thema Aufklärung
über Rassismus und dem darunterliegenden Konflikt Modernität gegen Traditionalismus liefert *In the Heat of the
Night* einen Beitrag zur Debatte um die Integration der
Schwarzen in die amerikanische Gesellschaft, die in den
sechziger Jahren besonders heftig geführt wurde.

Handlungstragend ist die Beziehung zwischen Gillespie
und Tibbs, die sich vor diesem Hintergrund entwickelt.
Gillespie ist grob, laut, bauernschlau, rassistisch, Tibbs
hingegen intelligent, sensibel, elegant. Bei der Aufklärung
geht er rational vor, nur zeitweise lässt er sich von seinem
Vorurteil gegen Endicott leiten und gesteht dies auch spä-

ter ein; während Gillespie – an einem schnellen Abschluss des Falles interessiert – falsche Schlüsse zieht, instinktiv und voreilig handelt, kurzum überfordert ist. Er ist jedoch charakterlich fähig, Tibbs' Argumentationen anzunehmen, und Gillespies verächtliche Herablassung wandelt sich in zurückhaltende Bewunderung. Als halbwegs anständiger Mensch unterscheidet er sich von der großen Mehrheit der Einwohner von Sparta, die als einfältig, starrsinnig und aggressiv charakterisiert werden. Schließlich öffnet er sich gar, spricht über seine Einsamkeit und Unzufriedenheit mit seinem Leben. Zwischen den Männern, beide jeweils Außenseiter, die allein durchs Leben gehen, entsteht ein Moment der Nähe, den der Sheriff allerdings bald durch eine rassistische Beleidigung auflöst. Am Bahnhof trägt der Weiße dem Schwarzen dann den Koffer, voll gegenseitigen Respekts und Wohlwollens verabschieden sie sich voneinander, eine Rassenversöhnung im Kleinen.

Rod Steigers Darstellung Gillespies ist nuancenreich und subtil, Sydney Poitier spielt würdevoll und eindringlich. Kameraarbeit und Schnitt unterstützen den flüssigen Erzählstil, der durch den rhythmisch angelegten Wechsel zwischen actiongeladenen und dialogbetonten Szenen verstärkt wird. Stellenweise mangelt es der Geschichte zwar etwas an Glaubwürdigkeit, auch kann der Film die Rassenproblematik nicht in ihrer Komplexität ausleuchten, doch ist *In the Heat of the Night* keinesfalls »verlogen und dilettantisch« (Schober), wie Kritiker behaupteten. In einer Zeit der harten Konfrontation zwischen Schwarz und Weiß vertritt der Film eine fortschrittliche, zur Versöhnung aufrufende Haltung und vermeidet weitgehend Klischees, auch wenn das Werk deutlich mehr auf die Emotionen als auf den Intellekt der Zuschauer zielt. Der kommerziell erfolgreiche Film gewann fünf Oscars: bester Film, bester Schauspieler (Steiger), bestes adaptiertes Drehbuch, bester Ton, bester Schnitt.

Sidney Poitier spielte Virgil Tibbs auch in den unbedeu-
tenden Nachfolge-Filmen *They Call Me Mister Tibbs!*
(*Zehn Stunden Zeit für Virgil Tibbs*, 1970; Gordon Dou-
glas) und *The Organization* (*Die Organisation*, 1971; Don
Medford). Die Fernsehserie *In the Heat of the Night*
(USA, 1988–94) übernimmt aus dem Kinofilm die Cha-
raktere Gillespie und Tibbs, dort dargestellt von Caroll
O'Connor und Howard E. Rollins Jr.    *Eckhard Düsberg*

*Literatur:* Siegfried Schober: *In der Hitze der Nacht.* Filmkritik
(1968) Nr. 6. S. 423. – Gary Null: Black Hollywood. New York
1975. – Wolfgang Schweiger: Der Polizeifilm. München 1989. –
Meinolf Zurhorst: Lexikon des Kriminalfilms. München 1993.

## Bonnie und Clyde

Bonnie and Clyde

USA 1967   f 111 min

R:  Arthur Penn
B:  David Newman, Robert Benton
K:  Burnett Guffey
D:  Warren Beatty (Clyde), Faye Dunaway (Bonnie), Michael J.
    Pollard (C. W. Moss), Gene Hackman (Buck), Estella Parsons
    (Blanche)

»We rob banks« lautet das naive wie unverwüstliche
Selbstbekenntnis Clyde Barrows, der sich mit der lebens-
hungrigen Serviererin Bonnie Parker anfreundet. Mit gemeinsamen Banküberfällen machen sie die Südstaaten un-
sicher. Später stoßen der tumbe Automechaniker C. W.
Moss, Clydes Bruder Buck und seine Frau, die Pastoren-
tochter Blanche, dazu. Sie verstricken sich in eskalierende
Verfolgungsjagden mit der Polizei, der sie zwar mit immer
größerer Not (Buck stirbt, Blanche wird festgenommen)

entkommen, schließlich aber doch in einem Kugelhagel, der die ›Gewalt-Ballette‹ des US-Regisseurs Sam Peckinpah (*The Wild Bunch*, 1969) vorwegnimmt, sterben müssen.

Penn versucht einerseits, eine authentische Lebens- bzw. Liebesgeschichte des Anfang der dreißiger Jahre agierenden Gangsterpärchens auf psychologisch differenzierte Weise zu erzählen. Anderseits erfährt diese durch eine mit den Helden sympathisierende Darstellungsweise, die sie zu Rebellen gegen das Establishment stilisiert, eine legendenhafte Überhöhung.

Zu Beginn des Films räkelt sich die gelangweilte Bonnie im Dunst der Mittagshitze auf ihrem Bett, bis sie zum Fenster geht und Clyde dabei ertappt, wie er ein Auto stehlen will. Instinktiv spürt sie die Chance ihres Lebens, der Kleinstadtenge zu entfliehen. Auf der gemeinsamen Fahrt in die Stadt beginnt ein kindliches Liebeswerben. Sie muss ihn dann auch nicht lange zum ersten gemeinsamen Überfall provozieren. Die Flucht im geklauten Auto, zu der eine – fürs Genre untypisch nicht-coole – jazzige Musik erklingt, steigert das Tempo des Films, bis der verstörte und impotente Clyde die fiebernden Zärtlichkeitsattacken Bonnies brüsk zurückweist.

Die Exposition charakterisiert auf eine einfühlsame und turbulent inszenierte Weise die Helden, während gleichzeitig das Hauptmotiv des Films ›Überfall und Flucht‹ (später in ›Polizeiumzingelung und Flucht‹ variiert) vorgestellt wird. Bereits hier zeigt sich, dass die sensible Bonnie – im krassen Gegensatz zu der gefühlskalten und männerbeherrschenden Bonnie in William Witneys Film *The Bonnie Parker Story* (*Die Höllenkatze*, 1958) – Clyde und später auch den anderen Gangmitgliedern intellektuell überlegen ist. In beiden Filmen ist Bonnie der eigentliche Kopf der Bande.

Bei Penn erkennt sie allerdings im Laufe des Films immer deutlicher, dass sie das eine Gefängnis mit einem an-

deren getauscht hat: Nach dem zweiten gemeinsamen
Banküberfall (der erste war eine Farce, weil die Bank bereits Bankrott gemacht hatte), bei dem Clyde einen Polizisten erschießt, werden sie gejagt. Der Weg zurück in die
Normalität ist ihnen versperrt.

Als die Barrow-Bande den verkniffenen und autoritären
Texas-Sheriff Hamer in ihre Gewalt bringen kann, hat
Bonnie die perfide Idee, ihn durch ein gestelltes Familien-
foto bloßzustellen. Sie ist es auch, die mittels eines Ge-
dichtes, das sie an alle Zeitungen verschicken, ihre vermeintlich wahre Geschichte erzählt und darin auch ihr
kommendes Ende, ihren Tod, ankündigt. Penn gelingt es,
die ambivalente Spannung, die durch die ständig abrupten
Stimmungswechsel entstehen, noch zu steigern und allen
komischen Szenen eine subtile Tragik zu unterlegen.

Ein »Wechselbad der Gefühle vom Burlesken zum Pathos, von der Idylle zur schrillen Hysterie bestimmt den
gesamten Rhythmus des Films, der sowohl eine lustbeton-
te Heiterkeit als auch eine Grundstimmung neurotischer
Verzweiflung vermittelt« (Johann N. Schmidt). Dabei erzählt der Film von der Aufbruchstimmung der sechziger
Jahre, die sich besonders eindrucksvoll an der Episode mit
dem Pärchen Thelma und Eugene (Gene Wilder) zeigt,
denen die Barrow-Bande zuerst das Auto klaut, um sie
schließlich darin spazieren zu fahren.

Nicht nur durch seine Form als *roadmovie*, die ausge-
lassene Stimmung und das traurige Ende der Figuren ist
der zwei Jahre später entstandene Film *Easy Rider* (1969)
*Bonnie und Clyde* ähnlich, sondern auch darin, dass eine
ähnliche politisch-ideologische Stoßrichtung vorhanden
ist: Außenseiter protestieren gegen die verspießerten Au-
toritäten und gegen die Zwänge des Establishments. Bonnies und Clydes ›Erschießung‹ ist allerdings durch ihre
Verbrechen begründbar. Einerseits erfahren sie (genre-
gemäß) ihre gerechte Strafe, nach dem Prinzip »crime
doesn't pay«, andererseits ergreift Penn gleichzeitig in der

Art und Weise, wie Bonnie und Clyde aus dem Hinterhalt liquidiert werden, Partei für seine Helden.

Der bis heute ungebrochene Charme des Films gründet in seinen emotionalen Konfusionen, den mitunter slapstickartigen tragikomischen Einlagen, vor allem in seiner zwar sentimentalen, aber dennoch immer glaubwürdigen Liebesgeschichte. In ihr werden die psychopathologischen Anteile der Protagonisten nur angedeutet und lassen diese dadurch als individuelle Charaktere facettenreich erscheinen. Von Joseph H. Lewis' *Gefährliche Leidenschaft (Gun Crazy*, 1949) am stärksten beeinflusst, widerspricht Penn deutlich Witneys Eindimensionalität und betont stattdessen einerseits die Erfüllungssehnsucht seiner Helden und schildert andererseits ihre Verbrechen in einem komödiantischen Unterton.

Warren Beatty bleibt dank seines anachronistischen Gentlemancharmes und trotz Impotenz – die er am Ende doch noch überwinden kann – immer ein männlicher Held. Faye Dunaway spielt die Figur der Gangsterbraut teils mit überbordender Lebenslust, teils mit lasziv verstörtem oder rebellischem Lebensfrust. Beide geben durch ihr Spiel nicht nur zwei adrette *outcasts*, sondern eindrucksvolle Charakterstudien.

Bonnie und Clyde wurde nicht nur ein Publikumserfolg, sondern avancierte auch sehr schnell zum Kultfilm, weil er wie kaum ein anderer Film mit seinem turbulenten Erzählstil und den schwankenden Gefühlen seiner Helden den Nerv der Zeit traf: Zum einen konnte sich die junge Generation mit den Protestlern im Film sehr gut identifizieren, zum anderen überschreitet der Film die Grenzen des Gangstergenres in experimentierfreudiger Weise: »Elemente des klassischen Gangsterfilms werden mit solchen des Familiendramas, des sozialen Problemfilms und der Westernballade verknüpft.« (Johann N. Schmidt)

Außer durch diese Genre-Mischung faszinierte der Film, weil er sich weniger durch eine brutale Gewaltdarstellung auszeichnet als dadurch, dass er »die Faszination des Verbrechens schildert, ohne in rationale Begründung auszuweichen« (Werner Kließ). Er verbindet das Hollywoodkino mit europäischen Filmauffassungen (unkonventionelle Schnitte, Weichzeichner, warme Farben, weniger »aseptischen Glamour« und, wie Penn selbst äußerte, mehr Authentizität) und wurde damit für die kommenden Jahre stilbildend.

Schließlich begründete *Bonnie and Clyde* das Subgenre des *lovers on the run*-Films, wie es mit *Getaway* (Sam Peckinpah, 1972) fortgeführt und mit *Wild at Heart* (David Lynch, 1990) oder *Natural Born Killers* (Oliver Stone, 1994) – der eine ähnliche Kontroverse um die verherrlichende Darstellung von Gewalt auslöste – weitergeführt wurde. Interessant dabei ist, dass Penn seinen Kulturpessimismus durch den Tod seiner positiv konnotierten Rebellen in einer tragikomischen Liebesgeschichte ausdrückt, Stone dagegen gerade umgekehrt seinen Kulturpessimismus durch das Überleben seiner überzeichneten seelenlosen Abschlachter, die ihre Liebesfähigkeit durch zu viel Fernsehkonsum längst verloren haben.

Gelegentlich spricht man auch vom sogenannten *partners in crime roadmovie*, der gleichfalls Anleihen bei *Bonnie and Clyde* macht und auch gleichgeschlechtliche Paare mit einschließt, wie z.B. in *Thelma & Louise* (Ridley Scott, 1991) oder in *Knockin' on Heaven's Door* (Thomas Jahn, 1997). Auch für sie ist die Hoffnung auf ein anderes Leben am Ende vergeblich, gleichzeitig erfüllt sich aber auch für die Paare gerade auf der Flucht die positive Utopie jenes anderen Lebens – zumindest für einige kurze Augenblicke. Dieses Paradox zeichnet auch *Bonnie und Clyde* aus und macht ihn genreunabhängig zu einem Klassiker der Filmgeschichte.                *Ivo Wittich*

*Drehbuch:* Sandra Wake / Nicola Hayden (Hrsg.): The *Bonnie & Clyde* Book. London 1972.

*Literatur:* Werner Kließ: *Bonnie und Clyde*. In: Film (Februar 1968). S. 20–22, darin auch das Interview mit Arthur Penn, S. 25. – Herbert Linder: *Bonnie und Clyde*. In: Filmkritik (1968). S. 57 f.

# Die Braut trug schwarz

La mariée était en noir

F/I 1967    f 107 min

R:  François Truffaut
B:  François Truffaut und Jean-Louis Richard (nach einem Roman von William Irish alias Cornell Woolrich)
K:  Raoul Coutard
M:  Bernard Herrmann
D:  Jeanne Moreau (Julie Kohler), Jean-Claude Brialy (Corey), Michel Bouquet (Coral), Charles Denner (Fergus), Michel Lonsdale (Morane), Claude Rich (Bliss)

Eine junge Frau ganz in Schwarz macht sich auf die Reise: Es ist eine Reise der Rache in mehreren Stationen. Von ihrer Mutter verabschiedet sie sich mit den Worten: »Ja, Mama, ich weiß, was ich tue«. Die junge Frau wird zur eiskalten Rächerin, zum schwarzen Todesengel, sie ist eine *femme fatale*, von deren Motivation zu töten wir zunächst nichts wissen.

Geheimnisvoll und ganz in Weiß taucht sie auf der Hochzeit von Bliss, einem erfolgreichen Verführer, auf, um ihn, als sie beide allein sind, vom Balkon zu stürzen. Zuvor hat sie ihm ihren Namen Julie Kohler genannt. Ein weißer Schleier wird zu ihrem Zeichen. Durch die Menge der Gäste sieht man – ein wiederkehrendes Motiv – Frauen beim enteilen.

Dem zweiten Opfer, dem biederen Monsieur Coral, macht Julie Avancen, um ihn beim *tête-à-tête* zu vergiften – nicht ohne ihm ihre wahre Identität zuvor enthüllt zu

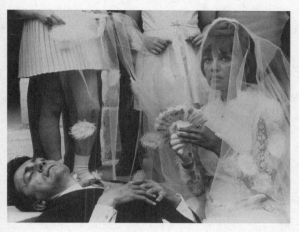

Jeanne Moreau beugt sich in *Die Braut trug schwarz* über die Leiche ihres Bräutigams Serge Rousseau, der Opfer einer übermütigen Jagdclique wurde.

haben. Dem Zuschauer vermittelt eine Rückblende ein Stück der Vorgeschichte: Julies Bräutigam wurde bei der Hochzeit auf der Treppe vor der Kirche erschossen.

Obwohl Julie nach dem Mord an Coral sorgfältig die Spuren auf den Gläsern beseitigt, stellt sie anschließend achtlos den Plattenspieler mit der einen Hand ab – in der anderen hält sie ihre Handschuhe. Truffaut zeigt hier bereits, dass sie es doch nicht so genau darauf anlegt, unerkannt zu morden.

Der dritte Mord an dem Politiker Morane kündigt sich mit bewährten Genremitteln an: Eine Platte mit Mandolinenmusik, die den Tod signalisiert, das Notizbuch im

Zug, dessen Bedeutung wir bereits ahnen, die bekannten
Handschuhe, eine zerschnittene Telefonleitung, ein Gewitter. Als Julie einfühlsam mit Moranes Sohn spielt, erscheint sie in einem menschlichen Licht, um danach umso
unerbittlicher als *femme fatale* und eiskalte Rächerin auf-
zutreten.

Morane, eingesperrt in einem Verschlag unter der Trep-
pe (und mit einem abnehmenden Lichtstrahl auf dem
Gesicht), erzählt seine Version der Vorgeschichte: Julies
Bräutigam wurde von einer Männerclique erschossen, die
zum Zeitpunkt von Julies Hochzeit mit einem Gewehr im
Haus gegenüber der Kirche spielten. Julie, auf der anderen
Seite des Verschlags, den sie gleich luftdicht abkleben
wird, erzählt von David, ihrem Bräutigam, den sie von
Kindheit an geliebt hat und dessen Verlust sie nicht ver-
winden kann.

Von nun an geht es nicht mehr darum, die Ursache ihrer
Mordserie zu ergründen, sondern darum, ob ihr auch die
letzten beiden Morde gelingen werden. Retardierende
Momente verzögern das rasche Erreichen der letzten Stationen, Komplikationen stellen sich ein. Der kleine Ganove Delvaux, der vierte Mann, entkommt ihr, weil er verhaftet wird.

Fergus, der fünfte Mann jenes fatalen Männerbundes,
ist Maler und scheint den Rachefeldzug unterbrechen zu
können. Julie, die sich als Modell zur Verfügung stellt,
wird schwankend und scheint von ihrer Absicht abzulas-
sen. Für eine kurze Weile bleibt die Handlung in der
Schwebe, weil sich die Möglichkeit einer neuen Liebesgeschichte abzeichnet und man glauben könnte, Julie sei dafür empfänglich.

Doch auch Fergus entgeht der Rache nicht. Zwar erkennt Corey, ein Freund ihres ersten Opfers, sie wieder,
doch er kommt zu spät, um Fergus noch retten zu können, und findet ihn mit einem Pfeil im Rücken in seinem
Atelier. Bei der Beerdigung erscheint Julie in Schwarz mit

wehendem Schleier und wird verhaftet. Damit gelingt es ihr, ins Gefängnis zu kommen, wo sie auf Delvaux trifft und ihn bei der Essensausgabe ersticht. Auch der letzte Mord muss vollbracht werden.

Genau geplant vollzieht die Frau, deren Lebensinhalt durch die sinnlose Knallerei der fünf Männer vernichtet wurde, ihr Rachewerk und vollendet damit auch ihre eigene Zerstörung. »Ich bin bereits tot«, sagt sie an einer Stelle, weil sie mit ihrem Bräutigam David gestorben sei. »Aber erst wenn er völlig gerächt ist, werde ich mit ihm vereint sein.« Diese Rache und ihr Vollzug sind unerbittlich wie auch die Erzählung davon. Lange Erklärungen, z. B. woher Julie die Namen und Adressen der Männerclique hat, werden nicht gegeben. Es interessiert nur die Konsequenz, mit der die Rache verfolgt wird. Die Unschuld der jungen Witwe, die zu Filmbeginn dadurch symbolisiert wird, dass ein kleines Mädchen in weißer Kleidung vor der Tür spielt, als sie selbst in Schwarz zu ihrem Rachefeldzug aufbricht, verkehrt sich in Schuld, die auch nicht dadurch gemildert wird, dass diese Männergruppe kritikwürdig ist und Truffaut sie als Repräsentanten der Gesellschaft durchweg negativ zeichnet.

Julie ist wie ein treibendes Prinzip, eine Funktion, die sich erfüllt – und Jeanne Moreau spielt dieses Prinzip nicht psychologisierend, sondern in monumental wirkender Haltung. Gerade dieses Statuarische, das Jeanne Moreau meisterhaft verkörpert, gibt dieser Rachegeschichte eine dem Genre bis dahin unbekannte Nuance.

Hier kündigte sich auch ein damals neues Frauenbild an. In der schönen jungen Witwe ersteht eine eigensinnig handelnde junge Frau, die gradlinig ihren Weg geht und sich durch nichts von ihm abbringen lässt. Die erhoffte Welt ihrer Ehe ist durch die Gesellschaft (vertreten durch die fünf männlichen Repräsentanten) zerstört, so dass sie ihren eigenen Weg gehen kann, der aber hier – nicht nur genrebedingt – letztlich in den eigenen Untergang führt.

Im gleichen Jahr spielt Faye Dunaway in *Bonnie and
Clyde* eine ähnlich selbstbewusste Frau, die – wenn auch
noch an der Seite eines Mannes – ebenfalls für ihren Ei-
gensinn in den Tod geht.

Das Drehbuch zu *La mariée était en noir* entstand nach
einem Roman von Cornell Woolrich (hier unter dem
Pseudonym William Irish), der Vorlagen für zahlreiche
*films noirs* und den Hitchcock-Thriller *Rear Window*
(1954) geliefert hat. Die Musik komponierte Bernard
Herrmann, ein Hollywood-Spezialist (*Citizen Kane*,
1941) und erprobter Hitchcock-Mitarbeiter (*Vertigo*,
1958; *North by Northwest*, 1959; *Psycho*, 1960), den Truffaut bereits für *Fahrenheit 451* (1966) gewinnen konnte.

Der Film enthält zahlreiche Anspielungen auf Hitchcocks Filme. Truffaut hat ihn als eine Hommage an das
verehrte Vorbild verstanden. Zahlreiche Bildmotive wie
der Schleier, der Bogen, verschüttete Wassergläser usw.
verweisen auf Hitchcock, aber auch der Aufbau von Span-
nungen, das Spiel mit dem Vorwissen des Zuschauers und
dessen Verwirrung gehören dazu. Doch Truffaut geht
über ein bloßes Arrangement von Hitchcock-Zitaten hinaus, weil er die Verweise auf das Vorbild in eine letztlich
eigene Geschichte von der Unerbittlichkeit einer aufbe-
gehrenden Unschuld integriert und das Bild einer ganz
ohne Emotionen handelnden Täterin zeichnet. Zudem
lebt der Film durch das französische Kolorit und die
überragende Gestaltung der Figur der Julie durch Jeanne
Moreau.                                           *Gabi Dobusch*

*Literatur:* Robert Fischer (Hrsg.): Monsieur Truffaut, wie haben
Sie das gemacht? Köln 1991. – Hans Fischer [u. a.]: François Truffaut. München 1994.

# Der eiskalte Engel

## Le Samouraï

### F/I 1967   f 95 min

R: Jean-Pierre Melville
B: Jean-Pierre Melville (nach dem Roman *The Ronin* von Gowan McLeod)
K.: Henri Decae
M: François de Roubaix
D: Alain Delon (Joseph Costello), François Périer (Kommissar), Nathalie Delon (Jane), Cathy Rosier (Valérie)

Der Berufskiller Joseph »Jeff« Costello verschafft sich bei seiner Freundin Jane ein Alibi und tötet den Besitzer eines Nachtclubs; auf dem Korridor begegnet er der Barpianistin Valérie. Kurz darauf wird er festgenommen, aber nach stundenlangen Verhören wieder auf freien Fuß gesetzt, obwohl ihn der Kommissar für den Täter hält: Valérie, die entscheidende Zeugin, hat angegeben, ihn nicht zu erkennen. Indessen sind seine Auftraggeber über die Festnahme informiert und versuchen ihn bei der Geldübergabe zu liquidieren. Jeff wird angeschossen und verschanzt sich in seiner Wohnung. In der Bar trifft er Valérie, die beiden verbringen einen Abend in ihrer Wohnung. Als ihm das Syndikat einen neuen Auftrag anbietet, nimmt Jeff zum Schein an. In der U-Bahn entzieht er sich der Polizeiverfolgung, fährt zum Haus seiner Auftraggeber und erschießt deren Chef. Ausweglos zwischen die Fronten geraten, fährt er zum Nachtclub, tritt zu Valérie ans Piano, zieht seine Waffe und wird von den ihm auflauernden Polizisten erschossen. Die Überprüfung des Kommissars ergibt: Jeffs Revolver war nicht geladen.

»Es gibt keine größere Einsamkeit als die des Samurai, es sei denn die des Tigers im Dschungel« – dieser angeblich dem japanischen Bushido entlehnte, tatsächlich von Melville selbst erdachte Spruch nimmt Thema und Machart des Films vorweg: die Isolation des Einzelnen und deren Rauschhaftigkeit. Am Ende taucht der Satz wieder auf, diesmal aus dem Munde des Kommissars, und in der Zwischenzeit passiert nichts anderes als seine Durchführung – Jeff Costello ist der Samurai der Moderne, gefangen im Großstadt-Dschungel, ein Pariser Profi-Killer, der seinen Körper als Waffe benutzt wie die asiatischen Originale. Als bloße Verkörperung einer Lebensart kommt er ohne Alter oder Herkunft, Biographie und Geschichte aus – nur die Uhrzeit zählt und wird regelmäßig eingeblendet. Costello ist ein phänomenologischer Held.

So regungslos der Protagonist, so unterkühlt auch die Inszenierung: Die starre Kamera sieht die Welt mit Jeffs Augen, ihre enge, unübersichtliche Kadrierung wird zum Spiegel seiner stilisierten Identität. Herkömmliche Momente des *thrill* – ein dichtes Netz von Figuren, Intrigen und Schauplätzen – finden nicht statt, es geht allein um den Helden. *Le Samouraï* ist mehr Studie als Krimi, ein »Essay über die Einsamkeit in Form eines Genre-Films« (Georg Seeßlen). Programmatisch gleich der Beginn: Über acht Minuten lang fällt kein Wort, dann klingelt es in der Wohnung von Costellos Geliebter Jane. Sie läuft zur Tür, fragt ängstlich: »Jeff?«

Mit Worten zu geizen ist das Markenzeichen des kriminellen Einzelgängers. Auch für Jeff gilt: Sprache dient allein der Information, also dem Überleben. In *Le Samouraï* ist die Korruption übermächtig, Gut und Böse sind austauschbar, der Kommissar ist ein resignierter Routinier. Allein Fehlerlosigkeit verhindert, dass Jeff zwischen die tödlichen Fronten gerät. Dass er sich isoliert, ist dabei mehr als Professionalität, es ist Ausdruck seiner Verachtung des Milieus, in dem er operiert. Denn Costello ist ein Killer vom ›alten Schlage‹, ein Verfechter von Anstand und Ehre: Wie einst Zorro lässt er seinen Gegnern beim Ziehen der Waffe den Vortritt, wie einst Jesse James rächt er einen Verrat auch dann, wenn er ahnt, dass die Rache für ihn tödlich ausgehen wird. Und manchmal füllt sich Costellos Blick abrupt mit Traurigkeit; das Pathos der Augen ersetzt dann die große Geste, die zelebrierte Professionalität des eiskalten Engels wird zur Fassade. Jeff Costello wandelt sich in solchen Momenten vom seelenlosen »Toten auf Urlaub« (Birgit Kasten) zum Sympathieträger.

Dem Ritual kommt in Jeffs Alltag die Aufgabe zu, zwischen den Gegensätzen Professionalität und Ehre zu vermitteln. Indem er nach einem Auftrag die weißen Handschuhe abstreift oder sich die Hände wäscht, reinigt er sich symbolisch vom Schmutz seines Geschäfts, versichert sich im privaten Mikrokosmos seiner Unschuld. In der gedankenverlorenen Eleganz seiner Bewegungen kommt Costello mit sich ins Reine, findet im Ritual seine Identität. Wie beim Nachziehen des Hutes vor dem Spiegel: »Durch traumhafte Gesten kommt er zu sich« (Siegfried Schobert). Professionalität beherrscht auch Jeffs Wohnung: Bis auf einen Kleiderschrank voll Gitanes und Evian-Flaschen sieht diese wie unbenutzt aus – der Samurai ist nirgendwo zu Hause, seine Einsamkeit »ein Mantel, der nicht wärmt« (Georg Seeßlen).

Seinen Komplizen im Käfig, einen kleinen Dompfaff, pflegt er mit großer Zärtlichkeit. Der Vogel wird von einem Polizisten erschossen, weil er eine versteckte Polizeiwanze an Jeff ›verpfiffen‹ hat. Auch die Suche nach menschlicher Wärme scheitert: Zu hilflos ist Jeffs Bemühen, sich Valérie in ihrer Wohnung zu nähern, zu fortgeschritten seine Isolation. In seiner Perspektive erscheinen beide Frauenfiguren fern und stereotyp: Jane als unterwürfige Sklavin, Valérie als unnahbarer Vamp. Beide sind lediglich Variationen der zur Grundsätzlichkeit erhobenen *amour impossible*.

Die hoffnungslose Perspektive Costellos kommt stilistisch zur Geltung: schmucklose *mise-en-scène*, matte Beleuchtung, Appartements, die Metro und eine Blues-Bar als Hauptschauplätze, verwaschene grau-blaue Farbtöne,

die aus *Le Samouraï* einen »Farbfilm in schwarz-weiß«
(Rui Nogueira) machen. Auch inhaltlich knüpft Melville
an die Tradition des *film noir* an, indem er das kriminelle
Milieu zum Spiegel eines deterministischen Menschenbil-
des macht – die Handlung ist fast identisch mit *This Gun
for Hire* (1942). Stolz und Anstand, im amerikanischen
*film noir* getilgt, sind bei Melville ideale Werte, sein Fata-
lismus jedoch gelangt in diesem Spätwerk zu seiner her-
metischsten Ausprägung: Der Samurai symbolisiert die
Nostalgie patriarchaler Moralität, jeder Illusion beraubt
und im Tod des tragischen Helden logisch vollendet.

Im Leben des Samurai ist die Art des Sterbens entscheidend – der Tod ist eine Frage des Stils. Jeff weiß, dass er
sterben muss, er hat, wie sein Pendant Gu in Melvilles *Le
deuxième souffle* (1966), »gesetzt und verloren«, und doch
ist es mehr als Verwegenheit, wenn er Jane versichert: »Ich
verliere nie.« Indem er das Unvermeidliche ansteuert,
übernimmt Jeff selbst die Regie seines Abgangs. Er betritt
den Nachtclub, gibt diesmal an der Rezeption seinen Hut
ab, tröstet die ängstliche Valérie am Piano und düpiert seine Gegner mit Platzpatronen. Sein Tod ist Triumph und
Erlösung zugleich.

Melville empfand seinen ersten Film mit Alain Delon
als Glücksfall – das Drehbuch hatte er eigens für ihn geschrieben, über Jahre hinweg andere Besetzungen abgelehnt. Mit Recht: In *Le Samouraï* wurde der Krimi-Typus
Delon, Star zahlloser Filme der Folgejahre, geboren.

*Jochen Förster*

*Literatur:* Siegfried Schober: *Der eiskalte Engel.* In: Filmkritik
(1968) Nr. 8. – Rui Nogueira: Melville on Melville. In: Filmbulle-
tin (1979) Nr. 11. – Peter Buchka [u. a.]: Jean-Pierre Melville. Mün-
chen 1982. – Hans Gerhold: Kino der Blicke. Der französische
Kriminalfilm. Frankfurt a. M. 1989. – Georg Seeßlen: *Der eiskalte
Engel.* In: Rolf Aurich (Hrsg.): Alain Delon. Berlin 1995. – Rein
A. Zondergeld: Alain Delon. *Der eiskalte Engel.* 6. erw. Aufl.
München 1995.

# Bullitt

Bullitt

## USA 1968    f 114 min

R: Peter Yates
B: Alan R. Trustman, Harry Kleiner (nach dem Roman *Mute
Witness* von Robert L. Pike)
K: William A. Fraker
M: Lalo Schifrin
D: Steve McQueen (Frank Bullitt), Robert Vaughn (Chalmers),
Jacqueline Bisset (Cathy), Don Gordon (Delgetti), Robert Du-
vall (Weissberg)

Der ehrgeizige Politiker Chalmers (Robert Vaughn) beauftragt den Polizeileutnant Frank Bullitt (Steve McQueen),
den Kronzeugen Ross aus Chicago für vierzig Stunden in
einem Hotelzimmer zu verstecken. Ross soll im Untersu-
chungsausschuss des Senats gegen das Syndikat aussagen.
Bullitt kontrolliert das Zimmer und stellt zwei seiner Leute zur Wache ab. Doch Killer dringen in das Hotelzimmer
ein, schießen den Zeugen nieder und verwunden einen
Polizisten. Chalmers, der sich durch Präsentieren dieses
Kronzeugens einen Erfolg für seine politische Karriere
verspricht, macht im Krankenhaus, in das Ross eingelie-
fert wurde, Bullitt für diesen Vorfall verantwortlich. Einer der
Killer versucht, bis zu Ross vorzudringen, Bullitt entdeckt
ihn und verfolgt ihn bis ins Kellergeschoss des Krankenhauses. Doch dort entkommt ihm der Gangster. Währenddessen hat Ross die Operation nicht überlebt. Bullitt ver-
schleiert den Tod des Zeugen, nachdem er sich bei seinem
Vorgesetzten freien Handlungsspielraum und Rückendeckung eingeholt hat, und lässt die Leiche heimlich abtrans-
portieren, um Zeit für die Klärung des Verbrechens zu finden. Chalmers' Druck wird immer massiver, er droht dem
Polizeileutnant berufliche Schwierigkeiten an. Bullitt sucht
im Hotel nach Hinweisen für die Klärung des Verbre-

chens. Bei der Vernehmung des Hotelportiers kommt heraus, dass Ross in einem Taxi ganz ohne Bewachung und Schutz angekommen ist. Bullitt macht den Taxifahrer Weissberg (Robert Duvall) ausfindig und fährt mit ihm die Strecke ab, die Ross genommen hatte. Weissberg erzählt ihm, dass Ross auf dem Weg ein Ferngespräch aus einer Telefonzelle geführt hat. Bullitt lässt ermitteln, wem der Anruf galt. Außerdem erfährt er, dass das Syndikat in Chicago Ross sucht, da er den Gangstern zwei Millionen Dollar gestohlen hat. Wieder in seinem eigenen Wagen, entdeckt Bullitt im Rückspiegel, dass er von zwei Männern verfolgt wird, die versuchen, ihn umzubringen. Bullitt setzt nun seinerseits den Verfolgern in einer spektakulären Autojagd quer durch San Francisco nach, bis die Gangster in einer explodierenden Tankstelle umkommen. Chalmers, immer noch in der Annahme, dass Ross lebt, legt einen Vorführungsbefehl vor und übt Druck auf Bullitt aus. Dieser wird gezwungen, Ross' Tod zuzugeben und den Stand seiner Ermittlungen darzulegen. Bullitt sucht die Frau auf, die Ross aus der Telefonzelle angerufen hat. In einem Hotel findet er sie ermordet. Es stellt sich schließlich heraus, dass man auf einen Doppelgänger hereingefallen ist und der wahre Zeuge noch flüchtig ist. Nachforschungen ergeben, dass die Ermordete eine Mrs. Rennick war und der im Krankenhaus gestorbene angebliche Zeuge ihr Ehemann, der dafür bezahlt worden war, die Rolle von Ross zu spielen. Bullitt versucht den wahren Zeugen aufzuspüren und überprüft die Flugreservierungen der Rennicks am Flughafen. Chalmers versucht erfolglos, ihn zurückzuhalten. Bullitt findet Ross, verfolgt ihn auf dem riesigen Flughafengelände, bis er ihn im Flughafengebäude bei einem Schusswechsel tötet.

Die Stadt San Francisco ist Schauplatz der Geschichte. Die allgegenwärtige Reklame und die geschäftigen Straßen, unterlegt mit der Musik von Lalo Schifrin, erzeugen eine gleißende Atmosphäre. Die Stadt erscheint als ein

Neben Steve McQueen ist das Auto Hauptakteur in *Bullitt*. Acht Kameras kamen zum Einsatz, um eine spektakuläre Verfolgungsjagd an Originalschauplätzen in San Francisco zu drehen.

Ort, in dem Gewalt stets latent vorhanden ist. Der Polizeileutnant Frank Bullitt ist aufrecht und pflichtbewusst. Sein Privatleben wird auf wenige Szenen mit seiner Freundin Cathy (Jacqueline Bisset) reduziert, in seinem Job ist er hart, gerecht und professionell. Gerade deshalb hat ihn der korrupte Politiker Chalmers für diesen Auftrag ausgewählt, damit seinem Karrieresprung nichts im Wege steht. Bullitt muss feststellen, dass seine Erfolge eigentlich eine Reihe von Misserfolgen darstellen und dass aus ihm, dem Jäger, ein Gejagter wird. So verliert der Zuschauer schon während der ersten Verfolgungsjagd im Kellergeschoss des

Krankenhauses den Überblick, wer in den verwinkelten
Kellergängen wen jagt. Auch in der Autojagd ist Bullitt
zunächst der Beschattete, wechselt dann die Rolle und jagt
die beiden Gangster. Auf dem Flughafen kommt es zwischen den startenden und landenden Flugzeugen, deren
Scheinwerfer die Szene beleuchten, zu einer regelrechten
Treibjagd. Am Ende hat Bullitt mit kompromissloser Besessenheit sein Ziel erreicht. Doch der einzige Zeuge gegen das Syndikat ist tot. Als Chalmers, der diese Jagd initiierte, den Schauplatz verlässt, zeigt die letzte Kameraein-
stellung einen Aufkleber auf Chalmers Wagen: »Support
Your Local Police«. Der Film kritisiert die Verbindung
zwischen Politik, Korruption und Verbrechen. Bullitts Ermittlungen gerieten zu einer Farce. Der aufrechte und in-
tegre Polizist hat in dieser Zeit keine Chance mehr. Das
letzte Bild des Films auf Bullitts Schulterhalfter suggeriert
dem Zuschauer als einzige Möglichkeit, selbst zu schießen. Drei Jahre später wird *Dirty Harry* (1971) den Polizisten rücksichtslos gegen die Verbrecher agieren lassen.

   *Bullitt* ist vor allem wegen seiner spektakulären Auto-
verfolgungsjagd berühmt geworden. Bei den Dreharbeiten
an Originalschauplätzen auf den Hügelstraßen von San
Francisco rasten die beiden Autos mit Geschwindigkeiten
von bis zu 100 km/h die steilen Straßen hinauf und hinunter, und bei jedem Passieren einer Straßenkuppe machen
die Fahrzeuge einen hohen Satz in die Luft. Regisseur Peter Yates verwendete acht Kameras, die sich an verschiedenen Positionen auf der Straße, direkt hinter den Fahrern
oder dicht über dem Asphalt ferngesteuert auf einem Aus-
leger an der Seite von Bullitts Mustang befanden. Die Musik hört bei Beginn der Jagd mit dem Anschnallen des
Gurtes auf, von da an sind nur das Motorenjaulen, die
Schaltgeräusche und das Quietschen der Reifen zu hören.
Die harten, rhythmischen Schnitte, die extremen Kamera-
standpunkte, die Geräusche und die *stunts* gehen eine bis
dahin neuartige Verbindung ein. Den Zuschauern werden

immer neue Blickwinkel präsentiert. Diese Autojagd setzte neue Maßstäbe und wurde als Kennzeichen des Actionfilms in weiteren Polizeifilmen wie *French Connection* oder *Seven-Ups* bis hin zu anderen Genres geschickt variiert, während die Schlussszene in Michael Manns *Heat* (1995) das Motiv der Treibjagd auf den Start- und Landebahnen des Flughafens aufgreift.                *Bettina Kasten*

*Literatur:* Georg Seeßlen: Mord im Kino. Geschichte und Mythologie des Detektiv-Films. Reinbek 1981. – William F. Nolan: McQueen. New York 1984. – Robert J. Kirberg: Steve McQueen. Seine Filme – sein Leben. München 1985.

## Der Anderson Clan

The Anderson Tapes

USA 1970   f 95 min

R: Sidney Lumet
B: Frank Pierson (nach einer literarischen Vorlage von Lawrence Sanders)
K: Arthur J. Ornitz
M: Quincy Jones
D: Sean Connery (Anderson), Martin Balsam (Haskins), Dyan Cannon (Ingrid), Margaret Hamilton (Miss Kaler), Alan King (Angelo)

Der Film *The Anderson Tapes* zeigt den totalen Überwachungsstaat, den George Orwell in seinem Roman *1984* beschrieben hat. Sidney Lumet zeichnet im Film das Bild eines technisch perfekten Kontroll- und Überwachungssystems, das allerdings bereits an banalen menschlichen Kommunikationsproblemen scheitert. Die überwachenden Instanzen haben keinerlei Kontakt untereinander und können mit dem kriminellen Inhalt der belauschten Ge-

spräche offensichtlich nichts anfangen. Mit dem Terroran-
schlag auf das World Trade Center in New York am 11.
September 2001 erfuhr dieses Thema eine ungeahnte Ak-
tualität. Auch wenn in *The Anderson Tapes* keine Einzel-
heit der detaillierten Planung des Verbrechens unüber-
wacht bleibt, schreitet keine Instanz ein, da jede von ihnen
jeweils eigene Interessen verfolgt: Das Finanzamt fahndet
nach den Steuersünden eines Mafiabosses, das Rauschgift-
dezernat ist Drogenhändlern auf der Spur, die Abteilung
Raub überwacht einen Hehler, der Verfassungsschutz beobachtet illegale politische Aktivitäten, ein eifersüchtiger
Liebhaber will die Treue seiner Geliebten überprüfen. Ein
großer Teil der Handlung ist nur auf verschiedenen Über-
wachungsbildschirmen zu sehen. Daher bezeichneten einige Kritiker Lumets Film als »Hightech-Thriller«. Die
Filmkritikerin Frieda Grafe machte den »Anliegenregis-
seur« Lumet für den »Zerfall der genuinen Genres des
amerikanischen Kinos« verantwortlich, der zu einer Aus-
differenzierung der Formen führte.

Bereits in der ersten Sequenz des Films liefern, wie
auch in seinem weiteren Verlauf, Videoaufnahmen die
zentralen Informationen. Ein Vergewaltiger erzählt anhand einer Videoaufzeichnung einer Gruppe von Gefangenen seine Straftaten. Anschließend verhört ein Psycho-
loge die Häftlinge. Er diskutiert mit »Duke« Anderson
(Sean Connery), einem ›Intelligenzverbrecher‹ und erfolgreichen Safeknacker, über die Kriterien von Recht und
Unrecht. Anderson bringt die persönliche Schuldfrage auf
eine gesellschaftskritische Ebene. Er stellt klar, nur das
Gesetz mache aus Unrecht Recht. Soziales Unrecht etwa,
das nicht gesetzlich geahndet werde, sei an der Tagesord-
nung.

Anderson wird zusammen mit zwei anderen Sträflingen
nach zehn Jahren aus der Haft entlassen. Ihre Unsicherheit,
sich in einer ihnen inzwischen fremd gewordenen Außenwelt zu orientieren, wird durch eine bewegte Kamera und

die eindringliche Musik von Quincy Jones angedeutet. Bereits unmittelbar nach ihrer Entlassung werden sie auf einem Busbahnhof mit Überwachungskameras observiert. Andersons Versuch, gemeinsam mit dem jüngeren die Adresse der Angehörigen des älteren Ex-Häftlings herauszufinden, wird von den Observateuren sogleich als Straftat missdeutet. Umgekehrt wird die beobachtete Vorbereitung der eigentlichen Straftat, trotz detaillierter Überwachung, nicht bemerkt.

Um möglichst schnell an Geld zur Durchführung eines aufwändigen Überfalls zu kommen, greift Anderson auf illegale Geldanlagen eines senilen Mafia-Paten zurück, der in seinen Coup investiert. Die Mafia erwartet als Gegenleistung für die Finanzierung des Coups die Ermordung eines besonders missliebigen Mitgliedes. Nach langwierigen Verhandlungen sammelt Anderson eine Gruppe von Straftätern, professionelle Einbruchsexperten, um sich, zu denen auch die beiden ehemaligen Mitgefangenen gehören. Gemeinsam mit ihnen will er die Wohnungen aller reichen Mieter eines luxuriösen Appartement-Komplexes in der New Yorker Eastside ausrauben, in dem auch seine frühere Geliebte wohnt. Ein Antiquitätenhändler stellt bei Wohnungsbesichtigungen eine Liste mit wertvollen Gegenständen zusammen, sie bildet die Grundlage der Einbrüche. Anderson bemerkt bei seinen detailgenauen Vorbereitungen nicht, dass er sowohl von einigen Exekutivbehörden und vom Finanzamt (mit Video-Aufnahmen) als auch vom derzeitigen Geliebten seiner Freundin (durch Tonbandaufzeichnungen) ständig überwacht wird.

Die Durchführung der Straftat wird im Wechsel mit den Erzählungen der Opfer im Polizeiverhör gezeigt. Dabei werden zahlreiche ironische Motive eingebaut, wenn z.B. alte Frauen den Überfall als willkommene Abwechslung ihres tristen Alltags begrüßen und die Einbrecher fröhlich auffordern: »Immer weg mit dem alten Zeugs!« Das organisierte Verbrechen scheitert in einer organisierten Welt

nicht an den allgegenwärtigen Überwachern, sondern an
einem ›unschuldigen‹ Kind, das in diesem Fall auch noch
behindert ist. Es bereitet dem Coup ein ungeplantes Ende,
weil es im Gegensatz zu den Überwachungsinstanzen zur
Kommunikation fähig ist. Während des Raubüberfalls ruft
der Junge von seinem Zimmer in New York aus, über den
Amateurfunk, unbemerkt um Hilfe. Sein Notruf wird zuerst nur von Funkern in Kansas und Hawaii empfangen.
Wieder scheint die Aufdeckung des Falls an der allmächti-
gen Bürokratie zu scheitern, denn erst nach langen Verhandlungen ist die New Yorker Polizei bereit, für die ein-
gehenden Hinweise der Amateurfunker die Telefongebüh-
ren zu übernehmen.

Insgesamt ist das breite Spektrum der Gesellschaftskri-
tik des Filmes auffällig. Neben dem undemokratischen
Überwachungssystem spricht der Film auch den Rassismus in der amerikanischen Gesellschaft an. Rassistische
Konflikte werden sowohl bei den Gangstern als auch zwischen den Polizisten gezeigt: die schwarzen Cops erhalten
von ihren weißen Kollegen besonders gefährliche Aufträge.

Die Schauspieler wurden gegen ihren Rollentypus besetzt. So spielt z. B. der Komödiant Alan King den Mafia-
Boss Pat Angelo. Besetzung und Charakterzeichnung von
Gangstern und Opfern erzeugen eine sarkastisch-ironi-
sche Wirkung, die den kritischen Charakter des Filmes
unterstützt.

In den USA gelten *The Anderson Tapes* als filmische
Vorwegnahme des Watergate Skandals, der zwei Jahre später stattfand. Innerhalb des Genres weist der Film mit der
Gleichsetzung von Polizeiwelt und Gangsterwelt auf die
pessimistischen Filme in der Folge von *Dirty Harry*
(1971) voraus. Die Systeme sind ähnlich strukturiert, so
dass man, wie Frieda Grafe feststellte, »nicht mehr sagen
kann, wo das eine aufhört und das andere anfängt: die
Gangstermethoden der Polizei, die reichen Wohnblocks

wie schwer bewachte Gefängnisse, die abgeriegelten Appartements so inhuman wie Einzelzellen, das uralte kalkweiße Mafiaoberhaupt wie der Papst in Brechts ›Galilei‹.«

*Joan Kristin Bleicher*

*Literatur:* Frieda Grafe: Weiße Kragen, dreckige Weste. Lumets *Der Anderson-Clan.* In: Süddeutsche Zeitung. 7. September 1971. – Georg Seeßlen: Kino der Angst. Geschichte und Mythologie des Film-Thrillers. Marburg 1996.

# Dirty Harry

Dirty Harry

USA 1971   f 100 min

R:  Don Siegel
B:  Harry Julian Fink, Rita M. Fink, Dean Riesner
K:  Bruce Surtees
M:  Lalo Schifrin
D:  Clint Eastwood (Harry Callahan), Andy Robinson (Scorpio)

Im ersten Film der fünf Folgen umfassenden *Dirty Harry*-Serie sieht sich Harry Callahan vom San Francisco Police Department einem unberechenbaren psychopathischen Killer gegenüber. Gleich die ersten Einstellungen des Films lassen den Zuschauer Zeuge eines Mordes werden. Der Heckenschütze, Scorpio genannt, erschießt von einem Dach aus eine in einem Penthousepool badende Frau mit einem Präzisionsgewehr. Callahan erscheint am Tatort und entdeckt dort die Drohung des Erpressers: wenn er von der Stadt San Francisco nicht 100 000 Dollar bekomme, werde jeden Tag eine weitere Person sterben. Der Bürgermeister und seine Berater wollen das Lösegeld zahlen. Währenddessen verhindert Harry Callahan beim Verzehr eines Hotdogs, gleichsam zwischen zwei (Wurst-)Enden, einen

Banküberfall, indem er mit seinem 44er-Magnum-Revolver die Gangster ins Jenseits befördert und einen verwundet für seine Kollegen zurücklässt. Wenig später rettet er noch einen Selbstmordkandidaten und wird, nach einem weiteren Mord an einem Schwarzen und der Entführung eines kleinen Mädchens, als Geldbriefträger für die Übergabe des jetzt 200 000 Dollar hohen Lösegeldes benannt – *Dirty Harry*, der Mann für die dreckigen Jobs.

Callahan verfolgt Scorpio, wird aber schließlich von diesem selbst verfolgt und zusammengeschlagen. Durch einen Hinweis erfährt er den Wohnort des psychopathischen Täters, ein Football-Stadion. Er überwältigt und foltert ihn, bis dieser ihm schließlich verrät, wo er das Mädchen versteckt hält. Doch sie ist bereits tot. Die beim Verhör angewandte Brutalität wird Callahan zum Verhängnis. Scorpio muss freigelassen werden, und Callahan wird die Verletzung von Menschenrechten vorgeworfen.

Doch er verfolgt den Täter halb privat weiter. Dieser stellt ihm eine Falle und beschuldigt ihn, er habe ihn aus Rache halb totgeschlagen. Der Druck auf den Polizisten wächst, bis Scorpio einen Schulbus entführt. Callahan stellt sich, entgegen den Befehlen seiner Vorgesetzten, dem Wahnsinnigen in den Weg und erschießt den Täter. Als alles getan ist, wirft Callahan verbittert seine Polizeimarke weg.

Don Siegel zeichnet den Cop als einen Racheengel in einer durch liberale Ideen handlungsunfähigen Gesellschaft. Er knüpft damit an Filme wie *The Big Heat* (1955) von Fritz Lang und *The Touch of Evil* (1959) von Orson Welles an und steigert deren kritische Aussage noch: das Rechtssystem sei so verrottet, dass eine Verfolgung und Bestrafung der Täter mit legalen Mitteln unmöglich sei. Ohnmächtig steht in *Dirty Harry* die Stadt dem brutalen Gangster gegenüber. Nur Callahan setzt sich über die die Gerechtigkeit verhindernden Gesetze hinweg und führt mit dem Verbrecher einen gewalttätigen Zweikampf, bei dem er selbst vor keinem Mittel zurückschreckt. Callahan ist ein Einzelkämpfer, der von einer korrupten Polizei, einer feigen Politik und einer ohnmächtigen Gesellschaft keine Unterstützung erhält. Dies ist die zentrale Botschaft des Films, dass die Institution, der Apparat unfähig ist, die Ordnung wiederherzustellen und aufrechtzuerhalten.

In seiner Mischung aus einsamem Rächer und Revolverheld einerseits und unerbittlichem Gerechtigkeitssinn andererseits verkörpert er den klassischen amerikanischen Helden, der für die Sache der Gemeinschaft sein eigenes Leben riskiert. Alles, was Harry Callahan unternimmt, ist eigensinnig, er handelt in einer zynischen und brutalen Direktheit. Er beleidigt einen Selbstmordkandidaten, während dieser im sechsten Stockwerk zum Sprung bereit steht. Er schießt Gangster einfach nieder und foltert die Verbrecher auf sadistische Weise. Nur auf diese Weise, so vermittelt der Film, lässt sich im Asphaltdschungel überleben.

Der Film war 1972 einer der erfolgreichsten Filme des Jahres. Don Siegel und sein Hauptdarsteller Clint Eastwood hatten schon bei *Coogan's Bluff* (1968) mit einem ähnlichen Rezept zusammengearbeitet. War Coogan noch der klassische kleine Hilfssheriff, der aus Arizona nach New York kommt und sich beim Verfolgen eines Drogendealers im Großstadtdschungel behaupten muss, so präsentiert sich Harry Callahan nun selbst als ein Teil dieses Dschungels. Er kennt jede Facette der Stadt, lebt und arbeitet in ihr, liebt und hasst sie. So wie er die Gangster verfolgt, ist er auch von ihnen abhängig. Er ist ein unerbittlicher Jäger, ob er seine Beute tot oder lebendig bekommt, ist ihm gleich.

Seine 44er Magnum, die stärkste Handfeuerwaffe der Welt, ist ihm zum Fetisch geworden, mit ihr verschmilzt er zu einer Einheit. Sie verleiht ihm Macht, auf sie kann er sich verlassen. Eine Einstellung zeigt die Waffe in seiner Hand, wie sie überdimensional eine unzertrennliche Ein-

heit mit seinem Arm bildet und einen neuen Maschinen-
körper ergibt. Ähnlich die Anfangseinstellung Scorpios, in
der ein fließender Übergang vom Schalldämpfer der Ge-
wehrmündung über den Sucher bis zum Gesicht des Psychopathen gefunden wird. Die Bilder suggerieren, dass
hier mit gleichen Mitteln gekämpft wird und dass das Verbrechen nur mit schonungsloser Gegengewalt beseitigt
werden kann. Seine Legitimation bezieht er aus der höheren Gerechtigkeit, für die er kämpft. Sein autoritäres Vorgehen ist eine Kritik an der demokratischen Gesellschaft,
die als schwächlich und hilflos erscheint und deshalb den
starken Mann braucht. An *Dirty Harry* knüpfen zahlreiche Selbstjustizfilme von *Straw Dogs* (1971) bis zu *Ein
Mann sieht rot* (1974) an.

Die amerikanische Kritikerin Pauline Kael sah in *Dirty
Harry* ein faschistisches Potential, das im Action-Genre
schlummere und mit der Figur des *Dirty Harry* erwacht
sei. Der Held sei die einzig wahre Waffe gegen ein Mons-
ter.

Die Reihe der *Dirty Harry*-Filme wurde fortgesetzt
mit: *Callahan* (*Magnum Force*, 1973; Ted Post), *Der Un-
erbittliche* (*The Enforcer*, 1976; James Fargo), *Dirty Harry
kommt zurück* (*Sudden Impact*, 1983; Clint Eastwood),
*Das Todesspiel* (*The Dead Pool*, 1988; R: Buddy Van
Horn).                                      *Sven Schirmer*

*Literatur*: Pauline Kael: Saint Cop. In: P. K.: Deeper into Movies.
New York 1974. – Wolfgang Schweiger: Der Polizeifilm. München
1989. – Cinemania 96. Microsoft-CD-ROM. – Boxoffice Online:
Classic Reviews. Im Internet unter: http://www.boxoff.com. – The
Complete Eastwood Homepage. Im Internet unter:
http://www.cadvision.com/eastwood/.

# Brennpunkt Brooklyn

## The French Connection

### USA 1971   f 104 min

R: William Friedkin
B: Ernest Tidyman (nach einer Vorlage von Robin Moore)
K: Owen Roizman
M: Don Ellis
D: Gene Hackman (Jimmy »Popeye« Doyle), Roy Scheider (Buddy »Cloudy« Russo), Fernando Rey (Alain Charnier), Marcel Bozzuffi (Pierre Nicoli), Tony Lo Bianco (Sal Boca)

Ein Mann in einer farbenfrohen Santa-Claus-Kostümierung, bimmelnd und Geschenke anpreisend – nichts könnte an dieser schäbigen Straßenecke in Brooklyn unpassender wirken. Wenn sich Gene Hackman wenige Minuten später jedoch als fanatischer Cop des New Yorker Drogendezernats enttarnt, einen Verdächtigen durch die verdreckten Hinterhöfe der Stadt hetzt und schließlich sein Opfer in einem wahren Ausbruch der Gewalt malträtiert, dann ist William Friedkins Botschaft offensichtlich: In *French Connection* haben die wärmenden Klischees traditioneller US-Kultur schon in den ersten Minuten ausgedient. Das Leben erscheint kalt, gemein, frustrierend, selbst Santa Claus ist ein potentieller Gewaltverbrecher – willkommen in der Hölle, respektive in der amerikanischen Gegenwart der frühen siebziger Jahre. Die bietet für »Popeye« Doyle (Hackman) und seinen Partner Buddy Russo (Roy Scheider) in der Tat wenig Anlass zur Freude: Angetrieben von einer inneren Besessenheit, die Straßen sauber zu halten, verfolgen sie selbst ›kleine Fische‹, Drogendealer, Stricher und Junkies und kompensieren ihre Wut über Vorgesetzte und verpatzte Festnahmen mit explizitem Hang zum Brutalen und rassistischen Beschimpfungen. Per Zufall kommen beide einem großen Deal auf die Spur: Der Marseiller Geschäftsmann Charnier (Fernando Rey) plant, den brach-

liegenden Markt mit Heroin aufzufrischen. Gegen seinen
Willen unterstützen zwei FBI-Beamte die manischen
Überwachungsaktionen Doyles, die schließlich in einem
überstürzten Katz-und-Maus-Spiel gipfeln, als Doyle einen auf ihn angesetzten Killer (Marcel Bozzuffi) nach einer
waghalsigen Verfolgungsjagd durch die Straßen der Stadt
regelrecht erlegt. Verunsichert durch die Hartnäckigkeit
seines Gegenspielers, möchte Charnier den Drogentransfer
schnell abschließen und nach Marseille zurückkehren,
doch Doyle kommt ihm zuvor. In einer groß angelegten
Razzia liefern sich Polizei und Gangster ein bleihaltiges
Gefecht – letztlich wird der Coup vereitelt, Charnier jedoch kann entkommen. Auf der Strecke bleibt ein FBI-Be-
amter, »versehentlich« von Doyle erschossen, der blind-
wütig im Dunkeln weiterballert, »chasing phantoms«, wie
es der Regisseur formuliert.

Ähnlich wie Don Siegels *cop-thriller Dirty Harry* (1971)
etablierte William Friedkins erste große Produktion einen
fatalistischen Anti-Helden, dessen unbeherrschtes Auftreten stark an das ihn umgebende Umfeld geknüpft ist. Wie
Harry Callahan ist auch »Popeye« Doyle ein Produkt der
Großstadt, gleichermaßen angelegt und geprägt vom
morbiden Flair eines allgegenwärtigen moralischen Ver-
falls, der den Blick nur auf die Wurzel allen Übels zulässt:
Drogendealer, Kriminelle, Abschaum – so Doyles Rezept –
müssen von der Straße, ein Kampf gegen Windmühlen, der
in seiner grimmigen Hoffnungslosigkeit beispielhaft für die
Anti-Utopien der siebziger Jahre funktioniert. Skeptisch
widmet sich der Film den Kehrseiten aller Liberalisie-
rungstendenzen und fokussiert die Unmöglichkeit eines
funktionierenden urbanen Sozialgefüges.

Der Lebensraum Stadt, wie er in *French Connection*
präsentiert wird, ist hoffnungslos entfremdet und anony-
misiert, geprägt von Drogen, Sex und Scheinmoral. Regu-
lierende Instanzen gibt es nicht, Justiz und Verbrechen
sind kaum noch unterscheidbar, das Gesetz des Stärkeren

dominiert. Als polizeilichen Handlungsort entdeckt der Film die Straße, und dies so ausführlich, dass er in seiner Gesamtstruktur den Duktus der Straße übernimmt: Rau, schmutzig und uneben gibt sich die Geschichte, manchmal holprig unvollendet, geprägt durch sprunghafte Wendungen, inhaltliche Sackgassen.

Das schäbige Gossenszenario, in dem Cops und ›kleine Fische‹ gleichermaßen zu Hause sind, kontrastiert Friedkin mit der in sich geschlossenen Welt des Drahtziehers des Drogengeschäfts, Alain Charnier. Dieser pflegt – im Gegensatz zum einfachen Straßenproleten Doyle – einen kultivierten Lebensstil, er diniert in Luxusrestaurants, tauscht Nettigkeiten aus und wird in edlen Limousinen chauffiert, während sich sein Beschatter auf der Straße Fastfood essend die Nase rot friert.

Ein Spiel mit vertauschten Rollen: Der Bösewicht als Ästhet und Bohemien, der Polizist als seelenlose Menschmaschine, kaltschnäuzig und verachtenswert. Was dem Zuschauer in *French Connection* als Identifikationsfigur angeboten wird, entpuppt sich als reaktionär verblendeter Unsympath, angetrieben von einem animalischen Jagdinstinkt, der immer wieder durch die verhärmte Schale nach außen bricht, geschickt durch Hackmans nuancierte Mimik und Gestik gezeichnet: die Hände, die sich krallenartig in das Lenkrad des Polizeiwagens bohren, die stets angestrengt in Falten gelegte Stirn, das ganz auf potentielle Opfer konzentrierte Auge: subtile Details, die Doyles Jagdfieber vermitteln. Eine Leistung, für die Gene Hackman mit dem Oscar als bester Hauptdarsteller ausgezeichnet wurde.

Bewusst verzichtet Friedkin darauf, diesen Jäger der Großstadt mit einer individuellen Vergangenheit auszustatten. Zwar trägt Doyle auch Züge des mit seiner Arbeit symbiotisch verwachsenen *film noir*-Schnüfflers, doch fehlt ihm letztlich dessen Nonchalance und Weisheit, der überlegene Zynismus, aus dem dieser die Kraft zur inneren

Distanz schöpft. Doyles Geschichte ist die komplett auf die Gegenwart fokussierte Chronik einer permanenten Selbstaufgabe, die Geschichte eines Einzelgängers, der seine gesamte Existenz als Reaktion auf das ihn umgebende Chaos an die Straßen der Stadt verkauft hat – eine Reduktion, unter der des Öfteren der schlüssige, logische Fluss der Handlung zu leiden hat.

Was die Geschichte mit der etwas eindimensionalen, primär auf Doyle fixierten Charakterzeichnung einbüßt, wird von Kamera und Schnitt mit beispielhafter Rhythmisierung kaschiert. Der häufige Einsatz schneller Schnittfolgen, Schwenks und Zooms verstärkt die flirrende Unruhe des Jägers. Owen Roizmans entfesselte Kamera scheint an den Fersen der Ermittler zu kleben, und das nicht nur bei der atemlosen Verfolgungsjagd, die ihre stärksten Momente dann hat, wenn sich Jäger und Gejagte von ihren Vehikeln lösen, wenn man ganz nahe bei Gene Hackman ist, seinem keuchenden Atem und seinen harten Schritten auf dem Asphalt der Straße folgt. Die Dynamik, die stete innere Rast- und Ruhelosigkeit dieser Figur hat sich letztlich auf die Gestaltung des gesamten Films ausgewirkt, eines urbanen Thrillers, der von seiner Konzentration auf das Animalische lebt.          *Daniel Remsperger*

*Literatur:* Nat Segaloff: Hurricane Billy. The Stormy Life and Films of William Friedkin. New York 1990.

# Klute

Klute

## USA 1971   f 114 min

R: Alan J. Pakula
B: Andy K. Lewis und Dave Lewis
K: Gordon Willis
D: Jane Fonda (Bree Daniels), Donald Sutherland (John Klute),
Charles Cioffi (Peter Cable), Roy Scheider (Frank Legourin)

Eine Männerhand schaltet ein Tonbandgerät ein, eine wei-
che erotische Frauenstimme erzählt von verlockenden
Dingen. Sie redet über die »finanzielle Seite«, darüber,
dass der imaginäre Ansprechpartner sie »so lange haben
kann«, wie er will, »auch die ganze Nacht«, und dass sie
»alles tut, was er sich wünscht«. Mann und Frau sind
nicht zu sehen. Der Zuschauer ist allein mit der verführe-
rischen Stimme und wird so Zeuge einer intimen Situation, die sich vor seinem geistigen Auge abspielt.

Die Person, der die Stimme auf dem Tonband gehört,
ist Bree Daniels, ein beliebtes Callgirl aus New York, das
unfreiwillig in einen Mordfall verwickelt wird. Tom Gruneman, einer ihrer mutmaßlichen ehemaligen Kunden, ist
verschwunden. Nachdem sich die Suche der Polizei als erfolglos herausgestellt hat, begibt sich der beste Freund des
Vermissten, der Kleinstadt-Polizist John Klute, im Auftrag von Peter Cable, dem Vorgesetzten des Verschwundenen, in die Großstadt, um seinen Freund oder dessen
Mörder zu finden. Aus diesem Grund beobachtet er Bree
Daniels und hört ihre Telefonate ab. Als Bree verfolgt und
eine ihrer Kolleginnen ermordet wird, beginnt sie mit ihm
zusammenzuarbeiten. Beide verlieben sich ineinander. Peter Cable, der sich als seriöser Geschäftsmann ausgibt,
stellt sich in Wirklichkeit als ein Sadist und als Toms Mörder heraus. Er hält Bree fest und spielt ihr ein Tonband
vor, das die Ermordung ihrer Kollegin aufgezeichnet hat.

Als Peter Cable auch Bree beseitigen will, kann Klute sie in letzter Sekunde retten.

*Klute* ist Alan J. Pakulas erster bedeutender Film, der sowohl bei Kritikern als auch beim Publikum Erfolg hatte. *Klute* überträgt die Erzählmuster des *film noir* der vierziger Jahre ins swinging New York. Die Menschen genießen die Freizügigkeiten der bunten siebziger Jahre. Drogen, legere Umgangsformen und eine libertäre Sexualität können aber nicht über verborgene Abgründe hinwegtäuschen: Der Mörder ist pervers, der Detektiv ein Voyeur und die *femme fatale* eine Hure. Die Protagonisten spielen mehrere Rollen. Unter Masken verbergen sie ihr wahres Ich.

Statt auf die Suche nach dem Täter konzentriert sich Pakula auf die Beziehungen zwischen den Protagonisten und die langsame Demaskierung ihrer Charaktere. In der Anfangssequenz lernt der Zuschauer Bree als Prostituierte kennen, sie steht für die Frau als Objekt des männlichen Voyeurismus. Später sieht man sie als Fotomodell und als Schauspielerin, zwei Berufe, in denen sie gerne arbeiten würde, in denen sie aber immer wieder abgelehnt wird. Nur als Prostituierte hat sie Erfolg. Von der Prostitution kann sie sich nicht lösen, da sie dadurch Kontrolle über sich selbst hat und Macht über Männer empfindet. Diese erkauft sie mit Einsamkeit und der Unfähigkeit zu lieben. Für Klute beginnt sie Liebe zu empfinden, sie lässt ihre Masken fallen, weil sie merkt, dass diese sie liebesunfähig gemacht haben.

John Klute wird zu Brees Retter im doppelten Sinn. Er rettet sie vor Peter Cable und hilft ihr durch seine Gefühle, ihre physische und psychische Frigidität zu überwinden. Gleichzeitig reift Klute durch die Begegnung mit Bree. Zuerst geschockt von ihrer offenen und provozierenden Art, wird der Kleinstadt-Spießer aus Tuscarora mit dem Großstadtmenschen konfrontiert, muss sich mit ihr auseinandersetzen und lernt schließlich – wie Bree – zu lieben.

*Klute:* Jane Fonda und Donald Sutherland gehen als Callgirl Bree Daniels und als Polizist John Klute eine Beziehung ein, in der sie Vertrauen fassen kann und er seinem Kleinstadtspießertum entwächst. Jane Fonda erhielt für ihre Darstellung einen Oscar.

Nicht nur die Protagonisten schlüpfen in verschiedene Rollen, auch der Zuschauer wird durch die Kameraführung und die Montage dazu gezwungen, mehrere Rollen anzunehmen – nämlich die von Brees Psychoanalytikerin, des Detektivs, des Voyeurs und des Mörders. In Brees Therapiesitzungen tritt ihre Psychoanalytikerin schnell in den Hintergrund, und Bree spricht fast direkt in die Kamera und damit den Zuschauer an. Als Bree einen Kunden besucht, zwingt die Kamera dem Zuschauer eine Art Schlüssellochblick auf, der sich dann als Klutes Perspektive entpuppt.

Auffällig an *Klute* ist, dass Pakula weitgehend darauf verzichtet, physische Gewalt zu zeigen. Es wird nie gezeigt, auf welche Weise Peter Cable den verschwundenen

Tom Gruneman oder Brees Kollegin Arlene Page umgebracht hat. Allein gegen Ende des Films erlebt der Zuschauer die Misshandlung und den Mord an Arlene durch
das damals aufgenommene Tonband mit. Dabei bleibt die
Kamera unablässig in einer langen Plansequenz auf Bree
und beobachtet sie, während sie dem Tonband lauscht. Sie
sitzt fast unbeweglich da, aber ein nicht aufzuhaltender
Schwall von Tränen bricht aus ihr hervor. Ihr Gesicht
spiegelt den Schmerz und die Angst, die Arlene damals erlebt haben muss, und die Furcht vor dem, was ihr mögli-
cherweise auch droht.

*Klute* besticht durch das Spiel seiner Hauptdarsteller.
Donald Sutherland macht durch seine minimalistische
Spielweise aus John Klute eine schwer zu durchschauende
Persönlichkeit. Hinter deren Verschlossenheit verbirgt
sich eine angestaute Leidenschaft, die in der Begegnung
mit Bree aus ihm herausbricht. Jane Fonda erhielt für ihre
vielschichtige und differenzierte Darstellung der Bree Daniels ihren ersten Oscar.

Pakula entwickelt eine Ästhetik des Auslassens: Durch
indirektes Erzählen erzeugt er mehr Spannung beim Zuschauer als durch aktionsbetonte Szenen. Die auditive
Inszenierung regt die Phantasie des Zuschauers an und
erreicht dessen Verunsicherung, weil ihm visuelle Informationen vorenthalten werden. Das Ende des Films ist
ambivalent. Brees Off-Stimme berichtet von ihren Zweifeln, ob sie mit John Klute ein gutbürgerliches Leben führen könnte. Die Kamera erzählt, dass die beiden New
York tatsächlich gemeinsam verlassen. Man fragt sich
allerdings, ob Bree für Klute ihre Selbstständigkeit und
ihr moralisch liberales Denken aufgeben wird.

*Dorothee Ott*

*Literatur:* Adolf Heinzlmeier / Bernd Schulz / Karsten Witte: Die
Unsterblichen des Kinos. Die Stars seit 1960. Frankfurt a.M. 1982.
– Neil Sinyard: Classic Movies. London 1993.

# Jagdrevier

## BRD (ARD/NDR) 1973   f 90 min

R:  Wolfgang Petersen
B:  Herbert Lichtenfeld
K:  Nils-Peter Mahlau
D:  Klaus Schwarzkopf (Kommissar Finke), Jürgen Prochnow
    (»Ditsche« Dieter Brodschella), Walter Buschhoff (Kresch),
    Uwe Dallmeier (Polizist Heise), Vera Gruber (Ina Lenz)

Vor seinen amerikanischen Kinofilmen etablierte sich
Wolfgang Petersen als Regisseur mit Kriminalfilmen in
der Fernsehreihe *Tatort*. In *Jagdrevier* werden Tat und Ermittlung in ein schleswig-holsteinisches Dorf verlegt, der
Polizeifilm verbindet sich mit Motiven des neuen deutschen Heimatfilms (*Jagdszenen aus Niederbayern*, 1968;
Peter Fleischmann) und Erzählformen des Westerns.

Schauplatz der Handlung ist die in sich geschlossene
Gemeinschaft eines Dorfes in Norddeutschland. Der rei-
che Kresch ist ein mächtiger und unbeliebter Mann im
Dorfe, während der junge Dieter Brodschella, Ditsche genannt, alle Sympathien hat. Ditsche, wegen versuchten
Mordes an Kresch verurteilt, ist der Haft entkommen und
sinnt auf Rache für den Tod seiner Freundin, die Kresch
auf dem Gewissen hat. Doch der rücksichtslose Kresch
hat noch mehr dunkle Flecken in seiner Vergangenheit an-
gesammelt. So hat er eine Rentnerin auf dem Gewissen,
die er mit Mietforderungen in den Selbstmord trieb. Die
vierzehnjährige Tochter einer anderen Mieterin wurde von
ihm vergewaltigt. Weil er die Macht im Dorf hat, blieb er
von der Polizei bislang unbehelligt. Ditsche als selbsternannter Rächer haust in einer verfallenen Ziegelei, in der
ihn zwei Jugendliche gelegentlich versorgen.

Kommissar Finke kommt aus der Stadt Kiel ins Dorf,
um Brodschella einzufangen. Er stößt auf Abwehr und
Schweigen der Dorfgemeinschaft. Die Wirtin des Dorf-

krugs, in dem er unterkommen will, ist Ditsches Schwester. Der Ortspolizist Heise (Uwe Dallmeier) steht kurz vor der Pensionierung und ist bei den Ermittlungen wenig hilfreich. Ditsche ist gegenüber dem Städter Finke im Vorteil, weil er in der Gegend jedes Schlupfloch kennt und sich auf die Unterstützung des Dorfes verlassen kann. Finke lässt nicht locker und spürt nicht nur Ditsche hinterher, sondern kommt auch den Verbrechen von Kresch auf die Spur. Ditsche ist zwar ein *outlaw*, der sich mit Felljacke und Karabiner auch als norddeutscher *westerner* gibt. Er rettet aber auch Finke, als dieser in einer Kiesgrube abrutscht und vom Kies begraben wird. Ditsche schickt ihm sogar seine Pistole zurück.

Es kommt nun zu einer mehrfach verschränkten Jagd: Finke jagt Ditsche, dieser wiederum versucht Kresch zu fangen. Kresch, der sich einen Wächter zulegt, jagt wiederum Ditsche. Finkes Jagdinteresse gilt zunehmend Kresch, und so lässt er auch Ditsche entkommen. Dafür haben weder Finkes Mitarbeiter noch Vorgesetzte Verständnis, Kresch verspottet ihn, doch Finke kann ihm schließlich seine Verbrechen nachweisen. Im Showdown kann Ditsche einem Mordversuch von Kresch knapp entkommen; als eine Hundertschaft von Bereitschaftspolizisten auf Ditsche angesetzt wird, bleiben diese erfolglos. Als sie wieder abziehen, stellt sich Ditsche, wie von Finke erwartet, freiwillig.

*Jagdrevier* zeichnet ein im Detail sehr genaues Bild dörflicher Verhältnisse, in denen andere Formen von Recht und Gerechtigkeit gelten. Da ist die großspurige und brutale Welt des Herrenmenschen Kresch, gegen die die schweigsame dörfliche Welt steht, die zusammenhält und einen der Ihren nicht verrät. Die Polizei als Institution versagt hier, und als die Hundertschaft ins Dorf einrückt, erscheint dies wie eine Besetzung. Finke gibt den Polizisten als Einzelkämpfer, der sich von der Institution entfernt, ohne sie wirklich zu verlassen, der verstehen will,

was hier geschieht, und deshalb Verständnis für Ditsche
entwickelt. Klaus Schwarzkopf spielt auf eine sehr präg-
nante und im Ausdruck knappe Weise den Kommissar
und machte diese Figur in der Geschichte der Tatort-
Kommissare zu eine der profiliertesten. *Jagdrevier* ist
nicht nur »der düsterste der Finke-Tatorte«, sondern auch
derjenige, »der am konsequentesten den Spuren von Heimat nachgeht« (Struck).

   Nils-Peter Mahlau fotografiert die Figuren und das flache Land in langen Einstellungen, gibt diesen etwas herun-
tergekommenen Gebäuden und der verwilderten Landschaft die Aura einer archaischen Welt, in der Jürgen
Prochnow einen glaubhaften Rächer darstellt, der zwar
nach den Prinzipien des *westerners* handelt, aber das Muster mit eigenem Leben füllt. Dass die Polizei als Institution
letztlich nicht wirklich den Schuldigen trifft – dies ist die
Ausgangssituation –, wird dadurch ›geheilt‹, dass Finke als
einzelner Polizist unbeirrt seinen Weg geht. Dies unterscheidet ihn von etwa gleichzeitig in den USA entstehen-
den Polizeifilmen, in denen die Polizisten sich dann selbst
kriminalisieren und die Gegner gnadenlos niedermähen
(*Dirty Harry*, 1971). Der deutsche Kriminalfilm behält
noch das Vertrauen in die staatlich sanktionierte Ordnung,
weil es immer noch wie Kommissar Finke die Helden im
Apparat gibt, die sich ihre Menschlichkeit bewahrt haben.

   Jürgen Prochnow wurde durch seine glaubhafte Darstellung des einsamen Rächers zum neuen Star des deutschen Films. Wolfgang Petersen wandte sich nach den
weiteren Kriminalfilmen *Nachtfrost* (1974), *Kurzschluss*
(1975) und *Reifezeugnis* (1977) mit *Das Boot* (1979/81)
dem Kinofilm zu.                    *Joan Kristin Bleicher*

*Literatur:* Tatort: Normalität als Abenteuer. Augenblicke (1990)
Nr. 9. – Wolfgang Struck: Kommissar Finke und die Ethnographie
der Provinz. In: Eike Wentzel (Hrsg.): Ermittlungen in Sachen
»Tatort«. Berlin 2000. S. 105–126.

# Der Tod kennt keine Wiederkehr

The Long Goodbye

USA 1973    f 112 min

R: Robert Altman
B: Leigh Brackett (nach einem Roman von Raymond Chandler)
K: Vilmos Zsigmond
D: Elliott Gould (Philip Marlowe), Nina van Pallandt (Eileen Wade), Sterling Hayden (Roger Wade), Mark Rydell (Marty Augustine), Jim Bouton (Terry Lennox)

Terry Lennox taucht um drei Uhr nachts bei seinem Freund Philip Marlowe mit der Bitte auf, ihn nach Mexiko zu bringen, was dieser ohne zu fragen macht. Als Marlowe nach Los Angeles zurückkommt, wird er von der Polizei wegen Fluchthilfe verhaftet. Lennox soll seine Frau Sylvia ermordet haben. Wieder entlassen, erfährt Marlowe, dass Lennox Selbstmord begangen habe. Marlowe ist von der Unschuld seines Freundes überzeugt. Die Suche nach Eileen Wades verschwundenem Mann Roger bringt ihn dazu, sich für die Wades zu interessieren, da sie in derselben abgeschirmten Kolonie in Malibu wohnen, in der auch Lennox lebte. Als der Gangster Augustine bei Marlowe auftaucht und dieser eine Verbindung zwischen Augustine, Lennox und den Wades entdeckt, fährt Marlowe nach Mexiko, um die Umstände von Lennox' Tod zu klären. Erfolglos kehrt er zurück. Nach dem plötzlichen Selbstmord Roger Wades erfährt er von Eileen, dass ihr Mann mit Sylvia Lennox ein Verhältnis hatte und sie getötet habe. Er glaubt ihr zunächst, doch dann bemerkt er, wie sie Augustine Geld, das Lennox nach Mexiko schaffen sollte, zurückbringt. Marlowe fährt noch einmal nach Mexiko, besticht die Polizei und stöbert Lennox, der noch lebt, auf. Lennox gesteht sein Verhältnis mit Eileen und dass er seine Frau ermordet hat. Daraufhin erschießt Marlowe ihn.

Für seine Chandler-Verfilmung versicherte sich Robert Altman der Mitarbeit der Drehbuchautorin Leigh Brackett, die bereits an der Verfilmung von *The Big Sleep* von Howard Hawks (1945) beteiligt war. Wer einen klassischen Marlowe à la Bogart erwartete, sah sich getäuscht. Denn Altman und Brackett schrieben die Vorlage grundlegend um. Sie reduzierten die Zahl der Figuren, veränderten die Handlung und verlegten sie in die siebziger Jahre. Aus dem reifen und zynischen *tough guy* des Romans entstand ein unsicherer, verloren wirkender junger Detektiv, der sich in ständigem Zwiegespräch mit sich selbst befindet.

Gould nutzte in dieser Rolle die Freiheit, die Altman seinen Schauspielern oft gewährt, und kultivierte einen neuen Typus, der wie eine Parodie seiner Vorgänger wirkt. In jeder Sequenz anwesend, steht er zumeist nur unbeholfen herum; er trägt immer denselben, etwas verbraucht wirkenden Anzug mit weißem Hemd und dunkler Krawatte und zündet sich bei jeder Gelegenheit mit gleicher Geste eine Zigarette an. Dieser Marlowe besitzt noch nicht einmal ein eigenes Büro, sondern erhält seine Aufträge in einer Bar.

Als Detektiv wirkt er wie ein Anfänger, der nur reagieren kann und dem trotz seiner Allgegenwart die wirklich wichtigen Dinge entgehen. Die Welt, in der er lebt, ist bei aller Transparenz, die die Glasarchitekturen und offenen Räume suggerieren, für Marlowe eine verschlossene Welt. Denn die Orte, an denen der Film spielt, sind zumeist von ihrer Umwelt abgeschottete Gebiete, die die Isolation ihrer Bewohner hervorheben. Nur Marlowe pendelt zwischen ihnen hin und her, nicht wissend, wo sein Platz ist. Die Kameraarbeit unterstützt dies, sie gleitet durch die Räume und verunsichert durch plötzliche Schwenks oder Zooms. Sie arbeitet viel mit Gegenlicht, Lichtreflexen und Hell-Dunkel-Effekten, die die Personen und das Geschehen im Unklaren lassen. Marlowe ist selbst oft nur als

Spiegelung zu sehen, er ist im Bild und doch entgeht ihm
alles: Die Intrige findet vor seinen Augen statt, aber er
durchschaut sie nicht.

Altman parodiert das Genre und inszeniert den Film
gegen die Konventionen Hollywoods. Er setzt nur wenige
professionelle Schauspieler ein: Eileen Wade wird von einer Sängerin, Lennox von einem bekannten Baseballspie-
ler dargestellt. Der Regisseur Mark Rydell mimt den
smarten Gangster Augustine, und einer seiner Schläger
wird von einem unbeholfenen Muskelprotz gespielt, der
ständig in die Kamera blickt – Arnold Schwarzenegger in
einem seiner ersten Schauspielversuche. Die Rolle des
Roger Wade interpretierte der Schauspieler Sterling Hayden als bösartige Hemingway-Parodie eines alkoholkran-
ken Schriftstellers voll hohlem Pathos. In den zum Teil
improvisierten Dialogen zwischen ihm und Marlowe sowie mit seiner Frau drischt er meist nur Phrasen. Die leeren Dialoge verhöhnen nicht nur das Bild der Holly-
wood-Schriftsteller, sondern stehen zugleich in scharfem
Gegensatz zu den pointierten Wortgefechten früherer
Marlowe-Filme. Die Unverständlichkeit der Rede, die
Unmöglichkeit zu verstehen, wird dabei von Altman noch
durch das Überlappen der Dialoge und eine laute Ge-
räuschkulisse verstärkt.

Gleichzeitig ist der Film mit zahlreichen Anspielungen
auf und Reminiszenzen an Hollywood durchsetzt. Neben
den Imitationen (von Goulds Al-Jolson-Nummer auf dem
Polizeirevier bis zur Cary-Grant-Imitation des Wächters
der Malibu-Kolonie – Grant war für Chandler die ideale
Marlowe-Besetzung!) und Wortspielen ist vor allem die
Filmmusik von John Williams und Johnny Mercer von
tragender Bedeutung für den Film. Sie kann als mehrfache
Hommage an das Hollywood der vierziger Jahre, vor allem die Zeit der Musicals und des *film noir,* verstanden
werden – so stammt das musikalische Zitat »Hooray for
Hollywood« – aus Busby Berkeleys *Hollywood Hotel*

(1943) –, das den Film eröffnet und beendet, ebenfalls von Mercer, und das musikalische Thema von Otto Premingers meisterlichem *film noir Laura* (1944) durchzieht in mehreren Variationen den Film. Aber Altman steigert dies noch, indem er den Titelsong »The Long Goodbye« als einziges Stück den ganzen Film über in mehr als zehn Versionen einsetzt. Wenn die Musik von einer Mariachi-Kapelle zu einem Begräbnis gespielt wird oder als Hintergrundgedudel in einem Supermarkt läuft, verstärkt der Song die melancholische Stimmung, die der Film ausstrahlt, und bildet eine Art inneres Gerüst.

Altman inszeniert einen aktionsarmen und dennoch atmosphärisch dichten Film und zeigt mit viel Ironie ein zeitkritisches, pessimistisches Bild der Gesellschaft. Niemand darin ist unschuldig, nicht einmal die harmlosen und ständig bekifften Mädchen, die Marlowe gegenüber wohnen und sich wie die Reichen der Malibu-Kolonie von ihrer Umwelt absondern. Mit ihrer sozialen Indifferenz werden sie moralisch ebenso schuldig wie Augustine, Lennox oder die Wades. In einer korrupten, nur noch am Materiellen interessierten Gesellschaft ist dieser Marlowe, der naiverweise noch an Werten wie Freundschaft oder Vertrauen festhält, ein einsamer Anachronist.

*Peter Ruckriegl*

*Literatur:* Charles Gregory: Knight without Meaning? In: Sight and Sound 42 (1973) Nr. 3. – Filmkritik (1973) Nr. 203. – Medium 3 (1973) Nr. 12. – Philip French: *The Long Goodbye*. In: Sight and Sound (1974) Nr. 1. – Robert Altman. München/Wien 1981. (Reihe Film. 25.) – Bernhard Roloff / Georg Seeßlen: Mord im Kino. Geschichte und Mythologie des Detektiv-Films. Reinbek 1981. – Alain Silver / Elizabeth Ward. Film noir. An Encyclopedic Reference to the American Style. Woodstock 1992. – Daniel O'Brien: Robert Altman. Hollywood Survivor. London 1995.

# Der amerikanische Freund

BRD 1977   f 126 min

R: Wim Wenders
B: Wim Wenders (nach dem Roman *Ripley's Game* von Patricia Highsmith)
K: Robby Müller
D: Bruno Ganz (Jonathan Zimmermann), Dennis Hopper (Tom Ripley), Lisa Kreuzer (Marianne Zimmermann), Gérard Blain (Minot)

Bei einer Bilderauktion in Hamburg lernt der leukämie-kranke Restaurator Jonathan Zimmermann den kriminellen Geschäftemacher Tom Ripley kennen. Das Wissen um die Krankheit gibt Ripley an den Gangster Minot weiter, der eine Mordserie plant. Mit einem gefälschten ärztlichen Gutachten, das Jonathans baldiges Lebensende attestiert, bringt Minot den Familienvater in eine ausweglose Lage. Angesichts des Todes und in Sorge um die finanzielle Absicherung seiner Familie nimmt der Verunsicherte Minots Angebot an und tötet gegen Zahlung eines hohen Geldbetrags ein Mitglied der Mafia. Schuldbewusst verheimlicht er die Tat vor seiner misstrauisch gewordenen Ehefrau Marianne. Die Entfremdung der Eheleute wächst, gleichzeitig intensiviert sich die Freundschaft zwischen Jonathan und Tom. Beim zweiten Mordauftrag im D-Zug von München nach Hamburg kann Ripley nicht tatenlos zusehen und kommt dem überforderten Familienvater unerwartet zu Hilfe. Zu groß sind Sympathie und Schuldgefühl gegen-über dem hilflosen Freund, an dessen ›Kriminalisierung‹ er maßgeblich beteiligt war.

Auf der Flucht vor der Mafia verschanzen sich die beiden in Ripleys Villa. Nach der Überwältigung der Gangster taucht überraschend Marianne auf, die Jonathan wieder nach Hause holen will. Sie erahnt den Ernst der Lage und hilft ohne Zögern bei der Beseitigung der Leichen.

Am Strand verbrennt Ripley voll hämischer Freude die getöteten Mafiosi. Schockiert von dessen Verhalten und angewidert vom gemeinsamen unentschuldbaren Handeln lässt Jonathan den Gewissenlosen am Meer zurück und rast mit Marianne im Auto davon. Auf der Rückfahrt nach Hamburg stirbt er.

*Der amerikanische Freund* stellt im Œuvre von Wenders eine Zäsur dar. Obwohl schon frühere Filme zahlreiche Anspielungen auf das traditionelle Erzählkino enthalten, erprobte sich der Autorenfilmer erstmals explizit in einem Mainstream-Genre. So erzählt Wenders nach der Roman-Vorlage *Ripley's Game* von Patricia Highsmith die Geschichte eines Normalbürgers, der ähnlich den Filmen Hitchcocks plötzlich und unerwartet mit dem Verbrechen konfrontiert wird. Für die nötige Spannung sorgen eine Dramaturgie der Blicke und Gesten sowie ein lang hinausgezögertes Vorenthalten von handlungswichtigen Informationen. Spannung erzeugt auch die Musik, die mit Motiven aus Hitchcock-Filmen eine bedrohlich-unheilvolle Atmosphäre schafft. Auf den *suspense* wird allerdings ebenso verzichtet wie auf spektakuläre Action- und Gewaltelemente.

Die eigentliche Qualität von *Der amerikanische Freund* liegt in einer Gratwanderung zwischen Autoren- und Genrefilm. Im Vergleich mit seinen vorangegangenen Filmen erzählt Wenders mit erstaunlicher Stringenz, bleibt aber dennoch seinem langsamen Erzähltempo treu. Die Kamera beobachtet konzentriert in langen Einstellungen die wortkargen Protagonisten.

Der *lonely man* Ripley ist an klassische Charaktere des Kriminalfilms angelehnt, insbesondere an die gebrochenen, oft wortkargen Anti-Helden des *film noir*. Auch Jonathan trägt Züge dieses Figurentypus. Bei genauerer Betrachtung erweisen sich die Hauptfiguren zugleich als typische ›Wenders-Helden‹, die in ihrer Ambivalenz und Vielschichtigkeit den Regelfall des stereotyp gezeichneten

Heimatlosigkeit und Entwurzelung verbinden die Einzelgänger Tom Ripley (Dennis Hopper, links) und Jonathan Zimmermann (Bruno Ganz) in *Der amerikanische Freund*.

Genreprotagonisten weit hinter sich lassen. Tom und Jonathan sind verletzlich, sie begehen Fehler. Jonathans Identitätsverlust wird vor allem durch seine Entfremdung von Frau und Kind offensichtlich. Der vermeintlich ›böse‹ und rücksichtslose Gangster Ripley unterstreicht mehrfach den eigenen Mangel an Selbstgewissheit und erhält dadurch menschlichere Züge. Auf der Ebene der Bildmontage vermitteln sich Orientierungs- und Identitätslosigkeit besonders durch die Verschmelzung der Schauplätze Paris, Hamburg und New York zu einem unwirtlich-ortslosen ›Asphaltdschungel‹.

Heimatlosigkeit und Entwurzelung sind wesentlicher Ausgangspunkt für eine unmögliche Freundschaft zweier grundverschiedener Einzelgänger. Diese Freundschaft hat aufgrund der Morde keine Perspektive. Ihr Scheitern öffnet aber den Blick für das Wesentliche: Jonathan sieht plötzlich klarer, und er will seinen Sohn Daniel noch einmal sehen. Zwar verzichtet Wenders auf das klassische *happy end*, durch die Hervorhebung des Familienthemas werden aber dennoch positive Akzente der Hoffnung und Harmonie gesetzt. Diese Wendung ist nicht zuletzt auch Zugeständnis an die Mainstream-Unterhaltung.

Als Meta-Film reflektiert *Der amerikanische Freund* das Genre und stellt eine vielschichtige Auseinandersetzung mit dem Kino, dem Sehen und den Bildern dar. Vertraute Elemente aus früheren Filmen des Regisseurs sind etwa die rauschenden Fernsehbildschirme und die Gegenstände aus der Frühzeit des Kinos in der Wohnung des Zimmermanns (z. B. Zootrope). Nicht nur die Filmzitate und Anspielungen auf die Vorbilder Alfred Hitchcock, Nicolas Ray, Martin Scorsese und Jean-Pierre Melville, sondern auch die Wahl der Schauspieler machen den Thriller zu einer Hommage an das Kino. Amerikanische Regiekollegen wie Dennis Hopper, Nicolas Ray, Sidney Lumet und Samuel Fuller wirken mit. Dass diese ausgerechnet Gangsterrollen spielen, ist auch als Kritik zu verstehen. Das US-Kino forciert in Wenders' Augen den Verfall der Bilder und droht das europäische Kino durch seine Dominanz zu ersticken. Zugleich ist die Besetzung ein ironischer Seitenhieb auf die Mitglieder der eigenen Zunft, »die über Leben und Tod ähnlich lässig verfügen wie die Mafia« (Wenders im Presseheft). Töten ist im *Amerikanischen Freund* weder selbstverständlich noch sauber. Der Leichtfertigkeit des Genres werden Jonathans innere Zerrissenheit und Verzweiflung gegenübergestellt, seine Morde geraten zu qualvollen Tötungsakten. Gelegentlich vermischt sich die Genrekritik mit einer spielerischen Ironie im Umgang mit Versatzstücken des Kriminalfilms.

Die Verbindung von handwerklicher Perfektion und eigenwilliger Interpretation des Genres trug wesentlich zur breiten Resonanz bei Publikum und Kritik bei. Im Vergleich mit den damaligen Einspielergebnissen deutscher Filme kann *Der amerikanische Freund* als Publikumserfolg gewertet werden. Dabei profitierte der bis dahin teuerste Wenders-Film (Produktionskosten 2,7 Millionen DM) von einer aufwändigen Promotionskampagne in Presse und Rundfunk. *Rüdiger Maulko*

*Vorlage:* Patricia Highsmith: Ripley's Game. London 1974. – Dt.: Ripley's Game oder Der amerikanische Freund. Zürich 1977.
*Literatur:* Wim Wenders: Die Logik der Bilder. Essays und Gespräche. Hrsg. von Michael Töteberg. Frankfurt a. M. 1988. – Uwe Künzel: Wim Wenders. Ein Filmbuch. 3. erw. Aufl. Freiburg i. Br. 1989. – Reinhold Rauh: Wim Wenders und seine Filme. München 1990. – Wim Wenders. München/Wien 1992. (Reihe Film. 44.)

## Der Tod löscht alle Spuren

Blow Out

USA 1981    f 108 min

R: Brian De Palma
B: Brian De Palma
K: Vilmos Zsigmond
M: Pino Donajgio
D: John Travolta (Jack Terri), Nancy Allen (Sally Bedina), John Lithgow (Burke)

Ein aussichtsreicher Präsidentschaftskandidat wird Opfer eines Attentats, als er nachts mit seiner Geliebten über eine abgelegene Brücke fährt und ein Reifen seines Autos zerschossen wird. Der Wagen stürzt ins Wasser, der Kandidat ertrinkt, das Mädchen Sally aber wird von einem Tontechniker gerettet, der auf der Suche nach Geräuschen für eine Filmproduktion zufällig Ohrenzeuge des Unglücks gewesen ist. Nicht zufällig saß Sally im Auto, denn sie wurde von einem Fotografen engagiert, um kompromittierende Bilder von dem Kandidaten zu ermöglichen – eben auf jener Brücke, die Schauplatz des Attentats ist. Doch auch der Fotograf ist nur Mittel zum Zweck, weil der Attentäter Burke ihn als unwissenden Zeugen des Mordes bestellt hat, so dass der Politiker ruhmlos sterben muss. Freilich handelt der Attentäter selbst wiederum nur im Auftrag unbekannter Drahtzieher.

*Blow Out* erzählt davon, wie dieses Marionettenkonstrukt der Täuschung hinter der Täuschung von dem Tontechniker und ehemaligen Abhörspezialisten Jack Terri (John Travolta) Stück für Stück aufgedeckt wird. Er hört aus seinen zufälligen Tonaufnahmen des Unglücks einen Schuss heraus, der dem zerplatzenden Reifen (»blow out«) vorangeht. Mit Hilfe der Aufnahmen des Fotografen bastelt er zum Beweis einen Kurzfilm, indem er das Tonmaterial mit den Bildern synchronisiert. Sally, die er aus dem Wasser gerettet hat und in die er sich verliebt, will ihm bei der Aufdeckung des Verbrechens helfen. Doch sie wird von dem Attentäter in eine Falle gelockt, und Jack ist im Finale gezwungen, über seine Abhöranlage hilfloser Zeuge ihrer Ermordung zu sein. Mit Sallys Tod ist auch der letzte existierende Beweis für das Attentat vernichtet.

Auf den ersten Blick ist *Blow Out* ein Politthriller. Genretypisch erzählt er von korrumpierbarer Macht und der Unmöglichkeit, angesichts dieser Macht seine Unschuld zu bewahren. Der Held wird nur moralisch belohnt, an den Interessen undurchsichtiger Seilschaften jedoch muss er scheitern. Obwohl also das tragische Ende von *Blow Out* den Regeln entspricht, ist es immer wieder als überraschend empfunden worden. Dies mag daran liegen, dass sich Brian De Palma zwar auch für die politische Geschichte interessiert, aber über weite Strecken den Psychothrill bevorzugt. Tatsächlich erfahren wir in *Blow Out*

wenig über politische Mechanismen. Das Attentat auf der
Brücke spielt auf eine Affäre an, die Edward Kennedy den
Weg zur Präsidentschaft dauerhaft verstellte. Am 18. Juli
1969 stürzte er auf der Insel Chappaquiddick mit dem
Auto zusammen mit der Wahlhelferin Mary Jo Kopechne
von der geländerlosen Brücke ins Wasser. Anders als im
Film konnte der Politiker sich retten, die Frau aber er-
trank. Es dauerte zehn Stunden, bis sich Kennedy bei der
Polizei meldete, und danach verging kein Wahlkampf
mehr, ohne dass die Chappaquiddick-Affäre gegen Kennedy zum Einsatz kam. Brian De Palma liefert zu diesem
zentralen Element seiner Geschichte keine Interpretation,
nicht einmal eine Verschwörungstheorie, denn die Verschwörer bleiben skizzenhaft.

Dagegen rückt der Attentäter Burke im Lauf der Erzählung als psychotischer Mörder in den Mittelpunkt. Er
lässt, ganz in der Tradition des Psychothrillers, ein ratio-
nales Motiv vermissen. Sogar seine Auftraggeber protestieren schließlich gegen Burkes grausamen Überschwang,
und zwei weitere sadistische und zwecklose Morde por-
trätieren ihn eher als unberechenbaren, dämonischen Gegenspieler Terris denn als politischen Täter.

Brian De Palma interessiert sich in *Blow Out* viel stär-
ker für seine filmischen Vorbilder, die er wie aus einem
Setzbaukasten genommen rezitiert (Antonionis *Blow up*,
Hitchcocks *Psycho*, Coppolas *The Conversation*). Aber
Film und filmische Stilmittel sind auch, wie so oft bei De
Palma, Themen der Erzählung selbst. In *Blow Out* kann
der Weg des Helden Terri nur als trauriger Abstieg verstanden werden: vom Abhörspezialisten zum Tontechniker für Pornokrimis. Film als Pornographie porträtiert De
Palma noch einmal 1984 in *Der Tod kommt zweimal*.
Auch dort wiederholt De Palma die Seitenhiebe gegen die
eigene Zunft, die nach seiner Aussage 24 Mal pro Sekunde
lügt. Am Ende von *Blow Out* wird Sallys Todesschrei von
dem endgültig desillusionierten Jack als lang gesuchter

Toneffekt im Porno eingesetzt, und dessen Regisseur zeigt sich begeistert. Andererseits gilt De Palmas ganzer Stolz vielen ›verlogenen‹ Mitteln des Films, und er führt diese Mittel virtuos vor, worin er seinem Vorbild Hitchcock am deutlichsten widerspricht, dem die Unauffälligkeit der eigenen Mittel ausgesprochenes Gesetz war. In *Blow Out* entsteht vor unseren Augen ein Trickfilm, wenn Terri seine Tonspur mit den Fotos vom Attentat synchronisiert. Gegen jede Plausibilität besteht De Palma darauf, dass der Beweis für den Mord erst in der Zusammensetzung von Ton und Bild gelingen kann. Obwohl auf dem Tonband der Schuss zu hören ist, bleibt Terri von seiner Idee besessen, weil nur ein Film die Polizei überzeugen kann.

Neben der politischen Rahmenhandlung und einer kleinen Filmtheorie erzählt *Blow Out* jedoch auch von einem traurigen Helden, der seinen Sarkasmus durch Mut und Liebe zu überwinden scheint, aber am Ende ärmer dran ist als zuvor. John Travolta ist gegen das eigene Image besetzt, und wäre *Blow Out* ein Kassenerfolg gewesen, hätte die Karriere des Schauspielers später weniger verschlungene Wege genommen. Quentin Tarantino wiederholt diesen Besetzungscoup in *Pulp Fiction*. Dafür direkt verantwortlich ist Tarantinos Bewunderung für Brian De Palma im Allgemeinen und *Blow Out* im Besonderen, inklusive dessen Spiel mit Filmzitaten und Stilmitteln.

*Christoph Mecke*

*Literatur:* Richard Westphal: When the Screaming Stops: A Look at *Blow Out*. Post Script (1982) Nr. 2. – Michael Bliss: Brian De Palma. Metuchen (N.J.) / London 1983. – Pauline Kael: Taking It All In. New York 1984. – Laurent Bouzereau: The De Palma Cut: The Films of America's Most Controversial Director. New York 1988. – Emotion Pictures: Brian De Palma Talks to Quentin Tarantino. In: Projections 5. London 1996.

# Beverly Hills Cop – Ich lös' den Fall auf jeden Fall

Beverly Hills Cop

USA 1984   f 105 min

R: Martin Brest
B: Daniel Petrie
K: Bruce Surtees
M: Harold Faltermeyer
D: Eddie Murphy (Axel Foley), Judge Reinhold (Billy Rosewood), John Ashton (Sergeant Taggart)

Der Film startet mit einer rasanten Verfolgungsjagd, in der zwei Hehler mit einem riesigen Truck voll ›heißer‹ Ware vor diversen Streifenwagen der Detroiter Polizei zu flüchten versuchen: Zuvor wurde der *under cover* agierende Polizist Axel Foley von eigenen Leuten dabei gestört, als er den Gangstern die Ware andrehen wollte. Die Jagd endet schließlich mit einer Vielzahl zertrümmerter Autos, einem halb zerstörten Detroiter Stadtteil und Ganoven, die im Wirrwarr entkommen konnten. Dementsprechend ist Foleys Chef missgelaunt. Von dessen Vorhaltungen sichtlich unbeeindruckt, trifft sich Foley mit seinem gerade aus Beverly Hills eingetroffen Freund Mike. Bei der Wiedersehensfeier werden sie von zwei Männern überfallen, die mit Mike eine alte Rechnung begleichen wollen. Foley wird niedergeschlagen und Mike erschossen.

Entgegen den Anweisungen seines Chefs geht Foley der Sache nach und fährt nach Kalifornien. Mike hatte in einer Kunstgalerie eines gewissen Victor Maitland gearbeitet. Doch dieser wirft ihn aus seinem Büro und hetzt die Polizei auf ihn, die ihm klarmacht, dass er in Los Angeles nicht willkommen ist. Zwei Cops sollen ihn nicht mehr aus den Augen lassen. Doch Foley kommt in einem Lagerhaus einem Rauschgiftschmuggel auf die Spur, und dies führt zu Maitland. Foley kann seinen Aufpassern immer wieder entwischen und Maitland schließlich stellen. Im letzten Moment kann er die Beweise für Maitlands Machenschaften retten und Maitland in einem Showdown mit einer ausgiebiger Schießerei das Handwerk legen.

*Beverly Hills Cop* ist eine schnell inszenierte, aktionsreiche Kriminalkomödie, die vor allem ihren Star Eddie Murphy in Szene setzt. Sie greift damit eine alte Tradition der Kriminalkomödie auf, die die Verbrecher und die Jagd nach ihnen nicht so ernst nimmt. Der Film lebt von Murphys Talent, sich in atemberaubender Geschwindigkeit in Wort und Mimik zu artikulieren und daraus Komik entstehen zu lassen. Um diese Komik zur Geltung zu bringen, ist die Handlung denkbar einfach angelegt. Dabei sind die Szenen vor allem dadurch bestimmt, dem Star in seinen etwas schrägen Jeans, Turnschuhen und Sweatshirt Gelegenheit zur burlesken Darbietung zu geben. Genrespezifische Action-Szenen liefert der Film vor allem am Anfang und am Ende, der große Mittelteil besteht aus einer einzigen *one man show*, die allerdings einen großen Unterhaltungswert besitzt.

Damit bietet Murphy eine ganz andere Figur eines Polizisten, der seinen Job als einen turbulenten Spass versteht. Eigentlich ist für ihn die Welt in Ordnung, und wer sich wie Foley optimistisch durch die verschiedenen Gefahrensituationen schlägt, wird immer am Ende auf der Gewinnerseite stehen. Die Kriminalhandlung wird zum Vehikel, immer neue Überraschungen und unerwartete Situationen für den Komödianten zu schaffen.

Murphy versteht es, wie schon zuvor in *Nur 48 Stunden* (*48 Hours*, 1982) und *Glücksritter* (*Trading Places*, 1983), seine Vergangenheit als *stand-up comedian* einzubringen. Regisseur Brest ließ seinem Star bei den Dreharbeiten alle Freiheiten, und Murphy konnte unabhängig vom Drehbuch einen Großteil seiner Szenen improvisieren. Damit sicherte sich der Film einen großen kommerziellen Erfolg, obwohl Murphy für diese Rolle ursprünglich nicht vorgesehen war. Die Story nach dem Muster

Sylvester Stallone und Mickey Rourke ließen das Drehbuch zu *Beverly Hills Cop* mehrfach umschreiben, übernahmen aber die Rolle des Polizisten Axel Foley dann doch nicht. Mit Eddie Murphy (Mitte) wurde der Film zu einem Kassenerfolg, der bereits am ersten Wochenende 15 Millionen Dollar einspielte.

›Cop rächt den Tod seines Freundes mit unkonventionellen Mitteln und erledigt dabei einen Drogenhändlerring‹ lag schon länger bei der Paramount und sollte ursprünglich mit Mickey Rourke oder Sylvester Stallone verfilmt werden. Zwei Schauspieler, die nicht gerade für Komödien bekannt sind.

Neben der Besetzung mit Eddie Murphy trugen zum Erfolg des Films in den achtziger Jahren zwei weitere Faktoren bei: Zum einen setzt Regisseur Martin Brest auf sehr schnelle Schnitte, die an die Videoclip-Ästhetik erinnern, zum anderen bindet die Musik von Harold Faltermeyer die Bilder in einer Art Klangteppich über den Bildern, so dass man an postmoderne Unterhaltung wie *Miami Vice* und MTV erinnert wird.

Beverly Hills Cop war der populärste Film des Jahres 1984. Durch ihn wurde Eddie Murphy zum Superstar. Das Titelthema »Axel F.« von Harold Faltermeyer stand mehrere Wochen an den Spitzen der internationalen Musik-Charts.                                         *Sven Schirmer*

*Literatur:* Pauline Kael: Saint Cop. In: P. K.: Deeper into Movies. New York 1974 – Norbert Stressau: Eddie Murphy – Seine Filme, sein Leben. München 1990. – Roger Ebert: Filmkritik in Microsoft Cinemania 96. CD-ROM 1996.

# Der einzige Zeuge

Witness

USA 1985   f 112 min

R:  Peter Weir
B:  Earl W. Wallace, William Kelley
K:  John Seale
M:  Maurice Jarre
D:  Harrison Ford (John Book), Kelly McGillis (Rachel Lapp), Josef Sommer (Schaeffer), Lukas Haas (Samuel Lapp), Alexander Godunov (Daniel Hochleitner)

»Be careful out there among the English«, rät Eli Lapp Rachel, der Frau seines kürzlich verstorbenen Sohnes, und seinem Enkel Samuel, die sich aufmachen, um Verwandte zu besuchen. »The English«, das sind alle, die nicht zur Gemeinschaft der Amish gehören, jener Mennonitensekte, die im 18. Jahrhundert von Europa nach Nordamerika auswanderte. Doch kaum haben Rachel und ihr Sohn Philadelphia erreicht, wird Samuel Zeuge eines Mordes an einem zivilen Polizeibeamten. Während er auf dem Polizei-

revier die Verbrecherkartei durchsieht, erkennt er das
Foto des Mörders. Es befindet sich allerdings nicht in der
Kartei, sondern hängt in einer Vitrine mit Auszeichnungen und zeigt einen hohen Beamten des Drogendezernats.
John Book, der in dem Mordfall ermittelnde Polizist, erkennt die Brisanz der Situation und bedeutet Samuel zu
schweigen. Book vertraut sich seinem Vorgesetzten an,
nicht ahnend, dass dieser in den Mordfall verwickelt ist.
So gerät Book selbst in die Schusslinie und flieht mit Rachel und Samuel zu den Amish, nachdem er alle Hinweise
auf die Identität der beiden beseitigt hat. Er lenkt jedoch
durch Unachtsamkeit die Verfolger auf seine Spur, und es
kommt zum unausweichlichen Showdown auf der Farm
der Lapps, die Book schließlich siegreich verlässt.

Die Geschichte hört sich zunächst an wie ein typisch
amerikanischer *cop thriller* in der Tradition von Sidney
Lumets *Serpico* (1976). Unter der Regie des Australiers
Peter Weir wird daraus jedoch ein Film über das Verhält-
nis von Individuum und Gesellschaft, von Natur und
Technik und über den Verlust traditioneller Werte.

Bereits in der Eingangssequenz klingt dies an: Durch
ein Weizenfeld, das sich wie ein Meer im Wind bewegt,
gehen schwarz gekleidete, bärtige Männer mit breiten Hüten, begleitet von Frauen mit weißen Hauben. Altertümli-
che Kutschen fahren über die Landstraße. Erst als ein
Lastwagen ins Bild kommt, wird deutlich, dass die Szene
im Amerika der Gegenwart spielt. Doch Weirs Regie, die
Kamera von John Seale und nicht zuletzt Maurice Jarres
Musik bewirken, dass nicht die Gruppe der Amish, sondern der Laster wie ein Fremdkörper wirkt, der in eine
friedliche Welt eindringt. Weir verfolgt das Thema des
Konflikts zwischen zwei Welten den gesamten Film hindurch. Und tatsächlich sind es nicht verschiedene Gesell-
schaftsformen, sondern Welten, die parallel nebeneinander
existieren. Die Amish, die jede Form von Gewalt ableh-
nen, Hosenknöpfe für »eitel« halten, keine elektrischen

Geräte benutzen und einen für die Außenwelt unverständlichen Dialekt sprechen (der in der deutschen Synchronfassung leider verloren geht), halten nichts von der Welt der »normalen« USA, die beherrscht ist von Verbrechen, Lärm, Hektik und dem Streben nach Besitz. So bezieht der Film seine Spannung hauptsächlich aus den Momenten, in denen sich beide Welten begegnen. Diese Begegnungen sind in der Regel mit Gewalt verbunden: Samuel wird auf der Bahnhofstoilette Zeuge eines brutalen, detailliert gezeigten Mordes, Book muss bei den Amish bleiben, weil seine Schussverletzung eine Weiterfahrt verhindert, und als die drei korrupten Polizisten ihn dort aufstöbern, führen sie großkalibrige Gewehre mit sich. Doch letztlich erweist sich in diesem Konflikt die Farm, die für die Großstadtpolizisten ein unbekanntes Gebiet ist, als ein überlegener Gegner. Book versteckt sich zwischen den Kühen, lockt einen seiner Gegner in ein Getreidesilo, wo er ihn unter einer Ladung Mais begräbt und so an dessen Waffe kommt. Der Chef der Bande sieht sich schließlich von zahlreichen Amish umringt, die keinerlei Respekt vor seiner Waffe haben und ihn allein durch ihre Masse zum Aufgeben zwingen.

Doch der Unterschied zwischen beiden Welten bietet nicht nur Anlass für dramatische, sondern auch für komische Momente. Während Book zum Beispiel in einem Imbiss in Philadelphia sofort genüsslich seinen Hotdog verzehrt, beten Rachel und Samuel vorher, woraufhin Book, peinlich berührt, versucht, seinen vollen Mund zu verbergen. Bei den Amish will er sich auch äußerlich anpassen, läuft in viel zu kurzen schwarzen Hosen herum und fragt: »Sehe ich amish aus?« Erst als er seine Fähigkeiten als Zimmermann unter Beweis stellen kann, wird er von den Amish akzeptiert. In einer beeindruckenden Szene bauen sämtliche Männer gemeinsam an einem Tag eine Scheune, wobei auch Book integriert wird. Sogar das etwas gespannte Verhältnis zu Hochleitner, seinem Rivalen um Ra-

chels Gunst, scheint sich zu normalisieren. Doch es ist der
Gemeinde nicht entgangen, dass Rachel sich zu Book hin-
gezogen fühlt, und man bedeutet ihr, dass sie damit rechnen muss, aus der Gemeinschaft ausgestoßen zu werden.
Dies würde bedeuten, dass es keinem Amish erlaubt wäre,
mit ihr zu sprechen oder einen anderen gesellschaftlichen
Kontakt zu ihr zu unterhalten. Diese totale gesellschaftliche Ächtung unterscheidet die Amish von anderen Men-
noniten und macht deutlich, dass es in dieser Gesellschaft
keine Zukunft für eine Beziehung zwischen Rachel und
Book gibt, ebenso wenig, wie Rachel in Books Welt leben
könnte. Am Ende verabschiedet der alte Eli auch Book
mit den Worten »Be careful out there among the English«,
doch bereits nach kurzer Fahrt begegnet Book Hochleitner, der unterwegs zu Rachel ist. So bleiben beide Welten
unverändert und bieten keinen Platz für Mitglieder der jeweils anderen.

Die Begegnung und der Konflikt zwischen verschiedenen Kulturen und Lebensauffassungen prägen das Werk
von Peter Weir. *The Last Wave* (1977) handelt von der Begegnung eines Anwalts mit der Welt der Aborigines. In
*The Year of Living Dangerously* (1982) erzählt Weir von
einem australischen Journalisten in Sukarnos Indonesien,
und in *The Mosquito Coast* (1986) geht ein Erfinder in
den Dschungel, um eine Eisfabrik zu bauen. Doch trotz
thematischer Kontinuität haben Weirs amerikanische Filme viel von dem Surrealismus und dem skurrilen Humor
ihrer australischen Vorgänger verloren, und so trifft die
Mahnung auch auf ihn selbst zu: »Be careful out there
among the English!«                    *Gerald Beeckmann*

*Literatur:* Franz Everschor: Zeugnisse starker Individualität. In:
film-dienst (1990) Nr. 2. – John Kobal: *Witness*. In: Films and Fil-
ming. Mai 1985.

# Zahn um Zahn

BRD 1985 (ARD 27.12.1987)   95 min

R: Hajo Gies
B: Horst Vocks, Thomas Wittenburg
K: Jürgen Jürges
M: Klaus Lage
D: Götz George (Schimanski), Eberhard Feik (Thanner), Renan Demirkan (Ulli), Ulrich Matschoss (Königsberg), Charles Brauer (Grassmann), Herbert Steinmetz (Krüger sr.), Martin Lüttge (Wilkens)

Elf Kriminalfilme mit Götz George als Kommissar Horst Schimanski gingen dem Kinostart von *Zahn um Zahn* 1985 voraus, siebzehn weitere Fernsehkrimis mit ihm folgten bis 1991. Wie kaum ein anderer Kommissar gewann Schimanski Popularität. Als ein »Körperwesen« (Eike Wenzel) stellt er eine bundesdeutsche Normalgestalt dar, draufschlagend, dann wieder zaghaft, etwas schlampig in seiner ausgebeulten Windjacke, unkonventionell und wenig zum Typ des ordentlichen deutschen Polizisten passend. *Duisburg-Ruhrort*, so der Titel des ersten Schimanski-Krimis 1981, ist sein Zuhause, hier bildet sich ein latenter Widerstandsort aus gegen die wenig später anbrechende Kohl-Ära in der Bundesrepublik. *Zahn um Zahn* kam 1985 als Kriminalfilm in die Kinos, zwei Jahre später als zweihundertster *Tatort* ins Fernsehen. Mehr Handlungsorte, mehr Action, Gewalt und mehr Gefühl kennzeichnen den Kinofilm.

Der Unternehmer Grassmann vertreibt mit illegalen Methoden die Mieter aus einer Duisburger Arbeitersiedlung und lässt die Häuser dann abreißen. Gerade in dieser Siedlung hat Schimanski viele Freunde, mit denen er auf Motorrädern durch die Straßen zieht. So ist er empört, als er bemerkt, wie seine Siedlung »plattgemacht« wird. Krüger, ein Schulfreund von Schimanski, Angestellter, hat sich

Götz George wird in *Zahn um Zahn* als raubeiniger und eigensinniger Kommissar Schimanski von seinem Kollegen und Freund Thanner (Eberhard Feik) festgenommen.

und seine Familie in seiner Wohnung umgebracht. Schimanski wirft Grassmann vor, er sei schuld am Tod von Krüger und dessen Familie. Grassmann lässt daraufhin seine Beziehungen spielen, so dass der Fall offiziell für abgeschlossen erklärt wird.

Am Tatort entdeckt Schimanski ein Kind, das sich versteckt hatte und überlebte. Warum vergisst wohl ein Vater sein eigenes Kind, wenn er die Familie und sich selbst umbringen will, fragt er sich. Er entdeckt, dass Krüger, der in der Fremdenlegion war, kurz zuvor in Marseille gewesen ist. Auch hier setzt Schimanski mit seinen Ermittlungen an. Entgegen den Anordnungen seines Chefs fährt Schimanski nach Marseille. Sein Kollege Thanner, der ihn aufhalten will, wird von ihm niedergeschlagen.

Auch die attraktive Journalistin Ulli (Renan Demirkan) ermittelt in diesem Fall, beide konkurrieren miteinander, dann finden sie zueinander, auch privat. Es stellt sich heraus, dass Grassmann unter dem Namen Delatre bei der Fremdenlegion in hohem Rang tätig gewesen ist und sich dort mit kriminellen Aktivitäten ein Vermögen verschafft hat. Auch in seiner jetzigen Tätigkeit als Unternehmer zählt er ehemalige Fremdenlegionäre zu seinen Mitarbeitern. Krüger war ihm auf die Spur gekommen und wurde deshalb beseitigt. Als auch Ulli Grassmann auf die Schliche kommt, stellt dieser ihr eine Falle und tötet sie. Schimanski will zur Selbstjustiz greifen, doch weil er zögert, wird Grassmann aus einem Gebüsch heraus von Krügers Vater erschossen. Anschließend versenken Schimanski und Krüger senior die Waffe gemeinsam im Rhein.

Wiederkehrendes Motiv im deutschen Kriminalfilm der siebziger und achtziger Jahre ist die Kriminalität in den oberen Gesellschaftsschichten. Die Täter versuchen durch ihre gesellschaftliche Macht, die Spuren zu verwischen, und durch Druck auf die Polizeispitzen und Politiker, Ermittlungen zu verhindern. Polizisten, die dennoch weiter ermitteln, werden vom Dienst suspendiert, was sie, wie Schimanski in *Zahn um Zahn,* erst recht zum Weitermachen anregt. Erstaunlich ist, dass die Polizisten in den deutschen Kriminalfilmen dennoch ihren letztlich ungebrochenen Glauben an die Gesellschaft behalten. Deutlich wird deshalb in Filmen, die das Verbrechen auf den Machtebenen ansiedeln, zwischen dem Gesetz, das die Polizei durchsetzen muss, und der Gerechtigkeit unterschieden, die oft im Widerspruch zum Gesetz gesehen wird.

Rache und Gerechtigkeit stehen deshalb in *Zahn um Zahn* in einem Spannungsverhältnis. Vater Krüger rächt den Tod seines Sohnes, aber er dient damit auch einer höheren Gerechtigkeit. Schimanski setzt die Gerechtigkeit gegenüber dem kriminellen Unternehmer durch, auch wenn er nicht frei von Rachegefühlen ist. Götz George betont, dass er gerade in dieser Kinoversion versucht habe, »die ›Menschlichkeit‹ dieser Figur zu betonen«. Entscheidend aber bleibt, dass er den letzten Schritt zur Selbstjustiz nicht geht, dass nicht er, sondern Vater Krüger den Mord an Krügers Familie und an der Reporterin Ulli rächt und Grassmann ›richtet‹. Dies erlaubt Schimanski, als Kommissar in weiteren Kriminalfilmen der Serie tätig zu werden.

Schimanski als Kommissar ist »fraglos das einzige Star-Image, dass die Reihe *Tatort* hervorgebracht hat«, konstatiert Eike Wenzel, denn Schimanski bringe »Wünsche und Sehnsüchte mit dem Alltag in Einklang«, er sei »wirklicher als die Wirklichkeit«. Michael Rutschky wiederum sieht in Schimanski eine Art John Wayne, während er unter Hansjörg Felmy einen deutschen Humphrey Bogart versteht. Den proletarischen Gestus, mit dem Schimanski zwischen die Figuren fährt und in seinem ›Revier‹ aufräumt, hat er mit einigen anderen Kommissaren in den Fernsehkriminalfilmen der siebziger und achtziger Jahre gemein (z. B. Walter Richter als Trimmel), und diese konstruierte Popularität traf offensichtlich den Nerv des Publikums.                      *Joan Kristin Bleicher*

*Literatur:* Tatort: Normalität als Abenteuer. In: Augenblicke (1990) Nr. 9. – Eike Wenzel: Der Star, sein Körper und die Nation. Die Schimanski-Tatorte. In: E. W. (Hrsg.): Ermittlungen in Sachen ›Tatort‹. Berlin 2000. S. 175–202. – Michael Rutschky: Schimmi und das Hysterische. In: Ebd. S. 203–205.

# Der Name der Rose

BRD/I 1986   f 120 min

R: Jean-Jacques Annaud
B: Gerard Brach, Howard Franklin, Andrew Birkin, Jean-Jacques
   Annaud (nach dem gleichnamigen Roman von Umberto Eco)
K: Tonino Delli Colli
M: James Horner
D: Sean Connery (William von Baskerville), Christian Slater
   (Adson von Melk), Helmut Qualtinger (Remigius), Elya Bas-
   kin (Severinus), Michael Lonsdale (der Abt), Volker Prechtel
   (Malachias), Feodor Chaliapin jr. (Jorge von Burgos), F. Mur-
   ray Abraham (Bernardo Gui), Valentina Vargas (das Mäd-
   chen)

Der Franziskanermönch William von Baskerville kommt
im Jahre 1327 in Begleitung des Novizen Adson von Melk
in ein norditalienisches Benediktinerkloster, um eine Kon-
ferenz über die Frage, ob Christus Eigentum besessen habe,
vorzubereiten. Damit soll geklärt werden, ob die Kirche
arm (die Haltung der Franziskaner) oder reich (die Haltung
des Papstes) sein soll. Der Abt bittet William jedoch, zunächst einen Todesfall zu klären. Der zerschmettert aufge-
fundene Mönch hatte im Schreibsaal gearbeitet, die Spur
führt in die Bibliothek, die geheimnisumwoben und für die
meisten unzugänglich ist. William und Adson finden heimlich einen Zugang in die labyrinthisch angelegten Biblio-
theksräume. Weitere Morde geschehen, immer gibt es bei
den Toten Verweise auf das biblische Buch der Apokalypse.
Währenddessen reist die gegnerische Delegation des Papstes an, doch die geheimnisvollen Verbrechen überlagern das
Konferenzthema, der gefürchtete päpstliche Inquisitor Bernardo Gui erkennt in den ehemaligen Ketzern Remigius
und Salvatore die Täter. Ein Mädchen, in das sich der No-
vize Adson verliebt hat, wird als Hexe verhaftet. Alle drei
werden zum Tod auf dem Scheiterhaufen verurteilt. Währenddessen gelingt es William und Adson, das Geheimnis

der Bibliothek zu lüften: Der greise Mönch Jorge von Burgos hütet dort das einzige noch existierende Exemplar von Aristoteles' Buch über die Komödie, hat es jedoch, weil er in ihm eine Gefahr für Glauben und Kirche sieht, mit einem heimtückischen Gift imprägniert. Als er sich entdeckt sieht, setzt er die Bibliothek in Brand. William und Adson entkommen in letzter Minute den Flammen, der Inquisitor wird von aufgebrachten Bauern getötet, das Mädchen, schon an den Scheiterhaufen gefesselt, befreit. Als Adson ihm bei seiner Abreise auf einem Waldweg begegnet, entscheidet er sich gegen seine Liebe für das Klosterleben.

Die Geschichte wird aus der Perspektive des Novizen erzählt, der sich als Greis der Begebenheiten erinnert. Der Story liegt das Prinzip des *whodunit* mit den bekannten Mustern des *locked room*, der Spuren- und Indiziensuche und Zusammenführung der Indizien durch Kombinationsgabe mit dem Ziel der Ermittlung des Täters zugrunde. Darin ist William von Baskerville als Detektiv dem Genre verpflichtet und eine über das Mittelalter hinausweisende Figur der Moderne. Nicht zufällig wird mit seinem Namen an einen berühmten Fall von Conan Doyles Sherlock Holmes erinnert. Der Bezug zu Sherlock Holmes wird durch die Figur Adsons unterstützt, der eine Art Watson darstellt.

Der Film bedient sich als historischer Krimi aller Mittel des Historienfilms und besticht durch eine opulente Ausstattung und historische Details. Diese stehen nicht wirklich für die vorgegebene Zeit des frühen 14. Jahrhunderts; so sind z. B. die labyrinthischen Treppenkonstruktionen der Bibliothek eher der Barockzeit von Piranesis *Carceri*, der Brückentechnik des 18. Jahrhunderts und den fantastischen Konstruktionen Eschers verpflichtet. Gleichwohl entsteht ein Panorama, wie sich Kinobesucher das Mittelalter vorzustellen pflegen.

Das Detektionsschema wird mit der historischen Durchsetzung der Rationalität verbunden, Williams Suche nach dem Täter ist zugleich ein Kampf gegen den unter dem Deckmantel der Kirche betriebenen Aberglauben und gegen das scholastische Denken. Sein Kampf gegen die übermächtigen Gegner ruft Erinnerungen an seine Rollenfiguren in den James-Bond-Filmen in Erinnerung, auch wenn das Verhältnis von Bond zu den Frauen hier der väterlich abgeklärten Haltung gegenüber dem Adlatus Adson gewichen ist. Gegenüber der falschen, für die Beschuldigten tödliche Lösung der Mordfälle durch den Inquisitor behält William am Ende Recht und verhilft damit der Vernunft zu einem letztlich unbefriedigenden Sieg, weil darüber unersetzliche Bücher für immer verloren gehen. Der Sieg ist eher ein Versprechen auf eine endgültige Durchsetzung der Rationalität in der Moderne.

Der Film, der Umberto Ecos Roman in dessen Handlungslinien und Beschreibungsdetails stark vereinfacht und besonders den Schluss zu einer eindeutigen Lösung umgeschrieben hat (im Roman wird der päpstliche Inquisitor nicht getötet und nimmt die drei Gefangenen am Ende mit sich), erzählt vor allem von dem großen Schatz der mittelalterlichen Bibliotheken, dem kulturellen Gedächtnis, und birgt unausgesprochen auch den Lobpreis des Buchdrucks, der eine Vernichtung des Buchwissens erheblich erschwert hat. Der Film führt in vielen Sequenzen das Prinzip der Detektion als eine semiotische Kunst, als die Fähigkeit, die Zeichen richtig zu lesen, vor. Er stellt letztlich auch die Frage, ob nicht die Welt eine andere wäre, wenn von der Aristotelischen Poetik statt des Buches über die Tragödie das Buch der Komödie (von dem man allerdings nicht weiß, ob es tatsächlich existierte) überliefert worden wäre.

*Knut Hickethier*

*Literatur:* Hans D. Baumann / Arman Sahihi (Hrsg.): Der Film: *Der Name der Rose.* Eine Dokumentation. Weinheim/Basel 1986. – Ursulina Pittrof: Der Weg der Rose vom Buch zum Film. Ein Vergleich zwischen dem Buch *Il nome della rosa* und seiner filmischen Umsetzung. Marburg 2002.

# Hitcher – Der Highwaykiller

## The Hitcher

### USA 1986   f 97 min

R: Robert Harmon
B: Eric Red
K: John Seale
M: Mark Isham
D: C. Thomas Howell (Jim Halsey), Rutger Hauer (John Ryder),
Jennifer Jason Leigh (Nash), Jeffrey DeMunn (Captain Este-
ridge)

Um während einer langen Überlandfahrt nicht am Steuer
einzuschlafen, nimmt der junge Jim Halsey den mysteriösen Anhalter John Ryder mit, der ihn zunächst durch sein
Schweigen befremdet. Als der wortkarge Fremde ihn jedoch plötzlich mit einem Messer bedroht und grausige
Geschichten über begangene Morde erzählt, wirft ihn
Halsey aus dem fahrenden Auto. Doch dieser kleine Triumph wird nur zum Auftakt eines blutigen Katz-und-
Maus-Spiels: Ryder will ihn »herausfordern«. Er tötet eine
ganze Familie und schiebt Halsey die Schuld in die Schuhe. Dieser wird von der Polizei festgenommen, kann aber
mit Hilfe der jungen Diner-Bedienung Nash flüchten. Er
sieht sich gezwungen, selbst immer mehr illegale Methoden anzuwenden, da ihm niemand Glauben schenkt. Erst
nachdem Ryder ein ganzes Polizeirevier ausgerottet und
das Mädchen Nash buchstäblich in Stücke gerissen hat,
gelingt es dem jungen Mann, den Psychopathen zum
Zweikampf zu stellen. In einem brachialen Akt des Auf-
bäumens tötet er seinen destruktiven Schatten und bleibt
einsam auf dem Highway zurück.

Rutger Hauer spielt den *serial killer* John Ryder mit
dem lässigen Gestus eines Italo-Western-Banditen. Mit
wehendem Staubmantel, dem Gewehr im Anschlag und
dem Gewinnergrinsen im Gesicht zieht er die Fäden in ei-

nem höllischen Szenario. Jim Halseys dunkle Seite, die
Ryder personifiziert, wurde nach *The Hitcher* zu einem
Prototyp. Neben inoffiziellen Fortsetzungen aus Italien
und den USA orientierte sich Richard Stanley 1992 bei
seinem Horror-Thriller *Dust Devil* deutlich an dieser Figur, bis Rutger Hauer schließlich selbst die Rolle noch
einmal in *Blind Side* (1993) von Geoff Murphy verkörpern durfte. Hauers Image als charismatischer *bad guy* des
amerikanischen Genrefilms nahm hier seine prägnantesten
Züge an. Zudem konnte der *Hitcher* ähnlich wie Arnold
Schwarzeneggers *Terminator*-Figur zu einem werbetaugli-
chen Antihelden werden, dessen Gestalt sogar das Filmplakat dominiert.

Robert Harmon, der mit dem Kurzfilm *China Lake*
(1983) bereits eine Variante des Themas inszeniert hatte,
verfilmte mit *The Hitcher* ein frühes Drehbuch des ambi-
tionierten ›Genre-Handwerkers‹ Eric Red. Red wurde
durch seine Zusammenarbeit mit Kathryn Bigelow bekannt, mit der er u.a. den Vampir-Western *Near Dark*
(*Near Dark – Die Nacht hat ihren Preis*, 1987) schrieb,
bevor er durch einige Thriller und Horrorfilme bescheide-
ne Bekanntheit erlangte: Ähnlich wie *The Hitcher* teilen
auch sein Gangsterfilm *Cohen and Tate* (1988) und der
Western *The Last Outlaw* (1992) deutlich Versatzstücke
des *road movies* und des Italo-Westerns. Er beschreibt
Welten, die nach einem sozialdarwinistisch anmutenden,
alttestamentlichen Mythos gestrickt sind, in denen es das
Individuum oft schwer hat, sein Überleben zu sichern.
Oft sind es gerade die vermeintlich Schwachen (ein kleiner
Junge, der halbwüchsige Jim Halsey), die Red auf eine Ini-
tiationsreise schickt, um sie als gestählte »Wesen der Gewalt« ins Leben zu entlassen. Tatsächlich muss Jim Halsey
lernen, seine Emotionen zu kontrollieren, seinen Hass zu
bündeln, um effektiv »töten und siegen« zu können. Alles
wird ihm genommen: das Auto, die Freiheit, die Geliebte.
Erst als er nichts mehr zu verlieren hat, wird aus dem

»Niemand« endlich ein »Jemand«, der sich über das Töten des destruktiven Schattens definiert. Reds Weltsicht scheint Parallelen zu Sam Peckinpahs Western-Protagonisten aufzuweisen, seine maskulinen Phantasien erschöpfen sich jedoch nicht selten in jener vagen Sehnsucht nach einer Welt, in der Initiation und Bewährung durch physische Gewalt wieder essentiell werden können. Seine Sehnsucht nach der Wildheit und dem ›Primitiven‹ ist ähnlich ungebrochen wie bei anderen Peckinpah-Adepten, etwa Walter Hill und John Milius.

Um seine Phantasie auszuspielen, beruft er sich auf einen sehr alten und zugleich zwiespältigen »Mythos«: die Angst vor dem Fremden. Das »Fremde« ist hier jener Anhalter, vor dem »die Mutter gewarnt hat«. Jim Halseys Schritt vom Weg entfesselt ein Inferno. Seine Begegnung mit dem eigenen Schatten, die im unvermeidlichen Western-Showdown gipfelt, wird zum Ritus; einem Ritus, dem das Ziel – die Passage – fehlt. Jim Halsey watet im Blut, um bestenfalls zu einem ausgebrannten, desorientierten Wesen zu werden. Es bleibt ein ironisches *happy end*, das eine orientierungslose Epoche ohne Werte reflektiert. John Seale hat dieses autoreflexive, selbstzerstörerische Ritual in betörenden Breitwandkompositionen eingefangen, die die latente Kläglichkeit der Bemühungen des Protagonisten betonen und von Bildern flirrender Hitze und gleißender Helligkeit dominiert werden. *The Hitcher* ist eigentlich ein Erbe des desillusionierten Spätwesterns, der nicht einmal im Outlaw mehr die verlorene Romantik und Tragik des großen Scheiterns herbeizaubern kann. Regisseur Harmon drehte 2003 mit *Highway Men* eine weitere Variante des Themas.                    *Marcus Stiglegger*

*Literatur:* Eric Red: Schlüsselerlebnis mit einem Anhalter. In: Cinema (1986) Nr. 12. S. 12 ff. – Kim Newman: Psycho Movies. In: K. N.: Nightmare Movies. New York 1988. S. 154 f.

# Zwei stahlharte Profis

Lethal Weapon

USA 1986   f 108 min

R: Richard Donner
B: Shane Black
K: Stephen Goldblatt
M: Eric Clapton, Michael Kamen
D: Mel Gibson (Martin Riggs), Danny Glover (Roger Murtaugh),
   Gary Busey (Joshua), Mitchell Ryan (General McAllister)

Der Polizist Martin Riggs und sein schwarzer Kollege Roger Murtaugh haben berechtigte Zweifel, ob es sich bei dem Selbstmord, zu dem sie gerufen wurden, wirklich um einen echten Suizid handelt. Im Laufe ihrer Ermittlungen kommen sie einem rücksichtslosen Drogenring auf die Spur, den sie mit brutalen Mitteln bekämpfen.

1986 drehte Richard Donner den ersten Teil der *Lethal Weapon*-Reihe, dem bisher drei weitere (1988, 1992 und 1998) folgten, die bei Publikum und Kritik weit besser ankamen als der Vorgänger. Mit Riggs und Murtaugh stehen zwei Figuren im Mittelpunkt, wie sie verschiedener kaum sein könnten: Riggs ist nach dem gewaltsamen Tod seiner Frau zum Einzelgänger geworden, der im Einsatz sein Leben mutwillig riskiert und dadurch auch das seiner Kollegen in Gefahr bringt. Er ist ungeduldig, ja bisweilen cholerisch, mit einem Hang zur Gewaltanwendung. Sein Kollege Murtaugh ist ein typischer Vertreter der neuen schwarzen Mittelklasse. Er wohnt mit seiner Frau und den Kindern in einem netten Einfamilienhaus, freut sich auf seine baldige Pensionierung und ist alles andere als begeistert, als man ihm den neurotischen Riggs als Partner zuteilt.

Diese Partnerschaft stellt *Lethal Weapon* in die Tradition der sogenannten *buddy-movies*, Filmen, die einen großen Teil ihrer inneren Spannung aus dem Verhältnis zwischen zwei unterschiedlichen »Kumpeln« (amerikanisch: *buddy*) beziehen. Hierbei sind die verschiedensten Konstellationen möglich, wobei die Gegensätze häufig auch äußerlich dokumentiert werden. So gibt es Partnerschaften zwischen amerikanischen und japanischen Polizisten (*Black Rain*, 1989) oder sogar weißen Polizisten und schwarzen Gangstern (*Nur 48 Stunden*, 1982 und 1989). In den Filmen der *Lethal Weapon*-Reihe sorgt das Spannungsverhältnis zwischen Riggs und Murtaugh vor allem für die komische Seite der Filme, die in pointierten Wortgefechten ihren Ausdruck findet, aber auch in Momenten, in denen Murtaugh versucht, Riggs' allzu impulsives Temperament zu zügeln. So sollen die beiden beispielsweise in *Lethal Weapon 3 – Die Profis sind zurück* (1992) einen Sprengsatz in einer Tiefgarage bis zum Eintreffen des Bombenkommandos bewachen. Nach kurzer Zeit wird Riggs das Warten jedoch zu langweilig, und er beschließt, »einen von diesen Drähten« durchzuschneiden. »Nein, du wartest auf das Bombenkommando!«, meint Murtaugh. »Warum? Ich kann das genauso gut. – Ich schneide jetzt den blauen durch.« »Nein!« »Du meinst, ich soll den roten nehmen?« »Nein!!« »Also was jetzt? Blau oder rot?« »Du wartest auf das Bombenkommando!« »Du hast Recht. – Ich glaube auch, es ist der rote.« Überflüssig zu erwähnen, dass das gesamte Hochhaus in dem Moment in die Luft fliegt, als das Bombenkommando eintrifft.

Literarisch lässt sich das Phänomen der ungleichen Paare über den wohlbeleibten Anwalt Nero Wolfe und seinen smarten Detektiv-Freund Archie Goodwin bis hin zu Sherlock Holmes und Doktor Watson zurückverfolgen. Filmhistorisch haben die *buddy-movies* wenn auch nicht ihren Ursprung, so doch zumindest eine Dependance in den Slapstick-Komödien von Stan Laurel und Oliver Hardy oder Pat und Patachon. Im Kriminalgenre sind sie vor allem in Fernsehserien wie *Die Zwei* oder *Cagney & Lacey* zu finden.

Doch *Lethal Weapon* ist nicht nur ein *buddy-movie*, sondern, da es sich bei den beiden Protagonisten um Polizeibeamte handelt, auch ein typischer *cop-thriller*. Insofern stehen Riggs und Murtaugh in der Tradition von Einzelkämpfern wie Clint Eastwood in *Dirty Harry* (1971) oder John Wayne in *McQ schlägt zu* (1973). Wie die beiden genannten Filme zeichnet sich auch die *Lethal Weapon*-Reihe durch die Darstellung exzessiver Gewalt aus. Diese geht zunächst von den Verbrechern aus, was jedoch nur als Rechtfertigung dafür dient, dass die Beamten ihrerseits zur Waffe greifen. So liegt es in der scheinbaren Logik der Handlung, dass Riggs im zweiten Teil der Reihe einen südafrikanischen Diplomaten erschießt. Dieser hatte zuvor diverse Verbrechen im Schutze seiner diplomatischen Immunität verübt. Als er am Ende des Films erneut seinen blauen Pass hebt und zu Riggs, der ihn mit gezogener Waffe verhaften will, lediglich sagt: »Diplomatische Immunität!«, meint dieser lakonisch: »Die ist gerade abgelaufen« und drückt ab. Diese Art von Selbstjustiz kann in *cop-thrillers* häufig beobachtet werden. So erschießt Jamie Lee Curtis am Ende von *Blue Steel* den Mann, der sie misshandelt und vergewaltigt hat, obwohl sie weiß, dass er keine Munition mehr hat, und sie insofern sehr wohl in der Lage wäre, ihn einfach festzunehmen. Der *cop-thriller* bedient so das Vorurteil, dass Verbrecher vor Gericht ohnehin nie die ihnen zustehende Strafe erhalten und es daher mehr als angebracht ist, dass die Beamten sie quasi hinrichten. Diese mehr als zweifelhaften Moralvorstellungen lassen sich bis in die Filme der Schwarzen Serie verfolgen. So steht beispielsweise in John Hustons *Asphaltdschungel* (1950) Sterling Hayden als Polizist den Gangstern an Brutalität in nichts nach. Und auch *Lethal Weapon* ist durchaus nicht frei von diesen Tendenzen. Dies hat seine Gründe jedoch nicht unbedingt in moralisch verwerflichen Überzeugungen der Autoren. Die Gewalt hat sich im Verlauf des Films vielmehr derart gesteigert, dass eine ›banale‹ Verhaftung als Abschluss diverser Feuergefechte, Explosionen und Misshandlungen aus rein dramaturgischen Gründen undenkbar ist.

Ein emotionales Gegengewicht zur Gewaltdarstellung bilden neben den bereits erwähnten Reibereien zwischen Riggs und Murtaugh die selbstironischen Rekurse, die sich naturgemäß vor allem im dritten Teil der Reihe finden. So preist der im zweiten Teil eingeführte Gangster Leo Getz (Joe Pesci), inzwischen zum Häusermakler avanciert, Murtaughs Heim bei einem kaufinteressierten Ehepaar mit den Worten an: »Das Badezimmer ist völlig neu gemacht worden. Gangster hatten eine Bombe in der Toilette versteckt.« Im selben Film wetteifert Riggs mit einer Kollegin darum, wer sich im Laufe seiner Karriere die schlimmeren Narben zugezogen hat. Die absurde Angeberei der beiden nimmt der tatsächlichen Gewalt die Spitze und ironisiert – zumindest für den Augenblick – das gesamte Genre.            *Gerald Beeckmann*

*Literatur*: Dirk Manthey / Jörg Altendorf: Thriller. Hamburg 1991.

# Die Anwältin

Physical Evidence

USA 1988   f 99 min

R: Michael Crichton
B: Bill Phillips (nach einer Geschichte von Steve Ransohoff und Bill Phillips)
K: John A. Alonzo
M: Henry Mancini
D: Theresa Russell (Jenny Hudson), Burt Reynolds (Joe Paris), Ned Beatty (James Nicks), Kay Lenz (Deborah Quinn), Kenneth Walsh (Harry Norton)

Den konventionellen Beginn von Detektivgeschichten, die Entdeckung eines Mordes, variiert *Physical Evidence* auf spektakuläre Weise: Ein Selbstmordkandidat klettert nachts durch die Eisenträger einer Bostoner Brücke, um sich mit einem Seil um den Hals in den Tod zu stürzen. Von der Brücke wird er wenige Minuten später auch baumeln, nur: schreiend, lebendig und festgeklammert an eine Leiche mit durchschnittener Kehle, die ihm dort oben in die Schlinge geraten ist.

Bei dem Ermordeten handelt es sich um den verhassten Nachtclubbesitzer Jack Farley. Die Staatsanwaltschaft meint den Schuldigen in dem Polizisten Joe Paris gefunden zu haben, der verkatert und ohne Erinnerung an die vergangene Nacht in seiner Wohnung liegt, neben sich sein blutiges Hemd und die Mordwaffe, eine Klaviersaite. Die Verteidigung in diesem scheinbar aussichtslosen Fall übernimmt die unerfahrene, aber ehrgeizige Anwältin Jenny Hudson. Nach und nach kommen sich die Karrierefrau und der arbeitslose Cop näher.

Der Versuch, Paris ein Alibi zu verschaffen, misslingt jedoch: Die verheiratete Frau, mit der er in der Mordnacht zusammen war, widerruft in der Gerichtsverhandlung die Aussage aus Angst vor ihrem Mann. Für Paris bleibt nur

Burt Reynolds (rechts) als suspendierter Polizist Joe Paris wird verdächtigt, einen Mann ermordet zu haben. *Die Anwältin* Theresa Russel verteidigt ihn. Ned Beatty (links) vertritt die Staatsanwaltschaft.

die Chance, den wirklichen Mörder zu überführen und dem Gericht zu präsentieren. Der Einzige, der den wahren Täter kennt, ein strafgefangener Auftragsmörder, wird im Gefängnis umgebracht, bevor er aussagen kann. Durch einen manipulierten Telefonanruf gelingt es Hudson und Paris schließlich, den Killer anzulocken. Es kommt zu einem Kampf, den die Anwältin allein entscheiden muss.

Der Produzent Martin Ransohoff äußerte sich vor der Premiere gegenüber Kritikern, der Regisseur Crichton und er wollten im Film das langsamere Erzähltempo der vierziger Jahre wieder zur Geltung bringen und die explizite Darstellung von *sex and crime* vermeiden. So kommt die Liebesgeschichte zwischen Anwältin und Mandant

ohne Bettszenen, sogar ohne einen echten Kuss aus. Blut
fließt selten in einer Nahaufnahme. Besonders deutlich
wird diese Zurückhaltung, wenn man den Film mit zeitge-
nössischen Krimis – etwa dem drei Jahre jüngeren *Basic
Instinct* (1992) – vergleicht.

In den Augen von Kritik und Publikum scheiterte der
Versuch von *Physical Evidence* allerdings. Besonders hart
urteilten die Kritiker über Theresa Russell, die als Darstellerin schwieriger Frauen in den Filmen ihres Mannes Nicolas Roeg eine gewisse Reputation erreicht hatte. Ihr
Spiel sei in der Rolle als Anwältin emotionslos, steif und
unglaubwürdig. Burt Reynolds, bei dem Publikum und
Kritik ängstlich auf den nächsten Flop als Cop warteten,
kam etwas besser weg: Er spiele wie immer.

Der Verleih kündigte *Physical Evidence* an als »das
Comeback des klassischen Thrillers«. Von *thrill* ist in dieser Mischung aus Detektiv- und Gerichtsfilm wenig zu
spüren. Die Schwächen des Films resultieren jedoch eher
aus Buch und Regie als aus den darstellerischen Leistun-
gen. Das Motiv der Anwältin, die um ihren Mandanten
und gegen dessen öffentliche Vorverurteilung kämpft, war
durch Filme wie *Suspect* (1987) und *The Accused* (1988)
bereits wohlbekannt, vor allem aber versucht *Physical
Evidence*, an den Erfolg von *Jagged Edge* (1985) anzu-
knüpfen, den ebenfalls Martin Ransohoff produziert hatte.
Fast sämtliche Situationen, Figuren und Motive kommen
in formelhafter Bekanntheit daher: Der unschuldig Angeklagte (bei Burt Reynolds weiß man von Anfang an, dass
er nicht der Täter war); die Plädoyers vor und die Verhandlungen hinter dem Gericht; der rachedurstige Mörder; die Liebe zwischen Anwältin und Mandant; der Mord
an Zeugen; die Vernichtung von Beweisstücken; die Falle
für den Täter, die gerade noch funktioniert. Lücken in der
Story (unklar bleibt, wer den Mord ausführte) wirken befremdlich bei einem *whodunit*, bei dem doch das Ge-
spanntsein darauf, wie der Mord genau zustande kam, we-

sentliches Merkmal ist. Der Schluss hält nicht, was der furios makabre Anfang verspricht. Der Schurke erscheint als ein Dämon *ex machina*, und als er erledigt ist, endet der Film ebenso plötzlich mit einem eingefrorenen Lächeln Jenny Hudsons – als sollte verhindert werden, dass das Publikum über die ungelösten Fragen des *plot* nachdenkt.

Hervorzuheben ist die Konzeption der weiblichen Hauptrolle. Der deutsche Titel *Die Anwältin* deutet bereits an, dass die Stellung der Frau im Film und in der Gesellschaft ins Zentrum rückt. Am wichtigsten ist, dass Jenny Hudson den Ausgang der Geschichte, die Konfrontation mit dem wirklichen Mörder, allein entscheidet: Joe Paris liegt hilflos und verletzt auf dem Boden. Jenny rettet ihn, indem sie nach einem körperlichen Kampf den Killer erschießt. Damit kehrt sich die übliche Verteilung der Geschlechterrollen um. Das bleibt in seiner Deutlichkeit ungewöhnlich und positiv, auch wenn man die Bewährungsprobe der Anwältin vor Gericht als bereits konventionalisierten Topos weiblicher Initiation in eine männlich dominierte Sphäre bemängeln oder die deutlich feminine Charakterisierung der Heldin kritisieren mag.

Story und Erzählstrategie können für den weitgehenden Verzicht auf Überraschungen, Schocks und spektakuläre Effekte dennoch nicht entschädigen. Michael Crichton, der heutigen Zuschauern als Autor der Vorlagen zu Steven Spielbergs Dinosaurierfilmen bekannter ist als für seine zahlreichen Regiearbeiten (z. B. *Coma*, 1978, oder *The First Great Train Robbery*, 1979), bewies bei der soliden Umsetzung der Story in Bilder keinen großen Einfallsreichtum. Kameramann John Alonzo brillierte zwar in Erfolgen wie *Chinatown* (1974) oder *Close Encounters of the Third Kind* (1977), doch in *Physical Evidence* wirkt seine Arbeit nicht mehr als handwerklich routiniert.

Erstaunlicherweise ist *Physical Evidence* für den heutigen Zuschauer kein wirklich langweiliger oder ärgerlicher Film. Entspannt folgt man der behäbigen, fast gemütli-

chen Spannungsentwicklung, durch keinen Schock, keine
Überraschung aufgerüttelt, angenehm getragen vom sanften Synthie-Orchester, das die Musik Henry Mancinis
spielt. Der Film zeigt dennoch, dass populäres filmisches
Erzählen, das ausschließlich alte Muster, Themen und
Techniken verwendet und dabei gleichzeitig auf voyeuristischen Sinneskitzel verzichtet, heute wenig Chancen hat,
Zuschauer zu begeistern. Der Versuch Ransohoffs und
Crichtons, alte, ruhigere Erzählweisen wieder zu beleben,
muss zumindest in diesem Fall als gescheitert betrachtet
werden.                                                            *Jens Eder*

*Literatur:* K.-E. Hagmann: *Die Anwältin (Physical Evidence)*. In:
film-dienst (1989) Nr. 11. S. 335. – Wilhelm Roth: *Die Anwältin*.
In: epd Film (1989) Nr. 6. S. 28.


# Der Bruch

DDR/BRD 1989    f BRD 118min / DDR 111min

R:  Frank Beyer
B:  Wolfgang Kohlhaase
K:  Peter Ziesche
M:  Günther Fischer
D:  Götz George (Graf), Rolf Hoppe (Bruno Markwara), Otto
    Sander (Lubowitz), Ulrike Krummbiegel (Tina), Angelika
    Waller (Anita Graf)


Frank Beyer und Wolfgang Kohlhaase erzählen die in der
Nachkriegszeit angesiedelte Kriminalgeschichte, indem sie
die Spannungselemente des Genres mit einem sozialkriti-
schen Blick auf die deutschen Verhältnisse verknüpfen.
Der Rückgriff auf einen historisch zurückliegenden Fall
erlaubt es, gegenwartsbetonten politischen Anforderungen
auszuweichen und künstlerische Freiheit zu gewinnen.

Entstanden ist ein Film »von kabarettistischem Zuschnitt« (Segler), der mit der DDR-Theorie vom völligen Umbruch im Jahr 1945 aufräumt. Nicht der Neuanfang der sozialistischen Gesellschaft, sondern die Kontinuität im Bemühen um materiellen Wohlstand bestimmt das Geschehen. Statt das propagierte Ideal einer sozialistischen Volksgemeinschaft anzustreben, verfolgt jede der Figuren ihre eigenen egoistischen Interessen. *Der Bruch* ist eine Kriminalkomödie, eine »Ballade von den kleinen Leuten und ihrem Traum vom großen Geld« (Segler).

Dem Drehbuch liegt ein realer Einbruch in die Hauptkasse der Reichsbahn im Jahr 1952 zu Grunde. Die Handlung spielt im Ost-Berlin des Nachkriegsjahres 1946, also zu einem Zeitpunkt, als sich die neuen Machtstrukturen in Deutschland noch nicht endgültig etabliert hatten. Der Einbruch wird sehr genau geplant und nicht von einem Individuum, sondern von einem den sozialistischen Vorstellungen entsprechenden Kollektiv ausgeführt, das aus sehr unterschiedlichen Persönlichkeiten besteht. Ein Halbprofi, ein selbsternannter Bandenchef und ein Gelegenheitsverbrecher knacken den Safe der Reichsbahn, um Lohngelder zu stehlen. Doch sie werden von der eifersüchtigen Ehefrau des Gelegenheitsverbrechers verraten. Die Gaunerkomödie schildert auch die historischen Umstände einer in Umbrüchen befindlichen Epoche. Der Kriminalfall spitzt die Konflikte zu und lässt sie durch ihre komischen Ausprägungen deutlicher hervortreten.

Kohlhaase thematisiert ironisch gesellschaftspolitische Widersprüche: Die gesellschaftliche Ordnung ist brüchig, wenn sich ein Krimineller zum Polizisten umschulen lässt. Während seiner Ausbildung entwickelt der Kriminelle ungewöhnliche Kriterien für das politische Feindbild der DDR, wenn er beklagt: »Frühsport ist Faschismus«. Die Figuren streben nicht nach sozialistischen Idealen, sondern verfolgen individuelle kapitalistische Interessen. Der ehemalige Ober und schmalzige Galan Graf, gespielt von Götz George, träumt vom gesellschaftlichen Aufstieg. Der atheistische Grabprediger Markward (Rolf Hoppe) und der Halbprofi und Witzbold (Otto Sander) sollen dabei helfen. Der Kommissar, ein alter Sozi, verdächtigt wiederum den Bankdirektor. Dass dieser sich als unschuldig erweist, kommentiert er trocken: »Nicht jeder Klassenfeind ist ein Kassendieb.«

Der Film besticht durch seine soziale Genauigkeit sowohl in der Figurengestaltung als auch in der bis ins Detail sorgfältigen Auswahl der Schauplätze und Gestaltung der Innenausstattung. *Der Bruch* wirkt wie »eine Trümmer-Ballade in matten Farben« (Segler). Die besondere Wirkung resultiert aus den knappen Dialogen und der gedämpften Komik der Figurengestaltung. Diese sticht umso stärker hervor, als der Film mit nur wenigen Schauplätzen auskommt und in seiner Konzentration auf die schauspielerische Leistung die Züge eines Kammerspiels annimmt. Darsteller aus West- (Götz George, Otto Sander) und Ostdeutschland (Rolf Hoppe, Ulrike Krummbiegel) stehen gemeinsam vor der Kamera. Ihre Gesichter sind in zahllosen Großaufnahmen zu sehen und geben dem einen besonderen Akzent. Claudius Seidl begründet die Genauigkeit der optischen Gestaltung in der spezifischen Vorgehensweise des Regisseurs: »Frank Beyer hat keine Botschaft, er sucht nach der Wahrheit, und diese Wahrheit steckt in jedem Detail der Story, jedem Moment der Inszenierung.«

Kurz vor dem Ende der DEFA-Geschichte markiert *Der Bruch* einen Übergang zu offeneren, absichtsloseren Erzählformen, deren Zielrichtung nicht mehr primär im Vermitteln einer politischen Botschaft, sondern in der Lust am Spiel liegt. Der Film wurde 1990 mit dem Ernst-Lubitsch-Preis ausgezeichnet.                    *Joan Kristin Bleicher*

*Literatur:* Willi Karow: Ein Drehbuchautor, der sich einmischt. Interview mit Wolfgang Kohlhaase. In: Journal Film Nr. 18. Dezember/Januar 1989. S. 15–19. – Daland Segler: *Der Bruch.* In: epd Film (1989) Nr. 4. S. 35.

# Die Katze

D 1988   f 118 min

R: Dominik Graf
B: Uwe Erichsen und Christoph Fromm (nach dem Roman *Das Leben einer Katze* von Uwe Erichsen)
K: Martin Schäfer
D: Goetz George (Probek), Gudrun Landgrebe (Jutta), Joachim Kemmer (Voss), Heinz Hoenig (Junghein), Ralf Richter (Britz)

Probek ist der klassische eiskalte Bankräuber und Macho, dem es allein ums Geld geht. Sein Verhältnis zu Jutta, der frustrierten Ehefrau des Bankfilialleiters, ist von Anfang an zwiespältig. Die animalisch wirkende Kopulationsszene der schwitzenden Körper in der Eingangssequenz wirkt zwar eher reißerisch, soll aber das Unterkühlte ihrer Liebesbeziehung andeuten. Probek und Jutta planen mit der Hilfe von zwei Handlangern, Junghein und dessen Gangsterlehrling, die Bank von Juttas Mann zu überfallen, ihn und die Angestellten als Geiseln zu nehmen, Geld zu erpressen und dieses von Jutta in Sicherheit bringen zu lassen.

Er dirigiert den Überfall per Funk vom gegenüberliegenden Hotel und ist dabei der Polizei immer einen Schritt voraus. Ihre Umstellungsversuche genau beobachtend, sabotiert er ihre Anläufe, das Bankgebäude zu stürmen, indem er in einer spektakulären Szene unter ihre Einsatzfahrzeuge kriecht und dort Feuer legt. In spannungsreichen Parallelmontagen schaltet Graf zwischen den drei Handlungsorten hin und her: die beiden Geiselnehmer und ihre Geisel in der Bank, die Polizei und Probek im Hotel liefern sich einen immer weiter eskalierenden Nervenkrieg. Anfangs tappt die Polizei trotz enormen logistischen Aufwands im Dunkeln, bis sie schließlich Probeks Funksprüche aufschnappt, seine Position anpeilt und ihn dann immer stärker einkreisen kann. Er wird am Ende in einer überzogenen Sterbeszene von Polizeikugeln durchsiebt, während sich Jutta und vor allem ihr Mann als die überraschenden Gewinner in dem intrigenreichen Katz-und-Maus-Spiel entpuppen.

Nicht nur durch die Tatsache, dass Probek den Banküberfall von außen leitet, sondern durch zwei sich überlagernde Dreieckskonstellationen gelingt es Graf, eine atmosphärische Dichte zu erzeugen, bei der die Entwicklung der Handlung bis zuletzt unberechenbar bleibt. Probek und Jutta benutzen sich gegenseitig, um Juttas Mann zu überlisten. Der Bankfilialleiter, die vermeintlich schwächste Figur, übergibt sich zwar aufgrund der enormen Stresssituation in der Bank, ist aber letztendlich der berechnendste Spieler von allen. Geschickt lanciert er an die Polizei per Telefonat mit seiner Frau die Information, dass Probek, den die Polizei verzweifelt sucht, sich im selben Hotel wie sie befindet.

Probek, Junghein und Voss, der Einsatzleiter der Polizei, bilden das andere Rivalitätstrio. Voss und Junghein sind alte Bekannte. Voss ist es, der ihn beim letzten Coup schnappen konnte und so lange bearbeitete, bis Junghein Probek verpfiff. Als Junghein von Voss erfährt, dass Probek von diesem Verrat weiß, gesteht er seine Schuld. Er weiß jetzt, dass Probek ihn nur aus dem Knast herausgeholt hat, um ihn ins offene Messer, das heißt ins Visier seines Zielfernrohrs, rennen zu lassen.

Heinz Hoenig gelingt die überzeugendste schauspielerische Leistung, denn er durchbricht die ansonsten vorherrschende professionelle Coolness mit echten Emotionen. Graf inszeniert die kurzen Begegnungen zwischen Probek und Jutta als verzweifelte Pseudo-Lustekstasen. Bei einer leidet der tapfer gegen sein Schimanski-Image anspielende Götz George sogar an Potenzschwäche. Gudrun Landgrebe changiert zwischen höriger Gangsterbraut und durchtrieben-lasziver *femme fatale*. Ihre Darstellung bleibt zu wenig konturiert; dass sie die Katze sein soll, wird nicht hinreichend plausibel.

Trotz dieser Schwächen, weniger des Plots selbst als seiner Umsetzung, ist es Graf dank seines Geschicks für gutes Timing und dank der raffinierten Kontrastierung von Materialschlacht (Probeks professionelle Ausrüstung steht den aufwändigen mit perfektem Kalkül installierten Apparaturen der Polizei in nichts nach) und Nervenkrieg gelungen, einen mitreißenden deutschen Actionthriller zu inszenieren. Er versetzt den Zuschauer in eine permanente Anspannung und beweist dadurch sein handwerkliches Geschick.

Martin Schäfers Kamera leistet sich nur wenige verwackelte Bilder, und diese sind inhaltlich motiviert, wenn zum Beispiel Probek und ein Polizist einen packenden Zweikampf in den labyrinthischen Gängen des Hotels veranstalten. Das Tempo entsteht durch die Konfrontation der Bilder, das heißt durch den geschickten Wechsel zwischen den unterschiedlichen Handlungsorten.

Das Handlungsgerüst des Geiselkrimis ist bekannt und in Filmen wie John McTiernans *Die Hard* (*Stirb langsam*, 1988) um ein paar erstklassige Actionszenen mit den nötigen Pyroeffekten reicher. Letztendlich sind solche Actionfilme auf der Beziehungsebene eindimensional, das Verhältnis der einzelnen Personen zueinander eindeutig und die Trennungslinie zwischen Gut und Böse meist unverrückbar festgeschrieben. Graf dagegen gelingt – durch seine komplexen Beziehungsstrukturen und psychologisch motivierten Spannungsfelder zwischen den einzelnen Figuren – ein differenzierter Thriller, der auf reine Actionszenen als pure Schauwerte verzichtet.                *Ivo Wittich*

*Literatur:* Peter Körte: Dominik Graf. In: Hans-Michael Bock: Cinegraph. Lexikon zum deutschsprachigen Film. München 1984 ff.

# Dick Tracy

Dick Tracy

USA 1990    f 103 min

R: Warren Beatty
B: Jim Cash und Jack Epps jr. (nach dem gleichnamigen Comic
   von Chester Gould)
K: Vittorio Storaro
M: Danny Elfman und Stephen Sondheim
D: Warren Beatty (Dick Tracy), Madonna (Breathless Mahoney),
   Al Pacino (Big Boy Caprice), Charlie Korsmo (Kid)


Dick Tracy, der heldenhafte Polizist der Stadt, zerreißt sich
zwischen seiner Pflicht und seiner Liebe zu Tess Trueheart.
Beide nehmen den Waisenjungen ›Kid‹ bei sich auf, in ihre familiären Pläne platzt jedoch immer wieder ein Notruf. Denn
unter Leitung von Big Boy Caprice haben sich die Gangster
der Stadt zusammengetan, um mit Erpressung und verbote-
nem Glücksspiel reich zu werden. Die Geliebte des Gangs-
terchefs, Breathless Mahoney, stellt Tracy nach. Als Trueheart gekränkt die Stadt verlässt und Tracy in einen betrüge-
rischen Hinterhalt gerät, scheint er am Ende. Doch mit
›Kids‹ Hilfe kann er das Komplott gegen sich aufdecken. Caprice hat inzwischen die gesamte Stadt unter seine Kontrolle
gebracht. Tracy hört Caprice jedoch mit einer Wanze ab und
räumt nun mit dem Verbrechen auf. In einem Showdown,
der an die Schlussszenen von Robert Zemeckis *Who Framed
Roger Rabbit* (1987) erinnert, gelingt es Tracy, Caprice un-
schädlich zu machen. Schließlich enttarnt er den großen Unbekannten, der Caprices Geschäfte übernehmen wollte.

   Schon die Eröffnung des Films zeigt, dass Beatty eine
Hommage an die Comic-Serie *Dick Tracy* aus den dreißiger Jahren liefert, obwohl er die Geschichte mit realen
Schauspielern erzählt. Chester Gould hat mit Dick Tracy
1931 den Detektiv-Comic populär gemacht. Schon 1937
gab es eine erste Kinoverfilmung. In Beattys Film eröffnet

die Kamera den Blick auf ein großes Stadtpanorama. Die
Stadt wirkt mit ihren Wolkenkratzern und Highways, die
irgendwo am Horizont verschwinden, unendlich. Es ist die
Stadt an sich, deren Körper immer weiter um sich greift,
obwohl schon Millionen Menschen in ihr leben. In ihrer
Größe ist sie dem Moloch Metropolis in Tim Burtons *Batman* (1989) gleich, doch durch ihre Helligkeit und ihre Farben erscheint sie als deren Gegensatz. Der gesamte Film ist
in den plakativen Druckfarben eines Comics gehalten: rot,
blau, gelb, grün, orange, violett sowie schwarz und weiß.
Dadurch wirkt das Geschehen schematisch und künstlich
und erscheint als ein ins Leben zurückgeholter Comic. Der
Disney-Konzern wollte mit diesem Film an den Erfolg der
Comic-Verfilmung von *Batman* ein Jahr zuvor anknüpfen,
was jedoch nicht gelang, da die Figur des Dick Tracy nicht
mehr so allgegenwärtig wie die Batman-Figur war.

Die Figuren in *Dick Tracy* werden durch Farbkontraste
charakterisiert. Tracy trägt einen gelben Mantel und Hut,
seine Gegenspieler sind in dunkleren Farben gekleidet. Die
effektvolle Farbgebung macht aus den Kulissen und den
Requisiten Gegenstände, die sich selbst zitieren. Autos
fahren wie übergroße Spielzeugmodelle auf den Straßen.
Die Verfremdung der Requisite auf ihr comic-haftes Zitat
macht den Film zur Pop-Art. Der Film hat deshalb den
Oscar für die beste Kulisse erhalten. Der kleine Waisenjunge wirkt zuerst durch seine alltäglichen Farben innerhalb des plakativen Comicgeschehens deplatziert, bis er
selbst neu eingekleidet und damit in die Comic-Welt aufgenommen und integriert wird. Ist ›Kid‹ für die Zuschauer
Identifikationsfigur und ein Sympathieträger, so soll er die
Zuschauer durch diesen Designwechsel in ihrem Alltag abholen und sie in das Comic-Geschehen hineinziehen. Die
besondere Rolle, die Charlie Korsmo als einziges Kind in
dem Film spielt, ist typisch für Disney-Filme.

Die Erzählweise wirkt schematisiert, weil sie in weiten
Teilen an die Abfolgen der *comic panels* erinnert. Insbe-

Warren Beatty, der auch Regie führte, als *Dick Tracy* gemeinsam mit seiner Freundin Tess Trueheart (Glenne Headly) in einem Diner.

sondere die geraffte, dialoglose Darstellung der Razzien in der Stadt wirkt als eine slapstick-artige Comic-Geschichte eines Daumenkinos.

Ebenso sind die Charaktere der Gangster stilisiert, so dass sie als Verkörperung einzelner Merkmale erscheinen. Dies entspricht zunächst dem Genreprinzip, doch wird das Schema durch die comic-hafte Überhöhung besonders sichtbar. Die Gesichtszüge und Haltungen der Figuren sind so überformt, dass sie ihre innere Haltung im Gesicht tragen. Shoulder hat einen Buckel, das Gesicht von Little Face sitzt viel zu klein in seinem überdimensional breiten Kopf, Murmler (Mumbles) redet so schnell, dass ihn niemand versteht. Zu Recht haben die Maskenbildner des Films den Oscar erhalten.

Die Polizisten, Tracy und seine Freundin Tess Trueheart, der Waisenjunge und Breathless Mahoney (Madonna) sind dagegen weniger stilisiert und zeigen ein indivi-
duelles Mienenspiel. Dennoch stehen sie nicht in allzu
großem Gegensatz zu ihren Gegenspielern. Der gelbe
Mantel Tracys und die schüchterne und zurückhaltende
Trueheart, vor allem aber die leicht bekleidete, lasziv-auf-
dringliche Mahoney sind comic-haft überzeichnete Darstellungen menschlicher Verhaltenszüge. Madonna lässt
durch die Gestaltung ihrer Rolle Assoziationen mit Marilyn Monroe entstehen.

Die Darstellung Warren Beattys stieß auf Kritik, weil er
angeblich unfähig sei, Tracys Gefühle zu zeigen und
menschlich zu reagieren. Doch Beatty spielt einen Comic-
Helden, der keine Gefühle zu haben hat, sich in jeder
Lage korrekt verhält und als Held immer gewinnt. Nur
der Waisenjunge ›Kid‹ entlockt Tracy Emotionen, weil er
Polizist werden will und sich Dick Tracy jr. nennt.

Zwischen den Comic-Verfilmungen *Dick Tracy* und
*Batman* bestehen zahlreiche Parallelen: Beatty entspricht
in seiner Darstellung der Figur des Tracy dem Darsteller
Michael Keaton als Batman, Al Pacino als Bösewicht Big
Boy Caprice gleicht Jack Nicholson als Joker. Madonna
spielt die Schöne wie ein Jahr zuvor Kim Basinger, sie bietet mit ihrem Soundtrack ein zusätzliches Angebot wie
Prince mit den *Batman*-Songs. Stephen Sondheim hat jedoch mit »Sooner or later (I always get my man)« den Oscar für den besten Song erhalten.

Der Film war der meistbeworbene des Jahres 1990,
denn er sollte ähnlich erfolgreich sein wie ein Jahr zuvor
*Batman*. Deutlich lassen sich daran die Verwertungsstrate-
gien der großen Filmgesellschaften Anfang der neunziger
Jahre erkennen und zugleich, dass solche Konzepte nicht
immer aufgehen. *Dick Tracy* erreichte nicht die Einspieler-
gebnisse von *Batman*, gewann aber drei Oscars.

*Klaas Klaassen*

# Vertrag mit meinem Killer

I Hired a Contract Killer

SF/S 1990    f 80 min

R: Aki Kaurismäki
B: Aki Kaurismäki (nach einer Idee von Peter von Bagh)
K: Timo Salminen
D: Jean-Pierre Léaud (Henri), Margi Clarke (Margaret), Kenneth
   Colley (Killer), Trevor Bowen (Abteilungsleiter), Nicky Tesco
   (Pete), Charles Cork (Al), Michael O'Hagan (Chef der Killer),
   Walter Sparrow (Mann an der Rezeption), Joe Strummer (Pub-
   Gitarrist), Serge Reggiani (Vic), Aki Kaurismäki (Sonnenbril-
   lenverkäufer)

Im Hinterzimmer eines zwielichtigen Londoner Lokals
findet eine entsprechend zwielichtige Transaktion statt:
Ein Mann gibt bei dem Chef eines Profikiller-Rings einen
Mord in Auftrag – ein klassisches Motiv des Kriminalfilmgenres mithin. Das Ungewöhnliche ist nur: Der zu
Ermordende ist selbst der Auftraggeber. Wie es zu dieser
paradoxen Situation kommen konnte und welche Folgen
sie zeitigt, erzählt Kaurismäkis Film.

Henri Boulanger, ein in London lebender Franzose, ist
Angestellter der Königlichen Wasserwerke. Infolge von
Rationalisierungsmaßnahmen wird er fristlos entlassen,
zumal er Ausländer ist; als Anerkennung für seine fünf-
zehnjährige Mitarbeit erhält er eine Armbanduhr, die freilich nicht funktioniert. Henri beschließt, sich das Leben
zu nehmen. Seine Suizidversuche schlagen jedoch fehl:
Der Haken, an dem er sich aufhängen will, bricht aus der
Wand; und als er seinen Kopf in die Ofenröhre steckt,
wird die Gaszufuhr just in diesem Moment wegen eines
Streiks unterbrochen.

Henri lässt sich, durch einen Zeitungsbericht über Auftragskiller inspiriert, per Taxi in die ›Honolulu Bar‹, ein
Unterwelt-Lokal, fahren, wo er den Vertrag über seine

Ermordung abschließt; seine Begründung lautet, er sei zu feige, sich selbst zu töten. Zwei leutselige Ganoven, Al und Pete, laden den strikten Antialkoholiker anschließend auf ein Ginger Ale ein, können ihn jedoch trotz ihrer Hinweise auf die Schönheit des Lebens, das ein »Geschenk des Herrn« sei, nicht von seinem Plan abbringen.

Nachdem Henri in seiner Wohnung eine Weile auf den ihm unbekannten Killer gewartet hat, sucht er erstmals den Pub gegenüber auf; er bestellt Whisky und beginnt heftig zu rauchen. Nach Alkohol und Tabak offenbart sich ihm an diesem Abend schließlich auch noch die Liebe: Sie betritt das Lokal in Gestalt der blonden Rosenverkäuferin Margaret. Mit wohl nie gekannter Resolutheit spricht Henri die junge Frau an: »Wie heißen Sie?« Margaret setzt sich an seinen Tisch; zum Abschied erhält er ihre Adresse und einen Kuss auf die Stirn.

Nach diesem Erweckungserlebnis will Henri nicht mehr sterben; er flieht vor dem Killer, der bereits in seiner Wohnung auf ihn wartet, zu Margaret. Ihr Vorschlag, den Mordauftrag rückgängig zu machen, lässt sich nicht mehr realisieren: Henri muss anderntags feststellen, dass die ›Honolulu Bar‹ unterdessen abgerissen wurde. Abends taucht der Killer, der Margaret beschattet hat, in ihrer Wohnung auf. Geistesgegenwärtig schlägt sie ihn mit einer Vase nieder, dann flüchtet sie mit Henri in ein kleines Hotel.

Der auf Henri angesetzte Killer erfährt von seinem Arzt, dass er höchstens noch zwei Monate zu leben habe. Henri trifft derweil in einem Pub die Ganoven Pete und Al wieder. Er folgt ihnen in ein benachbartes Juweliergeschäft, das sie eben auszurauben im Begriff sind. Eher versehentlich schießt Al den Juwelier in die Brust; die Räuber fliehen und drücken dem bewegungsunfähigen Henri die Tatwaffe, eine Pistole, in die Hand. Hilflos blickt er in das Objektiv einer an der Decke montierten Überwachungskamera. Die Abendzeitungen bringen sein Foto auf der Titelseite; er wird als Täter gesucht.

Henri verabschiedet sich brieflich von Margaret und taucht als Koch in einem kleinen Imbissrestaurant unter, das sein Landsmann Vic betreibt. Margaret erfährt seinen Aufenthaltsort vom Portier ihres Hotels, der Henri dort gesehen hat. Sie fährt zu ihm; beide beschließen, nach Frankreich zu fliehen. Auf dem Bahnhof liest Margaret in einer Zeitung, dass Al und Pete mit ihrer Beute verhaftet wurden und Henris Unschuld somit erwiesen ist.

Inzwischen hat der Killer Henri gestellt. Er erklärt, er habe Krebs und werde bald sterben. Henri antwortet, das tue ihm leid. »Wieso? Dann komm ich endlich hier weg«, meint der Killer. Er zieht seine Pistole, zielt auf Henri, richtet die Waffe dann auf die eigene Brust und erschießt sich. Margaret kommt in einem Taxi angerast, das Henri beinahe überfährt – aber eben nur beinahe.

*I Hired a Contract Killer* ist Kaurismäkis Opus 8 und sein erster außerhalb Finnlands und mit internationaler Besetzung gedrehter Film. Schon die Eröffnungseinstellungen – eine Bilderfolge verfallender Häuser und Läden im Londoner Stadtteil East End – zeigen jedoch, dass es sein England im Hinblick auf Tristesse und Unwirtlichkeit durchaus mit der finnischen Tundra aufnehmen kann. »Denn überall, wo Kaurismäki seine Kamera aufstellt«, ist Finnland«, schreibt Andreas Kilb. Und Beate Rusch ergänzt: »Dabei ist Helsinki oder Finnland nicht die Stadt oder das Land, sondern ein Prinzip. Ein Prinzip, dem Kaurismäkis rastlose Helden zu entkommen versuchen.«

Kaurismäki zitiert in *I Hired a Contract Killer* Motive und Stilmittel des klassischen amerikanischen Gangsterfilms, nutzt sie aber vor allem als Folie für die Entfaltung seiner sehr europäischen, melancholisch-ironischen Weltsicht. Henri ist kein typischer Genre-Held, kein tatkräftiger *tough guy*, der sein Schicksal optimistisch in die Hand nimmt; die Ereignisse treffen ihn mit kafkaesker Zwangsläufigkeit, und seine wenig erfolgreichen Reaktionen wirken anrührend traurig und slapstickhaft komisch zugleich. Auch die anderen Figuren des Films gehen durchaus nicht in ihrer jeweiligen dramaturgischen Funktion auf. Selbst Henris Antagonist, der Killer, wird zum Sprachrohr des Kaurismäki'schen Pessimismus: »Das Leben ist eine Enttäuschung«, resümiert er, bevor er sich erschießt.

Kaurismäki erzählt die Geschichte Henri Boulangers mit der Geradlinigkeit und grotesken Zuspitzung eines frühen Chaplin-Films. Überhaupt zeigen seine Arbeiten eine im Gegenwartskino selten gewordene Affinität zum Stummfilm; so erfolgt etwa die Einführung Henris in dialogfreien Szenen aus dessen Arbeitsalltag, wodurch nicht zuletzt seine Isolation betont wird. (1998/99 drehte der Regisseur mit *Juha* folgerichtig einen reinen Stummfilm.) Kaurismäkis orientiert sich an Bresson, Ozu und Buñuel; sein Personalstil lässt sich als strikter Minimalismus charakterisieren: lakonisch-pointierte Dialoge, ein zurückhaltender darstellerischer Gestus (»No acting!« lautet ein Diktum des Regisseurs), wenige, aber funktional präzise Kamerabewegungen, eine sorgfältige Farbdramaturgie: weithin graublaue Monochromie mit einzelnen Gegenakzenten wie Margarets leuchtend blauen und roten Kostümen. Auch die teilweise skurrilen Nebenfiguren – die beiden Gauner, der Hotelportier, der Imbissbesitzer Vic – werden liebevoll und prägnant gezeichnet. Eine exponierte Rolle kommt, wie immer in Kaurismäkis Filmen, der Musik zu: sparsam, aber wirkungsvoll dosierte Bluesnummern, gekrönt durch eine Live-Performance, einen Pub-Auftritt des *The Clash*-Sängers Joe Strummer.

Kaurismäkis frühere Filme tendierten entweder zum sozialen Realismus (*Ariel*, 1988) oder zum Absurden (*Leningrad Cowboys Go America*, 1989). *I Hired a Contract Killer* zeigt eine eindringliche Synthese beider Elemente: der existentielle Ernst und die komische Distanziertheit des Films bedingen und verstärken einander.

*Christian Maintz*

*Drehbuch*: Aki Kaurismäki: *I Hired a Contract Killer* oder Wie feuere ich meinen Mörder. Zürich 1991.
*Literatur:* Andreas Kilb: Begrabt mein Herz an der Müllkippe. In: A. K.: Was von den Bildern blieb. Ausgewählte Filmkritiken und Aufsätze 1987–1996. Potsdam 1997. – Beate Rusch (Hrsg.): Schatten im Paradies. Von den *Leningrad Cowboys* bis *Wolken ziehen vorüber.* Die Filme von Aki Kaurismäki. Berlin 1997. [Finn. Orig. 1996.] – Jürgen Felix: Aki Kaurismäki. In: Thomas Koebner (Hrsg.): Filmregisseure. Biographien, Werkbeschreibungen, Filmographien. Stuttgart 1999.


## Das Schweigen der Lämmer

The Silence of the Lambs

USA 1991    f 118 min

R: Jonathan Demme
B: Ted Tally (nach dem gleichnamigen Roman von Thomas Harris)
K: Tak Fujimoto
M: Howard Shore
D: Jodie Foster (Clarice Starling), Anthony Hopkins (Dr. Hannibal »The Cannibal« Lecter), Scott Glenn (Jack Crawford), Ted Levine (»Buffalo Bill« Jame Gumb)


FBI-Agent Jack Crawford ist hinter »Buffalo Bill« her. Der Psychopath entführte und tötete bisher fünf junge Frauen, denen er anschließend Teile ihrer Haut abzog. Um ihm auf die Spur zu kommen, setzt Crawford seine ehrgeizige Schülerin Clarice Starling auf einen anderen Serienmörder an, den inhaftierten Psychiater Dr. Hannibal Lecter. Crawford kennt Lecters Intellekt, der die menschliche Psyche seiner Gesprächspartner ebenso schonungslos zu sezieren weiß wie die Opfer seines kannibalistischen Treibens. Clarice Starling trifft Lecter im Hochsicherheitstrakt einer geschlossenen Anstalt. Am Ende eines

verliesartigen Ganges erwartet Lecter sie in seiner aufge-
räumten und mit Zeichnungen geschmückten Zelle. Er
merkt Starling sofort an, dass sie noch in der Ausbildung
ist. Sie kann ihn nicht dazu überreden, einen vorbereiteten
Fragebogen auszufüllen. Stattdessen stellt Lecter Fragen
nach »Buffalo Bill« und konfrontiert sie mit einer Analyse
ihrer Psyche. Er lässt sie seine Überlegenheit spüren und
versucht sie durch einen Hinweis auf sein vor zehn Jahren
angelegtes Versteck zu ködern.

Dort findet Starling den konservierten Kopf eines Mannes, der sich wie eine Frau geschminkt hat. Starling befragt Lecter zu dem Fund, erhält jedoch nur undeutliche
Hinweise. Er bietet Starling an, ein psychologisches Profil
von »Buffalo Bill« zu erstellen, und will dafür in eine andere Anstalt verlegt werden.

Als »Buffalo Bill« sein sechstes Opfer, die Tochter der
Senatorin Martin, entführt, geht Starling auf Lecters Angebot ein. Lecter soll anhand der FBI-Unterlagen ein Psychogramm von »Buffalo Bill« erstellen. Im Gegenzug will
sie dafür sorgen, dass er aus seinem Kellerverlies in ein
oberirdisches Gefängnis verlegt wird. Außerdem soll er
jährlich eine Woche unter strenger Bewachung Freigang
auf einer einsamen Insel erhalten. Lecter fordert nun ein
weiteres *quid pro quo*: Starling soll ihm auf persönliche
Fragen antworten. Sie ist einverstanden und erzählt vom
frühen Tod ihres Vaters, der als Polizist im Dienst starb,
und davon, dass sie anschließend von der Ranch ihres Onkels weglief. Lecter klärt Starling darüber auf, dass »Buffalo Bill« ein Transsexueller sei, der sich selbst hasse und
sich nach Verwandlung sehne. Lecter vermutet, dass Bill
sich in einschlägigen Kliniken einer Geschlechtsumwand-
lung habe unterziehen wollen und dort seine Identität
preisgegeben habe.

Anstaltsleiter Chilton sperrt sich gegen Lecters Verlegung; er bietet dem Gefangenen einen Deal an: Wenn dieser der Senatorin in Anwesenheit des Direktors den wirk-

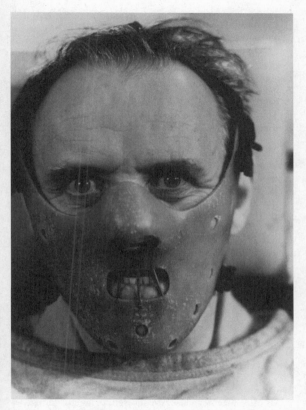

Anthony Hopkins mit einer Eishockeymaske, die in *Das Schweigen der Lämmer* den Transport des Dr. Hannibal »The Cannibal« Lecter sicherer gestalten soll.

lichen Namen »Buffalo Bills« verrät, könnte Chilton dies
als Erfolg seiner Arbeit verbuchen und würde sich für
eine Verlegung einsetzen. Chilton arrangiert nach Lecters
Zustimmung mit FBI-Chef Burke (gespielt von Regisseur
Roger Corman) und der Senatorin ein Treffen auf dem
Flughafen in Memphis und erhält Hinweise auf »Buffalo
Bills« Identität.

Währenddessen hat »Buffalo Bill« die Senatorentochter
im Keller seines Hauses in ein Erdloch gebracht. Sie muss
regelmäßig ihre Haut mit einer Lotion einreiben.

Starling besucht Lecter, der inzwischen in einem geräu-
migen, salonähnlichen Raum in einem Käfig unterge-
bracht worden ist, zum vierten Mal. Die Begegnung wird
filmisch wie eine Liebesszene dargestellt. Die Kamera
rückt mit jedem Schnitt näher an die Gesichter der beiden
heran und überbrückt die durch den Käfig und eine Ab-
sperrung vorgegebene Distanz. Starling offenbart, dass das
Schlachten der Lämmer der Grund für ihre Flucht von der
Ranch ihres Onkels gewesen sei. Sie habe die Lämmer
nicht vor ihrem Schicksal bewahren können, sie träume
bis heute vom Schreien der Lämmer. Lecter sieht in diesem Trauma den Grund für den Ehrgeiz, mit dem sie die
Opfer »Buffalo Bills« zu retten versucht. Er gibt ihr die
FBI-Akte über »Buffalo Bill« zurück und erklärt ihr, dass
darin alles notiert sei, um den Täter zu finden. Als Starling
die Akte entgegennimmt, kommen sich beide gefährlich
nahe. Doch Lecter streicht ihr sanft über die Hand. Bevor
er ihr anschließend »Buffalos« richtigen Namen nennen
kann, werden sie unterbrochen. Der Anstaltsleiter Chilton
bringt Starling in Begleitung zweier Polizeibeamter aus
dem Raum, er beansprucht Lecter als seinen Patienten.

Als die Wächter das Abendessen bringen, gelingt es
Lecter, sie zu überwältigen. Mit einem Kugelschreiber,
den ironischerweise Chilton selbst in der Zelle hat liegen
lassen, öffnet Lecter seine Handschellen und richtet seine
Bewacher regelrecht hin. Als das Massaker entdeckt wird,

ist Lecter offenbar verschwunden. Ein Wächter lebt noch und wird ins Krankenhaus gefahren. Im Ambulanzwagen entpuppt sich der Wächter als Lecter, der seinem Opfer die Gesichtshaut abgezogen und sich als Maske übergestülpt hatte.

Währenddessen studiert Starling die Papiere, die Lecter ihr gab, mit einer Kollegin. Zusammen finden sie heraus, dass der Täter sein erstes Opfer gekannt haben muss. Die Reihenfolge, in der die Opfer gefunden wurden, stimmt nicht mit der Reihenfolge ihrer Entführung überein, das erste Mädchen war in Belvedere/Ohio mit Steinen beschwert in einen Fluss geworfen worden und tauchte daher erst später auf.

In Belvedere entdeckt Starling in der Wohnung des ersten Opfers Fotos sowie Nähschnitte. Sie kombiniert, dass »Buffalo Bill« sich aus fremder Haut ein eigenes Kostüm nähen will. Als sie Crawford verständigt, winkt dieser ab. Er hat den richtigen Namen von »Buffalo Bill«, Jame Gumb, herausgefunden und ist unterwegs nach Chicago, um ihn dort festzunehmen. Starling bleibt daraufhin in Belvedere. Von einer ehemaligen Freundin der Toten erfährt sie die Adresse einer Schneiderin im Ort.

Gleichzeitig umstellen Crawfords Leute das Haus in Chicago. Ein getarnter Blumenbote klingelt an der Tür. Gumb hört in seinem Keller das Klingeln und geht langsam zur Haustür. In einer Parallelmontage sieht man Starling, wie sie vor dem Haus der Schneiderin parkt. Gerade als Crawford den Befehl zum Stürmen des Hauses gibt, öffnet Gumb die Tür. Vor der Tür steht Starling, Crawford in Chicago stürmt dagegen ein verlassenes Haus. Gumb lässt Starling eintreten, die ihren FBI-Ausweis zeigt und sich nichts ahnend nach dem Verbleib der Näherin erkundigt. Im Verlauf der Unterhaltung erkennt sie, dass der Mann, der sich als Gordon ausgibt, Jame Gumb ist. Bevor sie ihn stellen kann, flüchtet er in den Keller. Sie folgt ihm mit gezogener Pistole. Im Trainingscamp hatte

sie bei einem vergleichbaren Übungseinsatz ihre Deckung
vernachlässigt. Jetzt, als sie dem Serienmörder auf der
Spur ist, schließt sie auf ihrem Weg alle Türen und hält
sich an der Wand, um ihr Leben nicht zu gefährden. Sie
ruft der entführten Tochter der Senatorin, die noch im
Erdloch gefangen gehalten wird, zu, sie befinde sich in Sicherheit.

Starling entdeckt im Keller die Nähmaschine und das
halbfertige, bizarr erscheinende Kostüm aus der Haut von
Gumbs früheren Opfern. Plötzlich geht das Licht aus,
Starling irrt orientierungslos in den verschachtelten Keller-
räumen umher. Gumb schaut ihr dabei durch ein Nachtsichtgerät zu, ihn fasziniert das angstvolle Keuchen der
Agentin und ihr hilfesuchender Blick. Er zieht seine Waffe
und zielt auf Starling, die nichts ahnend weitersucht.
Gumb entsichert seine Waffe. Durch das Klicken weiß
Starling, wo er ist, und schießt mehrmals auf ihn. Als wie-
der Licht in den Keller dringt, liegt Gumb sterbend auf
dem Rücken, das Nachtsichtgerät ragt wie die Stielaugen
eines Insekts in die Höhe. Auf dem Fenstersims liegt eine
US-Flagge und ein Armeehelm, beides deutet ein Vietnam-
Trauma als mögliche Ursache für Gumbs Wahnsinn an.

Der Film spielt sich dort ab, wo der Schrecken zum
Grauen wird, im Bewusstsein. Lecter führt ›seine‹ Schülerin Starling Stück für Stück in die Psyche des »Buffalo
Bill« ein und offenbart sich damit auch selbst. Starling erfährt jedoch nur deshalb etwas von Lecter, weil sie ihre
traumatische Kindheit auferstehen lässt. Beide werden
gleichsam zu Verbündeten über die Grenzen der Moral
und der Vernunft hinweg. Als Starling gewinnt, zerstört
sie mit ihrem Schuss das Bild von der ängstlichen Frau,
das der Zuschauer durch Gumbs Nachtsichtgerät sah.
Während Gumb sich nach einer unerreichbaren Transfor-
mation sehnt, gelingt Starling die Verwandlung: Aus der
unbeholfenen jungen Frau vom Land wird eine durchset-
zungsfähige FBI-Agentin.

Diese Verwandlung findet in mehreren Stationen statt. Zu Beginn des Films sieht man Starling dem harten FBI-Training ausgesetzt. Als eine der wenigen Frauen beim FBI steht sie unter dem permanenten Druck, besser als die Männer sein zu müssen. Crawford erscheint als ihr Förderer und Forderer. Er achtet sie aufgrund ihrer Referenzen, ist in der Praxis aber unerbittlich. Ungerührt verletzt er Starling, indem er Sheriff Perkins wegen des Sexualverbrechens vor ihren Augen zu einem Gespräch unter vier Augen bittet. Dabei lässt er Starling allein inmitten der Beamten der lokalen Polizei zurück. In einer Rückblende steht Starling als Zehnjährige vor dem offenen Sarg ihres Vaters, der auch Polizist war. Anschließend muss sie ihren ganzen Mut aufbringen, um die Polizisten aus dem Autopsieraum hinauszukomplimentieren.

Lecter nimmt in ihrer ersten Begegnung direkt Bezug auf ihren Vater. Er bemerkt, dass sich Starling zum FBI hochgearbeitet hat, und wirft ihr ihre Herkunft vom Land vor. Die Provokation leitet Starlings Auseinandersetzung mit sich selbst ein, die Teil des *quid pro quo* von Lecter wird.

Im Showdown mit Gumb ist sie wieder die Verfolgte: doch verkehrt sie das Katz-und-Maus-Schema ins Gegenteil. Mit dem Licht, das nach ihren Schüssen auf Gumb in den Keller strahlt, wird die neue, erwachsene Starling sichtbar. Sie hat Gumbs Opfer gerettet, fortan schweigen die Lämmer in ihrem Kopf.

*The Silence of the Lambs* ist ein Psychothriller, der die Vorstellungskraft enorm beansprucht: Er deutet nur in vereinzelten Details die Gewohnheiten der Psychopathen Lecter und Gumb an und überlässt es dem Zuschauer, die Teile zu einem Bild zusammenzufügen. Allerdings nutzt Demme den Apparat Kino so perfekt, dass man sich der suggestiven Kraft der Bilder kaum entziehen kann. Demme mutet dem Zuschauer ›nur‹ zweimal den »Schnappschuss aus der Hölle«, wie er selbst das Grauen nennt,

direkt zu: Einem Engel gleich hängt ein Polizist mit
aufgeschlitztem Bauch an dem Käfig, aus dem Lecter
ausgebrochen ist. Und in Gumbs Haus zeigt Demme die
vermisste Schneiderin Lippman stark verwest in einer
Badewanne.

Den eigentlichen *thrill* schafft Demme aus den Andeu-
tungen der unmenschlichen Taten Lecters und Gumbs,
aus den Indizien des Horrors: ein kurzer Blick auf einen
gehäuteten Rücken, eine verkrustete Fingerkuppe oder
Lecters blutverschmiertes Gesicht. Die Einzelheiten des
angedeuteten Horrors fügen sich in der Phantasie des Zuschauers zum Ganzen, zum Schrecklichen zusammen. Damit bewegt sich *The Silence of the Lambs* auf der Grenze
zwischen ›realistischem‹ Thriller und ›utopischem‹ Hor-
ror.                                          *Klaas Klaassen*

*Literatur:* Klaus Theweleit: Sirenenschweigen, Polizistengesänge.
Zu Jonathan Demmes *Das Schweigen der Lämmer.* In: Andreas
Rost (Hrsg.): Bilder der Gewalt. Mit einer Kontroverse zwischen
Hans Günther Pflaum und Klaus Schreyer / Peter Sloterdijk;
Klaus Theweleit; Robert Fischer. Frankfurt a. M. 1994. S. 35–70. –
Werner Faulstich: Der neue Thriller: *The Silence of the Lambs*
(1991). In: W. F. / Helmut Korte (Hrsg.): Fischer Filmgeschichte.
Bd. 5: Massenware und Kunst 1977–1995. Frankfurt a. M. 1995.
S. 270–288. – Claudia Domschky: *Das Schweigen der Lämmer* von
John Demme. Motive und Erzählstrukturen. Alfeld 1996.

# Basic Instinct

Basic Instinct

USA 1991   f 128 min

R: Paul Verhoeven
B: Joe Eszterhas
K: Jan de Bont
M: Jerry Goldsmith
D: Sharon Stone (Catherine Tramell), Michael Douglas (Nick Curran), George Dzundza (Gus Moran), Jeanne Tripplehorn (Dr. Beth Garner), Denis Arndt (Lt. Walker)

Während eines Bondage-Sexspiels wird der Rockstar Johnny Boz von seiner Geliebten mit einem Eispickel getötet. Der desillusionierte und bisweilen unbeherrschte Inspektor Nick Curran vom Morddezernat San Francisco wird mit dem Fall betraut. Für ihn ist die Geliebte des Opfers, die Thriller-Autorin Catherine Tramell, die Hauptverdächtige, da sie unmittelbar zuvor einen Roman verfasst hat, in dem ein Rockstar von seiner Geliebten ermordet wird. Mit sexueller List und bestechender Intelligenz gelingt es Catherine, Nick für ihre Zwecke zu nutzen. Sie verführt ihn zum Rauchen, entfremdet ihn von seiner Geliebten, der Polizeipsychologin Dr. Elisbeth Garner, und erpresst ihn mit ihrem Wissen um einen beruflichen ›Fehltritt‹ seiner Vergangenheit. Catherines lesbische Freundin Roxy versucht in rasender Eifersucht, Curran zu überfahren, stirbt jedoch bei dem provozierten Unfall. Während sich Currans Liaison mit der schönen Autorin entwickelt, bringen seine Nachforschungen verblüffende Zusammenhänge ans Licht: Dr. Beth Garner und Catherine Tramell kennen sich vom gemeinsamen Psychologiestudium. Beide liefern jedoch widersprüchliche Darstellungen dieser offenbar intimen Bekanntschaft. Tatsächlich laufen die Fäden der Ermittlungen bei Dr. Garner zusammen. Currans Partner wird ermordet, er selbst erschießt Beth Garner aus vermeintlicher Notwehr. Doch in ihrer Hand hält sie statt einer Waffe nur einen Schlüssel. Belastende Beweise deuten dennoch auf die Tote als Täterin hin, und Curran kann den Fall – erfüllt von offensichtlichem Misstrauen – abschließen. Catherine wird seine neue Lebensgefährtin. Und sie hat ihren Eispickel immer in Reichweite.

Der Holländer Paul Verhoeven, nicht zu verwechseln mit dem deutschen Regisseur gleichen Namens, gehört in seiner Heimat zu den renommiertesten und populärsten Regisseuren. Seine Karriere nahm mit dem sensationellen Erfolg seiner betont ›obszönen‹ Love-Story-Variante *Turks Fruit* (*Türkische Früchte*, 1974) ihren Lauf. Mit *Keetje Tippel* (*Katies Leidenschaften*, 1975) und *Soldaat van Oranje* (*Soldiers*, 1977) etablierte er sich vor allem als Spezialist für historische Stoffe, woran er mit seiner ersten amerikanischen Produktion, dem Ritterepos *Flesh and Blood* (*Fleisch und Blut*, 1985), noch einmal anschloss. Erst 1984 betätigte er sich im Bereich des Thrillers und schuf mit dem erotisch-okkulten Vexierspiel *De vierde Man* (*Der vierte Mann*) eine konsequent symbolistische Variante des Hitchcock'schen Suspensedramas. *Basic Instinct* blieb nicht seine einzige Zusammenarbeit mit dem hoch bezahlten Drehbuchautor Joe Eszterhas; 1995 schufen beide die exploitative Las-Vegas-Farce *Showgirls*, die die schematische Konstruktion der Drehbücher dieses Autors auf dreiste Weise bloßstellte. Eszterhas schrieb bis heute drei Filmvorlagen, die die Spielart des Erotik-Thrillers nachhaltig prägten: *The Jagged Edge* (*Das Messer*, 1985, von Richard Marquand), *Basic Instinct* und *Jade* (1995, von William Friedkin). Alle diese Filme arbeiten mit einer mehrfach kodierten Lesbarkeit und liefern von Beginn an eine Reihe eindeutig verdächtiger bzw. schuldiger Charaktere, die alle in Zusammenhang mit dem jeweiligen Verbrechen stehen.

Eszterhas spekuliert weniger auf einen *whodunit*-Effekt

als vielmehr auf die vorprogrammierte Erwartungshaltung des Zuschauers, der sich nicht wirklich damit abfinden will, dass die einfachste aller Lösungen zutrifft: Catherine Tramell *ist* die Täterin. Und wenn der Film in der finalen Liebesszene noch immer mit jener ›Ungläubigkeit‹ spielt, ist das eher ein Zeichen inszenatorischer Ironie. Insofern hat sich Verhoeven bei *Basic Instinct* nicht wirklich auf neues Terrain begeben. Sharon Stone spielt eine Variante von Renée Soutendijks »Hexe« aus *De Vierde Man*, und Douglas ähnelt in seiner sexuellen Desorientiertheit sehr Jeroen Krabbés homosexuellem Schriftsteller, der für die begehrte Überfrau, jene archetypische *femme fatale*, sogar die sexuelle ›Ausrichtung‹ vergisst.

Verhoevens Porträt einer luxusversessenen Oberschicht ist bemerkenswert bitter. Zwar werden der Reichtum der Schriftstellerin, ihre Statussymbole und Privilegien, nüchtern präsentiert, doch die Perspektive ist geprägt von bösartigen Details: Promiskuität, Kokain, Misstrauen, Lüge, Verrat und latente Bereitschaft zur Gewalt auf allen Seiten kennzeichnen die Verhaltensmuster. Alle Protagonisten erweisen sich auf ihre Weise als schuldig: Catherine Tramell ist offenbar eine kaltblütige Mörderin, ihre lesbische Freundin Roxy trachtet Curran nach dem Leben, Curran hat »auf Kokain« versehentlich zwei Touristen erschossen, und Beth Garner machte einst Catherine Tramell das Leben schwer. Die Polizeibehörde erweist sich als korrupt und bestechlich. Lediglich Currans Partner ist ein gemütlicher, humorvoller *sidekick*, der obligatorische *buddy* des Polizeifilms.

Verhoevens Film hat mehr mit den im Hintergrund präsenten Hitchcock-Werken (*Vertigo*, *Marnie*) gemein, als viele Rezensenten seinerzeit eingestehen wollten. Mit ähnlicher audiovisueller Eleganz und Leichtigkeit präsentiert uns der holländische Regisseur ein augenzwinkerndes Illusionstheater, ein hochartifizielles Verwirrspiel, das vor allem beim näheren Hinsehen eine erstaunliche Fülle sorgfältig konzipierter Details und Gesten bietet. *Basic Instinct* kann und wird als ein Prototyp des *erotic-thriller* in die Geschichte dieses Subgenres eingehen.

*Marcus Stiglegger*

*Literatur:* Jean-Marc Bouineau: Le petit livre de Paul Verhoeven. Garches 1992. – Roger Ebert: *Basic Instinct*. In: Roger Ebert's Video Companion. Kansas City 1994. S. 54 f. – Rob van Scheers: Paul Verhoeven. London 1997. – Marcus Stiglegger: Tiere unter dem Firnis der Zivilisation. Die Filme des Paul Verhoeven. Tl. 2. In: Splatting Image. Nr. 33. März 1998. S. 21–25.

# Natural Born Killers

Natural Born Killers

USA 1994   f 121 min

R: Oliver Stone
B: David Veloz, Richard Rutowski, Oliver Stone (nach einem Drehbuch von Quentin Tarantino)
K: Robert Richardson
M: Budd Carr, Trent Reznor, Leonard Cohen u. a.
D: Woody Harrelson (Mickey), Juliette Lewis (Mallory), Tommy Lee Jones (Dwight McClusky), Robert Downey Jr. (Wayne Gale), Tom Sizemore (Scagnetti)

Ein abgelegenes Diner in der Wüste. – In ständig wechselnden Kameraperspektiven tanzt eine junge Frau vor der Musicbox. Als sie von einem der Gäste belästigt wird, macht sie kurzen Prozess mit ihm. Ihr Begleiter, der anfangs apathisch am Tresen saß, greift in das Geschehen ein und tötet einen weiteren Gast. Die Rednecks werden die jüngsten Opfer des Serienmörderpärchens Mickey und Mallory Knox auf ihrer Reise quer durch die USA. Die beiden massakrieren das Personal und alle Gäste des Restaurants, bis auf einen. Aus Prinzip lassen sie bei jedem ihrer Morde einen Überlebenden zurück, der von ihrer Tat berichten soll. Die Reise geht weiter. Auf einer Brücke schwören sich Mickey und Mallory ewige Treue. Seit Mickey Mallory aus der Gewalt ihres brutalen Vaters befreit hat, sind die beiden unzertrennlich. Die Medien stilisieren ihre Geschichte zum *outlaw*-Mythos, allen voran der Sensationsreporter Wayne Gale und das Team seiner Reality-TV-Show *American Maniacs*. In einer Art *work in progress* präsentiert er bereits die erste Spielfilmversion über Mickey und Mallory, während er sich selbst an ihre Fährte heftet. Auch der *true crime*-Schriftsteller und Polizeidetektiv Scagnetti folgt der Spur des Pärchens. Scagnetti scheint von Mallory besessen zu sein. In Sachen Perversion steht er dabei seinen Gegenspielern in nichts nach. Er misshandelt und ermordet eine Prostituierte, die für ihn die Rolle Mallorys übernehmen musste.

Mickey und Mallory fliehen vor der Polizei in die Wüste. Dort werden sie mit einem Schamanen konfrontiert, der die dämonischen Kräfte in ihrem Inneren erkennt. Mehr aus Angst als aus Mordlust tötet Mickey in einer Kurzschlussreaktion den Schamanen. Als die beiden kurz darauf von Schlangen gebissen werden, brechen sie in einen Drugstore ein, wo sie gestellt und von Scagnetti verhaftet werden. In der zweiten Hälfte des Films wandelt sich das *roadmovie* zum *prisonmovie*. Mickey und Mallory werden getrennt im Hochsicherheitsgefängnis des brutalen Schinders McClusky inhaftiert. Während eines Exklusiv-Interviews mit Wayne Gale gelingt es Mickey, via TV eine Revolte der Häftlinge anzuzetteln. McClusky, der mit Scagnetti die Ermordung seiner beiden prominenten Gefangenen plante, wird von den rebellierenden Häftlingen überwältigt. Mickey kann, begleitet von Gale, Mallory befreien, bevor sich Scagnetti an ihr vergehen kann. Dem wieder vereinigten Duo gelingt die Flucht. Am Ende erschießen sie Gale, der ihre Flucht mit der Kamera filmte, da das Videoband den obligatorischen überlebenden Zeugen ersetzen kann. Mickey und Mallory tauchen unter und beginnen ein neues Leben als reisende Familie mit Kindern.

*Natural Born Killers* setzt die Tradition des aus Filmen wie *Bonnie and Clyde* (1968) und *Badlands* (1973) bekannten *lovers on the run*-Motivs fort. Diesen romantischen Rahmen verbindet Regisseur Oliver Stone mit der – spätestens seit *Silence of the Lambs* (1991) auch im Mainstream präsenten – Serienmörderthematik. In einem opulenten Gefüge aus überwältigenden Bild- und Tonmontagen verdichtet Stone seine Motive zur gezielten Medienkritik. Trotz einiger drastischer Momente versteht er seinen Film in erster Linie als satirische Reflexion über den Zustand der heutigen Gesellschaft. Wie zuvor in seinen Vietnamfilmen *Platoon* (1986) und *Born on the 4th of July* (1989) oder in dem epischen Politthriller *JFK* (1991) sieht der Oscar-prämierte Regisseur sein Hauptanliegen in der Botschaft des Films.

Neben erregten Debatten über die Wirkung von Gewaltdarstellungen in den Medien, die unter anderem dazu führten, dass *Natural Born Killers* erst mit einigen Monaten Verspätung in Großbritannien freigegeben wurde, prägte vor allem der Streit zwischen dem Drehbuchautor Tarantino und dem Regisseur Stone die Auseinandersetzungen um *Natural Born Killers*. Während Tarantino eine spielerische Haltung gegenüber seinen Geschichten einnimmt, stellte Stone die Drehbuchvorlage in den Dienst einer gezielten Aussage. Verschiedene Elemente wie die Verhaftung von Mickey und Mallory oder den Gefängnisaufstand, die Tarantino bewusst aussparte, fügte er wieder ein.

Durch *true crime*-Romanadaptionen und Sammelkarten bilden Serienmörder einen eigenen Bestandteil der amerikanischen Popular Culture. Massenmörder dienten häufig als Vorbilder für Filme, wie beispielsweise Henry Lee Lucas für John McNaughtons *Henry – Portrait of a Serial Killer* (1986/89). Der texanische Serienkiller Ed Gein inspirierte sowohl Alfred Hitchcocks *Psycho* (1960) als auch Tobe Hoopers *Texas Chainsaw Massacre* (1973). *Natural Born Killers* nutzt diese Tradition, um neben der Serienmördergeschichte zugleich das Rezeptionsphänomen zu thematisieren. Der selbst äußerst brutal agierende Detektiv Scagnetti verfasst beschönigende *true crime*-Romane über seine Erlebnisse, und der sensationslüsterne TV-Reporter Wayne Gale bietet eine überzeichnete Variante real existierender Vorbilder, die der Darsteller Robert Downey Jr. für diese Rolle ausgiebig studierte. Neben surreal verfremdeten *roadmovie*-Motiven in der ersten Hälfte des Films zeigt Stone parallel die Entstehung des Medien-Mythos Mickey und Mallory durch die Film-im-Film-Ebene der Wayne Gale Show *American Maniacs*. In semi-dokumentarischen Interviews und von *American Maniacs* nachgestellten Spielszenen werden Mickey und Mallory in einer Art Fiktion in der Fiktion zu Pop-Ikonen verklärt. Bei dem gesucht symbolischen Zusammentreffen des Killerpärchens mit dem Schamanen, der bereits in Oliver Stones *The Doors* (1991) die Seele Jim Morrisons leitete, werden die Gründe für Mickeys und Mallorys gestörtes Selbstverständnis schlicht auf ihre Oberkörper projiziert – »Demon« und »too much T. V.«.

Durch die Vielzahl der filmischen Ebenen gelingt es Stone, aus der geglätteten Story, die Tarantino am liebsten im Stil der belgischen Mediensatire *C'est arrivé près de chez vous* (*Mann beißt Hund*, 1992) realisiert gesehen hätte, einen faszinierenden filmischen Essay über Gewalt und die Entstehung medialer Mythen zu schaffen. Mallorys Vergangenheit zeigt Stone als eine brutalisierte Sitcom, aus der sie von Mickey, der ihre Eltern ermordet, scheinbar befreit wird. Die Rolle ihres Vaters wurde entsprechend mit dem Komiker Rodney Dangerfield besetzt. Die Liebe zwischen Mickey und Mallory kann aber keinen echten Ausweg aus dem Zyklus der Gewalt bieten. Am Ende des Films verbindet Oliver Stone die Handlung durch eine

Montage mit den realen Prozessen gegen Tonya Harding und O. J. Simpson. Die Geschichte von Mickey und Mallory wird zur gesamtgesellschaftlichen Parabel. Die Widersprüche zwischen Sympathie für die Protagonisten und kritischer Distanz, zwischen Faszination und Demontage des Serienkiller-Mythos lässt Stone offen.

*Natural Born Killers* vereinigt gekonnt die verstörende Wirkung von Underground-Filmen wie John McNaughtons *Henry – Portrait of a Serial Killer*, der sich in vorsichtiger, aber gezielter naturalistischer Darstellungsweise in immer geringerer Distanz mit den Taten seiner Hauptfigur auseinandersetzt, und jenes Potential, das Figuren wie Hannibal Lecter aus *Silence of the Lambs* beim Mainstream-Publikum populär machte. Bei Stone funktioniert trotz aller formalen Brüche und Fragmentierungen noch einmal die große Erzählung, die bei Tarantino bereits unmöglich erscheint. Stone schafft dort logische Zusammenhänge, wo bei Tarantino das Geschehen durch groteske Zufälle bestimmt wird.

*Natural Born Killers* vermeidet drohende Oberflächlichkeiten, indem er einsinnige Handlungsentwicklungen in multidimensionale Echowelten hebt. Den Gefängnisaufstand inszeniert Stone als furioses Inferno, in dem die Gewalt gegen den faschistoiden McClusky explodiert. Die perfekte Kameraarbeit lässt den Betrachter selbst in vergleichsweise stillen Momenten nicht zur Ruhe kommen. Wenn sich Mickey und Mallory auf einer hohen Brücke ewige Treue schwören, umkreist sie die Kamera in rasanten Kranfahrten. Die Kommentarfunktion der virtuosen Bildgestaltung, unterstützt und verstärkt der von Trent Reznor, Kopf der Industrial-Popgruppe *Nine Inch Nails*, arrangierte Soundtrack. Dem Übergang von idyllischen *roadmovie*-Motiven zu greller Gewalt auf der visuellen Ebene entspricht der Wechsel von langsamen, romantischen Folk-Rock-Songs zu treibendem Industrial Rock auf dem Soundtrack. Georg Seeßlen bezeichnete aus die-

sem Grund *Natural Born Killers* auch als »die letzte
Rockoper«. 1996 veröffentlichte Oliver Stone in den USA
einen Director's Cut, der neben einem ausführlichen Interview drei Minuten, die zuvor gekürzt werden mussten,
enthält.                                      *Andreas Rauscher*

*Drehbuch (Vorlage):* Quentin Tarantino: *Natural Born Killers*.
London. 1994.
*Literatur:* Franz Everschor: Zucker oder Peitsche. Amerikanische
Realität in neuen Filmen. In: film-dienst (1994) Nr. 20. – Georg
Seeßlen: *Natural Born Killers*. In: epd Film (1994) Nr. 11. – Chris-
tian Fuchs: Kino-Killer. Wien 1995. – Norman Kagan: The Cine-
ma of Oliver Stone. 1995. – Susan MacKey-Kallis: Oliver Stones
America – Dreaming the Myth Outward. 1996.

# Pulp Fiction

Pulp Fiction

## USA 1994   f 153 min

R: Quentin Tarantino
B: Quentin Tarantino, Roger Avary
K: Andre Szekulja
M: Dick Dale, Kool and the Gang, Urge Overkill u.a.
D: John Travolta (Vincent Vega), Bruce Willis (Butch), Uma
   Thurman (Mia Wallace), Samuel L. Jackson (Jules Winnfield),
   Ving Rahmes (Marsellus Wallace), Harvey Keitel (Winston
   Wolf), Christopher Walken (Captain Koons), Angela Jones
   (Esmaralda Villalobos), Tim Roth (Pumpkin), Amanda Plum-
   mer (Honeybunny), Eric Stoltz (Lance), Rosanna Arquette
   (Jody), Quentin Tarantino (Jimmy)

Das gestrandete britische Gaunerpärchen Pumpkin und
Honeybunny überfällt ein Diner in Los Angeles. Die bei-
den Gangster Vincent Vega und Jules Winnfield sollen im
Auftrag ihres Bosses Marsellus Wallace einen gestohlenen

Koffer wieder beschaffen. Unterwegs erörtern die in schwarze Anzüge gekleideten Killer den Unterschied zwischen dem amerikanischen Quarter Pounder und einem europäischen »Royal with Cheese«, und streiten über die ethisch-erotischen Implikationen von Fußmassagen. Vincent und Jules stellen den Koffer sicher und exekutieren zwei der jugendlichen Diebe. Abblende.

In einem Club vereinbart Gangsterboss Marsellus mit dem Boxer Butch, dass dieser bei seinem nächsten Kampf gegen eine Abfindung in der fünften Runde k. o. gehen soll. Kurz darauf treffen auch Jules und Vincent in grellbunter Freizeitkleidung ein. Im Auftrag von Marsellus, der für einige Tage die Stadt verlässt, soll Vincent dessen Frau Mia ausführen. Nach einem Treffen mit dem Dealer Lance setzt sich Vincent einen Schuss Heroin und holt die verführerische Mia ab. Beide besuchen ein Lokal, in dem sich Doubles aller Star-Ikonen der fünfziger Jahre tummeln. Als Kellner agieren Buddy Holly und Marilyn Monroe, und an der Theke trifft James Dean auf Zorro. Bei einem Twist-Wettbewerb gewinnen Mia und Vincent mühelos die Siegestrophäe. Nach ihrer Heimkehr verwechselt Mia Vincents Heroin mit Kokain und nimmt eine Überdosis. Im letzten Moment kann der verzweifelte Vincent sie mit einer Adrenalinspritze wieder beleben.

Der Boxer Butch hält sich nicht an die Abmachung mit Marsellus. Er gewinnt mit einem für seinen Gegner tödlichen K. o. Bei der Flucht von Butch und seiner Freundin Fabienne vergisst sie seine goldene Uhr, ein Familienerbstück mit einer typischen Tarantino-Vorgeschichte. Butch kehrt in sein Appartement zurück, holt die Uhr und erschießt den auf ihn wartenden Vincent Vega. Auf der Straße trifft er zufällig auf Marsellus. Butch versucht ihn zu überfahren und erleidet dabei einen Totalschaden. Marsellus eröffnet blind das Feuer auf Butch und verfolgt ihn in eine Pfandleihe. In dieser geraten beide in die Gewalt eines *white trash*-Sadisten und dessen Polizistenfreunds.

Während Marsellus vergewaltigt wird, gelingt Butch die Flucht. Er befreit Marsellus, und dieser begnadigt ihn. Mit der Harley Davidson des getöteten Folterpolizisten fahren Butch und Fabienne in die Freiheit.

Der Film springt zurück zu dem Zeitpunkt, als Jules und Vincent die jugendlichen Kofferdiebe erschießen. Er wechselt in die Perspektive eines weiteren, zuvor nicht gezeigten Jugendlichen, der sich im Badezimmer versteckt. Bei dem Schusswechsel stürzt er ins Wohnzimmer und feuert das gesamte Magazin seiner Pistole auf Jules und Vincent, erzielt allerdings keinen einzigen Treffer. Jules glaubt an ein göttliches Wunder und beschließt seinen Beruf aufzugeben. Zuvor müssen jedoch die Reste einer Geisel, die Vincent aus Versehen erschossen hat, aus dem Auto entfernt werden. Sie bitten Jules' Freund Jimmy um Hilfe. Ein Wettlauf gegen die Zeit beginnt, denn in knapp einer Stunde wird Jimmys Frau Bonnie von der Arbeit zurückkehren.

Marsellus sendet einen adrett gekleideten Cleaner, der alle Spuren beseitigt, ebenso präzise wie seine filmischen Vorbilder aus Luc Bessons *Nikita* (1990) und John Badhams *Point of No Return* (*Codename Nina*, 1993). Vincent und Jules vertauschen ihre blutverschmierten Anzüge gegen bunte Altkleider. Um zu frühstücken, betreten sie das Diner aus dem Prolog des Films, in dem Pumpkin und Honeybunny ihren Überfall durchführen. Jules schenkt den nervösen Räubern nach einer Predigt über seinen Wandel sogar sein Geld. Pumpkin und Honeybunny ziehen erschöpft davon. Auch Jules und Vincent gehen.

Tarantino erzählt nach dem Motto *answers first, questions later* drei Filme in einem. Den Titel des Films lieferten die klassischen Heftchen der dreißiger bis fünfziger Jahre. Zur *pulp fiction* zählen die Kriminalromane Dashiell Hammetts und James M. Cains sowie Horrorcomics wie die E. C.-Serien. Diesen Heftchen entnahm Tarantino sein Personal und die zentralen Konflikte. Dabei unterwandert er die klassischen Genreschemata, indem er in einer Art audiovisuellem *sampling* vertraute Situationen aufbaut. Diese lässt er aber einen völlig unerwarteten Verlauf nehmen. Der Regisseur erklärt seine Vorgehensweise prägnant anhand eines Vergleichs mit den Mainstream-Actionfilmen des Produzenten Joel Silver: »Die Geschichte beginnt, wie Jules und Vincent aufbrechen, um einige Kerle umzulegen. Das wären die typischen ersten fünf Minuten eines jeden Joel-Silver-Films – eine Gruppe von Leuten taucht auf, tötet jemanden, der Vorspann läuft, und dann sieht man Arnold Schwarzenegger. Also lasst uns diesen ganzen, kleinen Anfang ausdehnen und den Rest des Tages mit ihnen [den Killern] verbringen.« Auf diese Weise erlebt der Zuschauer, wie die Killer sich über Banalitäten wie Hamburger und Fußmassagen streiten. Solche Dialoge prägen entscheidend das typische Tarantino-Flair.

Häufig ergeben sich dramatische Situationen durch Zufälle. Butch überrascht Vincent Vega, der ihn eliminieren soll, bei der Klolektüre und erschießt ihn. Alles scheint geklärt. Bei der Rückfahrt trifft Butch unerwartet auf Marsellus, der ihn suchen lässt. Ähnlich wie in den Comic-Serien überschneiden sich die drei Geschichten, indem Hauptcharaktere aus einer Episode als Nebenfiguren in einer anderen wieder auftreten. Es stört nicht weiter, dass Vincent in der Mitte des Filmes bereits getötet wird und am Ende wieder lebendig ist. Tarantino dreht einfach die Zeit zurück, und Vincent steht wieder im Mittelpunkt des Geschehens, als hätte man ein früheres Heft der *Pulp Fiction*-Reihe aufgeschlagen. Bereits in *Reservoir Dogs* arbeitete Tarantino mit raffiniert verschachtelten Zeitebenen, wenn auch nicht so radikal wie in *Pulp Fiction*.

Obwohl Tarantino Figurentypen aufgreift, die schon im *film noir* auftreten, geht er in seinem zweiten Film gleichzeitig auf ironische Distanz zum Genre. Während sein erster Film noch eine emotional tiefgreifende, durch die Beschränkung des Handlungsortes klaustrophobisch an-

In *Pulp Fiction* stehen John Travolta (links) und Samuel L. Jackson (rechts) blutbespritzt vor der Aufgabe, innerhalb von vierzig Minuten eine Leiche zu beseitigen und ein Auto zu reinigen.

mutende Neudefinition des *capermovie* mit einigen Auslassungen darstellte, befördert Tarantino seine Anti-Helden in *Pulp Fiction* in grotesk anmutende Situationen. Damit verlieren die Grausamkeiten den realistischen Touch und ihre genre-immanente Rechtfertigung. Ständig ereignen sich Zwischenfälle, die nicht in den gewöhnlichen Genre-Alltag der Figuren passen. Bevor Butch zum Samuraischwert der Kurosawa-Filme greift, mustert er die genretypischen Waffen – einen Hammer, einen Baseballschläger und eine Kettensäge. Wenn Christopher Walken in einem Kurzauftritt als Captain Koons dem jungen Butch die Uhr seines Vaters übergibt, persifliert Tarantino den für Kriegsfilme typischen Fetischismus symbolbeladener Objekte. Umso absurder erscheint es, dass Bruce Willis sich den aus seinen *Die Hard*-Filmen (*Stirb langsam*, 1988, 1990, 1995) vertrauten Blessuren aussetzt, nur um an dieses Erbstück zu gelangen.

Allen ironisierenden Brüchen zum Trotz hält Tarantino
ständig die Spannung aufrecht. Sein Spiel mit Erwartungs-
haltungen kombiniert mit einem prägnanten Soundtrack
sorgt für eine Stimmung, die mittlerweile, ebenso wie die
Dialoge, als Markenzeichen für Tarantino gilt. Für den Score
verwendete der Popkultur-Experte zahlreiche Surf-Instru-
mentals aus den sechziger Jahren, unter anderem das eingän-
gige und dynamische *Miserlou* von Dick Dale als Hauptthe-
ma. Die Montage von Songs und Dialogen entwickelte sich
zum Standard für Tarantino-Soundtracks. Markante *catch-
phrases* aus *Pulp Fiction*, wie etwa Bruce Willis' »Zed's
dead«-Dialog oder Samuel L. Jacksons Hezekiel 25,17-Vor-
trag, trugen zusätzlich zum Kultstatus des Films bei.

Wie Peter Körte feststellte, funktionieren die Zitate und
Anspielungen in Tarantinos Filmen wie Links im Internet.
So wie diese Verbindungen in den virtuellen Datenspei-
chern zu einer neuen Seite mit Informationen führen, verweisen auch Tarantinos Texte auf andere Felder der populären Kultur und Filmgeschichte. Man kann zu Filmen
wie John Badhams *Nikita*-Remake *Point of No Return* gelangen, in dem Harvey Keitel bereits vor *Pulp Fiction* einmal der Cleaner war, oder das Vorbild für das neue Leben
des bekehrten Killers Jules in der Figur David Carradines
als pilgernder Mönch in der TV-Serie *Kung Fu* entdecken.
Oppositionen zwischen *high* und *low culture* lösen sich
bei Tarantino auf. In den Debatten seiner Figuren schafft
er einen eigenen Diskurs über die Popkultur, dessen Kriterien für Coolness nicht weit von seinen eigenen entfernt
sind. So spielt der Unterschied zwischen *movies* und *films*
sowohl für Tarantino als auch für seine Charaktere in *True
Romance* (1993, Tony Scott) eine zentrale Rolle. Den *movies* kommt die Qualität von großem Kino zu, in dessen
Mittelpunkt die filmische Umsetzung der Geschichte
steht. Als *films* klassifiziert Tarantino Filme, die den *plot*
dem Anliegen opfern und seiner Meinung nach Kultur-
kitsch produzieren, wie z.B. James Ivorys *Room with a*

*View* (1986), gegen den er keinen Seitenhieb ungenutzt lässt. Tarantino gelang es so, sich auf zwei Ebenen gleichzeitig zu profilieren. Kritiker und Cineasten überzeugt er mit seinem umfangreichen Wissen über die Filmgeschichte, seinen eigenwilligen Erzählstrukturen und seinem Engagement als Verleiher für ambitionierte Filme wie Wong Kar-wais *Chungking Express* (1994) und Zhang Yimous *Hero* (2003). Das Massenpublikum hingegen gewann er durch seine geschickt demonstrierte Coolness.

Auf Grund dieser erfolgreichen Melange von produktivem Fan-Wissen und traditionellem Cineastentum wird Tarantino häufig als Speerspitze einer postmodernen Avantgarde gefeiert. Bei genauerer Betrachtung gehen seine Werke, insbesondere *Jackie Brown* (1997), jedoch noch einen Schritt weiter und transzendieren den reinen Zitatgestus. Sein Vorgehen eröffnet Möglichkeiten einer neuen Authentizität. Seine Figuren verfügen selbst über ein fundiertes Wissen der medial kodierten Welt. Ihre nach Genremaßstäben eigentlich fest definierten Rollen erhalten dadurch eine neue Ambivalenz. Wenn Jules beschließt, wie David Carradine in der TV-Serie *Kung Fu* zu werden, wirkt die Umsetzung seines Vorhabens in der Schlusssequenz grotesk und dennoch überzeugend. Sein Partner Vincent Vega hingegen kennt, als er mit Mia Wallace die Tanzfläche erobert, offensichtlich John Travolta als Pop-Ikone der siebziger Jahre. Diese absurde Selbsterkenntnis, dass die Filmfigur sich aus der Kenntnis des Schauspielers, der sie verkörpert, definiert, charakterisiert Tarantinos dekonstruktivistisches Zitatspiel. Die grandiose Tanzeinlage stellt eine Hommage an Travoltas Rollengeschichte dar und bietet zur gleichen Zeit Travolta die Möglichkeit, sein klassisches Star-Image aus *Saturday Night Fever* (1977) ironisch zu durchbrechen. Diese *sophistication* bescherte Travolta ein unvorhergesehenes Comeback. In diesem Fall heben sich die Kategorien Pastiche und Parodie, nach Frederic Jameson Charakteristika für die Postmoderne, gegenseitig auf. Nachahmung und ironische Kommentierung verschmelzen zu einer neuen Ebene, die Travolta Authentizität verleiht.

Kaum einem Regisseur gelang in der neueren Filmgeschichte ein ähnlich spektakulärer Karrierestart wie dem 1963 in Knoxville, Tennessee geborenen Quentin Tarantino. Die Geschichte, dass er, statt eine Filmhochschule zu besuchen, sein gesamtes Wissen aus dem Fundus der Videothek bezog, in der er einige Jahre arbeitete, gehört zu den etablierten Mythen der Popkultur. Da der angestrebte Erfolg als Schauspieler ausblieb, schrieb Tarantino abends an Drehbüchern, in denen er in überhöhter Weise seine alltäglichen Beobachtungen mit bekannten Motiven der Filmgeschichte vermischte. Diese Einflüsse prägten zu gleichen Teilen seinen Debüt-Gangsterfilm *Reservoir Dogs*. Bereits kurz nach seinem Start entwickelte sich der für sechs Millionen Dollar produzierte Film *Pulp Fiction* zum weltweiten, ebenso häufig zitierten wie parodierten Kassenerfolg. In Cannes gewann Tarantino die Goldene Palme, und ein Jahr später erhielten er und sein Koautor Roger Avary den Oscar für das beste Original-Drehbuch. Darüber hinaus wurden Travolta, Jackson und Thurman für die Auszeichnung als beste Darsteller und *Pulp Fiction* als bester Film nominiert. In einigen Städten hielt sich Tarantinos zweites Werk über ein Jahr in den Kinos. Filme mit dem so genannten Tarantino-Touch entwickelten sich schnell zu einer Art Subgenre, das sowohl Rip-Offs wie den deutschen Film *Knockin' on Heaven's Door* (1996) und Nachzügler wie die Elmore-Leonard-Verfilmung *Get Shorty* (1996) als auch einige von Tarantino selbst produzierte Filme umfasst. Mit seinen späteren Arbeiten *Jackie Brown* und dem zweiteiligen *Kill Bill* (2003/04) festigte Tarantino seinen Ruf als innovativer Archivar der Film- und Popgeschichte, für den Trash und Arthouse-Cinema keinen Widerspruch, sondern die Grundlage einer produktiven Synthese darstellen.                *Andreas Rauscher*

*Drehbuch:* Quentin Tarantino: *Pulp Fiction.* New York / London 1994.
*Literatur:* Daniel Kothenschulte: Reality TV Bites – Quentin Tarantino und seine Schule. In: film-dienst (1994) Nr. 22. – Axel Estein: Avantgarde der Gewalt – Quentin Tarantino. In: Spex (1994) Nr. 11 – Jeff Dawson: Quentin Tarantino. The Cinema of Cool. New York 1995. – Robert Fischer / Peter Körte / Georg Seeßlen: Quentin Tarantino. Berlin 1997. – Uwe Nagel: Der rote Faden aus Blut – Erzählstrukturen bei Quentin Tarantino. Marburg 1997.

# Fargo

Fargo

USA 1996   f 97 min

R:  Joel Coen
D:  Ethan Coen, Joel Coen
K:  Roger Deakins
D:  Frances McDormand (Marge Gunderson), William H. Macy
    (Jerry Lundegaard), Steve Buscemi (Carl Showalter), Peter
    Stormare (Gaear Grimsrud)·

Der Film spielt im amerikanischen Mittelwesten mitten im Winter. Weil der Autoverkäufer Jerry Lundegaard finanziell in der Patsche steckt, engagiert er zwei Gangster, die seine Frau Jean entführen sollen. Deren reicher Vater soll das Lösegeld bezahlen, das Jerry mit den Entführern teilen will. Jerry will dabei als Mittelsmann auftreten, beide Seiten über die tatsächliche Höhe des Lösegeldes täuschen und so einen riesigen Gewinn machen. Doch es kommt anders als geplant. Als die Entführer mit ihrem Opfer nahe der Kleinstadt Brainerd von einer Polizeistreife gestoppt werden, gibt es die ersten Toten. Die hochschwangere Polizistin Marge Gunderson will die Mörder jagen. Jeans Vater besteht darauf, die Geldübergabe selbst zu

übernehmen, und wird von einem der beiden Gangster erschossen, der wiederum bei einem Streit von seinem Kompagnon erschlagen wird, der zuvor Jean ermordet hat.
Marge findet schließlich das Versteck der Entführer und
verhaftet den Gangster.

»Ein Freund hat uns von dieser Entführung erzählt, die
genau dort in Minnesota passiert ist, wo wir groß geworden sind.« Mit dieser Aussage eröffneten die Gebrüder
Joel und Ethan Coen so manches Interview zu ihrem
sechsten Film *Fargo*, um auf den vermeintlich realistischen
Hintergrund der Geschichte zu verweisen. Und so beginnt auch der Film: In weiß auf schwarz ist da zu lesen,
dass alles auf einer wahren Begebenheit basiert, die sich
1987 zugetragen haben soll. Der darauf folgende Vorspann
vertauscht jedoch die Farben von Schrift und Hintergrund
und geleitet übergangslos ins Reich der Fiktion, aus dem
die Geschichte tatsächlich stammt. Das Spiel mit Wahrheit
und Konventionen, das den Filmemachern – über ihre Filme hinaus – Freude bereitet, prägt wesentlich die Gestalt
*Fargos*. Dem Vorwurf, ihre Filme seien künstlich und see-
lenlos, begegnen sie hier mit vordergründigem Realitäts-
und Heimatbezug.

Ein spielerischer Umgang mit Konventionen kennzeichnet die Erzählweise des Films. Er hebt an wie ein typischer Thriller: der Name des Films als scheinbarer Ort
des Verbrechens, die Einblendung des Ortsnamens, zwei
Gangster und ein Auftraggeber. Aber bereits beim ersten
Gespräch, in dem sie sich über die verabredete Uhrzeit
streiten, wird deutlich, dass alles ganz anders sein wird.
Auch der Ort Fargo spielt für das weitere Geschehen keine Rolle. Das viele Blut, das vergossen wird, und die extreme Überzeichnung der Figuren wirken nicht gerade
wie eine Liebeserklärung an Minnesota. Auch der *plot* der
Story verstößt gegen Standardregeln des Drehbuchschrei-
bens. Die Heldin Marge Gunderson tritt erst nach einer
halben Stunde auf, und der Verlauf der Geschichte wird

immer wieder durch Szenen unterbrochen, die mit der
Entführung nichts zu tun haben und eine für Thriller untypische Ruhe in den Film bringen.

Damit baut der Film Freiräume auf, die er für die Konturierung der Figuren nutzt. Das gilt besonders für die Figur Marge Gundersons, eine der »schönsten Kinofiguren
der letzten Jahre« (Hans Schifferle). Sie strahlt Wärme, Intelligenz und ein bisschen Naivität aus und bildet damit
einen Kontrapunkt zu der Brutalität, dem Egoismus und
der Dummheit der meisten anderen Figuren. Über die
Konzeption der Verbrechertypen sagt Ethan Coen: »Uns
fasziniert, bis zu welchem Grad die Menschen verrückt,
blauäugig oder einfach nur dämlich sein können. Und wie
sie sich ihr eigenes Grab schaufeln.« Bei ihrem ersten
Missverständnis über die verabredete Uhrzeit von ihrer
Geldgier getrieben, rennen sie immer tiefer in ihr Verderben. Das trifft besonders auf den Autoverkäufer Jerry und
den kleinen Gangster Carl zu. Der zweite Gangster Gaear
Grimsrud verkörpert das Böse, eine Variation des »psychopathischen Killers«, der kaltblütig tötet.

Für die sorgfältige Inszenierung der Bilder und kleinen
Details nimmt sich *Fargo* viel Zeit. Die geradezu maleri-
sche Darstellung der Winterlandschaft, das Spiel mit Farben (rotes Blut auf weißem Schnee), die Bildung von Ana-
logien (so wie Gaear eines seiner Opfer bei der Flucht über
ein weißes Feld erschießt, wird auch ihm von Marge ins
Bein geschossen) und die Hervorhebung von Nebensächli-
chem (Jerry, nachdem ihn sein Schwiegervater bei einem
Geschäft übers Ohr gehauen hat, bekommt beim Freikrat-
zen seiner vereisten Autoscheibe einen Wutanfall) geben
dem Film seine eigentümliche Atmosphäre. Hans-Dieter
Seidel würdigt die Sorgfalt im Detail: »Wenn etwa aus der
Wollmütze, die man der Entführten über den Kopf gezogen hat, in der klirrenden Kälte Wölkchen von Atemdampf
aufsteigen oder wenn die verschneite flache Landschaft, der
nur ein paar Drahtzäune Kontur geben, sich gleichsam in

der Tiefe des Unendlichen verliert. Solche Sorgfalt bedeutet für das Vergnügen beim Verfolgen des Geschehens einen größeren Gewinn als ein noch so ausgefuchster Plot.«

Die Brüder Coen, die gemeinsam für Drehbuch, Regie,
Schnitt und Produktion verantwortlich zeichnen, knüpfen
mit *Fargo* nach einer Odyssee durch die verschiedensten
Filmgenres wieder an ihren ersten Film *Blood Simple* von
1984 an. Auch *Fargo* ist eine Geschichte, in der Tod und
Schrecken immer eine makabre und komische Seite haben.
Aber: Die lakonische Darstellung des Tötens, von den
Coens in *Blood Simple* ins Genre eingeführt und durch
Tarantinos *Pulp Fiction* populär geworden, wird in *Fargo*
umgekehrt. Zwar wird die Wirkung der Gewalt durch die
schöne Künstlichkeit der Bilder und die Beschaulichkeit
des provinziellen Milieus noch einmal gesteigert, andererseits durchbricht die feine psychologische Konturierung
der Figuren den distanzierten ironischen Blick auf das Geschehen. Wenn zuletzt die herzensgute und hochschwangere Marge den durchgeknallten Gaear Grimsrud mit ihrem Streifenwagen dem Gesetz zuführt, nachdem sie ihn
dabei überrascht hatte, wie er die Leiche seines Kompagnons Carl mit einem Häcksler zu beseitigen versucht hat,
ist es, als würde damit ein erzählerisches Motiv aus dem
Genre wieder zurückgenommen.

Mit ihrer Arbeitsweise bilden Joel und Ethan Coen
(Jahrgang 1954 und 1957) eine Ausnahme unter den jungen amerikanischen Regisseuren, die in späten achtziger
Jahren aufbrachen, das US-amerikanische Kino zu erneuern. Sie arbeiten abseits von Hollywood und sind damit in
der Lage, Filme zu machen, bei denen sie wie Indepen-
dent-Filmer die Kontrolle behalten. Gleichzeitig scheuen
sie bei der Finanzierung ihrer Projekte nicht vor den großen Produktionsgesellschaften zurück, die ihnen die materiellen Möglichkeiten der *majors* zur Verfügung stellen.

Die Reaktionen auf *Fargo* waren durchweg positiv. Viele
amerikanische Filmzeitschriften sahen in ihm den besten

Film des Jahres 1996. Er erhielt sieben Oscar-Nominierun-
gen und gewann davon zwei (beste weibliche Hauptrolle,
bestes Drehbuch). In Deutschland fand *Fargo* trotz hervor-
ragender Kritiken nicht die gleiche Aufmerksamkeit wie in
den USA, obwohl das skandinavisch geprägte Minnesota
auf »einen New Yorker noch befremdlicher wirkt als auf
einen Europäer« (Ethan Coen).                *Christian Pundt*

*Drehbuch:* Ethan Coen / Joel Coen: *Fargo.* London 2000.
*Literatur:* Geoff Andrew: Stranger Than Paradise. Mavericks – Re-
gisseure des amerikanischen Independent-Kinos. Mainz 1999. –
Annette Kilzer / Stefan Rogall: Das filmische Universum von Joel
und Ethan Coen. Marburg 1998. – Peter Körte / Georg Seeßlen:
Joel & Ethan Coen. Berlin 2000. – Hans Schifferle: Eiskalt ist die
Hölle. In: Süddeutsche Zeitung. 14. November 1996. – Frank
Schnelle: Tänze am Rande des Nichts. In: epd Film (1996) Nr. 11. –
Hans-Dieter Seidel: So weit der Schnee die Bluttat deckt. In:
Frankfurter Allgemeine Zeitung. 14. November 1996. – Tödliches
Geschäft. Interview in: Die Woche. 15. November 1996.


# Sieben

Se7en

## USA 1995    f 127 min

R:  David Fincher
B:  Andrew Kevin Walker
K:  Darius Khondji
D:  Morgan Freeman (William Somerset), Brad Pitt (David Mills),
    Kevin Spacey (John Doe), Gwyneth Paltrow (Tracy Mills), Ri-
    chard Roundtree (Talbot), R. Lee Ermey (Police Captain)


»Das wird ganz sicher kein Happy End geben«, prognos-
tiziert der erfahrene Detective Somerset etwa in der Mitte
des Films angesichts einer spektakulären Mordserie, die er
gemeinsam mit seinem jungen Kollegen Mills aufzuklären

hat, und liefert damit, wie sich zeigen wird, auch dem Zuschauer einen zutreffenden Hinweis auf den weiteren Handlungsverlauf. Die beiden Polizisten, der eine unmittelbar vor der Pensionierung stehend, der andere Berufsanfänger, sehen sich einer Reihe zunächst rätselhafter, extrem grausamer, gleichwohl offensichtlich höchst planvoll begangener Schreckenstaten gegenüber. Wie dem humanistisch gebildeten Somerset bald klar wird, betreibt der gesuchte Killer Mord als eine Form der Predigt bzw. Sozialkritik: Um die aus seiner Sicht allgegenwärtige Dekadenz und moralische Korruptheit der (post-)modernen Gesellschaft exemplarisch anzuprangern, tötet er innerhalb einer Woche sieben Menschen, deren Lebensführung bzw. Ende jeweils eine der Todsünden illustrieren soll. Die Mordfälle bzw. -opfer werden im Film nach den ihnen zugeordneten Sünden benannt: *Gluttony* (Völlerei), *Greed* (Habgier), *Sloth* (Trägheit), *Lust* (Wollust), *Pride* (Hochmut), *Envy* (Neid) und *Rage* (Zorn).

Das erste Opfer, ein Mann von monumentaler Fettleibigkeit, wird, nur mit Unterwäsche bekleidet, in seiner Küche aufgefunden: gefesselt an einem Tisch sitzend, vornübergesunken, das Gesicht in dem vor ihm stehenden Spaghettiteller vergraben. Offenbar ist er von seinem Mörder über Stunden hinweg zum Essen genötigt worden, bis ihm buchstäblich der Magen platzte. Hinter seinem Kühlschrank findet Somerset später das Wort *Gluttony* in eine Fettschicht an der Wand geritzt. Schon am nächsten Tag werden die Ermittler mit dem zweiten Toten konfrontiert: Ein reicher jüdischer Anwalt ist bei dem erzwungenen Versuch verblutet, sich ein Pfund Fleisch aus dem eigenen Körper zu schneiden; das Wort *Greed* steht mit seinem Blut geschrieben auf dem Fußboden. Der dritte Fall ist *Sloth*: ein skelettartig abgemagerter, quasi lebendigen Leibes vermoderter Mann, der auf sein eigenes Bett gefesselt wurde. Eine sorgfältig datierte Fotoserie dokumentiert, dass er seit einem Jahr hilflos in dieser Lage fi-

xiert war – durch entsprechende Medikamentierung gerade noch am Leben erhalten bzw. am Sterben gehindert.

Nach den ersten drei Leichenfunden sucht Somerset die
Ikonographie dieser mörderischen Inszenierungen mittels
ausgiebiger Klassikerlektüre (so von Chaucers *Canterbury
Tales* und Dantes *Göttlicher Komödie*) zu entschlüsseln –
der Detektiv wird im Wortsinn zum Hermeneutiker. Eine
illegale Recherche (das FBI hat die Benutzerdaten öffentli-
cher Bibliotheken ausgewertet) verhilft den bisher glück-
los agierenden Fahndern nun beinahe zum Erfolg: Sie stoßen auf den offenkundig ebenfalls belesenen Täter, der
sich mit einem Allerweltsnamen John Doe nennt. Als Somerset und Mills an seiner Wohnungstür klingeln, betritt
Doe zufällig gerade den Hausflur; er schießt sofort auf die
Ermittler und flieht. Mills verfolgt ihn hartnäckig, wird
aber in einer benachbarten Seitenstraße bei strömendem
Regen von Doe niedergeschlagen. Dieser richtet sekun-
denlang seine Waffe auf den Kopf des wehrlos am Boden
liegenden Polizisten, wendet sich dann aber von dem Ge-
demütigten ab und verschwindet.

An den folgenden Tagen werden weitere Leichen gefunden: die vierte (*Lust*) ist eine Prostituierte – der Killer
hat einen Bordellkunden gezwungen, sie mit einem Mes-
ser-Dildo zu vergewaltigen –, die fünfte (*Pride*) ein Fotomodell, dem die Nase abgeschnitten wurde. Nach ihrer
Entdeckung stellt sich John Doe völlig überraschend der
Polizei; er bietet den Fahndern an, sie zu den beiden ver-
bleibenden Opfern zu führen und ein umfassendes Geständnis abzulegen. Somerset und Mills lassen sich auf
den Handel ein; unter umfänglichen Sicherheitsmaßnah-
men brechen sie mit dem gefesselten Mörder per Auto
auf. Während der Fahrt erklärt Doe, von den Polizisten
nach den Motiven seines Tuns befragt: »Überall, an jeder
Straßenecke sehen wir Todsünden, in jeder Wohnung,
und wir nehmen es hin. Wir tolerieren es, weil es schon
zur Gewohnheit geworden ist. [...] Nun, ab jetzt nicht

mehr. Ich hab' hierfür ein Beispiel gesetzt. Und über meine Taten wird man rätseln, sie studieren und ihnen nacheifern – in Ewigkeit.« Am letzten Schauplatz seiner von ihm als »Werk« bezeichneten Mordserie angekommen, wird John Doe zwar – kalkuliertermaßen – sein Leben verlieren, sein perfides Spiel aber gewinnen.

*Se7en* ist David Finchers zweite Kinoarbeit; der Film reüssierte bei Kritik wie Publikum und begründete das hohe Renommee seines Regisseurs, der seither als herausragender Erneuerer des Thriller-Genres mit *auteur*-Status gilt; die sein bisheriges Werk verbindenden Motive und Stilmittel werden in der Filmpublizistik mittlerweile als »Fincherismen« klassifiziert. Zwar knüpft *Se7en* deutlich an Gestaltungsprinzipien an, die sich bereits zuvor in anderen Thrillern wie etwa Jonathan Demmes *The Silence of the Lambs* (1990) oder Quentin Tarantinos *Pulp Fiction* (1993/94) als erfolgreich erwiesen hatten: hohes artistisches Raffinement in Kombination mit lakonisch präsentierten, aber betont drastischen Schockeffekten. Die Tendenz zu Morbidität und Apokalyptik, in der jüngeren Genregeschichte des Öfteren anzutreffen, erscheint bei Fincher indes noch gesteigert. Jeder aufklärerische Optimismus traditioneller Polizeifilme wird in *Se7en* dementiert; die dargestellte Gesellschaft ist so tief imprägniert mit Gleichgültigkeit, Korruption und Gewalt, dass sie einem John Doe keine legitime, wirkungsvolle Opposition entgegenzusetzen vermag. Finchers Darstellung fundamentalistisch motivierter Verbrechen ist nachträglich mit realen Attentaten, insbesondere dem Anschlag auf das World Trade Center, assoziiert worden.

Dramaturgisch lebt *Se7en* wesentlich von der wirkungsvollen Polarität der beiden Polizisten als Protagonisten (die John Doe für seine Zwecke ausnutzt): hier der weiße, jugendlich-impulsive Mills, der sich als großsprecherisch und entschlossen, aber wenig umsichtig erweist und zudem bedenklich affektlabil ist; sein Jähzorn wird ihm am

Ende zum Verhängnis – dort der schwarze, bedächtige Somerset, ein wissender Melancholiker. Im Gegensatz zu
Mills bleibt Somerset stets im Habitus korrekt, im Verhalten kontrolliert; nur selten bricht sich seine Verzweiflung
direkt Bahn, etwa wenn er das Metronom, das ihm in lau-
ten Großstadtnächten als Einschlafhilfe dient, unvermittelt vom Nachttisch schleudert. Somerset führt seinen
Kampf gegen das Böse mit Gewissenhaftigkeit und Empa-
thie; sein schwermütiger Blick aber signalisiert, dass er um
die Vergeblichkeit der eigenen Mission weiß. John Doe,
der erst gegen Ende des Films als für den Zuschauer iden-
tifizierbare Figur auftritt, begegnet den Polizisten als ein
mönchisch schlichter, fast devoter Fanatiker. Umso monst-
röser wirken seine Taten.

Charakteristisch für Finchers Personalstil sind neben
der dualistischen Dramaturgie (die über die Figurenzeich-
nung hinaus zahlreiche Inszenierungsdetails von den Kostümen bis zur Lichtführung bestimmt) besonders die
sorgfältig stilisierten, symbolisch konnotierten Schauplätze. In den Straßen der ungenannten amerikanischen
Großstadt, in der *Se7en* spielt, regnet es fast permanent –
entsprechend eingeschränkt ist das Blickfeld der Ermittler
wie des Kinozuschauers. Noch weniger einladend wirken
die oft labyrinthischen, düsteren Innenräume, die Un-
übersichtlichkeit, Fäulnis und Verfall evozieren – Finchers
*locations* sind die wohl ungemütlichsten der Filmgeschichte. Erst die Schlusssequenz – eine letzte inszenatorische
Antithese – findet dann im hellen Sonnenlicht auf einem
freien, öden Feld statt (insofern erinnert sie an die berühmte Tieffliegerszene in Hitchcocks *North by Northwest*, 1959); dieser Umstand mildert aber die forcierte
Grauenhaftigkeit des Finales keineswegs, sondern unterstreicht sie eher noch.

Die publizistische Resonanz auf Finchers zweiten Film
war, wie schon erwähnt, weithin positiv; vielfach betonen
die Rezensenten dessen Ausnahmestatus. *Se7en* sei »alles

andere als ein gewöhnlicher Serienkiller-Film«, vielmehr
ein »zutiefst pessimistischer Thriller«, schreibt etwa Rudolf
Worschech, und Hans Schifferle resümiert: »Einer
der düstersten, spannendsten und besten Filme der letzten
Jahre.« Kurt Scheel hingegen sieht in *Se7en* einen »sadistischen
Angriff auf das Publikum« und urteilt: »Ist ja nur
Kino! Ist nicht mein Kino. Finde ich eklig, fand ich die
ganzen 130 Minuten lang eklig; wenn mir nicht unwohl
war, war mir schlecht.« Wie immer man *Se7en* sonst
wahrnehmen mag: David Fincher hat sich mit diesem Film
einen Satz aus der Selbstapologie seines Killers John Doe
erfolgreich zu eigen gemacht: »Wenn die Leute einem zuhören
sollen, reicht es nicht, sie auf die Schulter zu tippen,
man muss sie mit einem Vorschlaghammer treffen.«

*Christian Maintz*

*Literatur:* Rudolf Worschech: *Sieben*. In: epd Film (1995) Nr. 12. –
Kurt Scheel: Kunst und Kino. In: K. S.: Ich & John Wayne. Lichtspiele.
Berlin 1998. – Elisabeth Bronfen: Einleitung. Der Gang in
die Bibliothek. *Seven* (David Fincher). In: E. B.: Heimweh: Illusionsspiele
in Hollywood. Berlin 1999. – Richard Dyer: *Seven*. London
1999. – Theo Bender: Hermetische Höllen, malträtierte Männer.
Die Filme des David Fincher. In: Marcus Stiglegger (Hrsg.):
Splitter im Gewebe. Filmemacher zwischen Autorenfilm und
Mainstreamkino. Mainz 2000. – Nick Lacey: *SE7EN*. New York
2001. – Daniela Sannwald: Im Herzen der Finsternis: *Se7en* (1995).
In: Frank Schnelle (Hrsg.): David Fincher. Berlin 2002.

# Fallen Angels

Duoluo Tinashi

Hongkong 1995    f 90 min

R: Wong Kar-wai
B: Wong Kar-wai
K: Christopher Doyle
M: Frankie Chan, Roel A. Garcia
D: Leon Lai Ming (»Killer« Wong Chiming), Michelle Reis (Agentin), Kaneshiro Takashi (He Qiwu), Charlie Young (Charlie Yong), Karen Mok (Punkie)

Wong Chiming ist ein Killer, der im Auftrag einer Agentin tötet. Weil er ohne eigenen Antrieb ist, bereitet die Agentin seine Morde vor, kümmert sich um die Logistik und die Fluchtmöglichkeiten und räumt in seiner Abwesenheit gelegentlich seine Wohnung auf. Das Mordgeschäft wird als kühle Geschäftsbeziehung abgewickelt. Der Killer und seine Agentin kommunizieren miteinander nur per Fax. Was anfangs wie eine Konspiration aussieht, stellt sich als eine moderne Lebensform von Großstadtmenschen heraus. Doch der Killer ist seines einsamen und beziehungslosen Lebens überdrüssig und lässt sich, ohne sie zu lieben, mit dem etwas schrillen Mädchen Punkie ein. Er will aus seinem Killer-Job aussteigen und eine bürgerliche Existenz gründen. Aber die Agentin, die dies eher zufällig erfährt, lockt ihn in eine Falle, in der er umkommt. Daneben erzählt der Film die Geschichte des Einbrechers He Qiwu, der, weil er als Kind eine Dose verdorbener Ananas aß, die Stimme verloren hat. Er verliebt sich in das Mädchen Charlie, die darunter leidet, dass Blondie sie verlassen hat, weil er eine andere hat. Auch zu seinem Vater kann Qiwu keine echte Beziehung aufbauen, ihm bleiben nach dessen Tod nur alte Videoaufnahmen von ihm. Beide Geschichten werden am Ende dadurch verknüpft, dass Qiwu in einem Restaurant die Agentin trifft und beide auf

Yeung Choi-Nei und Kaneshiro Takeshi (als He Qiwu) in Wong
Kar-wais *Duolo Tianshi* (*Fallen Angels*).

einem Motorrad in eine offenbar gemeinsame Beziehung
davonfahren.

Die Geschichte von *Fallen Angels* sollte ursprünglich
die dritte Episode des zuvor gedrehten Films *Chungking
Express* (1994) von Wong Kar-wai werden. So weisen
noch zahlreiche Motive des Films auf *Chungking Express*
(He Qiwu war in diesem Film Häftling Nr. 223 im
Gefängnis, es kommen wieder Imbissbuden als zentrale
Handlungsorte vor, und die Szenerie Hongkongs verweist
auf den größeren Werkzusammenhang des Regisseurs).

*Fallen Angels* zeichnet sich durch einen Bruch mit zahlreichen Konventionen des Kriminalgenres aus. Es gibt
keine wirkliche Ausrichtung auf eine finale Lösung, stattdessen geschieht vieles gleichzeitig, ist vieles durch Zufälle
bestimmt. Lineare Abfolgen fehlen, die Balance zwischen

Verbrechen und Ermittlung ist nicht nur aus dem Lot, es existieren die Grundlagen für eine solche Balance der Kräfte nicht mehr.

Das Verbrechen ist ganz selbstverständlicher Alltag der Helden, Ermittlung und Aufklärung spielen im Film keine wesentliche Rolle. Das sinnlose Auftrags-Töten, der Einbruch in Restaurants und kleine Läden scheinen ganz normal und selbstverständlich zu sein. Die Figuren sind unfähig, Liebe und tiefere Emotionen für andere Personen zu empfinden. Zwar werden sie von dem Wunsch nach Geborgenheit getrieben, doch sie scheitern immer wieder daran, Beziehungen aufzubauen. Zur Gebrochenheit der Figuren gehört ihre kriminelle Aktivität als Ausstattungsmerkmal.

Kommuniziert wird vor allem über Medien: Telefon, Video, Musikbox, Fax. Die Figuren werden oft nur über ihre Funktionen (Killer, Agentin) benannt, sie haben keine eigene Identität. Die fragmentarische Darstellung der Handlungen wird durch schnelle Kamerafahrten, Schwenks, *jump cuts* und abrupte Montageformen unterstützt.

So wie das Motiv der abgelaufenen Haltbarkeit der Konservendose verweisen zahlreiche andere, eher düstere Details der hektisch und brutal wirkenden Stadt auf das bei der Produktion des Films bevorstehende Ende des Status von Hongkong als britische Kronkolonie. Der Film steht aber auch im Kontext des postmodernen Genrefilms, der auf eine konsistente, psychologisch motivierte Dramaturgie verzichtet. Das fragmentierte Leben und die elliptischen Konstruktionen sind so sehr zur Selbstverständlichkeit geworden, dass nichts mehr erklärt werden muss. Eine Off-Stimme gibt gelegentlich Einschätzungen, die jedoch nicht immer zum Verständnis der Handlung beitragen.

Der Film, der mit einer Handkamera an Originalorten (oft ohne Dreherlaubnis) gedreht wurde, wirkt an vielen Stellen dokumentarisch. Die oft extremen Kamerapositio-

nen und -perspektiven, vor allem die Weitwinkelaufnahmen, Unschärfen, Zeitlupen und Zeitraffer, die der wiederholt mit Wong Kar-wai zusammenarbeitende Christopher
Doyle einbringt, erzeugen eine Stimmungs- und Gefühls-
welt, die die Beziehungslosigkeit der Figuren verdeutlichen. Die Kritik sah darin eine »geballte Zeichenkraft«
(Remler), fühlte sich an die Filme der *nouvelle vague* erinnert und feierte den Regisseur als »Godard der MTV-Generation«, auch wenn der Filmkritiker Tobias Nagl dieses
Etikett entschieden ablehnte.

Es geht letztlich um das Thema des Verlustes an Identität. Wie die Gesellschaft selbst nur noch ein Schattenda-
sein ohne inneren Antrieb führt, ist jede Figur ohne eigene
Perspektive, ist auch das Verbrechen selbst letztlich be-
langlos und Teil dieser Beziehungsunordnung.

*Knut Hickethier*

*Literatur:* Alexander Remler: Der Godard der MTV-Generation.
Von der geballten Zeichenkraft des Wong Kar-wei. In: Filmforum
(1997) Nr. 8. – Stefan Hammond / Mike Wilkins (Hrsg.): Sex and
Zen und eine Kugel in den Kopf. Der Hongkong-Film. München
1999. – David Bordwell: Planet Hong Kong. Popular Cinema and
the Art of Entertainment. Cambridge (Mass.) / London 2000. –
Tobias Nagl: Begehren als Andeutung. In: die tageszeitung. 26.
September 2000. – Norbert Grob: *Fallen Angels.* Duoluo Tinashi.
In: Thomas Koebner (Hrsg.): Filmklassiker. Beschreibungen und
Kommentare. Stuttgart 2001. S. 483–486. – Petra Rehling: Schöner
Schmerz. Das Hongkong-Kino zwischen Tradition, Identitätssu-
che und 1997-Syndrom. Mainz 2002.

# Der Totmacher

## D 1995   f 114 min

R: Romuald Karmakar
B: Romuald Karmakar, Michael Farin (nach Protokollen der gerichtspsychiatrischen Untersuchung)
K: Fred Schuler
D: Götz George (Fritz Haarmann), Jürgen Hentsch (Prof. Dr. Ernst Schultze), Pierre Franckh (Stenograph), Hans-Michael Rehberg (Kommissar Rätz), Matthias Fuchs (Dr. Machnik), Marek Harloff (Fürsorgezögling Kress)

Ein Raum, drei Männer, eine Vernehmung. Im Spätsommer 1924 soll Prof. Dr. Ernst Schultze die Zurechnungsfähigkeit des geständigen 24-fachen Massenmörders Fritz Haarmann für den bevorstehenden Gerichtsprozess feststellen. Mit juristischer Bedachtheit durchforscht der erfahrene Psychiater den geistigen Horizont des homosexuellen Jungen- und Männermörders und versucht, sich ein Bild von seinem Gegenüber am anderen Tischende zu machen. Ein Stenograph protokolliert den Gesprächsverlauf. Selbst einem Experten ist ein Mensch wie Haarmann, der das Abscheuliche in seinen Taten nicht empfindet, noch nie begegnet. Dessen Gefühlskälte stimmt den Arzt bald betroffen, bald widerwillig. Schultze macht weder einen Hehl aus seiner gutachtlichen Aufgabe noch aus seiner Überzeugung, dass sein scheinbar so einfach gestricktes Gegenüber sich absichtlich dümmer stelle, als er ist. Bisweilen überrascht Haarmann durch Halbwahrheiten und seine zur Schau getragene Derbheit, scheint die Aufmerksamkeit zu genießen, bekundet sogar Stolz über sein Mordgeschick, er möchte als Massenmörder erinnert werden – nur Kannibale sei er nie gewesen. Unbequemen Fragen weicht der gesprächige Mörder aus, versucht kokettierend den Stenographen einzubeziehen, bleibt nicht ohne Witz, auch weiß er, dass es um seinen Kopf geht. Seine

verhaltene Aufrichtigkeit bringt vielleicht die Morde ans
Licht, die wahren Züge Haarmanns bleiben jedoch für
Schultze verborgen. Ein Nachsatz unterrichtet uns von
Haarmanns Enthauptung im folgenden April.

Dem Subgenre des Serienkillerfilms entzieht sich *Der
Totmacher*. Es geht um das Psychogramm des Täters in einer Form, die im Fernsehen »Interview-Dokumentaris-
mus« (Thomas Koebner) genannt wird. Der vom Doku-
mentarfilm kommende Regisseur Romuald Karmakar
(*Warheads*, 1989–92) und sein Koautor Michael Farin
stellten die Situationen und Sequenzen nach dem 400 Seiten umfassenden Protokoll der gerichtspsychiatrischen
Untersuchung mit Schauspielern nach. Diese Form – auf
das Sujet Serienkiller angewendet – lebt vom Authentizitätsversprechen und von dem Rigorismus, die Visualisierung der protokollierten Worte auf ein Minimum zu beschränken, um sie dadurch umso eindringlicher wirken zu
lassen. Allenfalls verhalten kreist die Kamera bisweilen
um die beiden Kontrahenten. Karmakar verzichtet auf
eine Rahmenhandlung oder dramatische Rekonstruktion
der Tathergänge, er will keine vordergründige historische
Faktizität. Der Blick verbleibt innerhalb der Intimität des
chefärztlichen Untersuchungszimmers, der hinter dem
Fenster sichtbare triste Innenhof verwehrt jedes Ab-
schweifen.

Mit dem untersuchenden Psychiater mischt sich beim
Zuschauer in die Neugierde eine Art Mitleid, das sich aus
der Ausweglosigkeit und Verlorenheit der Gestalt Haarmanns ergibt. Das Ludwig-Uhland-Lied *Ein guter Kame-
rad* führt als musikalische Gedankenstimme zu Haarmann
hin und wirkt wie ein ironischer Spitzname, den die Gesellschaft ihrer mörderischen Ausgeburt verliehen hat.
Später wird der Zuschauer Zeuge einer kurzen Szene, die
Haarmann nach seiner Verhaftung zeigt: Neben dem
Kommissar läuft eine Kamera, die Haarmann gleich einem
kuriosen Käfigtier auf Film festhält. Haarmanns Beteue-

rung »Das wissen Sie doch« nach der anfänglichen Auf-
blende klingt wie die Selbstverteidigung gegen eine im
Raum stehende Unterstellung, als sei ein (Vor-)Urteil von
Seiten dieses Arztes in der »staatstragenden Rolle« (Karmakar) schon gefällt.

Schultzes Fragen schaffen ein Doppelbild aus Täter und
Opfer, denn Haarmann erscheint nicht nur als ein aus Ei-
gensinn handelnder Mörder, sondern auch als Produkt der
Gesellschaft. Die von der psychiatrischen Untersuchung
erwartete Entschlüsselung und der Existenzbeweis des
Unmenschen misslingen. Anstaltskluft, Kahlrasur und
eine Brombehandlung (zur Ruhigstellung) haben schon
oberflächlich einen Kontrast geschaffen zu dem, was
Haarmann vor seiner Festnahme einmal war. Während der
Befragung wird er mehr und mehr zu einem Mannskind
voller naiver Theorien, die ihn zusammenhalten. Haarmanns Beteuerung, er habe nur »Puppenjungs« ermordet,
fällt auf die bürgerliche Gesellschaft zurück, die homose-
xuelle Praktiken verbot, weil er damit seine Taten glaubt
legitimieren zu können: In seinen Opfern sah er nichts
Menschliches – ein geradezu deutscher Fehler, nicht ohne
Zukunftssymbolik.

Der Kleinbürger Haarmann ist ein Mann aus vergangenen Tagen, er strahlt die gleiche Schicksalsüberforderung
aus wie die proletarischen Gestalten aus Carl Mayers
Drehbüchern der Stummfilmära (etwa für Murnaus *Der
letzte Mann*, 1924). Als »Werwolf« (Theodor Lessing)
wurde er postum bezeichnet. In der Verdammtheit dieser
»gelebten Figur, die kein Dichter schreiben kann« (Götz
George) vereinen sich Sexualität und Mordlust auf intensi-
ve Weise, in ihr ist aber auch schon der ihn umgebende
völkische Mythos zu erkennen. *Der Totmacher* ermöglicht
deshalb nicht nur die Beobachtung eines ›Abartigen‹, der
Film skizziert auch das Sittengemälde eines kriegsversehr-
ten Deutschlands, in das sich Haarmann funktional ein-
fügte. Mit ihm betrat ein Personentypus die deutsche Öf-

fentlichkeit, auf den sich ein populistischer Voyeurismus
stürzte. Er wurde zum Sinnbild des Niedergangs aller
menschlichen Werte in dieser Weimarer Republik. Gas-
senhauer (»Warte, warte nur ein Weilchen, dann kommt
Haarmann auch zu dir«) machten ihn zu ihrem Sujet, und
er gab die Anregung für Filmfiguren z.B. in Fritz Langs
*M – Eine Stadt sucht einen Mörder* (1931) und Alfred Dö-
blins *Berlin – Alexanderplatz* (1929) und Gestalten in
Werken von Georg Grosz und Alfred Hrdlicka.

Die dokumentarisierende Form der psychologischen
Täteruntersuchung lebt von den Schauspielern, die die
Rollen verkörpern und die historischen Figuren ausdeu-
ten. Jürgen Hentsch als Psychiater überzeugt als Untersu-
chender und gibt sich in seinen Fragen als kritische Auto-
rität einer ungläubigen Volksstimme. Götz Georges physische, rohe Verkörperung Haarmanns und sein dabei
gleichzeitig nuancenreiches Spiel, das fließend kindliche
bis bedrohliche Züge annimmt, machen die Abgründe einer seelischen und triebbezogenen Verirrung sichtbar. Ma-
nieristisch erscheinen gelegentlich Details, wenn George
z.B., um dem Größenwahn Haarmanns Ausdruck zu verleihen, zu den Worten, dass man noch in tausend Jahren
von ihm reden werde, die rechte Hand prophetisch über
den Kopf hinausstreckt. Im Vordergrund stehen jedoch
der Körperausdruck und die Sprache Haarmanns, die
durch ihre derbe Einfachheit Gewalttätigkeit signalisiert.
Sie stimmen mit einer klaren, dezenten Lichtsetzung und
einer effektscheuen Kamera überein, die das Drama einfängt, anstatt es zu erzeugen, und die das Ziel verfolgt,
keine Ablenkung des Blickes durch stilistische Verwässe-
rung oder ein viel wissendes, sanftes Überblenden in pure
Fiktion zuzulassen.                    *Michael Gräper*

*Literatur*: Marlie Feldvoß: Das Experiment Haarmann und *Der
Totmacher*. In: epd Film (1995) Nr. 12. – Peter W. Jansen: Ein
Meister aus Deutschland. In: Filmbulletin (1995) Nr. 6. – Roland

Rust: *Der Totmacher*. In: film-dienst (1995) Nr. 24. – Thilo Wydra: In: Filmecho Filmwoche (1995) Nr. 46. – Gerald Koll / Ulrich Bähr: Phänomenologie eines Genres – ein Höllentrip. In: Blimp Film Magazine (Spring 1996).

# Lost Highway

Lost Highway

## USA 1997   f 135 min

R:  David Lynch
B:  Barry Gifford, David Lynch
K:  Peter Deming
D:  Bill Pullman (Fred Madison), Patricia Arquette (Renee Madison/Alice Wakefield), Balthazar Getty (Pete Dayton), Robert Loggia (Mr. Eddy/Dick Laurent)

Durch die Gegensprechanlage seines fensterarmen Hauses erhält Fred Madison die rätselhafte Nachricht eines Unbekannten: »Dick Laurent ist tot.« Für Fred scheint wie für den Zuschauer unklar zu sein, wer Dick Laurent ist und weshalb dieser Mann gestorben sein soll. Am Ende des Films, wenn sich diese Botschaft wiederholt bzw. aus einer anderen Perspektive zeigt, ist sie im Sinne der Regeln des Genres verständlich: Wir wissen, dass Dick Laurent ermordet wurde, wir wissen, dass es aus Eifersucht geschah und der Mörder seiner Strafe während einer Verfolgungsjagd zugeführt wird. Die Auflösung des Rätsels enthält die beunruhigende Erkenntnis, dass Fred sich selbst die Nachricht durch die Gegensprechanlage schickte. Er ›wußte‹ von Dick Laurents Tod, weil er der Mörder sein wird bzw. der Mörder gewesen ist.

Der Kreis dieser Geschichte soll sich nicht schließen, und die Teile fügen sich nicht zu einem geschlossenen Ganzen. David Lynch lässt stets unklar, ob wir Zeugen eines Traums, einer schizophrenen Phantasie oder realer Ereignisse sind. Ignoriert man die gezielte Verwirrung, lässt sich ein Handlungsgerüst rekonstruieren – freilich immer mit dem Bewusstsein, dass der Regisseur seit dem Erstling *Eraserhead* (1977) behauptet, die Geschichte eines Films sei unerheblich.

Fred Madison, der Empfänger der rätselhaften Botschaft, ist Free-Jazz-Musiker in Los Angeles, impotent und eifersüchtig auf seine Frau Renee. Das Ehepaar findet vor der Haustür anonyme Videos, auf denen zu sehen ist, dass jemand ihr Haus durchwandert. Nachdem Fred auf einer Party einem bedrohlichen »Mystery Man« begegnet ist, für den die Regeln von Raum und Zeit bedeutungslos sind, spitzt sich der Albtraum zu. Eine weitere Videokassette zeigt Fred neben der blutigen Leiche seiner Frau. Er wird verhaftet und zum Tode verurteilt. In der Todeszelle verwandelt sich Fred Madison in Pete Dayton, einen jungen Automechaniker, der als Unschuldiger im Gefängnis von den Behörden freigelassen werden muss. Pete kehrt in die Vorstadt zu seinen Eltern und seiner Freundin Sheila zurück, ohne sich erinnern zu können, wie er in die Zelle kam. Schon bald gerät auch Pete Daytons vermeintliche Idylle in Gefahr. Mr. Eddy alias Dick Laurent ist Mafiagangster und mit seinen Limousinen Stammkunde bei Pete. Mr. Eddys Freundin Alice Wakefield – die blonde Version von Renee Madison – tritt auf, und Pete verfällt ihr augenblicklich. Mr. Eddy ahnt von dem Verhältnis und droht, Pete zu töten. Aber für Pete ist es sowieso längst zu spät. Seine Eifersucht erwacht, Erinnerungen Freds suchen ihn heim, und schließlich lässt er sich von Alice verführen, einen Mann zu überfallen. Dieser stirbt, und Pete flieht mit Alice in die Wüste. Dort verliert er sie und verwandelt sich in Fred zurück. Fred flüchtet vor den Attacken des Mystery Man in ein Motel, wo er im Nachbarzimmer von Renee mit Mr. Eddie betrogen wird. Fred überfällt Mr. Eddie und ermordet ihn mit Hilfe des »Mys-

tery Man«. Bevor er auf der Flucht vor der Polizei psy-
chisch oder physisch zerrissen wird, sich in andere Figuren auflöst oder zu Tode kommt, fährt er zu seinem eigenen Haus und spricht in die Gegensprechanlage die Nachricht an sich selbst, mit der alles anfing: »Dick Laurent
ist tot.«

David Lynch will seine Filme von Analyse und Interpretation verschont wissen. Natürlich ist diese inzwischen
schon konventionelle Haltung verdächtig, weil jeder
Lynch-Film Rätsel erzeugt, die in ihrer unentwirrbaren
Form den Reiz nie verlieren können, der Rätsel auszeichnet: Sie wollen gelöst werden.

Nimmt man probeweise an, Lynch zeige die Welt einer
multiplen Persönlichkeit, dann erklären sich Handlungen
und Verhaltensweisen. Zu Beginn begründet Fred seine
Abneigung gegen Videokameras damit, dass er sich in der
Weise erinnern will, wie es ihm gefällt, nicht unbedingt so,
wie die Dinge geschehen sind. Fred imaginiert sich im Gefängnis eine heile Welt, die in fast allem das Gegenteil seiner eigenen ist: Pete ist jung, ungeheuer potent, hat Familie und einen Job als Handwerker. Aber spätestens die Begegnung mit Alice/Renee löst die vermeintlich schöne
Phantasie wieder auf. Alice ist äußerlich ebenfalls ein Gegenbild seiner Frau Renee, und sie ist dieselbe Frau.

Der aus dem Gefängnis entlassene Pete entspannt sich
im Garten seiner Eltern. Im Hintergrund begrenzt der
Gartenzaun aus der Vorstadtphantasie *Blue Velvet* (1986)
Petes Welt, und wir sollten gewarnt sein, denn die Idylle
in *Blue Velvet* erweist sich als Albtraum. In *Lost Highway*
wirkt der Zaun sofort lächerlich, weil er, vor einer großen
Mauer platziert, funktionslos ist. Pete kann nur noch
sehnsüchtig zu den Nachbarn blicken, wo weitere Requisiten der Kindheit aus *Blue Velvet* locken.

Nicht nur in dieser Szene spiegelt Lynch seine eigenen
Stilmittel. Der gesamte zweite Teil des Films ist eine An-
häufung von Selbstzitaten und Genreparodien des Gangs-

terfilms, der Schwarzen Serie und des Actionkrimis. Freds
Flucht ist als Phantasie eine filmische Phantasie. Sie bietet
genauso wenig Zuflucht wie jede andere, und in *Lost
Highway* wird sie durch den Mystery Man mit der Video-
kamera im Anschlag attackiert. Video produziert dokumentarische Hässlichkeit, die ›ungeliebte Wahrheit‹ in der
Welt von *Lost Highway*. Film aber produziert Albträume
und Pornografie (Mr. Eddys Tod wird vom Mystery Man
mit Videoaufnahmen seiner Film-Pornos gerechtfertigt).

Bevor Lynch im zweiten Teil schlagartig seinen Erzählstil wechselt, zeigt er uns Freds Welt aus einer fast ungebrochenen Perspektive, die sich erst langsam aufzulösen
beginnt. Diese Passagen gehören zum Düstersten und
Beunruhigendsten, was Lynch je produziert hat. Das Haus
ist ein unendliches Labyrinth krankhafter Angst. In einer
Dokumentation über David Lynch von 1988 (Autor: Guy
Girard für *La Sept*) zeigt Lynchs eigenes Haus verblüffende Ähnlichkeit mit Fred Madisons Wohnung (das Film-
haus von *Lost Highway* liegt in derselben Straße). Lynchs
Albträume sind nicht nur eine Reflexion über filmische
Phantasien, sie stammen immer auch aus dieser Welt.

*Christoph Mecke*

*Drehbuch:* David Lynch / Barry Gifford: *Lost Highway*. London
1997.
*Literatur:* David Foster Wallace: Visit on the Set of David Lynch's
New Movie. In: Premiere (1996) Nr. 9. – Donald Lyons: La-La
Limbo. In: Film Comment (1997) Nr. 1. – Interview mit David
Lynch: »Vorhänge reizen meine Neugier«. In: Filmbulletin (1997)
Nr. 2. – Dirk Steinkühler [u.a.]: Wege ins Rätsel. In: Der Schnitt
(1997) Nr. 2. – Frank Schnelle: Welt in Trance. In: Steadycam.
Nr. 33 (Frühjahr 1997). – Marina Warner: Voodoo Road. In: Sight
and Sound (1997) Nr. 8. – Georg Seeßlen: David Lynch und seine
Filme. Marburg 2002.

# Jackie Brown

Jackie Brown

## USA 1997    f 154 min

R: Quentin Tarantino
B: Quentin Tarantino (nach dem Roman *Rum Punch* von Elmore Leonard)
K: Guillermo Navarro
D: Pam Grier (Jackie Brown), Robert Forster (Max Cherry), Samuel L. Jackson (Ordell Robbie), Bridget Fonda (Melanie), Michael Keaton (Ray Nicolet), Robert De Niro (Louis Gara)

Es sieht nicht gut aus für die Stewardess Jackie Brown. Um ihr nicht eben üppiges Gehalt aufzubessern, schmuggelt sie für den Waffenhändler Ordell Robbie dessen Schwarzgeld aus illegalen mexikanischen Transaktionen nach Los Angeles. Nachdem der Polizist Ray Nicolet sie mit undeklarierten 50 000 Dollar und etwas Kokain im Bordgepäck hochgenommen hat, bleiben ihr genau zwei Möglichkeiten: Knast oder Kooperation. Den Namen ihres Auftraggebers zu verraten entpuppt sich jedoch als lebensgefährliche Aufgabe, angesichts von Ordells skrupellosem Mord an einem seiner ehemaligen Mitarbeiter, der ihn den Behörden ausliefern wollte.

Mitten in dieser klassischen Zwickmühlensituation betritt der Kautionsvermittler Max Cherry die Bühne, und aus dem zunächst geschäftlichen Kontakt entwickelt sich eine Freundschaft, die Elmore Leonards literarische Vorlage in Liebe enden lässt. Obschon sich Quentin Tarantinos Adaption über weite Strecken exakt an Leonards Roman hält, wird die Beziehung zwischen Jackie und Max bis zum Ende ein romantischer und vom beginnenden Altern geprägter Flirt bleiben: eine Chance und ein so liebe- wie respektvoller Tanz zweier Einzelgänger zur Musik der »Delfonics«.

Mit Max' Hilfe entwickelt Jackie Brown den riskanten

Plan, beide Parteien (Nicolet und Ordell; Polizei und
Gangster) gegeneinander auszuspielen. In einem ausgeklü-
gelten Manöver, in dem es um weitere 500 000 Dollar aus
Mexiko geht, versichert sie einerseits Nicolet ihrer Mitarbeit und überzeugt andererseits Ordell, sie mit dem Hin-
ausschmuggeln seines restlichen Vermögens aus Mexiko
zu betrauen. Bei der Geldübergabe schließlich will sie die
Dummheit von Ordells Kumpanen – des soeben aus dem
Knast entlassenen Louis und des ständig bekifften Beach-
Girls Melanie – nutzen, um nicht nur frei und unbescha-
det aus der Affäre hervorzugehen, sondern auch noch die
halbe Million für sich einzustreichen. Am Ende gibt es ein
paar Leichen, eine siegreiche Jackie Brown und einen
Kuss, mit dem sich Max und Jackie trennen werden, ohne
einander je wirklich gehabt zu haben.

Kein anderer Film der Kinosaison 1997/98 wurde so
sehr mit Ansprüchen, Spannung und Skepsis erwartet wie
Quentin Tarantinos *Jackie Brown*. Fünf Jahre nach *Reservoir Dogs* (1991/92) und drei nach *Pulp Fiction* (1993/94)
sollte Tarantinos dritte Spielfilmregie (zuvor hatte er noch
die vierte Episode in *Four Rooms*, 1994/95, inszeniert) beweisen, ob der neue Regie-Star seinen Lorbeeren nach
*Pulp Fiction* gerecht werden würde. Ausgelöst von der
»Tarantinomania« war sowohl »eine postmoderne Wiederkehr des Autorenkinos« als auch »die Renaissance des
Gangsterfilms im Zeichen des Hongkong-Kinos« und des
*postmodern noir* diskutiert worden. Gerade weil sich die
Leonard-Verfilmung *Jackie Brown* ebenfalls in diesem
Feld des Gangster- und Kriminalfilms bewegt, wuchsen
umso mehr die Erwartungen an die Fortsetzung der Gen-
re-Reformation Marke Tarantino.

Schon die Eröffnungssequenz präsentiert sich eben dieser Vorbedingung ihres eigenen Erscheinens auf sehr
smarte Art bewusst. In einer endlos scheinenden Einstellung sehen wir Pam Grier als Stewardess Jackie Brown auf
einem Flughafen-Laufband vor einer bunt gekachelten

Neben anderen Auszeichnungen wurde Pam Grier als Stewardess *Jackie Brown* für den Golden Globe nominiert.

Wand entlanggleiten. Aus dem Off klingt Bobby Womacks »Accross 110th Street«. Ein eleganter, wunderbar schwereloser Auftakt inthronisiert die Hauptdarstellerin und scheint sich gleichzeitig ironisch an die für Zeichen sensibilisierten Adepten der »Tarantinomania« samt ihren Elogen auf dessen »postmoderne Patchwork-Technik« zu richten. Der weibliche Star schwebt vor einem zusammengesetzten Hintergrund davon: »So, da habt ihr euer Tarantino-Mosaik,« scheinen diese Bilder zu sagen, »nun seid zufrieden und seht euch an, was hier passiert.«

Was in den kommenden zweieinhalb Stunden folgt, geschieht in einem bedächtig-souveränen Rhythmus, der einigen *Pulp Fiction*-Fans den Atem nehmen dürfte. Schritt für Schritt erleben wir in chronologischer Abfolge die Geschichte; wie sehr sich diese eher ›klassische‹ Erzählweise von den Ellipsen in *Pulp Fiction* abhebt, betont vor allem das große Finale der Geldübergabe, das dreimal nacheinander den Ablauf der Ereignisse aus drei Perspektiven präsentiert. Ein Spiel auf Zeit: Als Bindeglied zwischen den Perspektivwechseln in *Jackie Brown* und den Zeitsprüngen in *Pulp Fiction* drängt sich hier Stanley Kubricks frühes *caper movie The Killing* (1956) auf, das beiden Filmen eine Inspirationsquelle gewesen zu sein scheint.

Neben diesem Bezug zu Kubricks Klassiker ist Tarantinos Regiearbeit – wie zuvor schon *Reservoir Dogs* und *Pulp Fiction* – durchzogen von weiteren Genre-Verweisen und filmhistorischen Anspielungen. Die offensivsten Anleihen sind dabei schon im Titel sowie im Star des Films zu finden: Aus der weißen Protagonistin Jackie Burke in Leonards Roman ist in Tarantinos Film die Afroamerikanerin Jackie Brown geworden und damit die Spur zur Blaxploitation-Heldin Foxy Brown gelegt, die in dem gleichnamigen Film von 1974 ebenfalls durch Pam Grier verkörpert worden war. Jack Hills *Foxy Brown* (1974) war in der Inszenierung der schwarzen Rächerin mit Sex-Appeal dem ebenfalls von Hill inszenierten Pam-Grier-Film *Coffy* aus dem Jahre 1973 gefolgt, der für Pam Grier den größten Erfolg als »blaxploitation-queen« der Siebziger bedeuten sollte – »the baddest one-chick hit-squad that ever hit the town«, lautete die *Coffy*-Schlagzeile.

Doch selbst diese ausdrücklichen Querverweise fügen sich – im Gegensatz zu *Pulp Fiction* – in eine Behutsamkeit der Inszenierung ein, die sich auf die Charaktere, vor allem Pam Grier und Robert Forster, konzentriert, um ihnen Spielraum zu geben. Dieser Raum wird zur eigentlichen Stärke von *Jackie Brown*, gefüllt von einer der schönsten Liebesgeschichten der neunziger Jahre, die auf Respekt, Achtung und Gleichberechtigung basiert. Die Art und Weise, wie sich Jackie und Max annähern, trägt den ganzen Film. Die Kriminalgeschichte wirkt so bisweilen wie eine spannende Dreingabe und ist doch immer schon der Motor und Rahmen der Beziehung zwischen den beiden. Wie auch James Mangolds *Cop Land* (1997) verwebt *Jackie Brown* eine Star-Vita mit der Genre-Geschichte – nur dass hier ein Star im weiteren Sinne in sein Genre zurückkehrt, um sich darin verändert wieder zu finden.

Die vielleicht größte Leistung von *Jackie Brown* ist es dabei, die beliebte Melange von Sex und Crime, Musik und Autofahren als die ewig jungen Insignien der Popkultur in aller Ruhe einem Paar zu überlassen, das sich ausdrücklich jenseits von Jugend bewegt. Wenn sich Pam Grier und Robert Foster als 44-jährige Ex-Stewardess und 56-jähriger Ex-Detektiv über wachsende Hüften und Haarausfall austauschen, dann erreicht *Jackie Brown* seine schönsten Momente, die der gesamten Struktur des Films Recht geben. Hier werden in vollstem genrehistorischen Bewusstsein zwei Menschen zum Zentrum, die normalerweise wenig Chancen auf Raum und Beachtung haben. Das gilt sowohl für die Charaktere als auch für ihre Schauspieler – wie Robert Forster hatte auch Pam Grier seit Jahren keine großen Rollen mehr gespielt. Mit ihr entwickelt *Jackie Brown* eine Titelheldin, die auf kluge und respektvolle Weise zum Bemerkenswertesten gehört, das seit John Cassavetes' *Gloria* (1980) auf der Leinwand erschienen ist.

*Jan Distelmeyer*

*Vorlage:* Elmore Leonard: Rum Punch. New York 1992.
*Drehbuch:* Quentin Tarantino: *Jackie Brown – A Screenplay.* New York 1997.
*Literatur:* Stella Bruzzi: *Jackie Brown* In: Sight & Sound (1998) Nr. 4. S. 39–40. – Robert Fischer: *Jackie Brown.* In: Robert Fischer / Peter Körte / Georg Seeßlen: Quentin Tarantino. Berlin 1998. S. 199–230. – Alexander Horwath: Playland, N.Y. In: Die Zeit. 29. Januar 1998. S. 50. – Peter Körte: Tarantinomania: http://www.blarg.net/-kbilly, der Koffer von Marsellus Wallace und anderes Treibgut. In: Robert Fischer / Peter Körte / Georg

Seeßlen: Quentin Tarantino. Berlin 1998. S. 7–70. – Mark A. Reid:
New Wave Black Cinema in the 1990s. In: Winston Dixon
(Hrsg.): Film Genre 2000. New Critical Essays. New York 2000.
S. 13–28.

## Cop Land

Cop Land

### USA 1997   f 104 min

R:  James Mangold
B:  James Mangold
K:  Eric Edwards
D:  Sylvester Stallone (Freddy Heflin), Harvey Keitel (Ray Don-
    lan), Robert De Niro (Mo Tilden), Peter Berg (Murray), Ray
    Liotta (Gary Figgis), Annabella Sciora (Liz Randone), Janeane
    Garofalo (Deputy Cindy Betts)

Freddy Heflin, der schwerfällige, leicht tumbe Sheriff des
Städtchens Garrison direkt vor den Toren New Yorks,
wankt uns als gescheiterte Existenz entgegen. In diesem
Fall ist das Auge des Gesetzes so blau und heruntergekom-
men, dass es im Suff Parkuhren öffnet, um an Klein-
geld zu kommen. Vor uns steht der ehemalige *local hero*,
der in jungen Jahren eine Schönheitskönigin vor dem Er-
trinken rettete und seitdem auf einem Ohr taub ist. Genau
dafür machten ihn die Leute von Garrison zum Sheriff –
ob dies jedoch tatsächlich eine Belohnung war, wird sich
erst noch zeigen.

   Denn die dankbaren Provinzler sind keine Durch-
schnittsbürger, genauer gesagt: Sie bemühen sich darum.
Allesamt Polizisten aus New York, haben sich die Männer
Garrisons unter der Führung von Ray Donlan eine faden-
scheinige Kleinstadtidylle für ihre Familien zusammenge-
logen. Der kleinbürgerliche Rückzugsort ist zugleich das
Organisationszentrum für die kriminellen Machenschaf-

ten der Cops um Donlan, auf deren Spur der Internal-Affairs-Inspektor Mo Tilden angesetzt ist. Doch erst als Donlans totgeglaubter Neffe Murray – ein junger und gefeierter *superboy* wie einst Freddy selbst – in Garrison untertauchen muss, wird dem Ex-Helden das Gemeinschaft stiftende Wegschauen unmöglich. So erfährt Freddy, dass auch sein Freund Figgis zu Donlans Bande gehört und die ganze Stadt eine einzige träge Lüge ist. Sein Entschluss, sich auf Mo Tildens Seite zu stellen, heißt auch, sich gegen sich selbst und die eigene Vergangenheit aufzulehnen, um sie gleichzeitig zurückzugewinnen.

Die in Sidney Lumets Klassikern wie *Twelve Angry Men* (1957), *The Offense* (1972), *Serpico* (1973) und *The Verdict* (1982) immer wieder gestellte Frage nach Integrität in der Staatsgewalt, nach Korruption und Verantwortung lebt in James Mangolds *Cop Land* vor allem von der Starbesetzung und den Figurenkonstellationen. Nicht nur durch die Co-Stars De Niro, Keitel und Liotta trägt dieser Mikrokosmos Merkmale der familiären Gangster-Community aus Martin-Scorsese-Filmen; bürgerliche Ordnung ist hier nur eine Frage, zu wie viel Gewalt, Selbstbetrug und Ignoranz man fähig ist. Stallone/Freddy hat Teil daran und ist zugleich ein Ausgestoßener mit der Möglichkeit zur Veränderung. Zahlreiche Spiegelbeziehungen verbinden ihn und *superboy* Murray vom Anfang bis zum Ende. Gleichzeitig erscheint Stallone deutlicher noch als in seinem ersten Kino-Erfolg *Rocky* (1976) wie ein großer, gutgläubiger Junge, der hier träge vor Bewunderung die großen Cops aus New York anhimmelt, zu denen er wegen seines Hörschadens niemals gehören konnte. Auf seine Art bindet Freddy Heflin somit zwei Prototypen des Kriminalfilms in seiner Person: Er ist sowohl der Vertreter der Gesellschaft, die er als Arm des Gesetzes beschützen soll, als auch ihr Außenseiter, der letztlich zur größten Bedrohung der bestehenden Gemeinschaft wird.

Durch Rückblenden drängt sich die Analogie der Ereignisse auf. Einmal erst hat Freddy Heflin »das Richtige« getan und dafür mit seiner Gesundheit bezahlt. Nun
muss er noch einmal zum Helden werden und dabei sein
Leben zum zweiten Mal riskieren. Mit sehr ruhigem,
dem Kleinstadtleben angepasstem Rhythmus spitzen sich
die Ereignisse zu, bis es zur offenen Kontroverse
kommt. Freddy wagt den Ausbruch, nimmt sein ver-
fremdetes Spiegelbild *superboy* Murray in Gewahrsam
und wird von seinen Nachbarn, Gönnern und nunmehr
Feinden entsprechend seiner eigenen Geschichte bestraft.
Ein direkt vor seinem Ohr abgefeuerter Schuss raubt
ihm seine verbliebene Hörfähigkeit, und nahezu taub
wankt er durch die sauberen Vorgärten zum finalen
Showdown.

Indem James Mangold diesen Amoklauf aus der Gehör-
›Perspektive‹ seines tauben Helden präsentiert, erinnert
diese Schießerei in ihrer traumwandelnden Schwere stark
an *Taxi Driver* (1975) – und doch steht das Ende von *Cop
Land* diesem Film ebenso gegenüber, wie auch Garrison
das Gegenstück zu New York bildet. Am Ende wird
Freddy die (seine) Ordnung wieder herstellen und tat-
sächlich zu einem geachteten Hüter des Gesetzes werden.
Der Moloch New York droht zwar immer noch vor den
Toren Garrisons; seine Ausläufer aber scheinen aus dem
Mikrokosmos vertrieben. Eine Radiostimme erklärt im
Epilog, dass Spezialisten Freddys Hörschaden beheben
konnten.

Sylvester Stallones als »erste Charakterrolle« gepriesene
Figur ist damit auch eine Variation des Rocky Balboa aus
den ersten beiden Teilen seiner Boxer-Saga. Als schwerer,
italoamerikanischer Boxer hatte er 1976 erstmals jene
Körper-Spielweise entwickelt, die das Versprechen eines
Stallone-Films fortan prägen sollte. Stallone-Filme von
den *Rocky*- und *Rambo*-Reihen bis zu *Cliffhanger* (1994)
zeigen Entfremdungs- und Selbstfindungsgeschichten, die

unmittelbar an den Verlust bzw. den Gewinn des männlichen Körpers gebunden sind: Der Held verliert sich in dem Maße selbst, wie er das Vertrauen in seinen Körper, seine Kraft und seine Bestimmung als Kämpfer einbüßt oder zu ignorieren sucht. Es folgt die zentrale Besinnungsphase, in der Stallone eine Menge einstecken muss, verprügelt, gequält oder gefoltert wird. Und eben über den Schmerz als extreme Erfahrung findet er zu sich in seine körperliche Bestimmung zurück, aus der heraus er schließlich über seine Gegner obsiegt. Eine kriegerische, immer auch autoaggressive Männerphantasie, bei der das Leiden und der Schmerz im Akt der »Selbstfindung« wichtiger wird als der letztendliche Triumph: »Body-Building«, der Weg ist das Ziel.

Indem hier der Star Sylvester Stallone zu seinen Wurzeln zurückgebracht und gleichzeitig auf die Hoch-Zeit des kritischen US-Polizeifilms in den siebziger Jahren verwiesen wird, gelingt *Cop Land* eine doppelte Reminiszenz. Denn die besondere Stellung von Mangolds Film im Polizei- oder Kriminalfilmgenre liegt gerade auch in der Qualität begründet, Star- und Genre-Geschichte klug miteinander zu verzahnen. Sein Schauwert liegt jenseits der perfekten Siebziger-Jahre-Ausstattung des Films und gehört doch dazu: Er erwächst daraus, dass und wie es Stallone gelingt, in einem mit »Sidney Lumet« und »Martin Scorsese« assoziierten Rahmen – zwischen De Niro, Keitel und Liotta – alles an dem Verlierer Freddy Heflin glaubhaft zu machen, der wie Rocky Balboa die einmalige Chance bekommt, mit einer einzigen Tat sein Leben zu ändern und sich der eigenen Stärke zu vergewissern. Als Zeitreisender in die siebziger Jahre findet sich Stallone auf neuem Terrain wieder und bleibt doch auf eine Weise ›bei sich‹. Dieses Ich ist nicht länger allein das des Stars Stallone, sondern zugleich das einer Genre-Figur, die im wahrsten Wortsinn zwischen den Fronten steht.

*Jan Distelmeyer*

*Literatur:* Georg Seeßlen: Copland. Geschichte und Mythologie des Polizeifilms. Marburg 1999. S. 490–492. – Ron Wilson: The Left-Handed Form of Human Endeavor. Crime Films During the 1990s. In: Winston Dixon (Hrsg.): Film Genre 2000. New Critical Essays. New York 2000. S. 143–159.


# Traffic

Traffic

USA 2000   f 147 min

R: Steven Soderbergh
B: Stephen Gaghan (nach der Fernsehserie *Traffik* von Simon Moore für Channel 4 Television)
K: Peter Andrews (Steven Soderbergh)
D: Michael Douglas (Robert Wakefield), Amy Irving (Barbara Wakefield), Erika Christensen (Caroline Wakefield), Catherine Zeta-Jones (Helena Ayala), Don Cheadle (Montel Gordon), Luiz Guzman (Ray Castro), Miguel Ferrer (Ruiz), Steven Bauer (Carlos Ayala), Dennis Quaid (Arnie Metzger), Benicio Del Toro (Javier Rodriguez), Tomas Milian (General Salazar), Jacob Vargas (Manolo Sanchez)


Drei Handlungsstränge erzählen vom Drogenverkehr, von denen, die davon leben bzw. daran sterben, und von denen, die als Polizisten und Politiker diesen »traffic« bekämpfen. Der erste ist in Mexiko angesiedelt, genauer gesagt in der Grenzstadt Tijuana und ihrem staubigen Umland. Hier wird der Polizist Javier Rodriguez im Kampf gegen den Drogenschmuggel Teil der Anti-Drogen-Einheit des undurchsichtigen Generals Salazar. Dabei entdeckt er, dass der General nicht nur seine Widersacher foltern lässt, sondern selbst für das Juarez-Kartell arbeitet, das sich seinerseits im Bandenkrieg gegen die Obregon-Brüder befindet. Als angeheuerter Soldat im Grabenkampf der Drogenbosse wird Javiers Taktik darin bestehen, sich nach allen Seiten abzusichern. Dazu gehören auch die amerikanischen Drogenbehörden.

Die zweite Episode führt uns weit über die Grenze in den US-Bundesstaat Ohio hinaus, in den State Supreme Court von Columbus und hier zu dem Richter Robert Wakefield. Bereits mit seinen ersten Sätzen spricht er vom Drogenproblem auf der amerikanischen Seite – bald wird er als frisch ernannter oberster Drogenfahnder der Nation erkennen, dass dieser Komplex längst Teil seiner eigenen Familie geworden ist. Noch bevor er von der Sucht seiner Tochter Caroline erfährt, antwortet er auf die Frage, warum »das Thema Drogen so wichtig« sei: »Weil es ein Thema ist, das alle Familien betrifft.«

Zusehends wird Wakefield seine Tochter an eben jene Stoffe verlieren, gegen die er offiziell siegessicher antritt. Die auf die Lieferanten und das Ausland – Mexiko – konzentrierte Drogenpolitik der USA, für die er einsteht, stößt hier direkt auf ihren blinden Fleck. Zudem wird Wakefield selbst durch seine Frau Barbara auf seinen auffälligen Alkoholkonsum hingewiesen und auf dessen Funktion in ihrer zerrütteten Ehe. »Ich brauche jedenfalls keine drei Scotch, nur um ins Haus zu kommen und ›Hallo‹ zu sagen!« – »Ich nehme einen Scotch vor dem Essen zur Entspannung, andernfalls würde ich mich zu Tode langweilen.«

Handlungsstrang Nummer drei spielt in Kalifornien, in und im weiteren Umfeld von San Diego, wo uns ebenfalls zwei Drogenfahnder begegnen. Montel Gordon und Ray Castro, ein leicht zänkisches Undercovercop-Gespann im Stil des *buddy movie*, nehmen den Dealer Ruiz hoch, der für das Drogenkartell von Tijuana arbeitet, das von den Obregon-Brüdern in Mexiko beherrscht wird. Doch Ruiz ist nur der Köder für den großen Fisch: Er soll den Hauptbelastungszeugen geben, um den steinreichen Obregon-Partner in San Diego, Carlos Ayala, zu überführen. Dessen Frau Helena wird der wahre Grund für ihren Reichtum

erst bewusst, als ihr Mann verhaftet und sie vom Familien-
anwalt Arnie Metzger in die Verhältnisse eingeweiht wird.

Während Wakefields Familie zu zerbrechen droht, arbeitet Helena Ayala mit allen Mitteln daran, das Werk ihres Mannes fortzusetzen, um ihre Familie zu retten. Als
neue Gegenspielerin der Cops Gordon und Castro heuert
sie einen Killer an, um den Kronzeugen Ruiz aus dem
Weg zu räumen. So geht das Spiel nicht nur weiter, sondern findet auch zu neuen Formen: Eine Frau triumphiert
inmitten von Männern auf beiden Seiten des Gesetzes und
beiderseits der Grenze, und gepresstes Kokain wechselt
als Kinderspielzeug die Seiten.

Wie schon in dem von Simon Moore geschriebenen und
von Alastair Reid inszenierten TV-Sechsteiler *Traffik*
(1989) besteht das dramaturgische Prinzip in *Traffic* darin,
die Handlungsfäden durch Überschneidungen und Begegnungen der Protagonisten miteinander zu verweben. Die
Geschichten sind nicht nur durch das Thema des Drogen-
verkehrs miteinander verbunden. Zusammenhänge werden
sichtbar, Wege kreuzen sich, und jede der drei Geschichten
erfährt in sich eine Eskalation, die direkt oder mittelbar mit
den beiden anderen zusammenhängt. So entsteht ein Geflecht von Interessen, Problemen und Machtstrukturen,
das sich bis zum Ende nicht auflösen wird.

Neben den inhaltlichen Änderungen gegenüber der TV-
Produktion – die anstelle des Mexiko-Strangs die Geschichte eines pakistanischen Mohnbauern erzählt – zeichnet Soderberghs Film vor allem eine Verlagerung der Epi-
sodenstruktur in die Filmästhetik aus. Der Inhalt wird
Licht und Farbe: Deutlich sind die drei Handlungsstränge
durch verschiedene Lichtverhältnisse getrennt, in denen
die über weite Strecken von Steven Soderbergh selbst mit
der Hand geführte Kamera ihre Bilder findet. (Der offiziell angegebene Namen des Kameramanns »Peter Andrews« setzt sich aus den ersten zwei Vornamen von Steven Soderberghs Vater zusammen.)

Seine Aufnahmen mit der Handkamera – in Kritiken nicht selten mit dem Dogma-95-Stil assoziiert – sind für jeden Strang des *Traffic*-Gewebes in einem bestimmten Licht gehalten: Ein leicht schwefliges Gelb, wie ein Zeichen der sengenden, aggressiven Wüstenhitze, färbt die Bilder von Javiers und Salazars Geschichte. Mexiko – manifestiert in der sandsteinfarbenen Festung Salazars – ist ›natürlich‹ gelb, könnte man sagen. Blau, metallen schwer, kalt und dumpf ist das Licht in den Szenen um Richter Wakefield, seinen Job und seine Familie, die im Bundesstaat Ohio und in Washington, D.C. angesiedelt sind; technisiert oder ›zivilisiert‹ blau – verdoppelt durch Wakefields Hemdenfarbe – ist der Osten Amerikas.

Die Lichtverhältnisse in der Geschichte um Gordon, Castro und den Fall Ayala in Kalifornien sind in erster Linie hell, ein gleißendes Licht, das immer wieder auf Spiegelflächen trifft und an diesen Stellen die Kinoleinwand in ein glänzendes Weiß verwandelt. Nach dem Farbprinzip von *Traffic* ist die US-Westküste unbarmherzig weiß – gespiegelt in Catherine Zeta-Jones' weißen Kleidern und natürlich im Kokain selbst. Umso auffälliger werden die verschiedenen, an Stereotypen mahnenden Lichtquellen, wenn wir uns vergegenwärtigen, dass die Städte San Diego und Tijuana nur durch wenige Kilometer getrennt sind.

Auch wenn das zweieinhalbstündige Star-Kino *Traffic* nicht die Themenvielfalt und politische Brisanz der sich über fünf Stunden entwickelnden TV-Produktion erreicht, arbeitet Steven Soderberghs Film eine für Hollywood seltene Komplexität heraus, die sich zwischen William Friedkins *French Connection – Brennpunkt Brooklyn* (1971), Robert Altmans *Short Cuts* (1993) und John Sayles' *Lone Star* (1996) bewegt: War die traditionelle Oppositionsbildung des Kriminalfilms zwischen Ermittlern und Kriminellen in den siebziger Jahren durch Helden wie Don Siegels *Dirty Harry* (1971) in Frage gestellt worden, weil die

brutalen Methoden beider Seiten sich ähnelten, wird in
*Traffic* das simple Gut/Böse-Schema auf andere Weise desavouiert. Hier wird die Verzahnung des Politischen mit
dem Privaten verfolgt, bis ein schier unauflösbares Netz
entsteht, in dessen Zentrum Drogenhandel und Polizeiarbeit stehen. Alles hängt miteinander zusammen, und die
Konsequenz, mit der dieses Prinzip auf die Farb- und
Lichtdramaturgie übergreift, zeichnet *Traffic* aus: In der
klug komponierten Einstellung, in der sich auf dem mexi-
kanisch-amerikanischen Grenzstein bei San Ysidro alle
drei Episoden- und Gewebe-Farben spiegeln – weiß, blau
und gelb auf einem Fleck – kommt dieses Programm
buchstäblich auf den Punkt.                    *Jan Distelmeyer*

*Drehbuch: Traffic.* The Shooting Script. Screenplay by Stephen
Gaghan. Introduction by Steven Soderbergh and Stephen Gaghan.
New York 2001.
*Literatur:* Jan Distelmeyer: Drei Farben – oder: Wer hat Angst vor
Gelb, Weiß, Blau? Vier Schritte zum Erfolg von *Traffic.* In: Frank
Arnold (Hrsg.): Experimente in Hollywood. Steven Soderbergh
und seine Filme. Mainz 2003. S. 225–235. – Uwe Rasch: *Traffic.*
Tomografie eines Problems. In: Stefan Rogall (Hrsg.): Steven So-
derbergh und seine Filme. Marburg 2003. S. 157–179.

# Lantana

Lantana

Aus/D 2001    f 120 min

R: Ray Lawrence
B: Andrew Bovell (nach seinem Bühnenstück *Speaking in Tongues*)
K: Mandy Walker
D: Anthony LaPaglia (Leon Zat), Geoffrey Rush (John Knox),
   Barbara Hershey (Valerie Somers), Kerry Armstrong (Sonja
   Zat), Vince Colosimo (Nik), Daniella Farinacci (Paula)

Ein Geheimnis liegt vor uns. Zu nah kommt die Kamera
einem dichten Buschwerk, zu bedächtig ist ihre Bewegung, begleitet von Insektengeräuschen, die aus dem
Innern dieser noch dunklen Natur kommen. Wir müssen
hinein, um inmitten der Verästelungen und Blätter langsam das Geheimnis zu entdecken: Ein lebloser Frauenkör-
per hängt, wie ein im Gestrüpp verheddertes Kleidungs-
stück, in diesem stacheligen Dickicht, seltsam verdreht
und blutig. Die Kamera fährt den Leichnam ab – eine Bewegung der Betonung und gleichzeitig ein Vorübergehen
im gleichbleibend ruhigen Tempo.
    Die Tradition des Genres hat uns gelehrt, solche Film-
anfänge einzuordnen: Eine Aufgabe ist gestellt und das
Zentrum an den Anfang gesetzt. Ein Tod ist aufzuklären,
der so mysteriös als grausam unnatürlicher Naturzustand
eingeführt worden ist. Jede und jeder wird für den Publi-
kumsblick von nun an verdächtig sein: Was haben die
kommenden Figuren mit diesem Tod zu tun? Wem ist zu
trauen, und wie werden die Vertreter der Aufklärung – in
Gestalt eines Detektivs vielleicht, einer Polizistin oder
sonstiger Ermittelnder – Licht in das Dunkel bringen?
Wie entwirrt sich das Gestrüpp, in dem ja, wie gesehen,
die Wahrheit liegt?
    *Lantana*, der zweite abendfüllende Spielfilm des austra-
lischen Regisseurs Ray Lawrence, beginnt die Suche nach

Antworten mit Leon, dem Polizisten, um mit ihm neue
Fragen zu stellen. Wer ist diese Frau, mit der er schläft
und von der er sich so seltsam unpersönlich – entweder
peinlich berührt oder routiniert – verabschiedet, bevor er
seine Ehefrau Sonja bei dem wöchentlichen Tanzkurs
trifft? »Leon, bei diesem Tanz geht es um Sex zwischen einem Mann und einer Frau«, wird der Tanzlehrer seinen
hölzernen Stil kritisieren, »also ganz eng, Becken an Becken!« Und von dem Moment an, als der Lehrer diese
tänzerische Leidenschaft mit Sonja demonstriert, die nicht
sicher scheint, ob sie diesen Moment tatsächlich genießen
darf, wird sie selbst zum nächsten Mittelpunkt der Geschichte werden.

   Übergänge erzählen von jeder einzelnen Figur dieses
Films. Sie bringen uns langsam mit vier Ehepaaren zusammen, genauer gesagt: mit Menschen, die zuallererst gerade
nicht als Paar sichtbar werden und sich ebenso wenig in
ihren Partnerschaften geborgen und gemeint zu fühlen
scheinen. Von Sonja, die von fehlender »Leidenschaft,
Herausforderung und Ehrlichkeit« in ihrer Ehe spricht,
wandert *Lantana* weiter zu ihrer Analytikerin Valerie, die
sich seit dem Tod ihres Kindes immer weiter von ihrem
Mann John entfernt hat. Und auf eine gleitende, nahezu
zwangsläufige Weise kommen wir bei Leons Affäre an:
Jane, die danach eben nicht mehr bloß Leons Affäre ist,
sondern der selbstständige Teil einer zerrütteten Ehe und
außerdem die Nachbarin von Paula und Nik, deren größ-
tes Problem wiederum darin besteht, ihre drei kleinen
Kinder durchzubringen.

   Weil jede und jeder hier Raum und eine eigene Geschichte hat, die mit denen der anderen verflochten ist, hat
*Lantana* im Grunde keine Nebenfiguren. So kommt es,
dass alle Verbindungen bereits existieren, dass ein Netz
von Wünschen, Verletzungen, Verdächtigungen, von Ne-
ben- und Miteinander längst offen liegt, als Valeries Verschwinden Erinnerungen an die Anfangsbilder weckt. Alle

Anzeichen – auch der Spannung steigernde Szenenwechsel, als Valerie nach einer nächtlichen Autopanne in ein kaum erkennbares Auto einsteigt und damit auch hinsichtlich der Inszenierung ›verschwindet‹ – deuten auf ein Verbrechen hin. Und obschon Anthony LaPlaglias Figur des Polizisten Leon die Ermittlungen leitet und er sich als zentrale Figur einer Kriminalnarration, einer Fallgeschichte, anbietet, steigen weder Andrew Bovells Drehbuch noch die Umsetzung von Ray Lawrence darauf ein. Alle offenkundigen Ausflüchte und Geheimnisse von Valeries Ehemann und selbst folgenschwere Indizien – ein einsamer Damenschuh in Niks Wagen – lenken die Aufmerksamkeit der Erzählung niemals ausschließlich auf den zu lösenden Kriminalfall.

Stattdessen wird die genrespezifische Tugend des Misstrauens, das von der klassischen angelsächsischen Detektivliteratur über den *film noir* bis zum postklassischen Thriller jeden guten Ermittler auszeichnet, zum Zentrum der Verstrickungen. Leons Nachforschungen führen uns immer tiefer in die Geschichte jedes einzelnen Paares und zu jenen, die neben ihren Liebeshandlungen nun auch wegen eines Verbrechens ›verdächtig‹ werden. »Vertrauen ist das Wichtigste in einer Beziehung«, hatte Valerie zu Anfang des Films in einer Rede behauptet.

Genau darum geht es hier. Jede Verletzung, der wir in *Lantana* begegnen werden, hat ihren Ursprung in verlorenem Vertrauen, und wir selbst, als teilnehmende Beobachter eines mysteriösen Falls, sind Teil dieses Netzes von Ängsten und Erwartungen. Die naheliegenden Verdächtigungen, die wir sowohl zu Liebesverhältnissen als auch zu Valeries Tod anstrengen werden, führen in die Irre und zugleich zu den Menschen zurück, denen wir unser Vertrauen vielleicht bereits entzogen hatten. Das gilt für alle in diesem Film: Wir können nicht anders und gehen trotzdem fehl, die Schuld ist immer schon Teil des Spiels, für das wir uns entschieden haben. Wer liebt, verletzt sich und andere, und es bleibt immer wieder seine/ihre Entscheidung, darin weiter zu gehen.

Faszinierend ist an *Lantana* somit gerade die Stringenz, mit der diese Liebesphilosophie mit den Regeln einer Kriminalgeschichte und den Erwartungen an einen Thriller verzahnt wird. Schon durch seine Exposition und seinen Protagonisten Leon aktiviert *Lantana* die Schule des Misstrauens, als die man den Kriminalfilm auch bezeichnen könnte, um die damit verbundenen Erwartungen schleichend zum eigentlichen Täter in diesem Fall werden zu lassen.

So entpuppt sich das Dickicht, in das uns Ray Lawrences Film von Beginn an führt, als ein Geflecht zwischen uns: als jene Verbindungen, die wir Beziehung oder Liebe nennen. Nicht der Leichnam vom Anfang und kein Mord ist das Zentrum und Geheimnis dieses Films, sondern dieses Dickicht selbst, dessen Pflanzenname »Lantana camara« *Lantana* seinen Titel gibt. Die deduktiven Möglichkeiten des Detektivs, des Polizisten und des Kinopublikums stoßen nicht nur an ihr Ende (wie etwa in dem Klassiker *Witness for the Prosecution*, 1957) oder zuletzt in *The Usual Suspects* (1995), sondern sind darüber hinaus immer schon Teil des Problems. Davon zu handeln und zugleich den *thrill* der Kriminalgeschichte – eine Dame verschwindet – aufrechtzuerhalten ist die große Kunst dieses Ensemblefilms.                    *Jan Distelmeyer*

*Vorlage*: Andrew Bovell: Speaking in Tongues. Sydney 1998.
*Drehbuch: Lantana*. Screenplay by Andrew Bovell. Sydney 2001.

# Minority Report

Minority Report

USA 2002    f 145 min

R: Steven Spielberg
B: Scott Frank und Jon Cohen (nach einer Kurzgeschichte von Philip K. Dick)
K: Janusz Kaminski
D: Tom Cruise (John Anderton), Max von Sydow (Lamar Burgess), Colin Farrell (Danny Witwer), Samantha Morton (Agatha), Peter Stormare (Dr. Eddie), Kathryn Morris (Lara Clarke)

Der Apparat hat zugeschnappt, es gibt kein Entkommen. Auf der Flucht vor seinen Häschern und ehemaligen Kollegen von der Elitepolizei »Pre-Crime« im Washington des Jahres 2054 hat es John Anderton auf das Fließband einer vollautomatisierten Werkhalle verschlagen. Ein Maschinenteil saust herunter, ist in Sekunden an Andertons Untergrund montiert und hat ihn damit festgenagelt. Leichtes Spiel für die Pre-Crime-Verfolger, das nächste Teilstück wird Anderton zermalmen. Schon hat es ihn unter sich begraben. Wenige Momente später erleben die Cops am Fließband-Ende dennoch eine Enttäuschung: Das soeben gefertigte Automobil ist gleichsam um Anderton herum gebaut worden, »Ergonomie in Perfektion«, und mit einem triumphierenden Lächeln braust er davon.

Doch auch diese Flucht wird den ehemaligen Superpolizisten nicht vor seinem Schicksal und der Wahrheit bewahren, die das Pre-Crime-Programm garantiert. Steven Spielbergs *Minority Report* erzählt nach einer Kurzgeschichte Philip K. Dicks von einer Polizeieinheit, die Morde der Zukunft verhindert und bestraft, bevor sie begangen werden: »I arrest you for future murder!« Basierend auf den hellseherischen Fähigkeiten dreier in einer Art Wachkoma gehaltener Visionäre, der sogenannten »Pre-Cogs«, werden Pre-Crime-Agenten ausgesandt, die bevorstehenden Untaten zu verhindern. John Anderton ist kein Geringerer als der Star-Ermittler dieser Organisation, die aufgrund des enormen Erfolgs – seit sechs Jahren ist Washington ohne Morddelikt – zur landesweiten Institution ausgebaut werden soll. Er ergreift die Flucht, als er in einer Vision der Pre-Cogs sich selbst als Mörder entdeckt.

Ein makelloses Überwachungssystem wendet sich von nun an gegen seinen Vertreter, der seinerseits sein gesamtes Insider-Wissen einsetzt, um es zu überlisten und zu überleben. In diesem Sinne ist Andertons Flucht aus der Maschinenfabrik ein Sinnbild seiner Situation: Gerade als das System ihn ergriffen hat, kann er – buchstäblich von innen heraus – den Apparat zur Flucht nutzen. Anderton bleibt auf sich allein gestellt, selbst der Pre-Crime-Gründer und väterliche Freund, Lamar Burgess, kann ihm nicht mehr helfen. Danny Witwer, der zwielichtige Kontrolleur der landesweiten Ausdehnung von Pre-Crime, wird in seinem Urteil Recht behalten: »The system is perfect – if there is a flaw it's human!«

Wie Ridley Scotts *Blade Runner* (1982), der ebenfalls auf einer Vorlage Philip K. Dicks basiert, verlegt *Minority Report* den Thriller um einen einsamen Ermittler in die Zukunft. Und während *Blade Runner* offensichtlich auf den *film noir* rekurrierte, erinnert Spielbergs Zukunfts-Polizeifilm vor allem an Alfred Hitchcocks Thriller wie *Saboteure* (1942), *To Catch a Thief* (1955) und *North by Northwest* (1959): Ein Mann ist (noch) unverschuldet auf der Flucht, er allein kann das Komplott um sich herum aufdecken, und die Polizei ist ihm nicht Hilfe, sondern lästig, wenn nicht gar eine weitere Gefahr.

Der Wettlauf mit der Zeit, ein klassisches Element nicht nur der Hitchcock-Thriller, wird hier auch zu einem gegen ein System, dessen strahlender Protagonist der Gejagte soeben noch gewesen war. Die Metaphern dieser Verschwörungs- und Fluchtgeschichte des Star-Polizisten erinnern somit auch an gesellschaftskritische Verschwörungs-Thriller der siebziger Jahre wie Alan J. Pakulas *The Parallax View* (1973) oder Francis Ford Coppolas *The Conversation* (1973): Denn die beschriebene Fließbandsequenz spiegelt auch jenen Zustand, den Pre-Crime produziert und der darum ebenso ein Zentrum in Spielbergs Inszenierung bildet: Einsamkeit und Kälte dominieren diese Welt, in der uns keine Paare und schon gar keine intakten Familien begegnen. Die so perfekt geschützte Gemeinschaft ist längst keine mehr – nicht zufällig hat im Innenraum des präzise um ihn herum gebauten Fluchtwagens allein der eingeschweißte Anderton Platz.

Schon zu Beginn hatte dieser dunkle Ton in Spielbergs Film seine farbliche Entsprechung in den Bildern gefunden, die uns einen einsamen Tom Cruise in verregneten Straßen auf der Suche nach Drogen der Zukunft zeigen. Janusz Kaminskis Kameraregie präsentiert hier eine düstere Welt, in der – ähnlich der des *Blade Runner* – Hightech kaum Licht in die Einsamkeit des Helden bringt. Als gebrochener Mann kommt Anderton heim und starrt ritualisiert auf die Videobilder seines verstorbenen Sohnes. Hoffnung steht nicht am Horizont, und ein *all-American-boy* sieht anders aus.

So wird Andertons Flucht im Überwachungsstaat zur dynamischen Zuspitzung des futuristischen Alltags: Everybody runs! Allein gegen unnachgiebige Verfolger in Menschen- und Techno-Spinnen-Gestalt muss Anderton letztlich zurück zum Zentrum von Pre-Crime, um einer Verschwörung auf die Spur zu kommen, an deren Ende jener Mord wartet, den er noch nicht begangen hat. Seine letzte Chance ist die Entführung des weiblichen Pre-Cog Agatha, der dritten und wichtigsten ›Zeugin‹.

Als Zukunfts-Thriller in der Tradition von *Blade Runner*, Richard Fleischers *Soylent Green* (1973) und Kathryn Bigelows *Strange Days* (1995) ist Spielbergs *Minority Re-*

*port* damit zugleich die faszinierende Erfüllung und Ver-
kehrung eines klassischen Kriminalfilms. Wie so oft ist ein
ehemals unbescholtener Mann auf der Flucht und Suche
nach Beweisen seiner Unschuld. Während jedoch ein
Held wie Cary Grant in *North by Northwest* vom Schauplatz eines Mordes flieht, den er nicht begangen hat, strebt
Tom Cruise nun aus den gleichen Motiven direkt auf den
Tatort zu, an dem er erst zum Mörder werden wird. Kein
Love-Interest und keine männliche Initiation wird (bis
zum überraschenden Finale) von dieser in sich gewende-
ten Thriller-Bewegung ablenken. Im besten und bedrü-
ckendsten Sinne hat das perfekte System selbst die Hauptrolle übernommen: Dieser Held wird keinen Ausweg finden – der Ausweg findet ihn.                    *Jan Distelmeyer*

*Vorlage:* Philip K. Dick: Minority Report. München 2002.
*Literatur:* Elisabeth Bronfen: Das Orakel von Washington D.C.
In: die tageszeitung. 2. Oktober 2002. S. 15. – Sabine Horst: Die
paranoiden Visionen des Philip K. Dick. In: epd Film (2002)
Nr. 10. S. 27. – Kai Mihm: »Könnt Ihr sehen?« Steven Spielberg
und sein kluger Genrefilm *Minority Report*. In: epd Film (2002)
Nr. 10. S. 24–27.

# 8 Frauen

8 femmes

F 2002    f 111 min

R: François Ozon
B: François Ozon, Marina de Van (nach einem Bühnenstück von
   Robert Thomas)
K: Jeanne Lapoirie
M: Krishna Levy
D: Catherine Deneuve (Gaby), Isabelle Huppert (Augustine),
   Emmanuelle Béart (Louise), Fanny Ardant (Pierette), Virginie
   Ledoyen (Suzon), Danielle Darrieux (Mamy), Ludivine Sag-
   nier (Catherine), Firmine Richard (Madame Chanel), Domi-
   nique Lamure (Marcel)

Ein eingeschneiter Landsitz, acht Frauen und eine männliche Leiche. Die Familie des Industriellenpaares Gaby
(Deneuve) und Marcel (Lamure) hat sich versammelt, um
gemeinsam Weihnachten zu feiern. Als Marcel vom
Dienstmädchen tot aufgefunden wird, die Telefonleitun-
gen gekappt sind, das Auto nicht anspringt und das Tor
zur Straße klemmt, wird den verbliebenen Familienmit-
gliedern klar, dass eine von ihnen die Mörderin sein muss.
In dieser klassischen Konstellation eines Verbrechens im
verschlossenen Raum (bzw. von der Außenwelt abge-
trennten Ort) beginnt ein boulevardesker Reigen von
Verdächtigungen und Enthüllungen. Jede der Frauen hatte entweder ein sexuelles oder finanzielles Interesse am
Ableben des Hausherrn. Die gegenseitigen Beschuldigun-
gen decken die Geheimnisse auf, die hinter einer seriösen,
aber bigotten Familienfassade schlummern. Nichts ist so,
wie es scheint.

Die hochanständige, bourgeoise Gaby (Deneuve) betrügt ihren Ehemann mit seinem Geschäftspartner. Augustine (Huppert), die ständig zeternde altjüngferliche
Tante, hat nicht nur eine geheime Schwäche für Schund-

Das Star-Ensemble von *8 Frauen* – (von links) Ludivine Sagnier, Virginie Ledoyen, Catherine Deneuve, Danielle Darrieux, Isabelle Huppert, Firmine Richard und Emmanuelle Béart – gleicht den *Glorreichen Sieben.* Sie beobachten die Ankunft von Fanny Ardant (nicht im Bild). Diese ist *femme fatale* der Familie und wird kritisch taxiert. Da der Film chronologisch gedreht wurde, kam Ardant erst zwei Wochen nach Drehbeginn zum Set und sah sich auch realiter in dieser Szene erstmals ihren Kolleginnen gegenüber.

und Kriminalromane, sondern auch für ihren Schwager Marcel. Mit dem hat die devot-laszive Zofe Louise (Béart) zwar ein sadomasochistisches Verhältnis, eigentlich ist sie aber an den Pelzen ihrer Herrin interessiert. Madame Chanel (Richard), die gutmütige schwarze Köchin, gibt sich bei nächtlichen Pokerrunden einer leidenschaftlichen Affäre mit Pierette (Ardant) hin. Pierette, eigentlich eine unabhängige *femme fatale*, muss ihren Bruder Marcel um Geld angehen, damit sie ihren Liebhaber finanzieren kann. Die scheinbar an den Rollstuhl gefesselte Oma (Darrieux)

kann nicht nur laufen, sondern verfügt über Erfahrungen
ganz eigener Art, was Mordfälle angeht. Sie hat vor Jahren
ihren Ehemann umgebracht, weil sie seinen Geruch nicht
ertragen konnte. Ihre Enkelin Suzon (Ledoyen) erwartet
ein uneheliches Kind.

Auch die Jüngste der Familie, Catherine (Sagnier), hat
etwas zu verbergen. Im Einvernehmen mit ihrem Vater
hatte sie den ›Mordfall‹ inszeniert, um das Geflecht aus
Intrigen und Lügen aufzudecken. Am Ende kann sie es
aber nicht verhindern, dass sich ihr Vater, aus Enttäuschung über seine eigene, offenkundig gewordene Instru-
mentalisierung, ›tatsächlich‹ umbringt.

François Ozons *8 femmes* gibt sich als Hommage an
das amerikanische Melodram der fünfziger Jahre, mit seinen opulenten Technicolor-Farben, seinen übertriebenen
Gesten und seinen weiblichen Stars.

Das Konzept einer ausschließlich weiblichen Besetzung
für einen Spielfilm hatte George Cukor schon 1939 in
*The Women* angewandt. Die Filmrechte an dieser Schei-
dungskomödie liegen bei Julia Roberts und Meg Ryan, so
dass Ozon auf ein etwas angestaubtes Boulevardstück von
Robert Thomas zurückgreifen musste. Mit Fassbinders
*Tropfen auf heiße Steine* (F 2000) hatte er bereits erfolgreich ein Bühnenstück für den Film adaptiert. Das Stück
*8 femmes* wurde so umgeschrieben, dass die Konflikte
schärfer hervortreten und die Figuren sich stärker an
amerikanische Kinovorbilder anlehnen. Ardant erinnert
als Vamp Pierette an Rita Hayworth in Charles Vidors
*Gilda* (USA 1946), Ledoyen mit ihrem Pferdeschwanz
und kurzem Pony, gekleidet in rosa Vichy, spielt als mäd-
chenhafter Typ auf Audrey Hepburn an.

Der Film verkommt nicht zu einem platten Remake eines *locked room*-Bühnenstücks à la Agatha Christie, weil
es Ozon gelingt, in der Kopie seiner Vorbilder die Diffe-
renz zum Original sichtbar zu machen. Die Kostüme der
Schauspielerinnen z. B. sind zwar in Diors »New Look«

der fünfziger Jahre gehalten, doch weichen sie auch wiederum von diesem ab.

Die klare Farbsprache der Kostüme – jeder der acht Frauen ist ein eigener Farbton zugeordnet – deutet sich bereits im Vorspann an, wenn neben der üppig verschlungenen Namensinschrift der Stars eine Blume mit konnotativer Bedeutung erscheint. Oma Danielle Darrieux wird als lila Stiefmütterchen eingeführt, die *femme fatale* Ardant als blutrote Rose und Deneuve als kostbare Orchidee. Ähnlich hatte Cukor bereits im Vorspann von *The Women* Tiere den Figuren zugeordnet und diese damit charakterisiert.

In *8 femmes* wird über die das Schema variierende Kriminalhandlung mit ihren Verdächtigungen und Geständnissen hinaus ein artifizieller Raum, eine Atmosphäre manierierter Künstlichkeit geschaffen. Die *mise-en-scène* spielt – durch die offensichtlich zweidimensionale Prospektmalerei zu Beginn des Films und die vielen roten Samtvorhänge im Wohnzimmer – auf das Theater als Illusionsraum an, der am Ende destruiert wird, durch den der Riss zwischen Schein und Sein geht.

Wiederholt wird der Fluss der Erzählung durch revuehafte Tanz- und Gesangseinlagen angehalten. Die dargebotenen Chansons entstammen der französischen Populärkultur der sechziger Jahre, wodurch das Interieur der fünfziger Jahre verfremdet wird. Catherine Deneuve z. B. interpretiert mit *Toi jamais* die B-Seite einer Sylvie-Vartan-Platte, die merkwürdig vertraut klingt, obwohl man sie wahrscheinlich noch nie zuvor gehört hat.

Das Spiel zwischen Wiedererkennung und Verfremdung bestimmt den Film auf allen Ebenen, der Schluss desavouiert das zunächst verfolgte Schema des *whodunit*. Die jüngste Tochter Catherine (Sagnier) enthüllt am Ende ihr ›Spiel im Spiel‹, bei dem sie wie im Theater den ›Mord‹ durch gezielte Stichworte, arrangierte Requisiten und eine präparierte ›Leiche‹ suggeriert hatte. Dieser Clou der Geschichte zeigt, wie problematisch es ist, auf der Bühne oder im Film Wirklichkeit zu behaupten. Letztlich ist alles nur eine Erzählung. Der Ursprung der Investigation, der angebliche Mord, wird zu ihrem Effekt.

Die eigentümliche Künstlichkeit wird in *8 femmes* auch durch den hochkarätigen *cast* erzeugt, denn die Diven spielen nicht nur mit ihrem Image, sondern lassen im Spiel ihre alten Rollen durchscheinen: Ein Ölgemälde, das Gaby als junge Frau zeigen soll, hat z. B. das Filmplakat von *Belle de Jour* (F/I 1969; Luis Buñuel), worin Deneuve mitspielte, zum Motiv.

Die deutsche Synchronfassung verstärkt diesen Effekt noch, indem die Stimmen bekannter Schauspielerinnen wie Senta Berger (Deneuve) oder Katja Riemann (Huppert) hinter den französischen Diven eine eigene Präsenz einfordern.

Neben vielen Auszeichnungen erhielt das französische Star-Ensemble auf der Berlinale den Silbernen Bären.

*Katja Schumann*

*Literatur:* Christiane Peitz: Die Mörderin ist unter uns. In: Der Tagesspiegel vom 10. Juli 2002. – Heinz Peter Knoll: *8 Frauen.* In: Film-Klassiker. Beschreibungen und Kommentare. Hrsg. von Thomas Koebner. Stuttgart [4]2002. – Axel Schock / Manuela Kay: *8 Frauen.* In: Out im Kino. Berlin 2003.

# Verzeichnis der Autorinnen und Autoren

Gerald Beeckmann (*Der dritte Mann; Der einzige Zeuge; Der kleine Caesar; Die 39 Stufen; Zwei stahlharte Profis*)

Joan Kristin Bleicher (*Der Anderson Clan; Der Bruch; Jagdrevier; M – Eine Stadt sucht einen Mörder; Zahn um Zahn*)

Jan Distelmeyer (*Cop Land; Jackie Brown; Lantana; Minority Report; Traffic*)

Gabi Dobusch (*Anatomie eines Mordes; Die Braut trug schwarz*)

Eckhard Düsberg (*An einem Tag wie jeder andere; In der Hitze der Nacht; Vertigo – aus dem Reich der Toten*)

Jens Eder (*Die Anwältin; Asphaltdschungel; Rächer der Unterwelt; Der Teufel mit der weißen Weste; Topkapi*)

Jochen Förster (*Der eiskalte Engel*)

Michael Gräper (*Der Totmacher*)

Knut Hickethier (*Emil und die Detektive; Fahrstuhl zum Schafott; Fallen Angels; Die Gentlemen bitten zur Kasse; Der Name der Rose; Stahlnetz; Zeugin der Anklage*)

Bettina Kasten (*Bullitt*)

Klaas Klaassen (*Dick Tracy; Das Fenster zum Hof; Das Schweigen der Lämmer*)

Christian Maintz (*Sieben; Vertrag mit meinem Killer*)

Rüdiger Maulko (*Augen der Angst; Der amerikanische Freund; Im Zeichen des Bösen*)

Christoph Mecke (*Der Fremde im Zug / Verschwörung im Nordexpress; Lost Highway; Psycho; Der Tod löscht alle Spuren*)

Torsten Michaelsen (*Bei Anruf Mord; Blow up*)

Corinna Müller (*Dr. Mabuse, der Spieler (Teil 1 und 2); Der Schuss im Tonfilmatelier*)

Dorothee Ott (*Klute*)

Christian Pundt (*Der dünne Mann / Mordsache »Dünner Mann« / Der Unauffindbare; Fargo*)

Andreas Rauscher (*Natural Born Killers; Pulp Fiction*)

Daniel Remsperger (*Brennpunkt Brooklyn*)

Peter Ruckriegl (*Der Tod kennt keine Wiederkehr*)

Sven Schirmer (*Beverly Hills Cop – Ich lös' den Fall auf jeden Fall; Dirty Harry; Liebesgrüße aus Moskau; Die Spur des Falken; Tote schlafen fest*)

Katja Schumann (*8 Frauen*)

Inka Seitz (*Die zwölf Geschworenen*)
Marcus Stiglegger (*Basic Instinct*; *Hitcher – Der Highway-Killer*;
  *Scarface, das Narbengesicht*)
Ivo Wittich (*Bonnie und Clyde*; *Die Katze*)

Bildnachweis

Der Abdruck der Szenenfotos erfolgt mit Genehmigung
des Film Museums Berlin / Stiftung deutsche Kinemathek,
Berlin.

# Register der Filmtitel

# Film bei Reclam

**Reclams Filmführer.**
Von Dieter Krusche.
Mitarbeit: Jürgen Labenski und Josef Nagel.
828 Seiten. 211 Abbildungen.
Format 15 × 21,5 cm. Gebunden

**Filmregisseure.**
Herausgegeben von Thomas Koebner.
776 Seiten. 104 Abbildungen.
Format 15 × 21,5 cm. Paperback.

**Filmklassiker.**
Beschreibungen und Kommentare.
Herausgegeben von Thomas Koebner unter
Mitarbeit von Kerstin-Luise Neumann.
2389 Seiten. 229 Abbildungen.
4 Bände kartoniert in Kassette.

**Texte zur Theorie des Films.**
Herausgegeben von Franz-Josef Albersmeier.
504 Seiten. UB 9943.

**Reclams Sachlexikon des Films.**
Herausgegeben von Thomas Koebner
720 Seiten. 138 Abbildungen.
Format 15 × 21,5 cm. Gebunden.

**Filmgenres: Abenteuerfilm.**
Herausgegeben von Bodo Traber
und Hans J. Wulff.
413 Seiten. 27 Abbildungen. UB 18404.

**Filmgenres: Fantasy- und Märchenfilm.**
Herausgegeben von Andreas Friedrich.
255 Seiten. 30 Abbildungen. UB 18403.

**Filmgenres: Horrorfilm.**
Herausgegeben von Ursula Vossen.
471 Seiten. 26 Abbildungen. UB 18406.

**Filmgenres: Kriminalfilm.**
Herausgegeben von Knut Hickethier.
370 Seiten. 25 Abbildungen. UB 18408.

**Filmgenres: Science Fiction.**
Herausgegeben von Thomas Koebner.
544 Seiten. 29 Abbildungen. UB 18401.

**Filmgenres: Western.**
Herausgegeben von Bernd Kiefer
und Norbert Grob
unter Mitarbeit von Marcus Stiglegger.
375 Seiten. 30 Abbildungen. UB 18402.

Philipp Reclam jun. Stuttgart

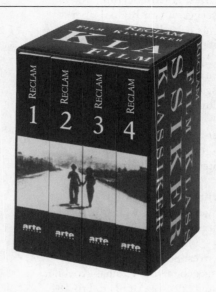

## Filmklassiker

### Beschreibungen und Kommentare

Herausgegeben von
Thomas Koebner unter Mitarbeit von
Kerstin-Luise Neumann.
2389 Seiten. Mit 229 Abbildungen.
4 Bände kartoniert in Kassette.
Vorgestellt werden rund 500
der schönsten und bedeutendsten
internationalen Filme aus 100 Jahren
Kinogeschichte.

# Reclams Filmführer

*Von Dieter Krusche, Mitarbeit Jürgen Labenski*
*12., neubearbeitete und erweiterte Auflage*
*828 Seiten. 211 Abbildungen. Format 15 x 21,5 cm. Geb.*

Ein Nachschlagewerk, das in einem Band über die Geschichte
des Films von seinen Anfängen bis zur Gegenwart in allen
Filmländern der Erde berichtet, kritisch wertende Inhaltsanga-
ben zu weit über 1000 Filmen liefert, ca. 100 der wichtigsten
Regisseure der Filmgeschichte porträtiert und eine Vielzahl
weiterer Informationen sowie eine sorgfältige Bilddokumenta-
tion enthält, gibt es sonst nicht auf dem deutschen Bücher-
markt.

»Die Herausgabe dieser Publikation muß auf Grund ihrer Ein-
maligkeit als Verlagswerk in der BRD als Ereignis gewertet
werden.«

*Die Information des deutschen Instituts*
*für Filmkunde, Wiesbaden*

Philipp Reclam jun. Stuttgart